디지털 디톡스

Digital Exhaustion: Simple Rules for Reclaiming Your Life
Copyright © 2025 by Paul Leonardi

All rights reserved including the right of reproduction in whole or in part in any form.
This edition published by arrangement with Riverhead Books,
an imprint of Penguin Publishing Group, a division of Penguin Random House LLC.
This Korean translation published by arrangement with Penguin Random House LLC
through Alex Lee Agency ALA.

이 책의 한국어판 저작권은 알렉스리 에이전시 ALA를 통한 Riverhead Books,
an imprint of Penguin Publishing Group, a division of Penguin Random House LLC
사와의 독점 계약으로 ㈜도서출판 길벗에 있습니다.
저작권법에 의하여 한국 내에서 보호를 받는 저작물이므로 무단전재와 복제를 금합니다.

도파민 중독에서 주의력 저하, 불안까지
디지털 과부하로부터의 해방

디지털 디톡스
DIGITAL EXHAUSTION

폴 레오나르디 지음 | 신솔잎 옮김

더 퀘스트

추천의 글

우리의 주의력은 이제 가장 값비싼 상품이 되었다. 스마트폰의 알림음은 마치 시장의 종소리처럼 울리고, 우리는 그 신호에 반사적으로 반응한다. 《디지털 디톡스》는 그 소란스러운 세계 속에서 '멈춤'을 제안한다. 그러나 그것은 도피가 아니다. 이 책이 말하는 '디톡스'는 기술을 거부하는 행위가 아니라, 기술이 점령한 마음의 영토를 되찾는 과정이다.

저자는 뇌과학과 행동심리학의 언어로 말한다. 디지털 환경은 인간의 보상 회로를 재배선시키고, 우리의 생각을 짧게, 감정을 얕게, 집중을 파편화시킨다고. 하지만 그는 절망 대신 복원의 방법을 제시한다. 단 하나의 습관, 의도적으로 사용하는 것. 화면을 켜기 전, 자신에게 세 가지를 묻는 것이다. "왜 지금?", "무엇을 위해?", "언제 멈출 것인가?" 이 질문들은 단순한 자기훈련이 아니라, 인류가 다시금 '생각하는 존재'로 돌아가기 위한 통과의례처럼 느껴진다.

이 책이 탁월한 이유는, 기술 비판의 낡은 도덕적 프레임을 벗어나 과학적 분석과 심리적 통찰로 접근해서다. 저자는 뇌과학과 조직심리학의 연구를 바탕으로, 디지털 환경이 인간의 주의력, 감정, 동기 구조를 어떻게 재배선시키는가를 설명한다. 끊임없는 알림과 업데이트, 그리고 '좋아요'의 연쇄는 도파민 회로를 자극하며, 우리가 느끼는 보상은 점점 짧고 피상적으로 변한다. 그 결과, 인간은 정보의 홍수 속에서 연결되어 있으면서도 고립된다. 이것이 저자가 '디지털 피로'라 부르는 현대적 병리의 본질이다. 그러나 이 책은 기술을 악마로 만들지 않는다. 대신 인간에게 통제권을 되돌려주는 구체적 개념들을 제시한다. 그 중 눈에 제일 먼저 띄는 것은 '어포던스(affordance)'다. 기술은 그 자체로 중립적이지만, 인간이 그것을 어떻게 인식하고 사용하는가에 따라 완전히 다른 결과를 낳는다. 우리는 어포던스를 통해 피로의 근원이 아니라 효율의 도구로 스마트폰을 다시 자리매김할 수 있다. 다른 하나는 '전진의 법칙(The Progress Principle)'이다. 우리는 목표를 향해 나아간다는 감각이 있을 때 비로소 활력을 느낀다. 하지만 디지털 세계는 그 감각을 빼앗는다. 저자는 "스크롤링 대신 성취의 단서를 설계하라"고 조언한다. 단순한 질문들이 무의식적 행동을 의식적 선택으로 바꾸는 강력한 실천을 만든다.

책은 기업과 조직의 사례를 통해 기술과 인간의 협업을 다시 디자인하는 방법을 보여준다. AI 분석과 피드백 시스템을 통해 직원들이 자신의 전진을 확인하도록 돕는 구조적 변화, 즉 기술이 인간을 대신하는 것이 아니라 인간의 의미감을 복원하는 방향으로 설계되어야 함을 강조한다. 이 책은 묻는다. "당신이 기술을 사용하는가, 아니면 기술에 의해 사용되는가?" 그 질문은 단지 스마트폰을 향한 것이 아니라 삶의 모든 습관을 향한 질문이기도 하다. 《디지털 디톡스》는 우리 시대의 불안을 가장 침착한 언어로 진단하는 책이다. 그 진단은 차갑지만, 그 안에는 회복에 대한 믿음이 있다. 기술의 시대에 인간으로 남는다는 것은, 결국 집중과 의미를 되찾는 용기라는 사실을 이 책은 조용히 일깨운다.

_정재승(KAIST 뇌인지과학과 교수)

쓸만한 기술은 많아졌는데, 왜 계속 피곤할까?

2000년 6월, 나는 새로운 직장으로 출근하러 샌프란시스코 몽고메리스트리트역에서 내렸다. 줄지어 자리한 고층 건물들과 바삐 움직이는 사람들을 보니 금융지구라는 실감이 났고 짜릿한 기분이 들었다. 그날을 생각하면 두 가지 기억이 떠오르는데, 그중 하나가 바로 이 장면이다. 두 번째 기억은 앞으로 함께 일할 상사의 얼굴이다. 브라이언이라는 이름의 남자였다.[1] 그는 활짝 미소 띤 얼굴로 "안녕하세요"라고 맞이하며 따뜻한 악수를 건넸다. 그날 어떤 대화를 나눴는지는 잘 기억이 나지 않지만(아마도 컴퓨터에 로그인하는 법이나 커피 기계가 어디 있는지 같은 이야기였겠지만) 그가 자기 일을 얼마나 사랑하는지, 이 회사가 얼마나 멋진 곳인지를 이야기하며 내게 보여준 에너지와 열정만큼은 잊을 수가 없다.

첫 만남의 표정이 그토록 기억에 남은 이유는 그날 퇴근 때쯤에는 그의 얼굴이 너무도 달라져 있었기 때문이다. 퇴근 인사를 하러 그의 사무실에 들른 나는 저 사람이 오늘 아침에 만난 그 남자가 맞는지 다시 한번 확인해야 할 정도였다. 그는 구부정한 자세로 의자에 앉아 눈을 게슴츠레하게 뜨고 멍하니 모니터를 들여다보고 있었다. 끝도 없이 이어지는 것만 같은 글을 몇 페이지씩 계속해서 넘기며 그가 내쉬던 한숨 소리가 아직도 귓가에 생생하다. 한숨을 쉰 그는 고개를 푹 떨궜다. 그러다가 내가 그곳에 있다는 사실을 알아채고는 표정을 고쳐 생기 넘치는 모습을 보이려 했지만 별 소용이 없었다. 그는 완전히 지쳐 있었다. 거의 매일이 그랬다. 아침에는 활기찬 브라이언을 만나고 저녁이면 패배감에 젖은 남자에게 퇴근 인사를 하는 식이었다.

몇 주쯤 지났을 무렵, 용기를 내어 그에게 아침저녁으로 분위기가 사뭇 다른 이유를 물어봤다. "그렇게 티가 나요?" 누가 봐도 당황한 듯한 얼굴로 그가 되물었다. "제 일을 정말 좋아해요. 오해는 하지 말아요." 그가 설명했다. "하지만 온종일 메일에 전화, 시스템 데이터에 보고서까지, 정말 지치거든요. 그러다 보면 기운이 쭉 빠진 채로 멍하니 스크린만 바라보는 상태가 돼요. 아침에는 집중력도 생산성도 좋은데 퇴근할 때가 되면 완전히 녹초가 되어버려요." 이어진 그의 말은 20년 넘게 내 귓가에 맴돌았다. "나 자신이 고갈된 것 같은 느낌이 들어요. 실제로 몸이 힘든 건 아니에요. 퇴근하고 곧장 농구를 하러 간다고 해도 아무런 문제가 없을 정도예요. 일에서 번아웃을 경험하는 것과도 좀 다르고요. 다만 온종일 디지털 기술과 밀려드는 인풋에 너무 소진되는 것 같아요."

그의 심정을 이해할 수 있었다. 벌써 나도 비슷한 기분을 느끼고 있었으니까. 배워야 할 기술은 너무 많고, 정보는 끝도 없이 밀려들었다. 멍하니 모니터를 바라보며 뚜렷한 목적도 없이 스크롤링을 했다. 내가 지금 뭘 해야 하는지를 알면서도 선뜻 그 일을 시작하지 못했다. 아무리 많은 메시지에 답장을 해도, 아무리 많은 게시물을 읽어도, 아무리 많은 데이터를 살펴봐도 뒤처질 것만 같은 기분을 느꼈다. 무엇보다 끔찍한 일은 오늘 아침만 해도 지금보다는 더 에너지 넘치고 집중력이 높았고, 오늘보다는 어제가 조금 더 상황이 나았다는 우울한 자각이다.

그로부터 2년 후 나는 대학원에 와 있었다. 그즈음 금융업부터 컨설팅, 마케팅까지 이른바 지식 근로자에 속하는 100명여 명과 인터뷰를 마친 상태였다. 누구와 대화를 하든 결국에는 브라이언과 비슷한 이야기가 나왔다. 대부분이 자기 일을 좋아하고 열정도 있었지만 형용할 수 없는 피로감에 젖어 하루를 마쳤다. 이들의 이야기에서 한 가지 공통적인 맥락을 발견할 수 있었는데, 바로 일터와 집에서 사용하는 '디지털 기술'에 대해 말할 때 피로도가 가장 극심해 보인다는 것이었다.

그래서 나는 2002년을 맞이하며 한 가지 결심을 했다. 앞으로 내가 진행하는 모든 연구에 간단한 질문 하나를 덧붙이기로 했다. "디지털 기술을 사용하면서 어느 정도의 피로감을 경험합니까?" 설문조사 마지막 문항에 이 질문을 슬쩍 넣을 때도 있었고 인터뷰를 하면서 자연스럽게 물어보기도 했다. 0점(전혀 경험하지 않는다)에서 6점(너무 지쳐서 더는 스크린을 쳐다볼 수조차 없을 정도로) 척도로 평가해 응답하게 했다.² 어떤 이들이 디지털 도구로 피로감을 느끼는지, 그 이유는 무엇인지 이해하고 싶었다. 그간 내 질문에 답하기 어려워한 이는 아무도 없었고, '피로감'이 정확히 어떤 의미인지를 묻는 이도 거의 없었다. 대부분이 내 질문에 공감했다.

시간을 훌쩍 건너뛰어 코로나19가 찾아왔다. 팬데믹이 정점에 이르러 대부분 국가가 셧다운을 실행하고 대부분의 지식 집약 일자리를 원격근무로 돌렸을 당시, 사람들이 과학기술과 껄끄러운 애정 관계를 맺고 있다는 기획 기사가 하루가 멀다고 쏟아져 나왔다. '줌 피로Zoom fatigue'를 다룬 한 연구가 수많은 언론에 보도됐고, 〈뉴욕타임스〉에는 "디지털 디톡스digital detox를 할 때다"라는 제목의 깊이 있는 기사가 실렸으며, 세계경제포럼World Economic Forum, WEF에서는 〈디지털 소진으로 고통받고 있습니까?〉라는 보고서를 발표했다.³ 내 친구들과 동료들 사이에서도 디지털 도구에 쓰는 시간이 너무 많아졌다는 불평이 늘어갔고, 내가 대면조사나 설문조사를 하는 사람들은 내가 늘 하던 그 질문을 꺼내기도 전에 과학기술 때문에 얼마나 피곤한지를 늘어놓았다.

그즈음 나는 디지털 소진이 어디서 비롯되고 또 이에 효과적으로 대처하는 방안은 무엇인지 20년 가까이 배워가던 차였지만, 그간 수집한 응답들을 표로 정리한 적은 없었다. 그래서 자료를 정리해보기

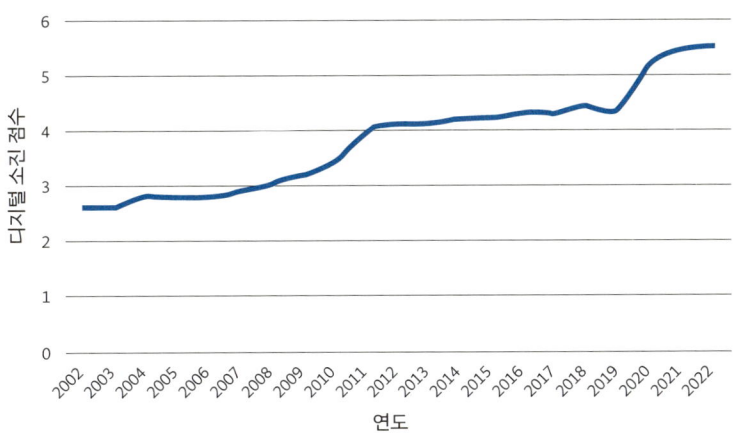

로 했다.

    2002년부터 2022년까지 20년 동안 12개국 성인 1만 2,643명의 응답 평균을 그래프로 정리해봤다.[4] 15개 이상의 분야에서 모든 직무에 걸쳐 20~75세 인구를 대상으로 한 자료이며, 수평축은 자료를 수집한 연도를 나타내고 수직축은 응답자들이 밝힌 디지털 소진 점수(0~6점)를 의미한다. 2002년 426명이 응답한 평균 소진 점수는 2.6으로 디지털 기술로 인한 피로감의 중앙값보다 낮다. 하지만 20년이 지난 2022년에는 739명의 평균 소진 점수가 5.5로 응답자들이 극심한 피로감을 호소한다는 사실을 알 수 있다. 이 자료를 처음 가족에게 보여줬을 때 나는 디지털 소진이 심해지는 추세가 분명하게 드러난다거나, 그토록 오랫동안 이렇게 많은 사람에게 같은 질문을 했다니 정말 대단하다는 식의 이야기를 듣게 될 줄 알았다. 그런데 당시

아홉 살이던 딸이 "뱀이 곧 달려들 것 같은 모양"이라고 말했다.

이 데이터는 한 가지 불안한 트렌드를 보여준다. 일터와 집에서 디지털 기술을 사용하는 데 사람들이 느끼는 피로감이 점차 커지고 있다는 것이다. 중요한 점은 이런 경향이 코로나19와 함께 나타난 것도 아니고, 봉쇄 조치가 해제되고 사람들이 전 세계를 다시금 누비기 시작한 후에도 막을 내리지 않았다는 것이다. 페이스북과 트위터(현 X), 유튜브 등 소셜 미디어가 출현하기도 전인 2000년대 초반에도 사람들은 디지털 도구의 높은 사용량 탓에 보통 수준의 소진을 경험하고 있었다. 디지털 소진은 우리와 오랜 시간 함께했는데, 특이하게도 소진 점수가 급격히 튀어 오르는 두 차례의 지점을 그래프상에서 확인할 수 있다.

첫 번째 급등은 2010년에서 2011년 사이에 벌어졌다. 우리의 디지털 환경에 큰 변화가 찾아온 시기로, 페이스북과 유튜브의 월간 활성 사용자(온라인 구독 상품들을 추적하는 주된 측정 기준이다)가 2년 전에 비해 3배에 이르는 5억 명 이상으로 급증했다. 이 시기 미국에서만 스마트폰 사용자가 1억 명을 넘어서며 유례 없이 많은 인구가 온라인 콘텐츠와 소셜 네트워크에 지속적으로 연결되는 기회를 누렸다.[5] 데이터에 접근하고 타인과 연결되기 위해 디지털을 사용하는 경향이 얼마간 강해졌지만, 사용자들을 광고주에게 팔아넘겨 수익을 얻는 소프트웨어 기업과 우리의 지갑을 노리는 디지털 기기 제조 업체라는 두 세력 때문에 소진감이 크게 증가했다.

두 번째 급등은 당연하게도 코로나19의 출현과 이로 인해 전 세계적으로 원격근무라는 변화가 찾아온 2020년에 나타났다. 재택근무를 하면서 동료·친구·가족과 줌 또는 페이스타임FaceTime이나 마이크로소프트 팀즈Microsoft Teams로 소통하며 일터와 집의 경계가 흐릿해졌고, 이런 상황이 우리를 지치게 했다. 그보다 더 주의 깊게 봐야 하는 점은 전 세계가 다시 문을 연 후에도 그리고 디지털 경제를 활성화하는 도구들이 우리를 고갈시킨다는 인식이 사회 전반적으로 형성됐음에도 소진감의 정도가 낮아지지 않았다는 것이다. 디지털 소진이라는 뱀은 우리를 향해 달려들 준비를 하는 게 아니었다. 이미 공격을 시작했다. 그것도 맹렬하게 말이다.

현대 세상에서 사무직을 바란다면, 좋은 친구 또는 형제자매가 되어주고 싶다면, 사회의 주요 기관 대부분과 소통하고 싶다면, 가까이 그리고 멀리 있는 사람들과의 관계를 유지하고 싶다면 디지털 기술에서 그리고 이 기술이 불러오는 소진의 위협에서 벗어날 수 없다. 다만 이를 건강하게 활용할 방법을 배울 수는 있다.

이런 문제에 맞서는 한 가지 시도로 《디지털 미니멀리즘: 딥 워크를 뛰어넘는 삶의 원칙》에서 칼 뉴포트Cal Newport가 말한 '디지털 미니멀리즘digital minimalism'의 철학을 적용하자는 이야기가 널리 퍼졌다. 뉴포트가 연구를 진행하며 대화를 나눈 사람들은 디지털 기술 사용자들이 내게 들려준 것과 아주 비슷한 이야기를 했다. 뉴포트는 자신이 관찰한 바를 다음과 같이 정리했다.[6] "대부분 사람이 현재 자신이 기술과 맺고 있는 관계가 지속 가능하지 않다고 느꼈다. 이른 시일 내에 무언가 달라지지 않는다면 그들 또한 망가질 정도로 위태로워 보였다. 현대의 디지털 생활과 관련한 대화에서 내가 가장 자주 들은 단어는 '소진'이었다."

나 역시 디지털 미니멀리즘이라는 개념에 적극 동의한다. 디지털 소진을 조성하는 기술의 사용을 줄일수록 (기술의 혜택은 계속해서 누리는 한편) 삶이 훨씬 나아질 것이다. 어떤 이들은 '디지털 디톡스'를 시작하는 좋은 전략으로 디지털 기기들을 영구적으로 제거하는 방법을(어렵다면 기기들에서 장기간 휴지기를 갖는 방법을) 제안한다. 하지만 디지털 기기 사용을 중단하는 데 몇몇 이점이 있다고 하더라도 내가 20년간 인터뷰했던 사람들, 나와 함께 일했던 사람들 다수는 이것이 장기적이고도 현실적인 방법이라고 생각하지 않았다.

얼마간은 디지털 기기를 멀리 할 수 있다고 해도 결국 어떤 휴지기든 끝나기 마련이다. "도박 문제가 있는 사람이 열흘간 라스베이거스를 벗어나는 것은 좋은 방법이 될 것이다."[7] 휴식의 중요성과 산만함에 대한 책을 여러 권 저술한 알렉스 방Alex Pang은 이렇게 말했다. "하지만 열하루째 날에 다시 슬롯머신 앞에 앉는다면 열흘 동안의 휴지기가 좋은 방법이었다고 볼 수 없다."

휴대전화나 컴퓨터에서 멀어지는 방법이 많은 문제를 해결할 수는 없으리라는 근거가 있다.[8] 나는 연구를 진행하면서 디지털 기술에서 꽤 오래 멀어졌다가 다시 디지털 기술을 사용하기로 하고 재진입하는 사람들이 순탄치 않은 과정을 경험한다는 사실을 발견했다. 이들이 디지털 기술에서 손을 떼었던 동안에도 세상은 계속해서 돌아갔기 때문에 다시금 따라잡아야 할 것들이 너무도 많이 쌓여 있었다. 잃어버린 시간을 만회하려고 더욱 애를 쓰며 느끼는 부담감에 이 기기들에서 멀어졌을 당시의 행복했던 기억까지 더해져 소진감을 전보다 더 심하게 느낄 수 있다.

스크린을 바라볼 때 우리의 눈이 피로감을 느낀다거나 기기가 방출하는 블루라이트 파장이 생체시계를 크게 교란한다는 등 디지털 기기가 인간의 생리적 반응에 미치는 영향을 논하는 보고서가 많이 발표됐다. 이런 신체적 영향들도 물론 중요하지만 이 책에서 다루고자 하는 주제는 아니다. 내 목표는 정보·데이터·타인과 연결되게 해주는 디지털 도구가 어떻게 우리를 소진시키는지를 파고드는 것이다. 기기가 문제가 아니다. 우리가 기기를 이용하는 방식, 우리가 기기를 사용하는 패턴을 둘러싼 사회적·구조적·문화적 기대치가 문제다.

오늘날의 디지털 연결 세계에서는 기술과 더 건강한 관계를 맺는 방법을 아는 것이 비밀 병기가 된다. 기기들을 사용하지 않을 수는 없으니 에너지를 빼앗기지 않는 방식으로, 더 중요하게는 기기들에서 에너지를 얻는 방식으로 활용하는 법을 배워야 한다. 디지털 도구에 대한 통제력을 회복해야 우리는 본연의 목적에 따라 이 기기들을 활용할 수 있다. 타인과 더 잘 연결되고, 더 높은 창의성과 효율성을 발휘하고, 일에서 더 나은 성과를 보이고, 더 행복해지는 것 말이다. 이것이 디지털 도구가 우리에게 한 본연의 약속이다. 더는 디지털 기기로 소진을 경험하지 않도록 관계를 새롭게 정립한다면 기기들이 우리에게 약속한 것들을 누릴 수 있다.

그렇다면 디지털 소진이란 무엇인지부터 생각해보자.

두뇌에 휴식을 허용하지 않는 시대

디지털 소진은 알아채기는 쉽지만 정의하기는 매우 어렵다. 켄트 대학교의 교수이자 소진 분야에서 가장 인기 있는 코치, 《소진의 역사 Exhaustion: A History》의 저자이기도 한 안나 샤프너 Anna Schaffner는 서구 사회가 적어도 기원전 350년부터 소진이라는 개념에 대한 기록을 남겼지만 그것이 정확히 무엇인지에 대해서는 제대로 정의된 적이 없다고 설명했다. 소진과 관련해 2,000년이 넘는 기록을 살펴본 그녀는 이렇게 결론을 내렸다. "소진은 한정된(그리고 보통은 재생이 불가능한) 자원이 흡혈귀에게 피를 빨리듯 고갈되거나 유해하게 소비되어 기존에 잘 기능하던 사람이나 사물, 시스템, 기반이 약해진 또는 역기능적인 상태가 되는 현상이다."[9] '흡혈귀에게 피를 빨리듯'이라는 표현이 아주 마음에 든다. 소진을 명확히 정의하기가 어렵긴 하지만 음흉한 괴물이 숙주에게서 에너지를 빨아 먹는 이미지가 딱 들어맞는 듯하다.

소진의 증상이 피로, 환멸, 냉담, 절망, 초조, 과민, 전반적인 동기 결여 상태라는 점에서는 대체로 이견이 없어 보인다. 소진은 정신적·신체적으로 동시에 일어나는 현상이다. 두뇌가 지나치게 피로해지면 우리 몸은 인지 능력을 회복하기 위해 신체 에너지를 따로 비축하려 하므로 우리는 신체적 탈진을 경험한다. 소진은 우리의 에너지와 행동 욕구, 주의 및 집중 능력을 저하시킨다. 정신적 소진이 특히 심각한 문제인 이유는 신체와 달리 두뇌는 피로하다는 신호를 명확히 보내지 않기 때문이다. 두뇌가 한계에 이르러 휴식이 필요한 지점을 짚어내기가 늘 쉽지만은 않다. 예컨대 상자를 옮기거나 망치질을 하는 등의 신체적 활동을 할 때면 언제 휴식을 취해야 하는지를 몸이 알려주겠지만, 두뇌는 그러는 법이 없다.

우리는 근육이 보내는 피로의 신호를 이해하고, 관절의 통증을 감지하고, 아까보다 못을 내려치는 힘이나 정확도가 떨어졌다는 사실을 알아차리는 데는 능숙하다. 하지만 정신적 소진을 알아차리는 데는 아주 미숙하다. 정신적 소진에 이르면 평소보다 실수가 잦아진다고 느낄 수도 있다. 하지만 정신적으로 소진됐음을 알려주는 신호는 대개 목이 뻣뻣해지거나 허리가 쑤시거나 눈이 뻑뻑해지는 등의 신체적 증상으로 나타난다. 우리는 몸을 몰아붙이는 것보다 더 심하게 그리고 더 오랫동안 두뇌에 부하를 가할 때가 많은데, 두뇌를 혹사하고 휴식을 허용하지 않을수록 두뇌는 쉬어도 될 때조차 쉬지 못하는 잔인한 패러독스에 빠진다.

이런 현실에 디지털 기술들을 더해보겠다. 우리는 정보 과잉 시대에 살고 있다. 어디를 가든 어디에 시선을 두든, 데이터에 휩싸여 있다. 일터에서는 이메일, 엑셀, 데이터베이스, 문자 메시지, 슬랙^{Slack}, 줌, 챗지피티^{ChatGPT} 등 일상을 잠식한 수많은 디지털 기술을 통해 정보와 데이터가 물밀듯 밀려든다. 이른바 생산성 도구라고 하는 기술의 효과를 조사한 연구 가운데 기술 사용의 증가가 소진으로 이어지는 결과를 보여주는 예가 점차 늘어나고 있다.[10] 일을 떠나서는 아마존·알리바바 같은 쇼핑 사이트, 스포티파이^{Spotify}·판도라^{Pandora} 등 음악 플랫폼, 넷플릭스·디즈니플러스 같은 영상 스트리밍 서비스로 디지털 기술을 소비할 기회가 끝없이 펼쳐진다. 연구를 통해 이 사이트들도 우리를 소진시킨다는 사실이 밝혀졌다.[11] 이런 사이트에서 살펴봐야 하는 선택지와 리뷰가 너무도 많은 나머지 결정의 부담이 커지기 때문이다.

디지털 환경에서 소진과 가장 긴밀하게 연관된 기술은 단연 소셜 미디어다. 메시지들, 사진들, 영상들, 밈들, '좋아요'들, 추천들, 뉴스 속보들, 다른 사람의 삶을 들여다보는 창들, 광고들…. 소셜 미디어를 사용한다는 것은 데이터 더미에 깔리는 것과 마찬가지다. 다만 우리가 소진되는 것은 단순히 데이터의 양 때문이 아니다. 거기서 벗어날 수 없다는 현실 때문이다. 틱톡, 유튜브, 페이스북, 인스타그램, 스냅챗, 레딧 및 여러 소셜 미디어 플랫폼은 중독성이 대단히 높고, 실제로 중독되도록 설계됐다는 사실이 이제는 명확해졌다.[12] 다시 기기를 만지고 싶고, 더 자주 더 많은 데이터에 노출되고 싶다는 욕구가 우리를 소진으로 이끈다.

디지털 소진을 정의하려면 널리 알려진 두 가지 개념과 연관 지어 생각해보는 것이 도움이 된다. 바로 스트레스와 번아웃이다.

먼저 스트레스 요인과 스트레스를 구별하는 것으로 시작하겠다. 스트레스 요인은 우리의 신체에 스트레스 반응을 불러오는 외부의 사건 또는 조건을 의미한다. 보통 우리의 신체적 또는 정서적 웰빙에 위협이나 도전이 된다고 인식하는 것들이다. 몇 가지 예를 들자면 일과 관련한 압박감이나 경제적 어려움, 인간관계 문제, 건강 문제, 이사 또는 새로운 직장, 자녀 탄생 등 삶의 중대한 변화가 있다. 스트레스 요인을 접하면 우리의 신체는 '스트레스 반응'이라고 하는 복잡한 생물학적 및 생리학적 반응을 경험한다.[13] 스트레스 요인에 장기적으로 노출되면 신체는 스트레스 반응의 소진 단계에 접어든다. 이 단계에서 우리는 신체적 자원이 고갈되고, 피로를 경험하며, 스트레스에 대처하는 능력이 저하됐다고 느낀다. 좋은 스트레스든 나쁜 스트레스든, 너무 오랫동안 너무 많은 스트레스를 경험하면 기력이 완전히 바닥난 나머지 우리의 정신과 신체는 최고의 효율을 내지 못한다.

스트레스가 소진을 불러오는 요인인 데 비해 번아웃은 소진이 불러오는 무척 잔인한 대가 중 하나다. 번아웃은 보통 장기적이거나 과도한 스트레스로 인한 정서적·신체적·정신적 소진 상태를 가리킨다.[14] 일 때문에 번아웃을 경험하는 상황이 가장 흔하고, 스트레스-소진-번아웃이라는 일련의 반응을 발생시키는 스트레스 요인들은 보통 일터에서 비롯된다. 최근의 한 연구에서는 번아웃임을 알아볼 수 있는 세 가지 특징을 정리했다. 소진과 냉소('이인감 depersonalization'이라고도 한다), 무능감이다. 번아웃은 소진보다 더 크고 복잡한 개념으로, 번아웃의 가장 주된 원인이 소진이다. 그렇다고 해서 소진이 중요하지 않다는 뜻은 아니다. 심리학자인 크리스티나 매슬랙 Christina Maslach 의 연구를 통해 소진이 이인감을 불러오고 자기효능감을 저하시켜 번아웃의 중요한 원인이 된다는 점이 밝혀졌다. 매슬랙과 그녀의 동료들은 이렇게 적었다. "소진은 단순히 우리가 겪는 감정이 아니라 과중한 업무에 대처하려는 하나의 방법으로, 업무에 정서적·인지적으로 거리를 두는 행동을 유발한다."[15]

소진 하나를 바로잡는다고 해서 번아웃을 고칠 수 있는 건 아니다. 업무 과제와 업무량, 동료들 및 상사와의 관계에 더해 원격근무를 하는지 사무실에서 일하는지 등 맥락적 요인들까지 이 모든 요소가 번아웃과 관련한 여러 감정에 기여하기 때문이다. 하지만 번아웃을 해결하기 위해서는 반드시 소진을 이해해야 한다.

소진은 여러 원인에서 비롯될 수 있다. 여기서 내 목적은 당신을 소진시키는 큰 원인이 디지털 기술 사용이라는 점을 설명하고, 소진이 번아웃을 불러오기 전에 디지털 기술이라는 스트레스 요인을 줄여야 한다는 사실을 이해시키는 것이다.

디지털 소진의 두 단계

몇 년 전, 나는 기업 간 디지털 협업 도구를 만드는 한 소프트웨어 개발 회사를 컨설팅했다. 컨설팅을 진행하는 동안 앤디라는 제품 담당 책임자와 매달 첫 번째 화요일에 만났다. 30대 초반의 그녀는 에너지와 열정이 넘쳤는데, 대화를 나누면서 그녀가 경쟁 제품을 만든 한 소규모 스타트업에서 일하다가 최근 이 회사에 영입됐다는 사실을 알게 됐다. 앤디는 전문 지식이 뛰어났고 프로젝트를 진행하는 방법 또한 잘 알고 있었다. 그녀가 주관하는 미팅에 함께할 때마다 느낀바, 그녀는 팀원들의 이야기를 경청하고 팀원들의 업무가 재미와 의미 모두를 가질 수 있도록 최선을 다하는 한편 정해진 기한과 예산 또한 준수하는 모습을 보였다.

하지만 1년이 조금 지나자 앤디의 성향이 크게 달라졌다. 프로젝트에 대한 열정이 예전만큼 드러나지 않았다. 팀원들과의 상호작용에서도 전보다 인내심을 발휘하지 못했고 조금 신경질적으로 보이기까지 했다. 어느 날, 그녀에게 괜찮은지 묻자, 그녀가 답했다. "모든 일을 해내기가 너무 힘들어요. 이런 적은 처음이에요. 이 업무를 하다가 저 업무를 하다가, 이 도구에서 저 도구로, 이 데이터 저 데이터 오가며 처리하느라 너무도 지쳤어요. 감당하기가 벅차요. 아무런 의욕도 없고, 내내 모니터만 쳐다보며 스크롤링, 클릭만 하고 있어요. 뭘 하든 방전된 제 배터리가 충전이 안 되는 기분이에요." 데이터 수집의 기회를 놓칠 수 없었던 나는 그녀에게 다시 물었다. "그렇다면 0점에서 6점을 기준으로 평가했을 때 디지털 기술을 사용하며 어느 정도의 피로감을 경험합니까?" 잠시 웃음을 터뜨린 그녀는 이렇게 답했다. "당연히 6점이죠. 더 높은 점수는 없나요?"

앤디처럼, 방전된 배터리라는 표현으로 자신의 소진 정도를 설명한 사람들이 많았다. 나 또한 디지털 소진에 관한 담론에서 그리고 나의 디지털 소진을 관리하는 방법에서도 방전된 배터리라는 비유가 적절하다는 사실을 깨달았다. 휴대전화, 노트북 등 우리가 의존하는 기기들은 물론 자동차까지도 충전하는 세상이다 보니 배터리가 친숙한 탓이다. 배터리의 용량은 제한돼 있고 에너지 저장량 또한 한계가 있다. 에너지가 소진되는 속도는 우리가 사용하는 기기에 따라 달라진다. 휴대전화를 많이 사용한다면 또는 전력을 많이 소비하는 앱을 여러 개 동시다발적으로 사용한다면 절약해서 쓸 때보다 배터리가 훨씬 빨리 방전될 것이다.

충분한 휴식을 취하고 열정이 넘치는 상태로 하루를 시작할 때는 에너지가 가득하다는 기분이 든다. 하지만 이메일을 열어보고, 여러 보고서를 읽고, 친구들의 사진에 댓글을 남기고, 어떤 플레이리스트를 선택할지 고민하는 동안 비축해놓은 귀중한 에너지가 점차 줄어든다. 디지털 기기들이 전해주는 데이터, 정보, 사람들과 상호작용할수록 점점 더 소진되는 기분을 느낀다. 앞서 언급한 신호들을 통해 자신이 지쳤다는 것을 알 수 있는데, 소진됐다는 기분을 느끼기까지 몇 주가 걸리기도 하지만 단 몇 시간 만에 방전될 수도 있다.

이렇듯 완벽히 충전된 상태에서 에너지가 고갈되기까지의 일반적인 과정을 나는 '1단계 소진'이라고 부른다. 여러 활동을 하며 비축한 에너지를 사용할 거라는 사실은 예상하고 있고, 에너지를 다시 얻기 위해서는 재충전이 필요하다는 것도 누구나 안다. 물론 디지털 기술을 사용하는 활동이 에너지를 앗아가는 유일한 요인은 아니지만, 디지털 기술은 현재 우리의 탈진을 불러오는 주된 요인으로 자리 잡아가고 있다. 우리 삶의 큰 부분이 디지털 기술에 의존하고, 이 기술을 어떻게 사용할 것인가 하는 선택이 에너지를 빼앗기는 정도에 직접적으로 영향을 미치기 때문이다.

선택이 중요하다. 그리고 우리는 재충전을 할 때마다 이 에너지를 어떻게 사용할 것인지 선택할 수 있다. 와이파이를 연결해서 음악을 재생한 뒤 플래시 라이트를 켜고 인스타그램을 구경하는 일을 한꺼번에 하지 않기로 선택할 수 있듯, 기기들이 연결해주는 콘텐츠 및 사람들과의 상호작용도 에너지를 덜 소모하는 방식으로 선택할 수 있다. 재충전해야 하는 시점이 오기까지 에너지를 얼마나 오래 가게 할지에 대해서는 우리에게 꽤 큰 재량이 있다.

선택이 대단히 중요한 이유는 우리가 에너지를 소비하고 재충전할 수 있는 횟수가 제한돼 있기 때문이다.[16] 고갈과 재충전이라는 주기를 반복하는 1단계 소진 과정은 우리에게 큰 타격을 입힌다. 그래서 시간이 흐를수록 예전에 비해 에너지가 지속되는 시간이 짧아지는 것 같고 초조함과 짜증, 의욕이 떨어지는 기분을 느끼게 된다. 이런 경험을 장기적으로 하는 상황이 바로 내가 '2단계 소진'이라고 부르는 것이다.

2단계 소진의 징후는 어디서나 확인할 수 있다. 2023년, 10개국 3,400명의 직장인을 대상으로 진행한 한 설문조사에서는 일반 직원의 43퍼센트가 '자주' 또는 '항상' 피로하다고 밝혔고, 중간관리자(일터에서 디지털 소진에 가장 많은 영향을 받는 이들이다)의 46퍼센트는 업무 관련 스트레스로 1년 내에 일을 그만둘 계획이라고 답했다.[17] 나와 대화를 나눈 세일즈 매니저 찰리가 그중 한 명이다. 40대 후반의 그는 얼마 전 회사를 옮겼고, 2단계 소진을 해결하기 위해 심리치료사의 도움을 받기 시작했다. 그는 이렇게 말했다. "한계에 이르러 간단한 업무조차 제대로 해내지 못할 지경이었어요. 늘 지쳐 있었고, 그 탈진감 때문에 더 지치곤 했죠. 수많은 정보를 처리하고 사람들과 교류하는 일에서 굉장한 피로감을 느꼈고, 여러 업무를 오가며 소진되는 와중에 이 모든 일을 다시 해낼 에너지를 찾아야 한다는 것이 더 힘들었어요. 그 힘을 거듭해서 끌어모으는 일이 점점 버거워졌어요."

배터리의 건강 상태는 보통 배터리 사이클로 확인할 수 있는데, 한 사이클은 충전 후 방전된 횟수(1단계 소진)를 의미한다. 일정한 횟수를 넘어서면 배터리의 성능이 저하되기 시작한다(2단계 소진). 휴대전화와 노트북에 쓰이는 리튬이온 배터리의 사이클은 보통 300에서 500회로 그 이후에는 성능이 크게 떨어지다가 결국 수명이 다한다. 좋은 소식은 배터리에 비유하여 소진을 설명하는 것이 상황을 이해하는 데 도움이 되긴 하지만 우리는 배터리가 아니라는 점이다. 2단계 소진을 경험해도 다시 회복할 수 있다. 다만 배터리에 비유하는 것이 여전히 유용한 지점은 있다. 우리가 해야 할 일은 1단계의 '소진-재충전' 사이클 수를 줄이는 것이다. 그러기 위해서는 에너지를 보존하는 방법과 새로운 에너지원을 찾는 방법을 배워 애초에 고갈되는 일이 없게 해야 한다. 이 두 가지를 배우려면 기기들과의 관계를 새롭게 구성해야 한다.

디지털 디톡스를 위한 여덟 가지 규칙

디지털 기술 사용과 관련해 한 가지 보편적인 법칙이 있다면, 우리의 기술 사용 패턴이 빠르게 정착된다는 점일 것이다. 이 사실이 다행스럽기도 하고 두렵기도 하겠지만, 대부분 사람이 새로운 기술을 탐색

하는 기간이 그리 길지 않다는 사실이 근거를 통해 드러났다. 새로운 디지털 도구들의 기능을 시험해본 지 12주에서 16주가량이 지나면 대체로 새 도구를 사용하는 방식에 하나의 루틴이 생겨나고, 그 도구가 지속적으로 어떤 영향력을 미칠지 또한 비교적 예측이 가능해진다.[18] 불확실성 또는 새로운 기회의 창이 열려 있는 기간은 지난 30년간 변함이 없었다. 그런데 소셜 미디어와 대규모 언어 모델Large Language Model, LLM을 활용한 AI 기반 기술이 등장하면서 그 창이 열린 시간이 길어졌을 뿐 아니라 심지어는 유리가 산산이 조각나 창이 아예 의미를 갖지 못하게 됐다.

우리가 익숙하게 사용해온 대부분 디지털 기술과 달리 AI 기반 디지털 도구들은(오늘날 만들고 판매하는 대부분 디지털 도구에는 AI 기능이 내장돼 있다) 스스로 변화하도록 설계된다. 계속해서 변화하도록 말이다. LLM에 새로운 데이터를 제공해 텍스트나 컴퓨터 코드를 생성할 때마다 기술은 학습하고 기능은 확장된다. 즉 우리는 매번 다른 기술을 사용하는 셈이다. 기술이 할 수 있는 일은 일주일만 지나도 달라진다. 오늘날 가장 기본적인 디지털 도구마저 갖추고 있는 자율학습 기능 때문에 이제 우리는 새로운 기술을 단 한 번 배우는 것으로 끝나지 않는다. 도구를 사용할 때마다 새로운 기술을 배운다고 봐야 한다. 다시 말해 우리는 점점 더 빠르게 변화하는 예측 불가능한 디지털 세계에서 살고 있다.

스탠퍼드 공과대학의 교수인 캐시 아이젠하트Kathy Eisenhardt는 변화의 속도가 매우 빠르고 혼란스러운 시장에서 기업이 성공할 방법을

40년 가까이 연구해온 인물로, 기술 전략 방면에서 최고 권위자로 널리 인정받는다. 기술이 빠르게 변화하는 환경에서 훌륭한 성과를 내는 기업들에는 한 가지 공통점이 있다는 사실이 그녀의 연구를 통해 밝혀졌다. 즉, 몇 가지 간단한 규칙을 준수한다는 점이다.[19] 계속해서 진화하는 기술로 시장이 안정적이지 않다면 세세한 전략을 세우려는 노력은 무용하다. 전략을 실행할 준비를 마쳤을 때는 이미 시장이 달라져 있을 테고 그간의 노력이 모두 헛수고가 되고 말 것이다. 하지만 기업이 몇 가지 규칙을 개발하고, 따르고, 고수한다면 변화 앞에서 무엇을 해야 할지를 알 수 있고 적응할 준비 또한 돼 있을 것이다.

우리가 사용하는 앱과 기기들이 빠르게 변화하고 있고 이것들이 우리에게 어떤 역량을 제공하고 위험을 불러올지 모르는 상황일 때, 몇 가지 간단한 규칙이 마련돼 있다면 디지털 소진을 피할 가장 유리한 위치에 설 수 있다.

어떤 규칙이 가장 효과적일지를 밝히려면 먼저 디지털 소진이 어디서 비롯된 것인지를 파악해야 한다. 이 책의 1부에서는 소진의 근본 원인, 즉 내가 '소진의 3요소'라고 부르는 세 가지 핵심 요소를 다룬다. 1부의 각 장에서는 오늘날 우리의 에너지를 삼켜버리는 새로운 블랙홀이 무엇인지 살펴보고, 우리가 주의력을 기울이는 방식과 자신 및 타인에 대한 추론이 우리를 어떻게 지치게 하는지, 스크린 앞에서 우리가 느끼는 감정들이 어떤 상호작용을 하며 우리의 에너지를 소모하는지 설명할 예정이다. 이런 이야기로 시작하는 것이 중요한 이유는 무엇이 우리를 소모하는지 이해하지 못하면 에너지 소비를 조절할 수도, 재충전을 하는 올바른 방법을 찾을 수도 없기 때문이다. 1부가 끝날 즈음이면 디지털 소진이 디지털 기기에서 비롯된다는 단순한 시각에서 벗어나, 그것이 지닌 훨씬 더 복잡하고 미묘한 함의를 이해하게 될 것이다.

2부에서는 일터와 집 어디서나 사용하는, 끊임없이 변화하는 기술과의 관계를 재정립할 수 있도록 디지털 회복력을 위한 여덟 가지 간단한 규칙을 소개한다. 휴대전화의 백그라운드 앱 실행 제한 기능처럼, 디지털 기술을 사용하는 방식만 달리해도 1단계 소진을 예방할 수 있다. 2부의 각 장에서는 기술 사용 방식에 변화를 일으키는 방법과 이 변화가 지속되도록 루틴을 구축하는 법을 다룬다. 디지털 기술 사용에 의도적으로 접근하라는 규칙들은 에너지와 열정을 되찾는 데 도움을 줄 것이다. 더불어 디지털 도구를 새롭게 활용해 활력을 되찾은 사례들을 소개하고, 비#디지털 도파민을 지속적으로 얻는 방법에 대한 최신 연구를 살펴보며 기기들을 가장 유익하게 사용할 방안을 모색할 것이다.

3부에서는 여덟 가지 규칙을 일터에서, 자녀 양육 환경에서, AI와의 상호작용 속에서 각각 어떻게 적용할 수 있을지 살펴본다. 직장에서 건강한 기술 사용 문화를 구축하는 방법을 알아보고, 하이브리드와 원격근무 환경에서 점차 늘어가고 있는 디지털 소진의 원인과 결과, 해결책을 확인할 것이다. 또한 부모들이 어느 때보다 많은 일과 역할을 해내야 하는 오늘날, 2부에서 제시한 규칙들을 기반으로 어떻게 자신의 디지털 소진을 낮추는 한편 자녀들에게 건강한 디지털 기술 사용법을 보여줄 수 있을지 살펴보겠다. 마지막으로 새롭게 등장하는 AI와 그것이 우리의 소진에 미칠 (긍정적이거나 부정적인) 영향을 알아볼 예정이다. 우리 삶에 갑작스럽게 등장한 AI는 상호작용이 가능한 새로운 디지털 도구 세트를 대표한다는 점 때문만이 아니라, 그것이 데이터를 처리하고 제시하는 방식이 전례 없다는 점에서 우리의 디지털 소진에 중대한 함의를 가진다. 또한 AI를 어떻게 활용하면 디지털 소진을 줄일 수 있을지 그리고 AI가 우리의 에너지를 앗아가는 또 하나의 도구가 되지 않게 하려면 어떻게 해야 하는지도 같이 살펴보겠다.

디지털 도구가 소진의 주된 요인이라는 사실을 깨달으면 도구들을 비난하거나 멀리하고 싶다는 마음이 들기 쉽다. 하지만 우리가 이 도구들을 사용하기 시작한 데는 이유가 있었다는 점을 명심하길 바란다. 대체로 도구는 우리가 무언가를 더 잘할 수 있도록 또는 새로운 무언가를 해볼 수 있도록 도와줬다. 이것이야말로 새로운 기술이 우리에게 선사해야 할 이점이다. 또한 많은 도구가 우리 삶의 어떤 측면을 실제로 개선해주기도 한다. 하지만 기기를 통해 정보와 사람들, 우리의 정신을 어지럽히는 수많은 방해 요소에 지속적으로 노출되기 때문에 소진이라는 문제가 발생한다. 다시 말하지만 문제는 기술 자체가 아니라 우리가 기술을 사용하는 방식에 있다. 어려운 문제는 도구를 사용하는 방식을 우리가 항상 선택할 수 있는 게 아니라는 점이다. 상사, 동료, 친구, 아이들, 부모 등 수많은 사람이 우리를 디지털 도구로 끌어들이고, 이 과정에서 형성된 디지털 도구와의 관계가 우리를 소모시킨다.

  좋은 소식은 이런 제약이 존재하기는 하지만 디지털 소진을 낮출 간단한 방법도 있다는 것이다. 기술이 왜 그토록 우리를 소모시키는지 이해하고 과학적으로 입증된 규칙들을 따르며 이 규칙을 여러 맥락에서 어떻게 적용할지 배운다면, 디지털 소진을 물리치고 에너지 넘치는 삶으로 나아갈 수 있다. 이제 디지털 기기와의 관계를 새롭게 정립할 때다.

CONTENTS

추천의 글   4
PROLOGUE   쓸만한 기술은 많아졌는데, 왜 계속 피곤할까?   7

PART 1
디지털 과부하로 우리가 잃어버린 것들

CHAPTER 01   주의력: 끝없는 스크롤과 몰입의 실패   35
CHAPTER 02   추론: 왜곡된 유추와 평가   58
CHAPTER 03   감정: 화면에서 느껴지는 불편한 감정들   79

PART 2
디지털 디톡스를 위한 여덟 가지 규칙

CHAPTER 04   규칙 1: 사용 중인 도구를 절반으로 줄여라   107
CHAPTER 05   규칙 2: 정보에 걸맞은 미디어를 매칭하라   129
CHAPTER 06   규칙 3: 배칭과 스트리밍의 최적 조합을 찾아라   147

CHAPTER 07	규칙 4: 응답하기 전 일단 기다려라	163
CHAPTER 08	규칙 5: 추측하지 말라	185
CHAPTER 09	규칙 6: 의도를 가지고 행동하라	202
CHAPTER 10	규칙 7: 간접적으로 배워라	220
CHAPTER 11	규칙 8: 지금 이 순간에 머물러라	238

PART 3
현재의 삶과 디지털 세계와의 균형 찾기

CHAPTER 12	조직을 위한 처방	261
CHAPTER 13	디지털 네이티브를 키우는 부모를 위한 제안	295
CHAPTER 14	AI와 함께하는 삶과 일에 대하여	321

| EPILOGUE | 기술의 시대, 삶의 주도권을 되찾아라 | 350 |

| 부록 | | 355 |
| 주석 | | 362 |

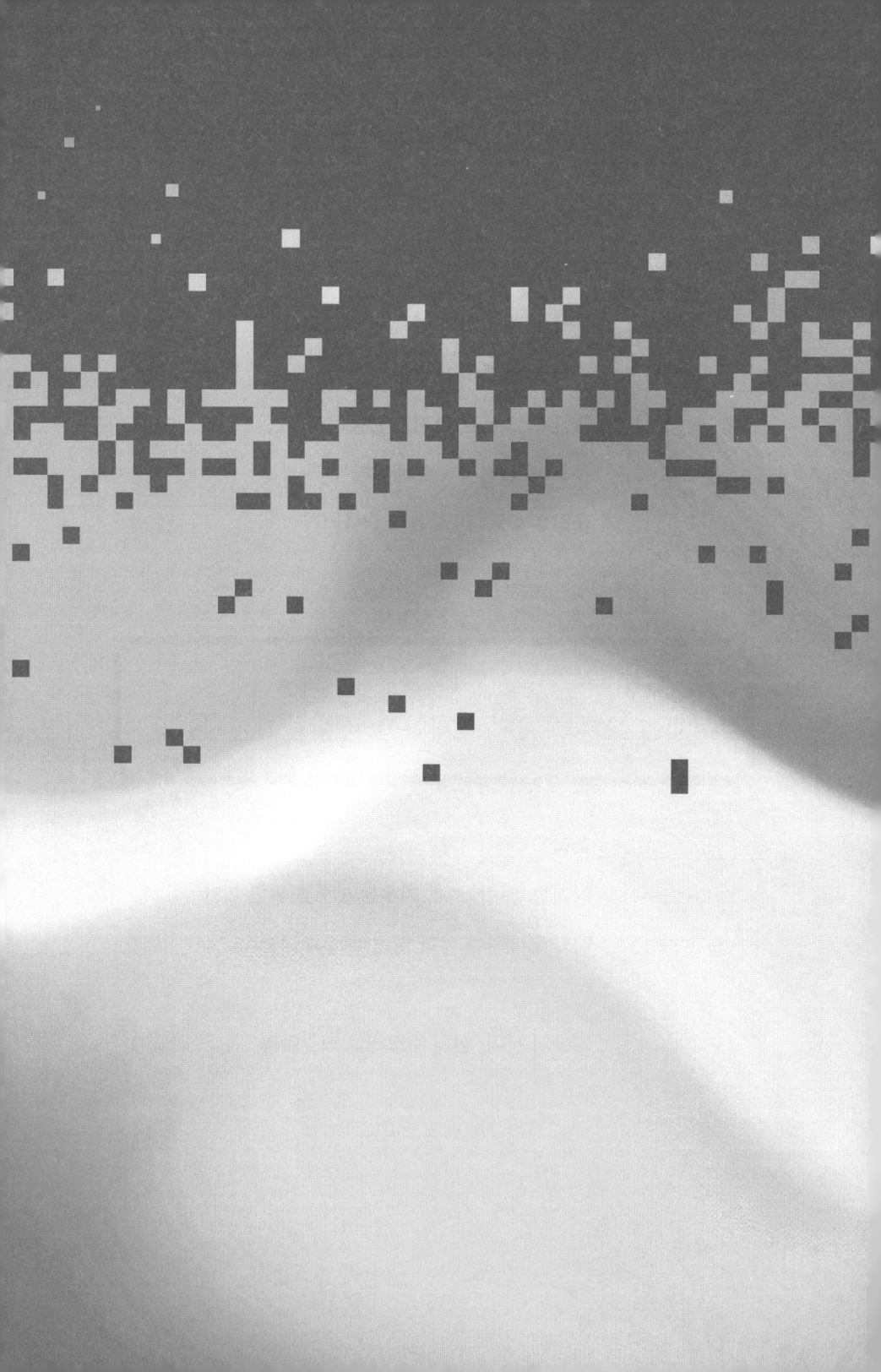

PART 1

디지털 과부하로 우리가 잃어버린 것들

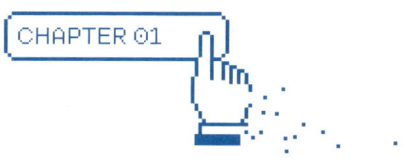

주의력:
끝없는 스크롤과 몰입의 실패

아침 5시 50분, 마야는 오른쪽 귓가에서 울리는 진동 소리에 번쩍 눈을 뜬다. 머리에서 몇 센티미터 떨어진 침실용 탁자 위에서 스마트폰이 불을 번쩍이며 진동한다. 그녀는 스마트폰으로 손을 뻗어 알람을 끄고는 시간을 확인한다. 대개 그녀는 낮게 앓는 소리를 내며 스마트폰을 탁자 위에 툭 내려놓는다. 하지만 이내 비몽사몽간에 다시 스마트폰을 집어 비밀번호를 입력한 후 인스타그램 앱을 연다. 몇 분 동안 친구들과 가족이 올린 사진들은 물론 전혀 모르는 낯선 사람들의 사진까지 훑다 보면 오늘의 주요 뉴스를 요약한 〈뉴욕타임스〉 메일이 도착했다는 알림이 뜬다.

그녀가 알림을 클릭하자 이메일 앱이 열린다. 〈뉴욕타임스〉 메일을 확인하기도 전에 그녀가 자는 동안 유럽에 있는 동료들이 보낸 이메일 몇 개가 눈에 띈다. 그녀가 첫 번째 메일을 읽는 동안 옆자리에서 자던 남편이 낮은 목소리로 뭐라 웅얼거리지만 알아들을 수가 없다. 무슨 말이었는지 물어보려 했지만, 그때 휴대전화의 '방해금지' 모드가 해제되며 문자 메시지 세 개와 왓츠앱 메시지 하나가 도착해 있음을 알게 된다. 그녀는 문자 메시지 하나를 클릭했지만 미처 읽기도 전에 어쩌면 왓츠앱 메시지가 더 중요한 내용일지도 모르겠다는 생각이 스쳤고, 빠르게 왓츠앱으로 전환한다. 확인해보니 해외에 사는 친구 몇 명이 보낸 그룹 메시지였다. 그녀는 다시 문자함으로 돌아왔고, 얼마 전 대법원 판결이 말이 되느냐고 묻는 친한 친구의 메시지를 확인한다. 남편이 다시 한번 웅얼거렸지만 마야는 이번에도 그의 말을 제대로 듣지 못한다. 친구가 말하는 대법원 판결 기사를 찾느라 급히 〈뉴욕타임스〉 앱을 연다. 시간을 확인한 그녀의 입에서 "젠장" 소리가 튀어나온다. 그녀가 침대에서 벌떡 몸을 일으켜 샤워기를 틀고 따뜻한 물에 몸을 적시려 하는데 그제야 남편의 질문이 들렸다. 그는 세 번째 시도 끝에야 아내의 관심을 끌 수 있었다. "있잖아, 마야. 내 전화기 어디 있는지 알아?"

마야의 일상은 나나 당신 또는 그 누구의 이야기도 될 수 있다. 우리의 관심을 사로잡으려는 뉴스나 앱, 디지털 기기에서 자유로운 순간이 하루 중 거의 없다고 봐도 무방할 것이다. 우리는 주의력 경제attention economy에 살고 있다. 우리의 주의력이 귀중한 이유는 기업이 수익을 창출할 수 있는 한정된 자원이기 때문이다. 마야는 자신의 인스타그램 피드를 도배한 스킴스Skims 운동복 광고를 클릭하면 킴 카다시안Kim Kardashian의 회사가 인스타그램 측에 얼마간의 비용을 지불할 것이라는 사실은 알고 있다. 하지만 마야를 포함해 대부분 사람이 잘 모르는 사실은 이 수익성 높은 경제적 거래 시스템은 광고 클릭에만 의존하지 않는다는 점이다. 웹사이트 또는 앱의 소유자들은 사람들이 광고를 시청했다는 증거만 제공해도 수익을 거둘 수 있다. 디지털 마케팅 세상에서 '노출'이라고 부르는 개념이다. 인스타그램이나 〈뉴욕타임스〉 또는 여타 상업용 웹사이트가 당신과 나 같은 사람들이 그 사이트에 오래 체류할 가능성이 있다는 사실을 광고주에게 보여주면 광고 게재에 더 높은 비용을 청구할 수 있다. 사이트에서 체류 시간이 길다는 것은 곧 사람들에게 광고가 노출될 가능성 또한 크다는 의미이기 때문이다. 주의력을 사고파는 이들에게 당신은 아침에 눈을 뜨는 순간부터 타깃이 된다.

하지만 여기서는 돈이 전부가 아니다. 유럽에 있는 동료들이 보낸 이메일과 친구들이 보낸 문자 메시지들 또한 당신의 주의력을 두고 경쟁한다. 침대 옆에 누워 있는 상대방 또한 당신의 관심을 끌고자 한다. 상대의 주의력이 한정돼 있다는 것을 알기에 그 일부라도 끌기 위해 우리는 그토록 많은 문자 메시지와 이메일을 주고 또 받는다. 데이터를 보면 양으로 압도하는 방식이 효과가 있다. 내가 진행한 초기 연구 중 하나는 기업 여섯 곳의 프로젝트 관리자들을 대상으로 한 것이었다.[1]

프로젝트 관리자들은 상사로서의 권한이 없음에도 직원들의 협력을 이끌어 업무를 진행해야 하는 고된 일을 할 때가 많다. 다시 말해 사람들의 주의력을 끌고 그 주의력을 유지하기 위해 끊임없이 싸워야 한다. 연구 과정에서 나는, 기한과 예산에 맞춰 프로젝트를 가장 성공적으로 진행하는 프로젝트 관리자들은 여러 기술을 활용해 팀원들에게 동일한 메시지를 반복적으로 전달했다는 사실을 발견했다. 이들은 팀원들에게 이메일을 보내고 전화를 하고 직접 책상으로 찾아가 전달하는 등 서로 다른 세 가지 방법을 활용해 같은 메시지를 세 차례 전달했다. 이렇듯 다중 커뮤니케이션을 활용한 프로젝트 관리자들은 팀원들의 한정된 인지 능력을 요하는 다양한 일을 밀어내고 자신의 메시지를 잘 전달했고, 팀원들에게 이런 소통 공격을 행하지 않는 관리자들보다 관심을 사로잡는 데 더 자주 성공했다. 하지만 연구에 참여한 관리자들은 안타까운 사실을 결국 깨닫게 됐다. 관리자의 추가적인 소통으로 팀원들이 처리해야 하는 데이터양이 점차 늘어가자 사람들의 주의력은 더 산만해졌고, 이들의 관심을 사로잡기가 더 어려워진 것이다.

오늘날 대부분 사람이 경험하는 이런 고충은 이제 하나의 입증된 사실로 자리 잡았다. 우리의 주의력은 여기저기 분산돼 있다. 우리는 집중력을 잃고 쉽게 산만해진다. 더 빨리 또는 더 쉽게 해내야 하는 일들을 그렇게 처리하지 못할뿐더러 일을 완수한 후에도 질적으로 문제가 생길 때가 많다.[2] 더 교묘한 점은 주의력을 요하는 수많은 일이 우리가 무언가에 집중하는 능력만이 아니라 집중하는 방식 또한 결정한다는 것이다. 인터넷이 우리의 주의력 패턴을 어떻게 바꾸어놓는지를 설명하는 선구적인 책 중 하나인 《생각하지 않는 사람들》에서 니콜라스 카$^{Nicholas\ Carr}$는 이 현상을 설득력 있게 담아냈다. "미디어는 단순히 정보를 전달하는 경로가 아니다. 사고의 소재를 제공할 뿐 아니라 사고의 과정을 형성한다. 인터넷은 내가 집중하고 사색하는 능력을 조금씩 좀먹어가는 것 같다. 온라인에 연결돼 있을 때든 그렇지 않을 때든 내 정신은 인터넷이 정보를 유통하는 방식대로, 즉 빠르게 지나가는 파편들의 흐름으로 정보를 이해하려 한다. 과거에 나는 단어의 바다에서 잠수하는 스쿠버다이버였지만, 이제는 제트스키를 타고 수면을 빠르게 스쳐 지나가고 있다."[3]

15년 전 카의 저서가 출간된 이후로 우리의 주의력을 사로잡으려는 기업과 사람들이 더 늘어갔고, 그에 따라 우리의 주의력은 단언컨대 더 분산됐다. 지난 몇 년간, 주의력을 되살리는 방법을 알려주는 중요한 책들이 몇 권 출간되기도 했다.[4] 《디지털 미니멀리즘》의 저자인 칼 뉴포트는 주의력에 방해받는 일을 줄여야 '딥 워크$^{deep\ work}$'를 할 수 있다고 설득하고, 《도둑맞은 집중력》의 요한 하리$^{Johann\ Hari}$는 "깊이 사고하는 능력을 되찾기" 위해서는 집중력을 되찾을 방법을 찾아야 한다고 충고한다. 나는 이번 장에서 조금 다른 접근법을 취하려 한다. 소진되지 않으려면 주의력을 신중하게 기울여야 한다고 말하지 않을 것이다. 도리어 주의를 기울이는 행위 자체가 우리를 얼마나 소진시키는지를 보여주고자 한다.

주의를 기울이는 '방식'이 중요하다

침대를 빠져나오기 전 마야의 루틴을 친숙하게 느끼는 사람이 많을 것이다. 2010년에 미국에서 실시한 한 주요 연구에서는 성인의 65퍼센트가 일상적으로 스마트폰을 침대 바로 옆에 둔 채로 잠을 잔다고 응답했다.[5] 2023년이 되자 연구진은 침대 '옆에' 스마트폰을 둔 채로 자는지를 묻는 대신 침대 '에' 두고 수면을 취하는지로 질문을 바꿨다. 성인 65퍼센트가 그렇다고 응답했고, 무려 89퍼센트는 기상 후 10분 내에 스마트폰을 확인한다고 답했다.[6] 마야를 포함해서 우리가 단순히 스마트폰으로 시간을 확인하거나 기사 한 편을 읽는 정도였다면 이런 통계를 그리 대단하게 여기지 않아도 될 것이다. 우리가 걱정해야 할 진짜 문제는 너무도 다양한 그리고 부적절한 정보에 우리의 주의력을 분산시키는 바람에 아침에 눈을 뜬 직후부터 뇌를 혹사한다는 데 있다.

뇌과학 분야에서 오랫동안 연구해온 바에 따르면, 인간의 두뇌는 한 번에 여러 일을 처리하도록 설계되지 않았다.[7] 새로운 정보를 마주하거나 새로운 일을 시작할 때면 두뇌의 지휘본부라고 할 수 있는 전전두엽피질 가장 앞쪽으로 혈액이 몰린다. 이 지휘본부는 두 개의 음으로 된 알람을 발령해 주의력을 전환해야 한다고 알린다. 하나는 어떤 정보를 이해하거나 어떤 일을 할 뉴런들을 찾는 탐색 과정을 가동하고, 다른 하나는 이 뉴런들에게 무엇을 해야 하는지 명령을 전달한다. '과제 처리 규칙 활성화 task rule activation'라고 하는 이 과정은 영점 몇 초 만에 진행된다. 새로운 자극이 우리의 주의력을 요하면 두뇌는 (뉴스 읽기라는) 첫 번째 과제를 멈추고 (문자 메시지 확인이라는) 두 번째 과제를 시작한다. 지휘본부는 두뇌에 주의력 전환이 또 일어날 것이라고 알리며 또 한 번 두 개의 음으로 된 알람을 보내 새로운 규칙 활성화 프로토콜을 가동한다. 이 과정이 보여주는 일관성은 놀라울 정도다. 우리가 하나의 인풋에서 다른 인풋으로 주의력을 전환할 때마다 이 과정은 매번 똑같은 순서로 진행된다.[8]

 이런 기제가 중요한 이유가 있다. 새로운 자극에 노출되어 주의력을 단절한 후 재할당되는 일련의 과정을 거칠 때마다 귀중한 대사 에너지가 소비되기 때문이다. 두뇌는 몸무게의 약 2퍼센트를 차지하지만 하루 섭취 칼로리의 20퍼센트 정도를 소모한다. 이 20퍼센트 에너지의 대부분은 신체를 통제하는 데 사용되고, 두뇌가 인지 활동을 하는 데 소비할 수 있는 에너지는 매우 적다. 신경학자인 리처드 사이토윅Richard Cytowic은 이렇게 설명했다.[9] "우리의 두뇌는 대단히 효율적이기 때문에 여유분의 에너지를 적게 저장하고, 계속해서 주의력을 전환하는 과정에서 이 에너지를 빠르게 소비한다."

 주의력을 전환할 때마다 에너지가 크게 소모되고, 전환이 연이어 일어날 때마다 소진은 누적된다. 단거리달리기를 생각해보면 된다. 10초 동안 전력을 다한다면 약 60미터를 뛸 것이고, 피로를 느낄 것이다. 하지만 다시 한번 단거리를 뛸 에너지는 충분히 남아 있다. 다만 1분 휴식을 취한 뒤 다시 한번 10초 동안 전력 질주를 하면 이번에는 50미터 정도밖에 뛰지 못할 것이다. 물론 달리기 사이에 휴식을 길게 가질수록 두 번째 기록은 첫 번째 기록과 가까워진다. 하지만 휴식을 전혀 갖지 않는다면 두 번째에는 30미터 정도밖에 달리지 못할 것이다. 우리의 뇌에서도 같은 일이 벌어진다. 주의력 전환이 잦을수록 피로감이 커져 어떤 일도 처리하지 못한다. 너무 짧은 기간에 너무 자주 전환을 하면 우리의 두뇌는 소진되어 주의력을 지속하는 일 자체가 어려워진다. 20퍼센트의 에너지 가운데 두뇌가 인지를 처리하는 데 사용할 수 있는 에너지는 극히 적은 만큼, 신체는 피로를 느끼지 않더라도 우리의 두뇌는 대단히 지쳐 있다. 이런 피로감은 우리에게 큰 영향을 미친다.

인지과학자들은 주의력의 극적인 전환을 '맥락 전환context switching'이라고 명명했다. 맥락을 전환해야 할 때 두뇌는 기존의 작업과 관련한 인지 과정에서 벗어나 다음 작업이 요구하는 바에 맞춰 방향을 다시 설정해야 한다. 귀여운 헤어 스타일에 관한 틱톡 영상을 보다가 유행하는 신발에 관한 영상으로 전환하는 경우라면, 엄밀히 말해 전전두엽피질의 지휘본부가 활성화되며 새로운 뉴런들이 발화하는 식의 주의력 전환이 일어나지는 않는다. 맥락이 달라져 정보를 이해하거나 어떤 작업을 수행하는 데 새로운 그리고 다른 방식의 인지 처리가 필요할 때 앞서 언급한 단절과 재연결의 과정이 벌어지고 두뇌의 한정된 에너지가 소비된다. 이때 코르티솔이 분비돼 전환을 하는 데 필요한 에너지를 순간적으로 공급한다. 코르티솔의 분비에는 심각한 부작용이 따른다.[10] 이 스트레스 호르몬이 순간적으로 에너지를 분출할 때 인지적 소진이 가중된다. 맥락 전환의 유형이 다양한 만큼 우리가 주의력을 전환하는 방식에 따라 우리가 소진되는 정도도 다르다. 가장 흔하게 찾아볼 수 있고 또 우리에게 남아 있는 인지 에너지에 가장 큰 부담을 주는 맥락 전환 유형으로는 크게 세 가지를 꼽을 수 있다. 바로 양식modality, 영역domain, 무대arena 간의 전환이다.

앱을 선택할 때도 피로가 누적된다

양식은 무언가가 존재하는 방식 또는 우리가 그 무언가를 경험하는 특정한 방식을 뜻한다. 가장 기본적인 개념을 들자면 우리의 감각(시각, 청각, 촉각, 미각, 후각) 또한 양식이다. 이 감각들을 따로 분리할 수 있다면 어떤 감각이 활성화됐는지에 따라 자극을 달리 경험하게 될 것이다. 횡단보도에 서 있을 때 차가 한 대 지나가는 경험에서도 자극은 다르게 전해질 수 있다. 언젠가 횡단보도에 서 있는데 눈에 먼지가 들어갔다. 10초쯤 눈을 감고 눈가를 비비며 조심스럽게 먼지를 빼내는 중에 자동차 엔진 소리가 들렸다. 눈을 뜬 나는 그 차가 내 바로 앞에 서 있는 것을 보고 깜짝 놀랐다. 청각에서 시각으로 감각이 전환되는 그 몇 초 사이에 큰 혼란을 느낀 것인데, 새로운 양식을 통해 세상을 다시 인식하는 과정에서 새롭게 적응해야 했기 때문이다. 그리 어려운 일은 아니었지만 반사적으로 이뤄지는 일도 아니었다. 다른 양식을 통해 자극을 다르게 경험하는 데 적응하려면 노력이 필요하다.

기기들(노트북, 휴대전화, 스마트워치) 또한 양식이다. 링크드인, 페이스북, 질로우Zillow, 줌, 워드 등 소프트웨어도 마찬가지다. 기기나 앱마다 제공하는 기능이 다르며 생김새도, 구성 방식도 다르다. 이런 차이가 중대한 영향을 미친다.

초·중·고등학교 과정의 교육 컨설턴트로 일하는 이오아나는 전국 곳곳의 여러 학교 관리자들과 하루에도 몇 차례씩 영상회의를 진행한다. 보통 학교 측에서 회의를 잡고 이오아나는 학교가 선호하는 영상회의 플랫폼을 사용한다. 오전 중에 그녀는 줌, 팀즈, 웹엑스Webex, 구글 미트Google Meet를 오가며 학교들과 회의를 진행하곤 한다. 이오아나는 이렇게 말했다. "우리 회사에서는 주로 줌을 쓰기에 그 플랫폼이 가장 익숙해요. 팀즈나 웹엑스 미팅 때는 좀 헤매는 편이죠. 화면을 어떻게 공유하는지, 배경을 어떻게 바꿔야 하는지 잠깐 생각해야 하거든요. 앱마다 방법이 달라서 줌처럼 제가 편하게 사용할 수 없는 플랫폼에서는 조금 스트레스를 받아요."

줌과 팀즈처럼 비슷한 유형의 앱 사이를 오가는 일이 대단한 전환처럼 보이진 않지만 레이아웃과 색감, 기능을 효율적으로 사용할 수 있는 버튼 등에 다시 적응해야 하는 만큼 각 플랫폼에 따른 사용자의 경험이 달라질 수밖에 없다. 이처럼 새롭게 적응해야 하는 과정은 스트레스를 유발하고, 여러 앱을 오갈 때(지메일Gmail에서 사내 재무 관리 플랫폼으로, 또 자녀의 학교에서 알림을 보내는 페어런트스퀘어ParentSquare 앱까지) 인지적 소모와 코르티솔 분비가 훨씬 많아진다.

이런 식의 양식 전환은 일상에서 점점 더 흔해지고 있다. 최근 한 연구에서 연구진은 포천Fortune 500대 기업 세 곳의 20개 팀 137명의 팀원을 대상으로 5주간 조사를 진행했다.[11] 팀 대부분은 재무, 재고 관리, 공급망 운영 등 사무직에 속했다. 연구진은 이들의 컴퓨터 데이터 로그를 바탕으로 하루에 양식 전환이 얼마나 자주 일어나는지를 조사했다. 그 결과 하루에 양식 전환이(여기서 양식은 앱과 웹사이트를 가리킨다) 평균 1,200회 가까이 일어난다는 사실을 발견했다. 데이터 로그를 통해 양식을 전환하는 데 평균적으로 2초가 소모된다는 점도 확인했다. 이를 모두 더하면 직원들이 양식을 전환하는 데 일주일에 약 4시간을 소비한다는 얘기다.

최근 나는 여러 양식을 오가는 맥락 전환의 양상을 파악하기 위해 협업 툴 개발 업체 아사나Asana와 아마존의 동료들과 함께 미국과 영국의 지식 근로자 3,000명 이상을 대상으로 설문조사를 진행했다.[12] 그 결과 일터에서 소프트웨어 앱과 웹사이트를 오가는 데 하루 평균 57분(일주일에 4.75시간)을 소비한다는 사실을 발견했다. 그리 놀랄 만한 수치는 아니다. 다만 특정 업무에 어떤 앱을 사용해야 하는지 결정하는 데 하루 평균 30분을 쓴다는 응답자들의 답변은 우리를 놀라게 했다. 이 요청을 이메일로 해야 할까, 슬랙으로 해야 할까? 이 표를 워드로 작성해야 할까, 파워포인트로 만들어야 할까? 이 단어를 사전 웹사이트에서 검색할까, 아니면 챗지피티에 물어볼까? 그들은 이런 결정들이 대단히 복잡하거나 중대하다고 여기지 않을 것이고, 실제로도 그렇다. 하지만 우리의 생각과 행동을 얼마간 소비해야 하는 일이다. 어떤 양식을 사용해야 할지 작은 결정을 내리고 전환을 하는 행위를 하루에 1,200회가량 한다면 결정 피로가 누적되어 소진으로 이어진다는 것만은 분명하다. 작은 결정들을 많이 내릴수록 탈진감이 커진다는 사실을 뒷받침하는 증거는 계속해서 나오고 있다.[13] 주의력 소진이라는 개념을 이해하는 데는 맥락 전환이라는 보이지 않는 노동을 고려해야 한다.

혈액이 전전두엽피질로 이동하며 실제로 주의력 전환이 일어나기도 전에, 우리는 특정 목적에 따라 어떤 양식이 최선이고 또 잘못된 선택이 어떤 결과를 불러올지에 대한 작은 결정들을 이미 내린다. 10대인 내 딸은 내 휴대전화를 집어 들 때마다 이해할 수 없다는 표정으로 "아빠는 앱을 왜 이렇게 많이 열어놔요?"라면서 앱이 많이 열려 있으면 휴대전화가 느려질 뿐 아니라 배터리도 빨리 닳는다고 설명하며 앱들을 모두 닫는다.[14] 여러 앱과 기기를 자주 오가며 전환할 때 우리에게 벌어지는 일도 이 비유로 설명할 수 있다. 양식을 전환하는 일 자체는 에너지 소비 측면에서 대가가 상대적으로 크지 않다. 하지만 전환에 따른 피로와 스트레스가 매일, 몇 주에 걸쳐 빠르게 누적되어 결국 2단계 소진으로 이어진다.

몰입 실패를 부르는 주의 잔여물 현상

영역은 특정한 인지 처리 과정을 요하는 작업 또는 활동 일체를 가리킨다. 우리가 실행하는 작업 또는 활동들은 두뇌에서 각각 다른 인지 자원을 필요로 한다. 까다로운 동료와 어떻게 관계를 유지해야 할지 조언하는 일은 조금 더 구체적인 활동이자 공감력이 필요하며, 어쩌면 감정적으로도 개입해야 하는 활동이라고 볼 수 있다. 주로 사회적 인지와 인간의 감정에 대한 이해, 의사소통 능력이 필요한 일로 (언어의 이해에 관여하는) 측두엽과 (정서 처리와 관련한) 변연계 같은 두뇌 영역이 활성화된다. 이와 반대로 상사에게 제출할 재무 보고서를 준비하는 일은 대단히 분석적인 활동으로 세부적인 사실, 수치 분석, 정보를 논리적으로 구성하는 데 주의를 기울여야 한다. 이 업무에 필요한 자질은 보통 (문제 해결과 주의력에 관여하는) 배외측 전전두엽피질과 (공간적·수리적 추론에 관여하는) 두정엽이 기능해야 발휘된다. 그 때문에 서로 다른 영역의 작업으로 전환하려면 하나의 신경망에서 다른 신경망으로 전환해야 하는데, 이 과정은 즉각적으로 일어나지 않고 상당한 대사 에너지를 요구한다. 다른 영역에 속하는 작업 또는 활동으로 전환할 때 두뇌는 인지 자원들을 다시 분배해야 하고 인지 처리 전략 또한 새롭게 조정해야 한다.

우리는 하루에도 몇 번씩 영역을 전환한다. 집과 일터에서 맡은 역할에 따라 작업의 유형이 달라지기 때문이다. 고성과자들에게서 볼 수 있는 한 가지 차이점은 이들이 영역을 전환하는 데 그리 많은 시간을 들이지 않고 금방 해낸다는 것이다. 아직 과학적으로 원인이 완벽히 밝혀지지는 않았지만, 어떤 이들의 두뇌에서는 뉴런 간 전환이 더 빠르고 인지적 잔상도 적게 남는다. 하지만 대부분 사람에게 하나의 영역에서 다른 영역으로 주의력을 전환하는 것은 번거로운 일이다. 물론 인간이 아주 오래전부터 해온 일이기는 하지만 오늘날처럼 빠르게 또한 자주 이런 전환을 할 만큼 진화가 이루어지지는 않았다. 행동신경과학자인 대니얼 레비틴Daniel Levitin은 이렇게 설명했다.¹⁵ "이런 전환에는 생물학적 대가가 따르기에 하나의 대상에 주의력을 유지할 때보다 훨씬 빨리 피로를 느끼게 된다." 우리가 소지하는 여러 기기와 거기에 실행해둔 여러 앱이 우리를 순식간에 다른 영역으로 끌어들이고, 이런 일은 우리가 어떤 대상에 집중하는 와중에도 빈번하게 발생한다.

영역 전환의 가장 큰 문제는 우리의 정신이 누군가에게 조언을 하는 데서 재무 보고서를 작성하는 업무로 빠르게 전환할 수 있다고 해도 우리의 주의력은 속도가 훨씬 느릴 뿐 아니라 현재 하는 일을 중단하는 데 머뭇거리는 경향이 있다는 점이다. 고등학교 과학 교사이자 육상 코치인 비센티가 자주 경험하는 문제다. 사교적이고 너그러운 코치인 비센티는 학생들에게 어떤 문제가 있거나 대화가 필요하면 그룹 메시지 앱을 통해 자신에게 메시지를 보내라고 말한다. "아이들이 하루 동안 얼마나 다양한 감정을 느끼는지, 놀라울 정도입니다." 그가 말했다. "아이들이 그냥 있었던 일들을 이야기하고 싶어 할 때도 있어요. 이해는 해요. 그래서 아이들의 말을 잘 들어주려고 정말 노력하고, 공감도 합니다." 하지만 비센티는 과제를 채점하거나 이메일에 답장을 쓸 때, 비디오게임을 하거나 자녀들의 숙제를 도와줄 때 등 때를 가리지 않고 학생들의 메시지를 받는다. "뱅킹 앱으로 청구된 요금을 지불하려던 중에 학생의 메시지가 들어오면 보통은 메시지를 확인합니다. 그런 후 다시 은행 업무를 처리하려다 보면 자꾸 실수를 해요. 메시지를 주고받던 아이가 계속 떠올라서요. 그리 좋지는 않죠. 어떨 때는 뭘 하고 있었던 중인지 까먹어서 처음부터 다시 시작하기도 합니다."

비센티가 경험하는 문제는 '주의 잔류물 attention residue' 현상으로, 현재의 작업에 완전히 몰입하지 못하고 주의력 일부가 다른 영역의 작업에 매몰될 때 발생한다. 워싱턴대학교의 경영학 교수인 소피 리로이 Sophie Leroy는 이렇게 설명했다. "어떤 작업을 완성하지 못했거나 방해를 받았는데 그 업무를 얼른 마무리해야겠다고 생각할 때 주의 잔류물이 생깁니다. 우리의 두뇌는 완료하지 못한 일들을 잘 잊지 못하고 마음 한구석에 내내 담아둬요. 다른 작업에 집중하려 할 때조차요."[16]

캘리포니아대학교 어바인 캠퍼스의 교수인 글로리아 마크 Gloria Mark는 영역 간 주의력 전환이 어떤 효과를 미치는지에 대해 누구보다 연구를 많이 한 사람일 것이다. 그녀는 우리의 머릿속을 화이트보드에 비유한다. "화이트보드를 말끔하게 지우지 못할 때가 있잖아요. 그러면 칠판에 적었던 글자들이 희미하게 남아 있죠. 우리 머릿속에서 이와 비슷한 일이 벌어지고, 그 잔류물이 현재의 작업을 방해하는 겁니다."[17]

2003년부터 마크는 사람들이 기기와 앱을 사용할 때 주의 지속 시간이 어떤지를 연구하기 시작했다. 초기 연구에서는 기기와 무관하게 스크린에 평균적으로 2분 30초가량을 머물다 전환하는 것으로 드러났다.[18] 2012년 그녀와 동료들이 조사한 바로는 주의 지속 시간이 평균 75초였다. 2016년, 그녀가 공식적인 연구를 통해 마지막으로 확인한 결과는 평균 47초였다. 같은 영역이라고 해도 작업이나 활동을 수행하는 도중에 양식을 전환한다면 큰 대가가 따른다는 점을 마크만큼 잘 이해하는 사람은 없을 것이다. 그런데 양식 전환이 영역 전환을 동반한다면 그 대가는 훨씬 커진다. 이를 조사하기 위해 마크는 연구 데이터를 다시 살피며 양식 전환이 영역 전환과 함께 일어난 사례만을 따졌다. 그녀는 사람들이 어떤 영역 내 작업 또는 프로젝트에 보통 10분 30초를 집중했고, 다른 영역으로 전환한 뒤 다시 원래의 작업으로 돌아왔을 때는 기존과 같은 수준의 집중력에 도달하기까지 25분 30초가 걸린다는 사실을 발견했다.[19]

마크의 연구 외에도 주의 잔류물이 생산성과 소진에 미치는 대가를 보여주는 데이터가 있다. 2021년에 미국과 영국의 지식 근로자를 대상으로 진행한 설문조사에 따르면, 응답자의 43퍼센트가 여러 디지털 도구를 오가는 일이 피로감과 직접적으로 관련이 있다고 밝혔다.[20] 흥미롭게도 응답자들은 영역 간 맥락 전환으로 피로감을 느끼지만 생산성을 발휘하는 데 필요한 일이라고 여겼다. 마크는 이렇게 말했다. "우리가 주의력을 전환할 때, 즉 멀티태스킹을 할 때 더 많은 일을 하는 것 같고 인간의 능력이 확장된 것 같다고 착각할 수 있지만 실제로는 더 적은 일을 할 뿐입니다." 영역 전환의 영향은 대단히 광범위해서 실제로 전환을 하지 않을 때도 뇌의 피로를 유발할 수 있다. 한 연구에서 시험 응시자들은 곧 영역을 전환해야 할지도 모른다고 생각만 했는데도 성적이 20퍼센트 떨어졌다.[21]

비센티는 엑스박스 콘솔로 게임을 실행하는 순간 학생의 문자 메시지가 올 수도 있다고 마음의 준비를 한다. "게임을 할 때는 알림 기능을 끌까 생각도 합니다. 게임 중간에 방해를 받으면 예민해지고 게임에 다시 집중하는 데 시간도 좀 걸리니까요." 그가 말했다. "하지만 절대 끄지는 않아요. 학생들에게 제가 필요한 순간에 곁에 있어 주고 싶거든요."

연결되지 않을 권리

내 신혼여행은 출장이기도 했다. 아내와 나는 카우아이섬에서 해변에 누워 쉬고, 멋진 하이킹을 하고, 맛있는 음식을 먹으며 일주일을 보냈다. 그러고 나서 콘퍼런스가 한창 진행 중인 오하우섬으로 이동해 그곳에서 나흘을 머물렀다. 신혼여행을 즐기는 동안 진행된 콘퍼런스 세션 다수에는 참석하지 않았지만, 사실 동료들이 보낸 메시지를 확인하느라 바빴다. 그나마 다행스럽게도 당시는 스마트폰이 없던 시절이었다. 그때 스마트폰이 있었더라면 내가 얼마나 꼴불견처럼 보였을지 상상만 해도 아찔하다. 하지만 디지털 소진에 대해 고민하고 연구한 지 20년이 지나(또한 일터와 집처럼 삶에서 대단히 다른 두 무대를 정신없이 오가는 일이 웰빙에 해롭다는 증거들을 모두 알고 있는) 지금 다시 생각해도 출장 일정으로 묶어 신혼여행 비용을 일부 절약한 일은 현명했다고 여긴다. 여전히 이렇게 생각한다는 것 자체가 적어도 서구의 선진국에서는 일과 삶의 경계가 와해되는 현상을 문화적으로 용인하고 있음을 방증하는 것이리라.

디지털 기술로 일과 가정 사이를 오가며 급격하고도 불편한 전환을 처음으로 경험한 사람 중에는 과거 텔레워커teleworkers라고 불렸던 재택근무자들이 있다. 1970년대에 생겨난 '텔레워크'라는 용어는 집에 머물며 전화선을 이용해 회사와 소통하는 지식 근로자를 가리킨다. 재택근무에 대한 논의가 반세기 동안이나 이어져 왔지만 일반 근로자에게도 재택근무가 실제로 가능해진 것은 광대역 인터넷이 보급된 2000년대 중반 이후다. 21세기의 첫 10년 동안 디지털 기술이 근무 시간과 근무 방식을 어떻게 변화시켰을까?

이를 파악하기 위해 콜로라도대학교의 커뮤니케이션 교수인 미셸 잭슨Michele Jackson과 나는 여러 산업군의 재택근무자들을 대상으로 한 가지 연구를 진행했다.[22] 대부분이 일주일에 며칠은 집에서 근무하고 나머지는 사무실에서 근무했고, 재택근무만 하는 사람들도 있었다. 당시만 해도 재택근무가 흔하지 않았던 만큼 이들은 가장 먼저 새로운 물결을 경험한 사람들이었다.

2000년대 초반 우리가 인터뷰한 사람들은 하나같이 새로운 근무 형태의 장점에 대해 말했다. 한 대형 통신 회사의 영업 담당자인 신시아는 이렇게 말했다. "재택근무를 해서 정말 좋아요. 고객에게 영업 전화를 한 뒤 얼른 은행에 다녀올 수도 있고요. 보고서를 작성하다가 딸아이의 전화가 오면 회사에서처럼 개인적인 통화를 한다고 눈치 보는 일 없이 전화를 받을 수 있으니까요." 하지만 신시아를 포함해 우리와 인터뷰한 직원들은 재택근무에 대해 이야기하다가 이내 한 가지 고백을 했다. "정말 솔직히 말하자면 일과 집 사이를 오가는 것이 어렵긴 해요. 한쪽에 몰입했다가 이 세계에서 저 세계로 엄청난 전환을 해야 하니까 굉장히 지치죠. 그런 일을 매일 겪고 있어요."

 2022년으로 훌쩍 넘어와서 내 연구팀은 포천 100대 기업 중 한 곳인 네트워크 기기 회사에서 지식 공유에 대한 연구를 진행했다. 직원들이 일주일에 최대 사흘간 원격으로 근무할 수 있는 곳이었다. 소프트웨어 엔지니어인 이안은 최대치인 사흘간의 원격근무를 택한 직원으로, 무대 전환과 관련해 20년 전 신시아가 한 말과 똑같은 소감을 밝혔다. "원격근무에도 문제점은 분명 있지만 전반적으로는 꽤 만족합니다. 일을 해야 할 때는 일을 하고, 가족과 관련한 일이 있을 때는 그때그때 전환해가며 처리할 수 있으니까요. 딸이 속한 축구 클럽에서 앱으로 알림 사항을 보내오면 바로 확인하고 코치에게 전화를 걸거나 다른 학부모에게 메시지를 보내 카풀을 조율할 수 있어요. 회사 업무를 하면서 이런 일들도 처리할 수 있으니 정말 좋죠." 하지만 신시아와 마찬가지로 이안의 긍정적인 소감 이면에는 무대 전환에 따른 큰 어려움이 숨어 있었다. 얼마 후 조금 더 솔직한 심정을 드러낸 그는 이렇게 말했다. "회사 일을 하다가 집안일에 신경 쓰다가 다시 업무로 전환하는데, 내내 이런 전환이 계속되니 쉽지는 않아요. 아이 학교 일로 좀 과열됐다가도 곧장 팀원들과 회의를 해야 하는 식이죠. 이쪽저쪽 일을 오가느라 점점 지쳐간다고 느껴요."

 디지털 기기들과 앱 덕분에 여러 무대를 오가기가 쉬워졌다. 여러 앱에서 오는 메시지로 업무 회의나 집중해서 일하는 흐름이 한 번씩 중단되고, 집에서 쉬거나 가족 및 친구들과 함께하는 시간은 전화로 방해를 받는다. 친구들과 식사를 하다가 업무 이메일을 흘끗 살피거나 미처 답장을 못 한 팀즈 메시지에 답하느라 슬쩍 화장실로 향한다고 민망해하며 고백한 이들이 많았다. 그러면서도 이들은 디지털 기술이 제공하는 유연성 덕분에 일과 가정을 세세하게 구분할 필요가 없어졌고 업무를 유연하게 처리할 수 있게 되어 사교적 또는 개인적 활동에 더 자주 참여할 수 있다는 일종의 정당화를 하기도 했다. 그런 논리라면 해변에 누워서도 콘퍼런스에 참여할 수 있는 세상이니 그 덕분에 신혼여행을 더 길게 즐길 수 있다고 말할지도 모른다. 하지만 정말 이렇게까지 합리화를 하려는 사람이 있을까?

크리스틴 베크만Christine Beckman과 멀리사 마즈매니언Melissa Mazmanian의 저서《혹사당하는 사람들의 꿈Dreams of the Overworked》은 일과 가정이라는 무대를 오가며 주의력을 전환할 때 우리가 느끼는 소진감과 관련해 날카로운 통찰을 전해준다.[23] 두 사람은 3년간 캘리포니아에서 직장에 다니며 어린 자녀를 키우는 아홉 가구를 관찰했다. 일터에서 부모들의 모습을 자세하게 지켜봤을 뿐 아니라 가정생활에도 참여한 두 사람은 디지털 시대에 가족들이 일과 육아, 개인의 행복을 지키고자 노력하는 과정에서 이들이 경험하는 어려움과 가족의 역학 관계를 깊이 있고도 세밀하게 이해할 수 있었다. 이 책에는 일터와 가정에서 밀려드는 일들을 처리하느라 잔뜩 지쳐 있을 뿐 아니라 이 모두를 완벽하게 해내야 한다는 사회의 비현실적인 기대로 벼랑 끝에 선 사람들의 가슴 아픈 사연으로 가득하다.

두 저자는 디지털 기술이 일과 가정의 경계를 허물었다는 점이 현대의 직장인 가족이 마주한 가장 중대한 문제라고 결론지었다. 일과 가정이라는 양쪽 무대 모두에 항상 접근이 가능해야 한다는 문화가 형성되어 스트레스와 피로감을 가중시킨다. 동료들은 물론 배우자와 아이들도 어느 때든 당신과 연락이 닿길 바란다. 베크만과 마즈매니언이 관찰한 부모들은 실제로 디지털 기기를 활용해 (그때그때) 가족, 이웃, 보모들의 도움을 받으며 항상 접근이 가능해야 한다는 요구에 응하려 노력하고 자신에게 주어진 여러 책임을 감당했다. 하지만 이렇듯 수면 아래 자리한 지원 체계에도 대가는 따른다. 도움을 주는 이들에게 의존하다 보면 문자 메시지와 이메일, 전화를 더 많이 받게 되고 결과적으로는 일과 가정의 경계에 균열이 더 커진다.

베크만과 마즈매니언의 연구는 디지털 기기가 도리어 자율성의 모순을 불러온다는 점을 보여준다. 기기들 덕분에 시간과 장소에 구애받지 않고 주어진 일을 할 수 있지만, 언제든 접근과 응답이 가능해야 한다는 부담 또한 안긴다. 이런 지속적인 접근 가능성은 일과 개인의 삶 사이 경계를 흐릿하게 해 스트레스와 소진을 유발하고, 전반적인 웰빙 수준이 낮아졌다고 느끼게 한다.

20년 넘게 연구해오며 지켜본 바에 따르면, 디지털 연결의 시대를 맞아 일과 가정이라는 두 무대가 충돌하는 일을 피할 수 없으리라고 생각하는 사람들이 점차 늘었다. 이 글을 쓰는 현재, 의원들은 기업이 개인의 가정을 침해하는 정도에 제한을 두는 법적 장치를 마련하고 있다. 2024년 2월 호주의 상원은 피고용인들이 정해진 업무 시간

외에 업무 관련 전화와 메시지를 무시할 수 있고, 그 때문에 불이익을 받지 않게 하는 법안을 추진했다. 이는 2017년 프랑스에서 만들어진 '근무 시간 이후 근로자들의 연결되지 않을 권리를 보장하는 법안'을 반영한 것으로, 독일·이탈리아·벨기에 또한 유사한 정책을 채택했다. 호주의 움직임에 힘입어 캘리포니아의 의원인 맷 헤이니^{Matt Haney}는 2024년 4월, 공공 또는 민간 기업의 고용주는 "명시된 경우를 제외하고는 업무 시간이 아닐 때 고용주의 연락을 받지 않을 피고용인의 권리를 보장하는 사내 정책을 수립"해야 한다는 의회 법안 2751을 발의했다.[24] 헤이니는 캘리포니아 주민들에겐 고용주를 상대로 이런 보호막이 필요하다고 주장하며 다음과 같은 이유를 들었다. "스마트폰으로 일과 가정의 경계가 모호해졌습니다. … 사람들은 저녁 식사나 자녀들의 생일 파티 때 지속적으로 방해를 받거나 휴대전화에 계속 신경을 쓰며 일터의 연락에 응답해야 한다는 걱정 없이 가족들과 시간을 보낼 수 있어야 합니다."

이런 제안의 취지는 분명 훌륭하다. 지금껏 디지털 소진을 주제로 나와 대화를 나눈 수천 명은 '연결되지 않을 권리'에 반색할 것이다. 하지만 법안이 마련돼 있더라도 실현이 가능하지 않다고 여기는 이들이 대부분일 것이다. 디지털 기술로 일과 가정이 하나로 묶여 있기에 이 둘을 분리하는 것은 불가능에 가깝다. 최근 펜실베이니아대학교 와튼스쿨 교수인 낸시 라스바드^{Nancy Rothbard}와 동료들이 진행한 한 연구는 일과 가정의 경계를 허무는 데 페이스북, 링크드인과 같은 소셜 미디어 플랫폼들이 어떤 역할을 했는지를 보여준다.[25] 연구진은 페이스북을 사용하는 직장인 3분의 2가 해당 플랫폼에서 동료들과 친구 관계를 맺고 있다는 사실을 발견했다. 한 공간에 친구, 동료, 가족이 뒤섞이는 바람에 일과 가정 양쪽의 정보를 처리하느라 신속하게 그리고 자주 주의력을 전환해야 하는 상황이 벌어졌다. 연구 참가자들은 서로 다른 영역의 지인들이 소셜 미디어 플랫폼에 공존할 때 일과 가정의 경계를 유지하는 데 더욱 어려움을 보였다. 이들은 또한 친구 요청, 특히 동료들의 친구 요청을 거절하기가 어려웠고, 그로 인해 일과 가정이라는 두 영역이 더 가까워졌다.

'연결되지 않을 권리' 법안으로 퇴근 이후에 들어오는 업무 메일이 가정생활에 영향을 미치는 일은 막을 수 있을지 모른다. 하지만 우리가 일상적으로 광범위하게 사용하는 디지털 기술들 속에서 이미 밀접하게 얽혀 있는 일과 가정의 연결성까지는 끊어내지 못할 것이다.

CHAPTER 02

추론:
왜곡된 유추와 평가

우리는 사람들이 어떤 행동을 했을 때 그 동기와 동력이 무엇인지 알고 싶어 한다. 단순한 호기심 때문이 아니라 타인이 어떤 행동을 특정 방식으로 하는 이유가 무엇인지 안다면 그들과 상호작용을 잘할 방법 또한 파악할 수 있다고 여기기 때문이다. 우리는 사람들에 대한 (어떤 말을 하는지, 말을 어떻게 전달하는지, 어느 장소로 향하는지 등) 데이터를 바탕으로 그들의 동기를 해석하고 유추한다. 인류 역사의 대부분 기간에, 정기적으로 만나지 못하거나 상호작용하지 못하는 사람들에 대해서는 데이터가 제한적이었다. 하지만 디지털 시대에 이르러 우리는 타인에 대한 데이터를 쉽고 빠르게, 무한대로 취할 수 있게 됐다. 내가 아는 사람이든 모르는 사람이든, 온라인에서 마주한 대부분 사람에 대해 이제는 추론할 수 있고 또 나름의 추론을 하기도 한다. 타인의 행동에 관한 데이터가 많으면 그 사람을 더 잘 이해할 수 있다고 생각하기 쉽다. 하지만 이번 장에서 나는 더 많은 데이터 탓에 타인을 이해하기가 더 어려워지고 피로해졌다는 점을 보여줄 예정이다.

알리야의 사연을 예로 들어보겠다. 알리야는 조지아주의 대형 NGO 단체에서 이사로 재직 중이다. 그녀는 다양한 디지털 기술을 활용해 동료들, 이해관계자들, 지역 사회 구성원들과 소통하며 동성애자의 권리, 낙태, 인종차별 등의 불평등과 공평성에 관한 사안을 논한다. 민감하고 까다로운 업무인 만큼 알리야는 상대가 불편함을 느끼지는 않는지, 자신이 이들을 잘 이해하고 있는지, 이들을 올바른 방식으로 대변하는지 늘 신경을 쓴다. 그녀는 사람들이 온라인에 남기는 디지털 발자국을 참고하면 그들의 동기와 행동을 좀 더 쉽게 유추할 수 있다고 믿는다. "어쩔 수가 없어요. 사람들이 온라인에 올리는 게시물이 무척이나 많다 보니, 자꾸 보다 보면 이 사람들이 어떤 생각을 하고 어떤 감정을 느끼는지 제가 다 안다는 생각이 들어요. 사실 그렇지가 않은데도요. 역으로 상대가 나에 대해 어떻게 생각할지 짐작하게 되고, 그 사람에게 내가 어떤 방식으로 응답해야 하는지를 고민하다 보면 나란 사람이 정말 어떤 인간인가 하는 생각에 빠지죠."

알리야의 이야기는 디지털 세계 속 관찰과 추론의 본질과 더불어 우리가 이번 장에서 살펴볼 세 가지 통찰을 담고 있다. 첫째, 디지털 기술은 프리즘과 같은 역할을 한다는 점이다. 프리즘은 빛을 투영하지만 왜곡하기도 한다. 온라인 연결성 덕분에 사람들의 행동과 의견에 어느 때보다 쉽게 접근할 수 있게 됐고, 우리는 이런 데이터 포인트들을 활용해 타인의 동기와 욕망을 유추한다. 그런데 데이터 포인트가 많을수록 우리는 상대가 어떠하다는 추론을 더 많이 할 뿐 아니라, 이런 추론이 그저 사람들이 어떤 행동을 하는 이유를 짐작하는 것일 뿐 그 행동의 동기를 투명하게 보여주는 창이 아니라는 사실을 자주 잊는다. 매번 타인을 짐작하고 결론을 내리는 행위가 우리를 얼마나 피로하게 하는지, 그 근거를 차차 알려줄 예정이다. 알리야처럼 예리한 관찰자들은 잘 알겠지만, 자신의 추론을 의심하려 노력하는 것 또한 피로하긴 마찬가지다.

두 번째 통찰은 디지털 기술이 하나의 포털로 기능하여 타인이 어떤 생각을 하고 또 어떤 이유로 그렇게 생각하는지를 파악할 수 있는 계기를 마련한다는 점이다. 대부분의 디지털 플랫폼은 어떤 대화가 어떻게 오갔는지 그 기록을 보여주기 때문에 우리의 언행으로 상대가 무엇을 생각하거나 느꼈는지, 상대에게서 어떤 행동을 끌어냈는지 등을 상대의 입장에서 다시 바라볼 수 있다. 다시 말해 나에 대해 다른 사람들이 어떤 추론을 했는지, 또 왜 그런 추론을 했는지를 유추하기가 점점 더 쉬워지고 있다. 바로 앞의 문장을 해석하느라 골치가 조금 아팠는가? 그렇다면 디지털 기술을 타인의 정신 상태를 들여다보는 하나의 창구로 활용하는 것이 우리에게 어떻게 피로감을 줄 수 있고 또 실제로 주고 있는지를 조금은 이해할 수 있을 것이다.

세 번째 통찰은 디지털 기술은 거울과 같은 역할을 하며 우리가 한 언행을 그대로 마주하게 한다는 것이다. 과거의 기록을 지속적으로 들이밀며 나란 사람에 대해 생각하게 한다. 이 책을 집필하기 위해 인터뷰한 많은 이들도 비슷한 이야기를 들려줬다. "제 페이스북 피드를 쭉 스크롤하다 보면 '내가 이렇게 좋은 사람은 아닌데'라는 생각이 들 때가 있어요." 이런 이야기도 했다. "제가 '대답이 늦어서 미안해'라는 댓글을 얼마나 자주 썼는지 보면서 내가 생각하는 것만큼 사람들에게 도움이 되는 사람은 아닐지도 모른다는 자책이 들기도 해요." 자신의 과거에 지속적이고 반복적으로 노출되는 일은 피로의 주된 원인이다. 우리가 디지털 도구로 하는 일 중 정신적으로 가장 괴롭고 정서적으로 가장 피로한 일이 바로 나 자신이 어떤 사람인지 반추하고 평가하는 일이다.

디지털 노출은 현실을 어떻게 왜곡하는가

딘은 대학 친구들과 반년 후에 2주짜리 유럽 여행을 가기로 약속했다. 프랑스와 이탈리아 등을 누비고 다닐 생각에 무척 들떴다. 하지만 비행기표를 사고 호텔을 예약해야 할 때가 됐을 때 여행 경비가 충분하지 않다는 냉혹한 현실을 마주했다. 여행을 포기하기가 쉽지는 않았지만, 자신의 재정 상황을 책임감 있게 관리하려 노력해온 그는 통장 잔액이 얼마 없는 상황에서 그렇게 큰돈을 지출한다는 것이 옳지 않게 느껴졌다. 결국 그는 친구들에게 문자 메시지를 보내 잘 다녀오라는 인사와 함께 인스타그램에 사진을 많이 올려달라고 부탁했다.

친구들이 여행을 하는 동안 딘은 인스타그램 피드에 올라온 사진들을 구경했다. 한 폭의 그림 같은 프랑스의 시골길을 자전거로 달리고, 현지 술집에서 맥주를 마시고, 이탈리아 공원에서 현지인들과 보체볼 게임을 하는 모습이 담겨 있었다. 딘은 내게 이렇게 말했다. "여행 사진을 보기가 힘들었어요. 친구들은 그곳에서 정말 멋진 시간을 보내는데 저는 여기서 일이나 하고 있으니까요. 나도 같이 갈 수 있었는데, 아쉬웠어요." 여행이 진행될수록 인스타그램에는 사진들이 점점 더 많이 올라왔고, 친구들은 딘에게 함께 왔으면 좋았을 텐데 아쉽다는 문자 메시지를 한 번씩 보내기도 했다. 딘은 인스타그램 피드를 볼 때면 부러운 마음이 들었다. 정말이지 최악의 기분을 느낀 것은 마침 같은 시기에 유럽에 있던 전 여자 친구가 새로 사귄 애인으로 보이는 남자와 예쁜 유럽풍 카페에서 식사하는 사진을 마주했을 때였다. "정말 최악의 여름이었어요." 딘은 이렇게 회상했다. "저만 빼고 다들 멋지게 살고 있는 것 같았거든요. 정말 우울했죠."

딘의 사연을 들으며 내가 오래전부터 좋아했던 연구가 떠올랐는데, 자전거 여행과 유럽이라는 주제가 겹쳐서다. 테런스 미첼[Terence Mitchell]과 워싱턴대학교의 연구팀은 3주간 캘리포니아 횡단 자전거 여행을 하는 대학생들을 대상으로 여행 전과 여행 중, 여행 후에 대해 몇 가지 평가를 진행했다.1 연구진은 학생들에게 여행을 떠나기 전의 기대감과 실제 느낀 행복감은 어떤지, 여행의 어려움 정도 등을 평가하게 했다. 학생들이 여행을 떠나기 전 기대감과 실제 경험한 행복, 여행을 마친 뒤 회상하는 즐거움을 비교하는 것이 연구의 목표였다.

연구진은 참가자들이 사전에 기대하는 행복감이 여행에서 실제 경험하는 행복감보다(여행 중 측정치보다) 훨씬 높다는 사실을 발견했다. 그리고 행복감이 가장 높게 평가된 시점은 여행을 마친 후였다. 연구진은 이렇게 결론지었다. "실망감은 실제 그 감정을 경험할 때는 강력하게 느껴지지만 지속 기간은 짧다."

이 연구팀은 12일간의 유럽 가이드 여행에 참여한 12명을 대상으로 유사한 연구를 진행해 여행 전과 여행 중, 후의 즐거움을 평가했다.[2] 여기서도 앞서의 자전거 여행 연구와 똑같은 패턴을 발견했다. 사람들은 여행을 하는 동안 실제로 경험한 즐거움보다 여행이 끝나고 3주 후 당시를 회상했을 때 행복함이 훨씬 컸다. 이 두 연구를 바탕으로 연구진은 사람들이 삶의 경험을 '장밋빛 관점'으로 바라볼 때가 많다고 결론지었다. 다시 말해 어떤 일을 두고 좋을 것으로 기대하고, 이후에는 실제 경험보다 더 아름답게 기억한다는 것이다.

유럽으로 자전거 여행을 떠났던 딘의 친구들도 이와 비슷한 감정을 경험했는지 내가 궁금해하자 딘이 그중 두 명을 소개해주었다. 여행 중 가장 좋았던 기억(여행을 마친 지 만 3년이 지났을 때였다)이 무엇이었느냐는 내 질문에 두 사람 모두 비슷한 경험을 꼽았다. 프랑스 남부의 농장들이 얼마나 아름다웠는지 이야기했고 현지 펍에 들른 일이 무척 즐거웠다고 말했다. 한 명은 이탈리아 북부에서 현지 노인들과 보체볼을 하다가 참패를 당한 특별한 순간을 언급하기도 했다.

두 사람의 여행담이 낯설지 않았는데, 딘이 집에서 인스타그램으로 친구들의 여행 사진을 구경한 이야기를 내게 했을 때 언급한 사진

속 순간들과 같았기 때문이다. 두 친구에게 여행 중 다른 사람들에게 문자 메시지를 보낸 기억이 있는지 물었지만, 이미 몇 년 전 여행인지라 당시의 문자 메시지 기록이 두 사람의 휴대전화에는 남아 있지 않았다. 그런데 한 명이 내게 여행 때 형과 문자 메시지를 자주 나눴다고 말했다. 그의 소개로 형과 인터뷰를 했는데, 동생이 유럽 자전거 여행을 떠났을 때를 기억하느냐고 물었더니 그가 웃으며 말했다. "제가 함께 가지 않아서 다행이라고 생각했어요. 동생이 내내 불평만 늘어놨거든요. 비가 너무 많이 온다고, 자전거가 자꾸 고장 난다고, 친구들이 짜증 나게 군다고 말이에요. 아, 그리고 집에서 마시던 맥주에 비해 유럽 맥주가 너무 형편없다고도 계속 투덜댔어요. 여기서 흔히 마시는 쌉싸름한 맛의 맥주를 어디서도 구할 수 없었던 모양이에요. 동생이 무척 힘들어했어요."

미첼과 그의 동료들이 연구를 진행했던 때는 사람들이 고해상도 카메라를 소지하고 다니며 소셜 미디어에 손쉽게 사진을 올려 친구들은 물론 온 세상과 공유하는 세상이 오기 10년 전이었다. 최근 연구에 따르면, 참가자들은 어떤 경험을 사진으로 남길 때 그렇지 않은 경우보다 훗날 그 경험을 더 호의적으로 기억할 가능성이 컸다.[3] 또한 사진을 찍을 때 그 경험의 실시간 만족도가 더 높아진다는 사실도 밝혀졌다. 연구진은 행복한 순간을 사진으로 남기고 싶어 하는 경향성 때문에 연구 결과가 왜곡되지 않도록 실험을 설계했다. 그 결과 연구 데이터를 통해 어떤 경험을 사진으로 남길 때 그 경험에 더 몰입하게 되고, 이로 인해 그 순간에 더 집중하고 후에도 그 순간의 기억이 더욱 선명하게 남는다는 것이 드러났다.

성인 인스타그램 사용자들을 대상으로 한 또 다른 연구에서는 사진을 찍고 인스타그램에 올린 사람들이 사진만 찍고 게시물을 올리지 않은 사람들보다 그 경험을 더 호의적으로 평가했다.[4] 이렇듯 관련된 연구를 살펴보면 한 가지 분명한 패턴이 눈에 들어온다. 첫째 보통은 경험에 대한 기억이 실제 경험보다 더 호의적이고, 둘째 사진을 찍을 때 그 경험을 더 호의적으로 느끼며, 셋째 그 사진을 게시물로 올릴 때 경험에 대한 호감도가 더 높아진다는 것이다. 유럽 자전거 여행 당시 딘의 친구들이 그리 놀라운 경험을 하지 못했을 수도 있지만, 그 여행이 행복한 기억으로 남는 데 필요한 행동은 모두 했다고 할 수 있다. 따라서 딘의 친구들은 아쉬울 것이 없어 보인다. 하지만 딘은 어떨까?

꽤 오랜 시간 딘은 자신이 최고의 여행을 놓쳤다고 생각했다. 그는 인스타그램에 올라온 친구들의 사진을 보며 이들이 인생 최고의 시간을 보내고 있을 것으로 추론했다. 정황상 그들이 여행을 하며 인생 최고의 시간을 보낸 것은 아니었던 것 같지만, 여행에 대한 기억만큼은 (이들이 사진을 찍어 소셜 미디어에 올렸고 지금까지도 게시물들이 남아 있는 덕분에) 행복했던 시간으로 추억되고 있다. 이것이 아마도 타인에 관한 정보를 들여다볼 수 있게 해주는 모든 디지털 기술과 소셜 미디어의 최대 난제일 것이다. 우리가 보는 데이터들은 선별됐다. 사람들은 가장 긍정적인 경험이나 결과물을 기록하고, 시간이 지나도 한결같이 남아 있는 디지털 기록물을 보며 그때의 긍정적인 일들을 다시금 경험한다. 그럼으로써 장밋빛 회상이라는 본능적인 편향이 더 강해진다. 긍정적인 경험이 지닌 강렬함 때문에 기록으로 포착되어 보존되지 못하는 부정적인 경험을 잊거나 경시하려는 본능적인 성향을 따르기 쉽다. 딘의 친구들 기억 속 여행이 최고의 경험으로 남았다고 해서 그것이 사실과 다르다고 누가 반박할 수 있을까? '실제로' 일어난 일이 중요한 걸까, 아니면 우리의 '기억'이 중요한 걸까?

무엇이 중요한지는 말하기 어렵지만, 적어도 딘에게는 그리고 당신과 내게는 중요한 문제다. 소셜 미디어와 관련해 많이 연구된 주제 중 하나가 사회적 비교다. 스탠퍼드대학교의 심리학 교수였던 레온 페스팅거Leon Festinger가 1950년대에 사회적 비교와 관련해 진행한 영향력 있는 연구를 통해 사람들은 타인과의 비교를 멈출 수 없다는 사실이 드러났다.[5] 페스팅거는 가장 흔히 벌어지고 또 정서적으로 가장 피로한 형태의 사회적 비교는 상향 비교upward comparison, 즉 자신보다 어떤 면에서 우월하다고 인식하는 사람들과 자신을 비교하는 행위라고 주장했다. 비교가 이루어지는 맥락에 따라 그리고 능력이나 자질에서 상대와 얼마만큼의 격차가 있는지 인지하는 정도에 따라 상향 비교는 개선의 동기를 부여하기도 하고 자신이 부족하다는 부정적인 감정을 불러오기도 한다. 예상하듯 소셜 미디어는 사회적 비교의 온상이다. 이에 대한 수많은 연구 결과는 한 방향을 가리킨다.[6] 소셜 미디어상에서 타인의 데이터를 접한 사람들은 상향 비교에 빠지기 쉽다는 것이다. 상향 비교는 의욕 저하, 허무함, 불안함, 절망감, 자존감 저하를 불러오는데 모두 소진감에 기여하는 증상들이다.

이런 사회적 비교의 주요 원인은 타인에 대해 추론하려는 우리의 경향성이다. 딘은 자전거 여행 중인 친구들의 사진을 보며 그들의 일상이 사진 속 모습 그대로일 거라고 추론했다. 그는 친구들이 멋진 시간을 보낸다고 추론했다. 또한 그는 사회적 비교를 통해 자기 일상이, 여름이, 삶이 친구들만큼 멋지지 않다고 추론했다. 딘에게는 그런 추론을 할 만한 나름의 이유가 있었을 것이다. 하지만 그가 추론의 근거로 삼은 데이터는 불완전했다. 어떤 맥락으로 사진 속 상황이 연출됐는지 또는 그 상황 앞뒤로 어떤 어려움이 있었는지 뉘앙스나 통찰이 담겨 있지 않은 데이터였다. 데이터는 왜곡돼 있었고, 딘은 왜곡된 상으로 하나의 현실을 만들어냈다.

　추론과 사회적 비교의 연관성을 소셜 미디어에서만 찾아볼 수 있는 것은 아니지만, 소셜 미디어 플랫폼 사용자들 사이에서 이 현상이 가장 뚜렷하게 나타난다. 다른 직원들이 어떤 프로젝트를 했고 또 현재 어떤 프로젝트를 하고 있는지를 보여주는 사내 슬랙 채널이나 동료들의 분기별 매출을 보여주는 데이터 또한 기록물과 데이터의 잔존성이 사회적 비교의 환경을 조성해 추론을 자극하는 또 다른 사례다. 딘의 경험은 데이터가 더 깊은 진실을 숨기고 있음을 보여주지만, 우리는 보이는 것이 전체 그림의 일부일 뿐이라는 사실을 인식하지 못하거나 잊을 때가 많다.

다른 사람의 머릿속을 들여다볼 수 있다고 착각하는 이유

몇 년 전, 페루에 기반을 둔 대형 통신 회사의 경영진이 부서 간 지식 공유를 활성화할 방안을 찾고자 내게 연락했다. 이들은 한 부서의 구성원들이 찾아낸 성공적인 해결책을 다른 여러 사업부와 공유할 수 있다면 조직 전체에 도움이 될 것으로 생각했다. 하지만 부서 간 협업을 하는 일이 없었고, 근무하는 건물이 다르거나 여러 국가와 도시에 분포돼 있어서 사업부 간 소통이 원활하지 않았다. 경영진은 세일즈포스Salesforce의 채터Chatter 같은 비즈니스용 소셜 네트워킹 서비스를 활용한다면 서로 간의 연결이 원활해지고 궁극적으로는 더 많은 지식과 정보를 공유할 수 있지 않을까 예상했다.

나는 미시간대학교 서맨사 케플러Samantha Keppler 교수와 함께 기업이 채터를 가장 효과적으로 사용할 방법을 찾기 위해 일련의 연구를 진행했다.[7] 그 결과 사람들이 업무와 무관한 대화를 나눈 적이 있는 동료에게는 업무와 관련한 지식을 물어보는 경향성이 큰 것으로 나타났다. 예컨대 잘 모르는 사이라도 채터에서 축구에 대한 대화를 나눈 적이 있다면 상대에게 재무 보고에 대한 지식이나 조언을 구하려는 경향성이 커졌다. 이런 현상을 '사회적 윤활제social lubrication' 효과라고 하는데, 사회적 상호작용이 윤활제 역할을 하여 사일로silo(조직 내 부서 간 장벽 또는 부서 이기주의-옮긴이)에 가로막혀 있던 업무 관련 지식이 이동하는 현상을 뜻한다. 연구 결과를 확인한 경영진은 업무와 무관한 대화가 전사적으로 지식을 전파하는 데 중요한 역할을 할 수 있다는 사실을 깨달았고, 업무와 관련이 없는 대화를 금하던 사내 정책을 바꿔 대화를 장려하는 방향으로 변경했다. 좋은 변화였다.

 하지만 데이터를 더 깊이 들여다본 우리는 한 가지 이해할 수 없는 현상을 발견했다. 사람들이 직접적으로 소통한 적이 없는 동료에게 정보를 묻기 시작한 것이다. 데이터 로그를 통해 채터 플랫폼에서 서로 DM이나 이메일을 주고받은 적이 없음을 확인할 수 있었고, 이들 대다수가 서로 다른 도시에서 근무했기에 직접 만났을 가능성도 적었다. 업무 대화는 물론이고 업무와 무관한 대화도 나눠본 적 없는 상대에게 정보를 구하는 경향성이 커진 이유를 이해할 수 없었다. 그중 어떤 이들은 특정인에게 정보를 구해야 한다고 판단한 후 보통 3주에서 3개월까지 꽤 오랜 시간을 기다렸다가 접근했는데, 우리는 이런 사례에 주목했다.

 먼저 이들이 이 기간에 무엇을 했는지 조사했다. 그 결과, 누군가에게 정보를 구해야 한다고 판단하고 실제로 그 일을 행하기까지 기다림의 시간 동안 이들이 채터에서 그 특정인에게 간접적 교류를 시작했다는 사실을 발견했다. 이들은 상대의 게시물이나 자신의 스레드에 뜬 상대의 댓글에 '좋아요'를 눌렀다. 또한 자신의 게시물이 상대에게 유용하거나 참신하게 느껴질 것 같다면 상대를 태그하기도 했다. 흥미로운 점은 특정 상대가 응답하는 경우는 거의 보지 못했다는 것이다. 정보나 지식을 묻고자 하는 이들은 마치 바위에 대고 알은체를 하는 것 같았다. 이들은 특정인을 지켜보고 있고 또 생각하고 있음을 보여주려 온갖 노력을 했지만 상대는 반응을 거의 보이지 않았다.

놀랍게도 상대의 응답 여부는 중요하지 않았다. 사람들은 이렇듯 혼자 사전적anticipatory 의사소통을 나눈 것만으로도 상대에게 큰 부탁을 해도 될 정도의 유대관계가 형성됐다는 확신을 가졌다. 고객 지원 기술자인 샌드라는 우리에게 이렇게 말했다. "아, 그 사람도 저를 알고 있고 저를 좋게 생각하고 있어요. 그 사람 게시물에 제가 늘 댓글도 달고 제 게시물에서 그를 자주 언급하거든요. 제 게시물 내역을 보면 교류가 꽤 많았다는 것을 알 수 있을 거예요." 나는 아직도 '많은 교류'라는 것이 정확히 어떤 의미인지 모르겠다. 그녀가 '교류'를 나눴다고 한 상대는 그녀의 게시물에 반응을 보인 적도 없고, 그녀가 올린 게시물에 '좋아요'를 누른 적이 한 번도 없기 때문이다. 하지만 다른 직원들에게서도 샌드라와 비슷한 이야기를 들었다.

사람들은 누군가에게 공개적으로 눈에 띄는 관심을 표현할수록 상대가 자신이 누구인지 알고 또 자신을 좋아한다는 확신을 갖게 되는 듯했다. 연구 결과를 통해 상대가 자신을 호의적으로 생각할 거라고 긍정적으로 추론할 때 상대에게 지식이나 정보를 더 편하게 요청한다는 사실이 드러났다. 데이터에 따르면 채터에서 특정인을 향해 신호를 보내는 빈도와 그 상대에게 실제로 연락을 취할 가능성 간에 직접적인 연관성이 있었고, 이는 특정인이 그 사람을 잘 모른다고 응답했을 때조차 마찬가지였다.

이 연구 결과가 놀라운 점은 우리가 타인의 속마음을 안다고 확신하고 있음을 보여주기 때문이다. 샌드라가 지켜보던 상대는 그녀를 전혀 모른다고 했지만 근본적으로 이는 전혀 중요한 문제가 아니었다. 샌드라는 둘 사이에 관계가 형성됐다고 판단했기 때문이다. 샌드라는 자신이 채터에서 활동한 내역을 바탕으로 상대도 자신을 알고 또 좋아한다고 짐작했다.

디지털 기술상에서 확인되는 여러 행동 신호로 우리는 타인의 동기와 목표, 욕망을 다양하게 해석한다. 인간은 본능적으로 관찰 가능한 행동을 바탕으로 이런 추론을 한다. 다만 이런 추론이 우리에게 어떤 대가로 돌아오는지는 고려하지 못할 때가 많다. 사회인지 분야의 명저로 꼽히는 《사회인지 Social Cognition》에서 수전 피스크 Susan Fiske 와 셸리 테일러 Shelley Taylor 는 인간이 타인의 행동과 동기에 대해 어떤 추론을 할 때 두 가지 주된 정보 처리 방식을 활용한다고 밝혔다.[8] 보통 '자동 처리'와 '통제 처리'라고 하는 이 두 가지 방식은 우리의 두뇌가 사회적 상호작용의 복잡성을 처리하는 고유한 프로세스를 보여준다. 자동 처리에서 우리의 뇌는 노력이나 의식적인 통제 없이 빠르게 작동한다. 이때 우리는 어떤 특징이나 확립된 패턴을 근거로 타인을 신속하게 평가하는데, 이런 방식은 사회적 상황을 효율적으로 처리하는 데 대단히 유용하다. 보통 최소한의 정보를 바탕으로 타인에 대한 평가를 내리며, 고정관념이나 이전의 경험이 영향을 미치기도 한다.

이와 대조적으로 통제 처리는 속도가 느리고, 조심스럽게 진행되며, 노력을 기울여야 하고, 주의력과 인지력을 의식적으로 발휘해야 한다. 낯선 상황을 마주할 때 또는 복잡한 사회적 신호를 이해하거나 미묘한 신호를 해석해야 하는 등 더 깊이 생각하고 결정을 내려야 할 때 통제 처리 방식이 작동된다. 통제 처리를 통해 우리는 사회적 환경을 더 신중하게 고려할 수 있고, 부적절하거나 부정확한 자동 반응을 잠재울 수 있다.

짐작하듯 자동 처리는 아무런 수고가 필요하지 않은 반면, 통제 처리는 모호한 자극을 해석하고 변환해 우리가 이해할 수 있는 범주로 분류하는 과정에서 상당한 인지 자원을 요구하는 만큼 뇌를 과부하 상태로 몰아넣는다.9 피스크와 테일러는 사람들이 통제 처리에 필요한 수고를 들이고 싶지 않은 마음에 고정관념, 스키마^{schema} 등 자동 처리 방식에 해당하는 여러 지름길을 의도적으로 택할 때가 많다는 사실을 발견했다. 사람들이 휴리스틱^{heuristic}에 의존하려 할 때가 너무 많다고 여긴 나머지 두 사람은 인간이 '인지적 구두쇠$^{cognitive\ miser}$'라고 결론 내렸다. 이런 경향성은 정신적 소진의 한 단면을 보여준다.

통제 처리는 정서적 소진과도 연관돼 있다. 자극을 해석하고 타인의 동기 또는 정신 상태를 추론하는 수고스러운 처리 과정을 거칠 때면 자동 처리를 할 때와는 달리 자신이 추론한 바를 반추하게 된다. 타인의 동기를 깨닫는 과정은 우리에게 일종의 충격과 대가를 안긴다. 2018년 한 연구에서는 페이스북을 사용하는 대학생들이 의미가 모호한 게시물에 어떤 반응을 보이는지 조사했는데, 타인이 우울감을 느끼는 것인지 아니면 단순히 공감이나 관심을 얻기 위해 올린 게시물인지 타인의 정신 상태와 동기를 추론할 때 정서적 소진을 경험하는 것으로 나타났다.10 여러 게시물의 단서를 종합해 어떤 결론을 내리기까지의 과정에서 정신적 피로가 컸다. 한 걸음 물러서 타인이 특정한 게시물을 올리는 의도가 무엇일지 판단하는 일은 참가자들에게 정서적 반응을 불러일으켰고, 소진감과 허탈감을 유발했다.

스스로에 대한 모니터링을 멈출 수 없는 이유

코로나19로 봉쇄 조치가 내려진 시절, 그레이엄은 자신의 외모가 점차 불만족스럽게 느껴졌다. 그는 스스로 자존감이 높고 자신의 몸에 대해 건강한 시각을 지닌 사람이라고 믿었지만 상황이 달라졌다. 피부에 생긴 얼룩덜룩한 반점들이 눈에 들어왔고, 예전보다 턱 밑이 두툼해 보여 살이 찐 것은 아닌지 걱정이 됐다. 코 모양도 마음에 들지 않았다. "왜 이런 생각을 하는 거지? 나답지 않다고!" 그레이엄은 탄식했다.

점점 더 자기비판에 휩싸이는 그레이엄의 사례는 안타깝게도 줌, 페이스타임, 팀즈 등 영상 기반 소통 도구를 자주 사용하는 유저들 사이에서 쉽게 찾아볼 수 있다. 우리는 하루에 몇 시간씩 자신의 얼굴을 마주하는 데 익숙하지 않다. 하지만 '셀프 뷰self-view' 때문에 자신의 얼굴을 마주할 수밖에 없는 상황이 됐다. 줌 회의 때 다른 사람들의 얼굴을 보는 것보다 자신의 얼굴을 들여다보는 데 상대적으로 더 많은 시간을 쓴다. 외모에 더 많은 관심을 쏟을수록 외모에 대한 걱정과 스트레스가 더 커진다는 연구 결과는 상당히 설득력이 있다.

제러미 베일렌슨Jeremy Bailenson은 코로나19 팬데믹 당시 줌 피로(하루에 몇 시간 동안 화상통화를 한 후 느끼는 탈진감)를 처음으로 체계적으로 연구한 사람 중 한 명이다. 베일렌슨의 말처럼, 대부분의 화상회의 플랫폼이 제공하는 셀프 뷰로 타인과 상호작용하는 내 모습을 계속해서 지켜본다니 어딘가 이상한 상황처럼 느껴진다.[11] "실제 사무실에서 8시간 근무를 하는 동안 비서나 동료가 손거울을 들고 쫓아다니며 당신이 업무를 할 때마다, 누군가와 대화를 할 때마다 얼굴에 거울을 비춘다고 생각해보자. 말도 안 되는 소리처럼 들리겠지만 본질적으로 줌 회의에서 벌어지고 있는 일이 바로 이렇다."

화면상으로 자신의 얼굴을 마주하는 것이 이토록 피곤한 이유는 무엇일까? 연구에 따르면, 실시간 영상으로 화면에 비치는 자신의 모습을 바라보고 카메라 속 타인에게 호응하는 일이 우리의 인지 부하를 증가시키기 때문이다. 대면 상황에서는 자연스럽게 처리가 가능한 비언어적 소통이 온라인상에서는 노력을 요하는 일이기 때문에 인지 부하가 커지는 것이다. 예컨대 뭔가의 크기를 이야기할 때 팔을 쭉 뻗었다가 팔이 카메라 밖으로 나가 화면 반대편에 있는 상대가 볼 수 없다는 사실을 깨닫고는 재빨리 거두는 식이다. 대면 상황에서 소통할 때는 이런 비언어적 행동을 크게 고려하지 않지만, 시야 범위가 좁아 우리를 뚫어지게 응시하는 카메라 앞에서는 자기 행동을 의식하고 계속해서 모니터링하며 행동을 조정하게 된다.[12] 인지 부하가 커지는 또 다른 이유는 카메라가 비추지 못하는 나머지 부분은 상상해야 하기 때문이다. 전체 그림을 볼 수 없다는 것을 인식한 우리는 이를 보상하려 한다.

줌 수업이 이어지던 어느 날, 내 학생 중 한 명인 샤오가 사무실을 찾아와 말했다. "저는 보통 수업을 들을 때면 교수님 말씀을 필기하거든요. 그런데 화면에 비친 제 모습을 확인했더니 필기하는 모습이 잘 보이지 않더라고요. 그래서 교수님께도 제가 필기하는 모습이 보이지 않겠구나 생각했어요. 제가 수업을 잘 듣고 있다는 걸 교수님께 알려주고 싶어서 평소보다 고개를 더 많이 끄덕였어요." 왜 이런 이야기를 하는지 잘 이해가 가지 않는 차에 그녀가 말했다. "교수님께도 제가 고개를 끄덕이는 모습이 잘 보이는지 걱정이 좀 돼서 이렇게 찾아왔어요." 화면 속 자신의 모습을 보고 반추하는 그녀의 이야기를 듣고 나니 내가 다 진이 빠지는 기분이었다. 나는 학생이 고개를 끄덕이는 모습이 잘 보였다고 말한 뒤, 화면상 자신의 모습이 어떻게 전해질지 고민하고 좋은 모습을 보이려 애 쓰느라 수업에 집중하지 못한 것은 아닌지 물었다. 그녀는 멋쩍은 듯 말했다. "그랬어요. 교수님께 제가 어떻게 보일지 신경 쓰느라 수업을 제대로 듣지 못했어요."

팬데믹이 시작된 후, 화면에 비친 자신의 모습을 보고 타인이 나를 어떻게 인식할지 신경 쓰고 점검하는 새로운 현상이 정신적·정서적 피로감을 안긴다는 수많은 연구가 발표됐다. 그렇다면 셀프 뷰를 끄면 되는 게 아니냐고 생각할 수도 있다.[13] 셀프 뷰를 끌 수 있다는 사실을 알지라도 대다수는 그러지 않을 것이다. 수많은 증거를 통해 사람들은 화면에 비치는 자신의 모습에 시선을 둘 수밖에 없다는 사실이 밝혀졌다. 자기 자신에게 관심이 많아서가 아니라 타인의 눈에 비치는 자신의 모습을 보는 것이 내가 어떤 사람인지를 파악하는 데 도움이 된다고 생각하기 때문이다. 그러니 셀프 뷰를 켜놓는 사람이 대다수라는 점이 그리 놀라운 일은 아니다.

화상회의 플랫폼에서만이 아니라 비디오게임에서조차 셀프 뷰로 자신을 보는 행위는 디지털 도구에 내재된 셀프 뷰 현상의 극히 일부분에 불과하다. 디지털 도구를 사용할 때 우리가 보는 것은 화면에 비치는 자신의 얼굴만이 아니다. 우리는 다른 사람의 인스타그램 피드에 댓글을 남기고, 팀의 슬랙 채널에는 업무에 어떤 문제가 있었는지 설명하는 메시지를 남기며, 메신저 창에는 여러 사람이 남긴 글에 썰렁한 농담을 더한다. 이렇듯 우리가 디지털 도구를 사용하는 방식 때문에 자신의 모습에 더 그리고 자주 신경 쓴다. 타인의 눈에 비친 내 모습을 언제든 확인할 수 있는 디지털 이미지가 남아 있기 때문이다. 우리가 사용하는 모든 도구에 디지털 흔적이 남아 있고 우리는 그 흔적 안에서 자신의 모습을 볼 수 있다.

1과 0으로 새겨진 이 흔적들은 오랫동안 남아 있기 때문에 과거 온라인에 제시한 자신의 모습을 현재 다시 마주해야 하는 일이 자주 벌어진다. 이때 과거의 나라는 사람과의 시간적·공간적 거리감 속에서 정서적 소진이 일어난다. 미시간대학교의 니콜 엘리슨Nicole Ellison이 진행한 연구에서 연구진은 유명 온라인 데이팅 사이트 몇 곳에 프로필을 올린 사람들을 인터뷰했다.[14] 이 연구에서는 특이하게도 연구진이 인터뷰 자리에 참가자들의 온라인 데이팅 프로필을 출력해서 가져왔다. 이들은 참가자들에게 프로필에 적힌 내용이 어느 정도가 사실인지를 평가해달라고 요청하고, 연구진 역시 프로필에 적힌 내용과 비교해 참가자의 신체적 특징과 특성을 독립적으로 평가했다. 그 결과 프로필에 적힌 내용과 이를 작성한 당사자의 실제 모습 사이에는 큰 격차가 있었다. 한 예로 사람들은 프로필에 자신의 몸을 실제보다 더 날씬하게 또는 더 근육질로 묘사했다. 또한 인터뷰에서 밝힌 것보다 더 스포츠를 즐기거나 더 많은 활동에 참여한다고 프로필에 적었다.

자기소개를 적은 과거의 온라인 프로필이라는 디지털 기록과 현재의 실제 페르소나 간 격차를 마주한 참가자들은 불편함을 느꼈다. 거짓말을 들켰기 때문은 아니었다. 이들은 데이팅 사이트에서 누군가와 이어져 실제로 만남을 갖게 될 즈음이면 자신의 외모와 라이프 스타일이 프로필에 묘사한 대로 달라져 있을 거라고 생각했기 때문이다. 하지만 연구가 진행되던 당시 대부분이 그 목표를 이루지 못했고, 이들은 그 지점에서 불편함을 느꼈다. 인터뷰 데이터를 살펴본 연구진은 데이팅 사이트의 프로필은 거짓이라기보다는 "나중에 있을 오프라인 만남에서는 프로필에 제시된 인물과 그리 다르지 않은 사람이 나가게 될 것이라고, 가상의 청중에게 한 약속"에 가깝다고 설명했다. 연구진은 이어 이렇게 말했다. "데이터를 보면 온라인 데이팅 사이트 이용자들이 약속의 시간성(약속이란 결국 미래에 실행하는 것이라는 의미-옮긴이)을 내세워 프로필이 실제와 다르다는 사실을 합리화했다는 것을 알 수 있다. 구체적으로 말하면 참가자들은 (과거, 현재, 미래의) 나라는 일종의 카탈로그에서 몇 가지 특징을 골라 조합하고 여기에 '포장'을 더해 하나의 정체성을 만들어내면서도 자신을 정직한 중개자 또는 약속을 지키는 사람이라고 여겼다."

이처럼 과거 자신의 모습인 디지털 흔적과 현재 자신의 모습 사이

간극을 합리화하는 과정이 정서적 소진을 가중시킨다. 과거에 자신을 어떤 사람으로 봤는지 또는 타인이 나를 어떤 사람이라고 여겼는지와 현재의 나 사이에서 변화를 마주하는 일은 비록 그 변화가 긍정적일지라도 많은 이들에게 정서적으로 벅찬 경험이다.

화상회의 도구에서 셀프 뷰를 끌 수 있다고 해도 게시글, 프로필, 문서, 이메일, 댓글로 마주하는 비유적 셀프 뷰는 피할 수가 없다. 자신이 어떤 사람인지 생각하고 거듭 평가하는 일은 현대 사회에서 정신적으로 가장 힘들고 정서적으로 가장 피로한 일이다. 우리 삶을 비추는 거울과 같은 역할을 하는 것이 비단 디지털 도구만은 아니지만, 디지털 도구가 가장 널리 퍼져 있고 가장 쉽게 접근할 수 있으며 가장 오래 지속되는 거울인 것만은 맞다.

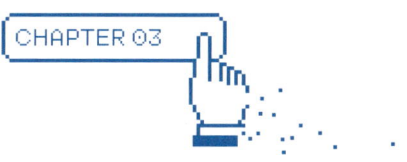

감정:
화면에서 느껴지는 불편한 감정들

주의 할당attention allocation과 추론은 우리를 소진시키는 데 각각 영향을 미치는 요소들이지만 이 두 가지가 함께 작용하기도 하는데, 이때 다양한 정서적 반응을(조금 더 쉽게는 감정을) 자극해 우리를 더욱 지치게 한다.

여러 연구를 통해 번아웃을 유발하는 요인들 가운데 가장 강력한 요인이 정서적 소진이라는 사실이 밝혀졌다.[1] 긍정적인 정서도 우리에게 피로감을 줄 수 있다. 강렬한 정서는 심박수와 혈압을 높이고 스트레스 호르몬 분비를 증가시키는 등 신체에 생리적 반응을 유발하는데, 이 과정에서 에너지가 소비된다. 감정을 처리하고 조절하는 데는 인지적 노력이 필요하다. 특히 도전적이거나 스트레스가 심한 상황에서 정서적 반응을 관리하고 통제하는 일은 정신적·신체적으로 대단히 고되다. 요약하자면 감정은 우리를 소모시킨다.² 《해피니스 트랙》의 저자인 에마 세팔라Emma Seppälä는 연구를 통해 감정이 정신과 신체에 거의 동일하게 부담을 준다는 사실을 보여주었다. 그녀가 진행한 두뇌 영상 연구에서는 우리가 강렬한 감정을 느낄 때 편도체가 활성화된다는 사실이 드러났다. 인간이 투쟁-도피 반응fight-or-flight response을 경험할 때 활성화되는 영역이기도 하다. 투쟁-도피 반응에 맞서기 위해 우리는 전전두엽피질의 한 영역에서 관장하는 정서 조절 전략을 활용해 마음을 진정시킨다. 그러면 어떤 일이 일어날까? 세팔라는 이렇게 적었다. "쉽게 피로해진다. 불안 때문이든 짜릿함 때문이든⋯ 흥분할 때 당신은 가장 중요한 자원, 에너지를 소모한다."

우리는 물론 다양한 경험으로 가득한 풍요로운 삶을 살며 수많은 감정을 느낀다. 그렇다면 디지털 기술 사용과 감정 간에 특별한 연관성이라도 있는 것일까? 1990년대 중반 위스콘신대학교의 마케팅 교수인 데이비드 믹David Mick과 하버드대학교의 마케팅 교수 수전 포니어Susan Fournier는 야심 찬 연구를 시작했다. 바로 컴퓨터나 TV, 휴대용 CD 플레이어 등 당시 신기술로 탄생한 제품들을 구매한 29개의 가정을 관찰하는 연구였다.³ 가족 구성원이 새로운 제품을 구매할 때마다 연구진은 24시간 내에 인터뷰를 진행해 이들의 초기 반응을 조사했다. 그로부터 6주 후에 다시 한번 인터뷰를 진행했고, 마지막으로 구매 후 6개월이 지난 시점에 인터뷰를 가졌다. 연구진은 사람들이 새로운 기술을 어떻게 이해하고, 시간이 지남에 따라 구매한 제품에 대한 호감도가 어떻게 변화하는지를 조사하고자 했다. 다만 이들은 새로운 기술이 참가자들에게 '불편한 감정적 대가'를 안기리라는 점은 예상하지 못했다.

믹과 포니어는 사람들이 새로운 기술을 사용할 때 일련의 모순을 경험하는데 이것이 강렬한 정서적 반응을 불러일으키는 주된 원인이라고 분석했다. 새로운 제품을 구매한 참가자들은 자신이 첨단 기술을 누린다는 점에서 일종의 자신감과 지적 우월감을 경험하는 동시에 새로운 기술이 지닌 기능 다수를 파악하지 못했다는 이유로 자신이 무지하거나 무능하다고도 느꼈다. 새로운 기술을 사용하며 이들은 유능감이 커졌지만(즉, 원하는 것을 선택하거나 필요한 정보를 찾는 능력이 향상됐다고 느꼈지만) 동시에 그 기술이 제공하는 기능 내에서만 움직여야 했기에 답답해하기도 했다. 또한 이들은 새로운 제품 덕분에 몇몇 영역에서는 더 효율적으로 일을 처리할 수 있게 됐고 수고도 줄었지만, 또 다른 영역에서는 시간과 에너지를 더 많이 투자하게 됐다고 느꼈다. 기술이 사람들의 삶에 수많은 이점을 가져왔지만 그만큼 혼란을 야기하고 의심을 키우며 당황스러움을 안겼다는 점에서 연구진은 새로운 기술은 대체로 "부러움과 한심함, 신중함, 좌절감, 두려움, 배신감, 패배감에 이르기까지 정서적 분란을 야기했다"라고 결론지었다.

이 연구가 행해진 시기를 자세히 짚고 넘어가야겠다. 대부분의 가정에 인터넷이 연결되기 전이었고, 대부분의 기업이 디지털화를 도입하기 전이었으며, 애플의 앱 스토어에 200만 개의 앱이 등록되기 전이었고(앱 스토어가 존재하지도 않았다), 타인의 개인적 삶을 들여다보거나 타인이 나의 내밀한 삶을 들여다볼 수 있는 소셜 미디어가 등장하기 전이었으며, 구글이 우리를 전 세계의 콘텐츠와 연결하고 챗지피티가 콘텐츠를 요약해주기 전의 세상이었다. 말할 필요도 없이, 오늘날 우리에게는 기술을 통해 훨씬 더 복잡하고 훨씬 더 모순적인 경험을 할 기회가 훨씬 더 많아졌다.

야누스의 얼굴을 지닌 기술들이 우리의 감정을 이토록 휘젓는 이유는 우리에게 통제권이 없다는 사실이 분명해지는 탓이다. 새로운 기술이 서구의 산업 세계에 미친 영향을 기록하는 데 경력을 바친 역사학자 메릿 로 스미스Merritt Roe Smith는 새로운 혁신은 매번 기술 결정론technological determinism이라는 베일을 두른 채 세상에 등장한다고 주장했다.[4] 기술 결정론은 기술의 진보는 그 자체의 논리에 따라 전개되고 인간은 그저 그 여정을 따라가는 존재일 뿐이라는 시각이다. 'AI가 우리의 일자리를 빼앗을 것이다' 같은 이야기를 들을 때마다 우리는 기술 결정론의 외침을 듣는 셈이다. 물론 기사 몇 편을 보거나 떠도는 소문을 전해 듣는다고 해서 기술과 함께하는 우리의 미래가 어떻게 펼쳐질지 이미 예정돼 있다고 믿지는 않는다. 문제는 기술 결정론의 외침이 단 한 번으로 끝나는 것도, 이따금만 마주하는 것도 아니라는 데 있다. 기술의 변화가 다가오고 있고 이를 받아들이지 않으면 사회가 발전할 수 없을 것이라는 주장을 우리는 매년, 새로운 기술이 등장할 때마다 반복적으로 집요하게 듣는다. 그렇게 우리는 새로운 기술을 사용하기 시작하고, 믹과 포니어의 설명처럼 다양한 모순을 경험하는 동안 우리에게는 통제권이 없다는 선입견이 강화된다. 불안함이 생겨난다.

따라서 입증된 퍼즐 두 조각을 조합해보면, 다시 말해 새롭거나 복잡한 기술을 경험하며 우리에게 통제력이 없다는 박탈감을 느끼고 통제력이 없을 때 강렬한 감정이 일어난다는 사실을 종합하면, 디지털 기술이 우리의 정서에 미치는 영향력을 무시할 수가 없다. 나는 우리가 일상적으로 사용하는 디지털 기술이 우리에게 어떤 감정을 불러오는지, 또한 어떤 감정이 동력으로 작용해 우리가 그 기술을 사용하는지를 분석해 다섯 가지 감정을 찾아냈다. 이 감정들이 어떻게 그리고 왜 소진감에 영향을 미치는지 살펴볼 필요가 있다고 생각한다.

두려움

세바스천은 유명 전자 회사의 베테랑 영업사원으로, 두 아이를 둔 중년의 아버지다. 운이 좋게도 나는 노트와 녹음기를 들고 2주간 그가 일하는 모습을 가까이서 지켜볼 수 있었다. 그가 일과 중 자기 생각을 입 밖으로 소리 내어 말하는 습관을 빨리 익힌 덕분에 연구의 정보 제공자가 되기 위한 '훈련'도 쉽게 마쳤다. 2주간의 조사를 끝낸 뒤 나는 현장 노트와 녹음본으로 언어 분석을 진행했다. 프로그램을 돌려 전치사나 고유명사 같은 중요하지 않은 단어들을 모두 제거하자 세바스천이 기술을 사용하며 가장 많이 쓴 단어는 '두려운', '겁이 나는',

'공포'임이 드러났다. 그가 이 단어들을 언급한 문장 몇 개를 들자면 다음과 같다.

- "제 일을 조금 더 편하게 해줄 새로운 기술들이 있는데 제가 놓치고 있는 것일까 봐 늘 두렵죠."
- "영업 활동에 AI를 더 잘 활용할 방법을 항상 찾고 있지만, 무언가 잘못돼서 고객과의 일을 망칠까 봐, [회사가] 저를 달리 평가할까 봐 두려워요."
- "솔직히 말하자면 [사내 메시징 플랫폼에] 접속할 때마다 조금 두렵긴 합니다. 제가 처리하고 응답해야 할 일이 너무 많을 테니까요. 그냥 들어가기가 무섭다는 생각이 들어요."
- "이번 회의에서는 경비 등을 지출한 내역을 파악하는 데 사용하라고 새로운 앱을 네 개나 소개해주더군요. 새로 배워야 할 기술이 등장할 때마다 거기에 또 시간을 얼마나 뺏길지 두려울 정도입니다."
- "영업직에 종사하는 사람이 이런 말을 하기는 좀 그렇지만 링크드인이 정말 싫습니다. 그 사이트에 너무 얽매여 있거든요. 뭔가 중요한 일을 놓치면 어쩌나, 축하 인사를 건네야 했는데 깜빡 놓쳤네, 이런 불안감 때문에요. 무언가를 놓쳐 자칫 관계가 틀어질 수도 있으니까요. 사실 모든 소셜 미디어가 그렇죠. 무언가를 놓칠지도 모른다는 두려움이 있어요."

익숙한 이야기인가? 세바스천은 똑똑한 사람이고, 자신이 사용해야 하는 새로운 기기나 앱의 사용법을 익히는 데도 능숙하다. 하지만 날마다 밀려드는 신기술과 정보의 출처가 너무도 방대해 스스로도 '비이성적인 두려움'이라고 하는 감정을 경험한다. 나는 그의 두려움이 비이성적이라고 전혀 생각하지 않는다. 다양한 연령대, 산업 분야, 직종, 문화에 걸쳐 내가 인터뷰한 수많은 사람 또한 새로운 기술을 계속해서 배울 수 있을지, 그 기술들이 제공하는 데이터와 정보를 따라잡을 수 있을지 두렵다는 속내를 털어놓았다.

시카고에 있는 한 의대부속병원에서 소아외과 의사로 일하는 진은 이렇게 말했다. "외과 의사라면 수술실에서 어떤 사고라도 생기는 걸 가장 두려워할 거라고 생각할 거예요. 하지만 저에게 가장 두려운 것은 에픽^{EPIC}[병원의 건강 기록 전산 시스템]에 실수를 하거나 환자에 대한 중요한 정보를 놓치는 겁니다. 병원에서 여러 통계 자료를 파악하는 시스템들을 다양하게 시험 중이거든요." 학교에 다니는 세 아이를 돌보느라 파트타임 변호사로 일하는 카일리도 비슷한 이야기를 들려줬다. "아이들 일 중에서 뭔가를 놓쳤을까 봐 항상 걱정이죠. 다른 축구장으로 바뀐 것은 아닌지, 코치가 문자 메시지로 공지를 했는지 아니면 게임체인저^{GameChange} 앱에 공지를 올려둔 건지, 아이 학교 수업이 일찍 끝났는지, 페어런트스퀘어 앱에 뭔가 올라왔는지, 선생님이 메일을 보냈는지 등이요. 요즘에는 회사에 있을 때보다 집에 있을 때 더 정신이 없어요."

당연하게도 세바스천과 진, 카일리 모두 디지털 소진 척도에서 높은 점수가 나왔다. 기술 사용과 관련한 두려움이 그들을 병들게 할 정도는 아니었지만 시간이 지남에 따라 점차 누적되어 2단계 소진으로 이어졌다.

디지털 기술 사용에 관한 두려움을 주제로 한 연구가 상당히 많다. 이 연구는 크게 세 가지로 나눌 수 있다. 먼저 새로운 기술의 사용 자체가 불러오는 두려움에 관한 연구다. 새 기기나 앱의 사용법을 배워야 할 때 사람들은 어떤 기술을 사용해야 할지 자신이 잘 판단할 수 없을 거라는 두려움 또는 업무를 수행하거나 적임자와 소통하거나 최상의 정보를 얻을 수 있을 정도로 기술을 익힐 수 없을 거라는 두려움을 느낀다. 두 번째 연구 분야는 디지털 기술의 결과에 대한 두려움이다. 이에 해당하는 연구를 통해 AI나 소셜 미디어 등 새로운 디지털 기술을 접할 때 사람들은 사생활이 침해될까 봐, 일자리를 잃을까 봐, 조직에 구조조정 바람이 불까 봐, 자녀들이 나이에 맞지 않는 콘텐츠를 접하게 될까 봐, 자녀들이 스마트폰이나 비디오게임에 중독될까 봐 두려움을 느끼는 것으로 드러났다.

세 번째 연구 분야에서는 중요한 데이터 또는 정보를 놓칠까 봐 두려워하는 심리, 즉 포모Fear of Missing Out, FOMO를 다룬다. 포모 중심의 연구에서 사람들은 디지털 기기로 접근 가능한 수많은 데이터와 대화를 모두 파악할 시간이 부족하다고 생각하면서도 중요한 정보를 놓칠까 봐 두려워했다. 사람들은 자신이 강한 소속감을 느끼는 집단에서 정보에 뒤처졌다고 느낄 때(예컨대 팀원들이 공유한 고객 변동 사항을 놓치거나 친한 친구들 사이에서 화제가 되는 사진들이 뭔지 모를 때) 포모를 가장 강렬하게 경험하는 듯 보였다.[5] 포모는 영원히 해소될 수 없는 갈증과도 같다. 정보에 노출될수록 중요한 정보를 놓치는 것에 대한 두려움도 커진다. 여러 연구를 통해 포모는 정신적·정서적 소진만이 아니라 신체적 소진에도 관여한다는 사실이 밝혀졌다. 포모를 경험하는 청소년들은 소셜 미디어 계정을 확인하느라 밤늦게까지 깨어 있거나 자다가도 자주 깼고, 이 때문에 다음 날 피로에 시달렸다.

불안

내가 무척 좋아하는 연구 중 하나가 바로 매장 내 진열대에 잼의 수량을 달리해 진열한 뒤 사람들이 그 상품을 구매할지 살펴본 연구다. 연구 결과 식료품점 진열대에 다양한(스물네 가지 맛) 잼이 있을 때보다 몇 가지(여섯 가지 맛)만 전시했을 때 사람들이 잼을 구매할 가능성이 더 컸다.[6] 잼 구매 행동 외에 다른 여러 맥락에서 유사한 실험을 했을 때도 선택지가 너무 많으면 동기가 저하된다는 결과가 재현됐다.

    과다한 선택지는 불안을 낳는다. 이 중 뭐가 가장 좋을까? 내가 그것을 어떻게 알 수 있을까? 잘못된 선택을 내리면 어쩌지? 사람들은 불안을 경험할 때 대단히 합리적으로 반응한다. 즉, 선택을 하지 않음으로써 불안한 감정을 없앤다. 아예 잼을 구매하지 않는 것이다. 디지털 기술도 불안을 유발하는 감정들을 자극한다. 한 가지 작업을 수행하는 데도 우리가 택할 수 있는 기술들이 너무 많고, 선택해야 할 콘텐츠가 너무 많은 나머지 무엇에 집중해야 할지 결정하기가 막막해진다.

 신디와 오마 부부는 밤 시간에 아이들을 재우고 설거지를 마친 뒤 영화를 볼 준비를 한다. 스마트 TV를 켜고 나면 그때부터 문제가 시작된다. 대체로 다음과 같이 흘러간다.

8:30   신디와 오마는 거실 소파에 털썩 몸을 기대고 앉는다.

8:32   신디가 넷플릭스 앱을 연다.

8:37   신디가 TV 프로그램과 영화를 훑는다. 무엇을 볼지 두 사람의 의견이 어긋난다.

8:43   신디의 제안에 부부는 한 영국 시대극의 미리보기를 시청한다. 예고편을 본 오마는 시청을 거절한다. 신디는 스크롤을 계속한다.

8:49   신디는 언젠가 둘 다 보고 싶다고 했던 액션 영화를 떠올린다. 넷플릭스에서 검색했는데 현재는 제공되지 않는 콘텐츠다.

8:52   신디가 애플 TV 앱을 확인해보니 4.99달러에 대여가 가능하다.

8:54   오마는 4.99달러를 결제하고 싶지 않다며 신디에게 아마존 프라임에 무료로 올라와 있는지 확인해보라고 한다.

8:57   신디가 프라임 비디오 앱을 열어 영화를 검색한다. 이 앱에서도 4.99달러를 내야 한다. 신디는 오마에게 이왕 돈을 낼 거라면 다른 영화를 보고 싶다고 말한다. 그녀는 오마에게 어떤 영화인지 설명한다. 앱에서 검색해보니 그 영화는 대여는 불가능했고 19.99달러에 구매만 가능하다.

9:04   오마는 디즈니 작품인 것 같으니 디즈니플러스에 무료로 올라와

	있는지 찾아보라고 말한다. 신디는 오마에게 리모컨을 던지며 직접 하라고 말한다.
9:07	오마가 디즈니플러스 앱을 열어 검색했지만 영화를 찾을 수 없다.
9:10	오마는 앱을 살펴보다 발견한 TV 프로그램을 시청하자고 제안한다. 신디는 미리보기를 보고 싶다고 말한다. 그녀는 프로그램이 재미있을 것 같으니 함께 보자고 한다.
9:15	오마는 영상 분량이 50분인 것을 확인한다. 50분짜리 영상을 보기에는 시간이 너무 늦은 것 같다고 말하고는 리모컨을 신디에게 건네며 좀 더 짧은 것으로, 25분짜리로 찾아달라고 한다.
9:18	신디는 여러 선택지를 보다가 TV를 꺼버린다. "정말 짜증 나." 그녀가 말한다. "아무것도 못 고르겠다고. 그냥 잠이나 자자."
9:25	신디와 오마는 불을 끄고 잠자리에 든다.

　50분 넘게 네 개의 영상 스트리밍 앱을 돌며 200편 이상의 영화를 살펴본 두 사람은 선택을 하지 않기로 했다. 저녁 식사 후의 영화 시청 루틴을 되돌아보며 신디는 이렇게 말했다. "요즘에는 영화를 보고 싶다는 마음조차 들지 않아요. 무엇을 볼지 골라야 한다는 생각만 해도 불안해지거든요."

　영화를 보며 휴식을 취하는 시간은 불안이 아니라 편안함을 느껴야 마땅하다. 하지만 디지털 기술이 우리에게 제공하는 무한한 선택지 때문에 우리는 무엇에 집중해야 할지 결정하기가 어려워진다. 또한 더 나은 선택지가 '있을 수도' 있다는 생각은 우리를 더욱 불안하게 한다. 넷플릭스를 포함해 우리가 사용하는 수많은 디지털 도구는 수많은 잼 앞에서 고민하는 우리 앞에 더 많은 잼을 내민다.

물론 우리에게 불안을 유발하는 것은 언제든지 손쉽게 닿을 수 있는 영화나 노래, 책, 레시피, 틱톡 영상만이 아니다. 언론 보도나 고객 데이터, 시장 조사 분석, 공장 기기의 가동 시간에 대한 정보 같은 훨씬 지루한 정보도 마찬가지다. 소화하기 어려울 정도로 넘치는 데이터와 정보에 접근할 수 있다는 현실에 우리는 어떤 선택을 해야 할지 불안감을 느낀다. 건강 연구자들은 '사이버콘드리아족cyberchondriac'이 증가하는 현상을 언급했다. 최근《옥스퍼드 영어사전》에도 등재된 이 용어는 '인터넷에서 (강박적으로) 건강 정보를 찾아보는 사람'을 뜻한다. 사이버콘드리아족은 자신이 가지고 있을지도 모를 질환과 관련해 방대한 정보를 찾아보고도 이에 만족하지 못하고, 어딘가에 있을 더 나은 정보를 놓치고 있는 것 같아 불안해한다.[7]

사서들은 이용객들이 정보 불안information anxiety(감당하지 못할 정도로 늘어난 정보로 초조함을 느끼는 현상-옮긴이)에 잘 대처할 수 있도록 어떻게 도와야 할지 주기적으로 논의한다. 텍사스주 샌안토니오에 있는 비블리오테크BiblioTech의 수석 사서인 애슐리 에클로프Ashley Eklof는 정보 불안은 "가능한 한 많은 정보를 받아들이려는 욕구 탓에 유발되며, 이와 더불어 필터링되어 들어오는 정보의 양에 압도당하는 기분"을 경험한다고 설명했다.[8] 디지털 도구가 우리 삶의 모든 영역에 걸쳐 너무도 많은 선택지를 제공하기에 우리가 올바른 선택을 내린 것인지 걱정할 기회 또한 과도하게 늘어났다.

디지털 기술과 불안에 관한 담론은 필연적으로 소셜 미디어가 우리 삶에서 어떤 역할을 하는지에 대한 논의로 이어진다. 소셜 미디어 사용과 (특히 청소년과 청년층의) 불안, 우울, 외로움의 연관성을 논하는 개별 연구가 많다. 최근 여러 메타 분석을 통해 소셜 미디어 사용의 증가와 불안감 증가 간에 강력한 관계가 있음이 드러났다.[9] 한 소프트웨어 기업에서 기술 영업 담당자로 일하는 20대 초반의 시에라는 소셜 미디어 사용과 불안의 상관관계를 몸소 경험했다. 그녀는 인스타그램과 스냅챗, 틱톡, 벤모Venmo를 사용하며 느낀 경험에 대해 이렇게 설명했다. "모든 것이 불안감을 일으킵니다. 다들 나보다 멋져 보이고 나보다 더 재미있는 일을 하고 있고…. 이런 것들을 보다 보면 나는 별로 잘 지내지 못하고 있는 것 같은 기분이 들어요. 솔직히 이런 이야기를 하는 것만으로도 불안해져요." 얼마 전 은퇴하고 골프 애호가로 지내는 일흔 살의 그레천은 이런 이야기를 했다. "인정하기 부끄럽지만 소셜 미디어 때문에 불안 비슷한 감정을 느낍니다. 페이스북이나 넥스트도어Nextdoor에 들어가서 사람들이 무엇을 하고 지내는지, 어떤 불만을 느끼는지 보는 게 불편해요. 별로 알고 싶지 않거든요. 가슴이 두근거려서요. 그런데도 눈을 뗄 수가 없어요. 불빛으로 달려드는 불나방처럼요."

모든 연구 결과에는 단서가 따르듯, 소셜 미디어와 불안의 연관성 또한 마찬가지다. 연구에 따르면 (다른 사람들의 게시물과 사진을 구경하지만 본인의 게시물은 거의 올리지 않는) 수동적 사용자들이 적극적으로 게시물을 올리는 사용자들보다 불안감을 더 크게 느끼는 경향이 있는 것으로 밝혀졌다.¹⁰ 또한 피츠버그 의과대학 연구팀은 전국의 성인 소셜 미디어 이용자의 대표 표본을 살펴본 결과 소셜 미디어 사용이 극단적으로 높은 경우에서만 불안 및 우울 증상이 증가할 가능성이 커지는 경향을 발견했다.¹¹

이런 연구 결과를 보면 모든 사람이 소셜 미디어를 사용하는 동안 불안감을 느끼는 것은 아니라고 볼 수 있다. 하지만 나는 대부분 사람이 소셜 미디어를 둘러싸고 불안을 느낄 것으로 추정한다. 페이스북과 인스타그램 플랫폼이 '10대 소녀들에게 유해하다'는 증거를 메타Meta의 경영진이 은폐했다는 언론 보도가 잇따르고 있다.¹² 페이스북을 퇴사한 후 내부 문건을 공개해 그 플랫폼이 사용자의 정신 건강에 부정적인 영향을 미칠 수 있다는 사실을 알고 있었다고 폭로한 프랜시스 하우건Frances Haugen과 구글의 전 디자이너로 소셜 미디어 및 여러 테크 기업이 사용자를 어떻게 착취하는지 강력하게 비판한 트리스탄 해리스Tristan Harris 등 소셜 미디어 기업에 몸담았던 몇몇 사람은 이제 누구나 아는 유명인사가 됐다. 소셜 미디어의 중독성을 파헤친 〈소셜 딜레마〉나 개인 정보를 활용해 유권자의 행동에 영향을 미친 페이스북-케임브리지 애널리티카Facebook-Cambridge Analytica 스캔들을 다룬 〈거대한 해킹〉 등의 다큐멘터리들이 우리의 스크린을 채웠다. 한 석유화학 기업의 지질학자인 올리버는 이렇게 말했다. "어디를 가도 소셜 미디어에 대해 그리고 소셜 미디어가 세상에 어떤 영향을 미치는지에 대해 이야기합니다. 저는 소셜 미디어를 거의 쓰지 않는데도 불안함을 느껴요. 그냥 이 모든 이야기 자체가 제게 걱정과 피로를 안깁니다."

이 글을 쓰는 지금, AI의 영향을 두고 불안감을 조성하는 온갖 이야기가 난무하며 우리를 소진시키고 있다. 한 소비재 기업의 최고재무책임자인 요한은 얼마 전 내게 이런 말을 했다. "AI가 소비재 산업을 어떻게 바꿀지, 우리 일자리를 잠식할 것인지 아닌지 전혀 짐작할 수가 없습니다. 그래도 AI가 걱정스러워요. 다들 AI에 대한 이야기를 하고 AI 때문에 우리 비즈니스에 변화가 찾아올 거라고, 일자리를 빼앗길 거라고 어디를 가도 그 소리뿐이거든요. 솔직히 AI 이야기만 들어도 불안해져요. 진심으로요!" 그가 잘못됐다고 말할 수 있을까?

2020년에 발표된 한 연구에서 AI에 대한 언론 보도를 조사한 결과, 주류 매체에서 AI를 다룬 지는 이미 오래됐지만 2015년부터 이 새로운 기술의 긍정적·부정적 영향에 대한 기사들이 '집중적으로' 늘어났다는 사실이 드러났다.[13] 2018~2022년에 주기적으로 실시된 갤럽 설문조사 결과 AI로 일자리가 사라질 것이라고 걱정하는 사람들의 비율이 빠르게 증가했는데, 이 현상은 우연이 아닐 것이다. 이런 현상에 따라 저널리스트들은 포보Fear of Becoming Obsolete, FOBO(개인의 기술과 지식, 직무가 쓸모없게 될지도 모른다는 두려움-옮긴이)에 대한 기사를 쓰기 시작했다.[14]

오픈AI OpenAI가 챗지피티를 출시한 2023년 가을 이후 체계적인 연구가 진행된 바는 없지만, 앞의 2020년 연구에서 언급한 '집중적인' 언론 보도는 지금과 비교해보면 도리어 미미한 수준처럼 보이고 AI로 불안감을 느낀다는 여론은 점점 더 확산되고 있다.[15] 미디어는 불확실한 신기술을 둘러싸고 열풍을 부채질하기를 좋아한다. 그리고 지금까지 AI만큼 새롭고도 불확실한 기술은 없었다. 스티븐 호킹Stephen Hawking도 말하지 않았던가. "강력한 AI의 등장은 인류 역사상 최고의 일이 될 수도, 최악의 일이 될 수도 있다. 우리는 아직 어느 쪽인지 알 수 없다."16

죄책감

짐과 스테프, 켈리는 미국 남서부의 단란한 가정에서 자랐다. 짐이 맏이고, 여동생인 스테프와 켈리는 1년 터울이 나지 않는다. 유일한 남자이자 나이 차이가 거의 없는 두 동생보다 몇 살 많은 짐은 여동생들 사이에 자신은 모르는 끈끈한 유대감이 있다고 느꼈다. 그럼에도 세 남매는 친하게 어울리며 자랐다. 고등학교를 졸업한 이들은 다른 지역에서 대학과 회사에 다니고, 가정을 꾸리느라 점차 멀어졌다. 적어도 짐은 두 여동생과 멀어지고 있다는 느낌을 받았다. 짐은 내게 이렇게 말했다. "스테프와 켈리는 페이스북에 게시물을 자주 올려요. 한 명이 아이들 사진을 올리면 다른 한 명이 저는 이해하지 못하는 농담 같은 댓글을 남기고요. 여동생들이 여전히 잘 지내는 모습을 보면 기쁘기도 하지만 좋은 관계를 유지하기 위해 제가 그들처럼 노력하지 않는 것 같아 죄책감도 느낍니다. 제가 더 노력해야죠." 하지만 켈리는 내게 짐과 스테프가 각별한 사이라고 말했다. "저희 셋이 하는 단체 대화방이 있어요. 저는 문자 메시지로 대화하는 데 서툰 편인데 짐과 스테프는 계속 대화를 주고받으며 재치 있는 말을 잘해요. 두 사람은 시간을 내서 서로의 삶에 관심을 기울이는데 저는 그렇지 못한 것 같아서 죄책감이 들어요."

세 사람이 관계를 유지하기 위해 노력하지 못했다고 각자 강한 죄책감을 느끼는 이유는 소셜 미디어 댓글과 문자 메시지상으로 자신을 제외한 다른 두 사람이 더 가깝다는 것을 직접 볼 수 있기 때문에, 아니 적어도 그렇게 추론할 수 있기 때문이다. 만하임대학교의 애너벨 하프만Annabell Halfmann이 진행한 최근 연구에서는 메신저와 같은 디지털 도구를 자주 사용할수록 죄책감을 더 강하게 느낀다는 실험적 증거가 나왔다.[17] 다른 일을 할 수 있고 또 해야 하는 시간에 디지털 도구로 무언가를 하며 느끼는 죄책감일 수도 있고, 메시지에 답을 빨리해야 한다거나 누군가의 게시물 및 사진에 '좋아요'를 눌러야 한다는 식의 플랫폼에서 통용되는 사회적 규범에 따라 소통하거나 교류하지 못한다는 죄책감일 수도 있다.

디지털 기술 사용자들은 다른 사람들만큼 하고 있지 못하다는 죄책감을 경험할 때가 많다. 내가 인터뷰한 사람들은 하나같이 자신보다 동료가 늦게까지 일하거나 프로젝트에 더 많은 시간을 들이는 모습을 보며 자신이 충분히 기여하지 못한다는 죄책감을 느낀 적이 있다는 이야기를 털어놨다. 뉴잉글랜드대학교의 교수인 페데는 이렇게 말했다. "연구비 지원 신청 같은 프로젝트는 구글 독스Google Docs에서 공동 작업을 하거든요. 거기 들어가 보면 다른 사람들이 잔뜩 써놓은 글과 수정 사항들이 보여요. 그걸 보면 저는 이 프로젝트에서 열심히 기여하지 않는 것 같아 죄책감이 듭니다. 최근 그런 경험을 자주 해요. 제가 하는 모든 프로젝트에서 항상 죄책감에 시달립니다." 몰입형 비디오게임 플랫폼 세 곳의 사용자들을 대상으로 진행한 한 심층 연구에서는 게임의 퀘스트를 달성하는 데 큰 공을 세운 플레이어들을 볼 때, 자기 때문에 다른 플레이어가 사망할 때, 다른 팀원들만큼 돈을 벌어 물자·무기·능력을 구입하는 데 기여하지 못할 때 죄책감을 느끼는 현상이 성인 이용자들 사이에서 대단히 일반적으로 나타났다.[18] 디지털 기술로 우리는 삶의 모든 영역에서 타인의 행위를 유례없는 방식으로 들여다보게 됐다.

  내가 연구를 진행하며 느낀 점은 다른 사람들이 자기보다 더 많은 일을 하거나 더 잘한다고 생각할 때도 많지만, 이와 마찬가지로 자기만큼 많은 일을 하지 않거나 잘하지 못한다고 추론할 때도 많다는 것이다.[19] 하지만 그렇다고 해도 결국 우리는 타인의 결점보다는 자신의 부족한 면이나 결함에 초점을 맞추는 경향이 있다. 우리는 책임을 회피하는 타인을 보며 짜증을 느끼기보다 죄책감이라는 감정을 더 뚜렷하게 느끼고 더 오래 기억한다. 셰익스피어의 《햄릿》에서 거트루드 왕비는 별난 행동을 하는 오필리아를 두고 이렇게 말한다. "죄책감은 서투른 의심을 낳고 / 감추려고 할수록 더욱 드러나는구나." 타인의 결점보다 자신의 결함에 주목할 때 자기가 부족한 사람이라는 부정적인 감정이 깊어질 뿐 아니라, 의도와 달리 괜한 죄책감까지 자극된다. 이런 자기비판적 경향성은 우리가 타인에게서 느끼는 짜증보다 자신의 죄책감을 더 강렬하게 느끼고 선명하게 기억하는 이유를 설득력 있게 설명해준다.

분노

분노는 인터뷰에서 드러난 가장 반사적인 감정이었다. 사람들은 디지털 기술 사용이 종종 두려움, 불안, 죄책감을 느끼게 한다는 점을 깨닫고 분노했다. 그 감정들이 불쾌하기 때문이 아니라, 일과 개인의 삶에서 디지털 도구를 활용해야만 하는 상황이 됐고 따라서 이 감정들을 피할 수 없기 때문에 분노한 것이다. 대형 생명보험사에서 재무 분석가로 일하는 레이철은 디지털 소진에 대해 이렇게 설명했다. "가끔은 현대의 삶 자체에 화가 나요. 부모님 세대만 해도 이렇게 많은 문자 메시지와 전화 사이에서 균형을 잡으며 뭔가를 놓치고 있는 것은 아닌지 조바심을 느끼거나 '친구가 출산을 준비하는 데 조금 더 힘을 보태야 했는데' 하고 죄책감을 느낄 일이 없었을 테니까요. 이 디지털 세상이 저를 불안하게 한다는 데 화가 나고, 제 아이들이나 회사 팀원들도 불안을 느낀다는 데 화가 나요." 부동산 소프트웨어 기업에서 크리에이티브 디자이너로 일하는 테디도 디지털 소진에 대해 이야기하며 이와 비슷한 분노를 보였다. "기술이 우리에게 저지르는 일들에 화가 납니다. 우리가 어딘가 부족한 사람인 것 같고, 더 많은 일을 하지 못하는 사람이 된 것처럼 느끼게 하니까요. 우리 삶에 자리

잡은 기술들을 생각만 해도 화가 치밀고, 또 그런 감정 때문에 너무 지쳐요."

《테크 심리학》 저자인 루크 페르난데스Luke Fernandez와 수전 맷Susan Matt은 기술이 변하며 우리의 감정이 어떻게 달라졌는지를 추적했다. 심층 인터뷰와 기록 연구를 바탕으로 두 저자는 디지털 세계가 어떻게 부정적 감정을 자극하고 또 강화하는지를 보여주었다. 새로운 디지털 기술 이용자들은 아날로그 매체 이용자와 대중 매체 소비자보다 전반적으로 분노의 감정을 더 많이 느꼈다. 저자들은 분노가 점점 커지는 현상의 주요 원인으로 디지털 기술을 사용하고, 디지털 기술에 대해 생각하며, 이 기술과 씨름하는 과정에서 여러 부정적 감정을 경험하는 탓이라고 여겼다. 페르난데스와 맷은 새로운 기술이 등장할 때마다 고독과 지루함이 줄어들 거라는 희망이 커졌지만 그 약속이 충실하게 지켜진 적이 거의 없다는 점을 역사적 맥락에서 정리했다.

TV와 같은 새로운 커뮤니케이션 도구가 새로 등장했을 때는 다른 이들과 공유할 수 있는 경험을 제공해 외로움을 완화하고 공동체를 결속시켰다. 하지만 이런 기술들이 일상에 점차 스며들면서 개인이 더욱 고립되는 상황이 벌어졌다. 처음에는 가족과 이웃이 모여 TV를 함께 시청했지만, 얼마 지나지 않아 각자 자신의 방으로 들어가 각기 다른 프로그램을 시청하기 시작했다. 이런 패턴은 디지털 시대에 소셜 미디어와 스마트폰 같은 기술로도 이어져 반복되고 있다. TV로는 일정한 장소에서 일정한 시간 간격을 두고 특정 콘텐츠를 접할 수 있었지만, 스마트폰은 우리가 원하는 때와 장소에서 우리가 원하는 콘텐츠에 접근할 수 있게 해준다. 따라서 과거 TV가 그랬듯 오늘날의 디지털 기술은 일시적인 지루함은 달래주지만, 역설적으로 지루함을 견디는 수준을 낮추고 잠깐의 공백도 참아내지 못하게 했다. 이제 사람들은 인터넷 연결이 끊겨 지루해지면 분노를 느낀다. 페르난데스와 맷이 지적하듯, 사람들은 디지털 기술을 사용하면서 감정을 경험하는 방식이 달라졌다는 사실을 새삼 깨달았고 이런 현실에 점점 더 분노하고 있다.

분노는 인간의 가장 강렬한 감정에 속한다. 또한 우리를 가장 지치게 하는 감정 중 하나이기도 하다. 분노를 느낄 때 우리 몸은 투쟁-도피 반응과 유사한 상태에 접어들며, 심박수와 혈압이 오르고 아드레날린과 코르티솔 같은 스트레스 호르몬 분비가 증가한다. 다만 연구에 따르면 분노는 신체의 투쟁-도피 반응에 여타 감정과는 조금 다른 효과를 미치는 것으로 나타났다.[20] 분노는 피로감을 불러오는 스트레스 호르몬들의 수치를 높은 수준으로 지속시켜 우리 몸이 정상적인 생리적 상태로 회복하는 속도를 늦춘다. 분노는 우리의 신체만이 아니라 정신도 지치게 하며, 인지적 부하도 상당하다.[21] 그 감정을 유발한 대상에 초점을 맞추고 어떻게 대응해야 할지 계획하는 과정은 인지적 자원을 소모한다.

분노는 통제하기가 무척 어려운 감정 중 하나이기도 하다. 에마 세팔라는 이렇게 정리했다. "자제력은 실제로 우리를 소진시킨다. 휘발유나 휴대전화 배터리처럼 한정된 자원이어서 쓰면 줄어든다. 연구자들은 자제력을 발휘할 때 실제로 혈당이 떨어진다는 사실을 발견했다. 왜 밤이 되면 아이스크림을 폭식하게 되는지 궁금하지 않았는가? 자제력이 말 그대로 고갈된 상태이기 때문이다."[22] 이렇듯 분노는 신체적·인지적으로 우리를 소모시키고, 분노를 통제하려 노력할 때 우리는 더 큰 소진을 경험한다. 디지털 도구가 여러 부정적인 감정을 유발한다는 사실을 깨닫고 분노하는 과정에서 큰 피로감을 느끼는 것도 이 때문이다.

흥분

기술이 부정적인 감정만 유발하는 것은 아니다. 새로운 기술은 근사하다. 쓰는 재미도 있다. 새로운 사진 앱으로 침실 사진을 찍을 때 분위기가 어떻게 달라지는지를 이리저리 시험해보고, 챗지피티에 샌드위치에 대한 감성적인 글을 써달라고 요청해보는 등 새로운 도구가 지닌 기능은 우리에게 짜릿함을 선사한다. 당신이나 당신의 자녀가 새로운 비디오게임에 푹 빠져 내리 7시간 동안 게임을 한 적이 있다면, 새 아이패드나 컴퓨터를 빨리 써보고 싶어 안달 나본 적이 있다면 새로운 기술이 우리를 얼마나 흥분시키는지 잘 알 것이다.

　하지만 흥분조차 우리를 지치게 한다. 두려움과 분노를 마주할 때 투쟁-도피 반응을 촉발하는 스트레스 호르몬은 우리가 흥분감을 느낄 때도 증가한다. 흥분할 때 맥박이 빨라지고 코르티솔이 증가하는데 이런 생리적 반응은 소진을 유발한다. 또한 흥분감에 취하면 디지털 도구로 더 많은 일을 하게 되는데(정보를 더 많이 찾아보고, 앱을 하나 더 다운받고, 사진을 하나 더 올리고, 문자 메시지를 더 보내는 등) 이런 활동들이 소진으로 이어지는 경로라는 사실을 우리는 이미 알고 있다.

이번 장 초반에 사람들이 디지털 도구를 사용할 때 경험하는 다양한 감정과 소진 사이의 관련성을 보여주는 여러 연구를 소개했다. 그에 반해 디지털 기술로 경험하는 긍정적인 감정 또한 우리를 소진시킨다는 사실을 보여주는 연구는 거의 없다. 대학생들이 페이스북을 사용할 때 사회적 자본이 증가한다거나, 일터에서 지식 관리 기술을 활용할 때 지식의 전달이 활발해진다거나, 인스타그램으로 옛 친구들과의 관계를 이어갈 수 있다거나, 챗지피티로 단편 소설에 대한 관심이 살아난다거나 하는 연구는 디지털 기술 사용으로 우리가 무엇을 얻을 수 있는지를 보여주지만 무엇을 잃는지는 논하지 않는다. 디지털 기술의 긍정적인 효과에 관한 연구 대부분이 실질적 혜택에 초점을 맞춘 탓일 것이다. 사람들과 더 많이 연결되고, 지식의 통합이 빨라지는 등의 이점 말이다. 하지만 내가 업무와 여가의 여러 영역에 걸쳐 디지털 기술을 쓰는 사용자들을 관찰하고 인터뷰한 결과에 따르면, 이 실질적인 혜택은 정서적인 효과를 동반한다.

미국 중서부의 한 병원에서 간호사로 일하는 조니의 사례를 살펴보겠다. 얼마 전 그녀와 동료 간호사들에게는 타 병원에서 이송돼 오는 환자들의 상세 정보를 확인할 수 있는 새로운 데이터 포털이 제공됐다. 새 시스템을 사용하고 일주일이 지난 후 조니는 이렇게 말했다. "시스템을 열 때마다 정말 가슴이 두근거려요. 환자가 병원에 도착하기에 앞서 이렇게 많은 정보를 확보할 수 있다니 정말 대단하죠. 놀라울 정도예요. 흥분을 감출 수가 없습니다. 정말 획기적인 시스템이에요." 젊은 소프트 엔지니어인 미카는 최근 팀이 슬랙을 쓰기 시작했다며 이런 반응을 보였다. "이제 우리도 슬랙을 쓴다니 너무 신이 나요. 마음을 어떻게 진정시켜야 할지 모를 정도로요. 팀에서 벌어지는 일들을 추적하기가 너무 쉬워졌거든요. 훨씬 효율적으로 일할 수 있을 거예요. 정말 좋아요." 얼마 전 딸이 태어난 릭은 첫 아이폰에 대한 소감을 이렇게 밝혔다. "정말 멋진 기기예요. 무척 마음에 듭니다. 아이폰을 집어 들 때마다 짜릿해요. 아내는 딸보다 아이폰에 더 신나 하는 것 같다고 해요. 물론 농담이죠. 하지만 아이가 귀여운 짓을 할 때마다 바로 사진을 찍어 남길 수 있다니 정말 신나기는 해요." 이런 사례들 외에도 새로운 디지털 도구로 이전에는 할 수 없었던 무언가를 하며 말할 수 없이 즐거워하는 모습을 수없이 목격했다.

새로운 데이터, 새로운 기능, 새롭고 '근사한' 기술은 우리를 흥분시킨다. 또한 마땅히 그래야 한다. 우리가 디지털 도구를 쓰는 이유는 바로 그것이 우리 삶을 더 낫게, 쉽게, 충만하게 해주는 기능을 제공하기 때문이다. 하지만 이런 흥분에는 대가가 따른다는 점 또한 명심해야 한다.

우리를 소진시키는 것은 디지털 기술이 아니라 우리가 그 기술을 사용하며 주의를 기울이고, 추론하고, 감정을 경험하는 방식이다. 소진의 세 가지 요소가 우리의 에너지를 어떻게 고갈시키는지 그리고 동시에 디지털 도구가 어떻게 우리의 역량을 크게 확장하는지 이해하는 것이 디지털 소진을 이겨내는 데 중요하다. 2부에서는 우리를 서서히 소진시키는 음흉한 힘에 맞서기 위해서 알아야 할 여덟 가지 간단한 규칙을 제시하고자 한다.

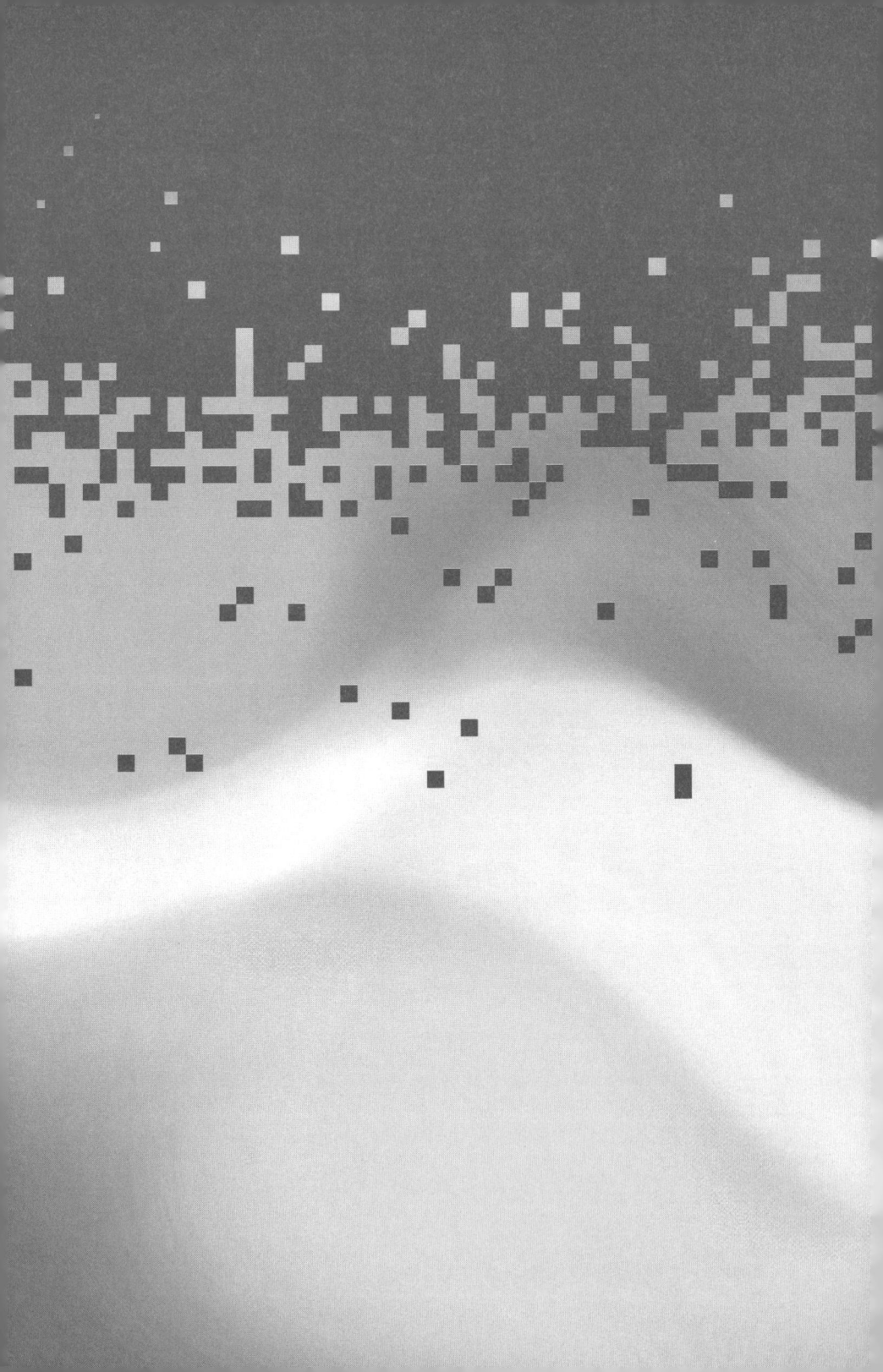

PART 2

디지털 디톡스를 위한
여덟 가지 규칙

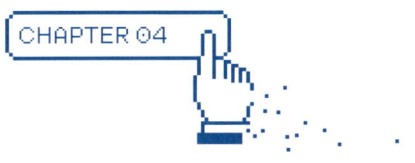

규칙 1:
사용 중인 도구를 절반으로 줄여라

시린은 태양광 패널을 생산하고 설치하는 스타트업 기업에서 마케팅 전문가로 일한다. 나는 그녀에게 회사와 집에서 하루 동안 사용하는 프로그램과 앱을 모두 세어보라고 요청했다. 그녀가 정리한 목록은 다음과 같다.

1. 마이크로소프트 워드
2. 어도비 일러스트레이터
3. 파워포인트
4. 캔바Canva
5. 아웃룩
6. 지메일(웹 브라우저)
7. 크롬
8. 허브스팟HubSpot

9. 세일즈포스
10. 줌
11. 구글(검색)
12. 마이크로소프트 팀즈
13. 지라 Jira
14. 트위치 Twitch
15. 인스타그램
16. 틱톡
17. (애플) 메일
18. 챗지피티
19. 셰어포인트 SharePoint
20. 왓츠앱
21. 아이메시지 iMessage
22. 드롭박스 Dropbox
23. 아마존 앱
24. 체이스 모바일 Chase Mobile 앱
25. 트위터
26. 링크드인
27. 스포티파이
28. 에버노트 Evernote
29. 웨이즈 Waze
30. 나이키 런 클럽 Nike Run Club
31. 컬러 스위치 Color Switch
32. 타임홉 Timehop
33. 넷플릭스
34. 훌루 hulu
35. 시리 Siri
36. 알렉사 Alexa

그녀는 노트북, 스마트폰, 애플 워치, 에코 쇼 Echo Show, 스마트 TV, 차량용 스마트폰 인터페이스 등 여러 기기로 다양한 프로그램과 앱을 사용했다. 이 목록을 작성한 후 시린은 이렇게 말했다. "세상에, 보기만 해도 진이 다 빠지네요."

누구든 시린의 리스트와 크게 다르지 않을 것이다. 나는 꽤 오랜 기간에 걸쳐 200명에게 이와 비슷한 리스트를 요청해왔기에 잘 알고 있다. 2000년대에 사람들이 사용하는 디지털 도구는 평균 8개였다. 2010년대에는 그 수가 25개로 훌쩍 증가했고, 2020년대에는 34개로 늘어났다. 2000년대 중반 내가 인터뷰한 이들 대부분이 사용한다고 말한 '디지털 기술'은 휴대전화였다. 휴대전화로 통화를 한다고 밝힌 사람이 대부분이었고, 문자 메시지를 보낸다고 하는 사람은 소수였다. 당시에는 앱이 없었고, 사람들은 휴대전화로 콘텐츠에 접근하지 않았다. 당시 인터뷰한 사람 중 노트북을 언급한 이들도 있었는데, 이들은 데스크톱과 노트북을 용도에 따라 다르게 사용한다고 말했다. 20년 전에는 용도에 따라 도구를 달리 사용하는 일이 이상하지 않았다. 휴대전화는 스마트하지 않았고 노트북의 성능과 저장 용량은 데스크톱에 미치지 못했으며, 설사 휴대전화가 스마트하고 노트북의 성능이 따라줬다고 해도 그 기능들을 제대로 활용하기에는 와이파이 접근성이 제한적이었다. 오늘날에는 내 질문에 자신이 휴대하는 기기를 언급하는 사람은 없다. 자신이 원하는 때와 장소에 필요한 앱이나 프로그램에 마땅히 접속할 수 있다고 여기기 때문이다. 대부분 사람은 기기들을 디지털 기술이 아닌 디지털 기술에 접속하는 매개체로 생각한다.

1장에서 말했듯 다양한 앱과 기기를 사용할 때 인지적 부하가 심해지고 여러 앱을 수시로 오가는 것은 소진의 주요 원인이 된다. 2010년에 발표된 한 연구에서는 지식 근로자가 사용하는 디지털 기술의 수가 늘어날 때 이들의 생산성도 상승하지만 일정 지점을 넘어서면 디지털 기술을 사용할수록 생산성이 떨어지는 현상을 발견했다.[1] 직관적으로 생각해보면 이런 결과는 타당하다. 디지털 도구가 우리에게 핵심적인 역량을 제공한다면 마땅히 생산성이 올라갈 것이다. 하지만 인간은 수많은 도구가 요구하는 인지적 처리 과정을 감당할 수가 없다. 역량 강화가 일정한 임계점에 도달하면 더는 흡수할 수 없다. 새로운 역량이 가져오는 한계 편익(추가적 행동과 선택으로 얻는 추가적 이득-옮긴이)을 누릴 수가 없는 것이다. 더 큰 문제는 또 다른 디지털 도구를 익히고, 사용하고, 전환해야 하는 상황이 우리를 소진시킨다는 것이다. 디지털 도구들이 향상된 역량을 제공하는 것에서 소진의 원인으로 바뀌는 임계점은 사람마다 다르고, 이는 개인의 일이 기술에 얼마나 의존하는지와 관련이 있다. 어떤 일을 하는 데 특정 디지털 도구에 의존하는 정도가 클수록 디지털 소진이 생산성에 미

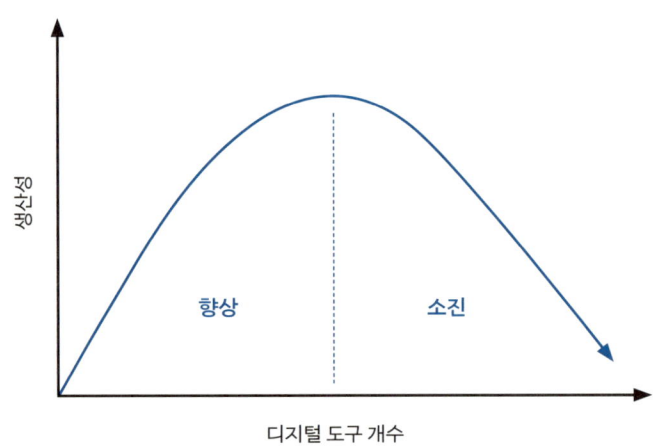

치는 부정적인 영향력 또한 커진다.

2010년에는 우리가 사용하는 디지털 기술이 비교적 안정적이었다. 예컨대 마이크로소프트 엑셀이나 어도비 포토샵 특정 버전의 라이선스를 구매하면 한 번씩 알림이 오는 사소한 버그 업데이트를 제외하고 소프트웨어 자체는 달라지는 것이 없었다. 한번 사용법을 익히면 그것으로 끝이었다. 하지만 오늘날의 급속한 기술 발전 세계에서는 우리가 사용하는 대부분 소프트웨어 앱이 웹에 연결돼 있고 지속적으로 업데이트해야 하며, 기술에 내장된 기능도 자주 바뀌고 업데이트된다. 즉 디지털 도구의 사용법을 거듭 배워야 한다는 뜻이다.

2020년 한 연구팀은 지속적인 기능 업데이트에 맞춰 계속해서 무언가를 배워야만 하는 과정이 피로감으로 이어지는지를 연구했다. 페이스북 사용자 489명을 대상으로 한 설문조사 결과 실제로 이런 학습이 소진으로 이어진다는 사실이 밝혀졌다.[2] 새로운 디지털 도구의 사용법을 배우는 과정만이 소진을 불러오는 것은 아니었다. 우리가 사용하는 기술의 역동성 때문에 변화에 지속적으로 대응해야 하는데, 그 과정에서 소진이 발생했다.

대부분 사람이 너무도 많은 기술을 사용하고 있고, 각각의 기술에서는 너무도 많은 기능이 수시로 바뀐다. 이렇듯 다양한 인터페이스를 거듭 학습하고 여러 인터페이스를 민첩하게 오갈 만한 정신적 또는 정서적 여력이 부족하다. 이 점이 우리의 첫 번째 간단한 규칙으로 이어진다. 즉, 사용 중인 도구를 절반으로 줄이라는 것이다. 우리가 수행해야 하는 학습, 재학습, 전환의 양을 줄이면 소진되지 않으면서도 기술력의 이점을 누릴 수 있다.

내가 이 규칙을 언급하면 다들 일리가 있다고 말한다. 하지만 이내 그럴 방법이 없다고 덧붙인다. 아사나의 레베카 하인즈^{Rebecca Hinds}, 아마존 웹 서비스^{Amazon Web Services}의 페데리코 토레티^{Federico Torreti}, 스탠퍼드 대학교의 밥 서턴^{Bob Sutton}과 내가 진행한 실험을 보면 사용 중인 도구를 포기하는 것이 얼마나 어려운 일인지 잘 드러난다.³ 우리는 아사나와 아마존 직원 58명에게 동료와의 상호작용을 위해 주 1회 이상 사용하는 디지털 협업 기술을 전부 적어달라고 요청했다. 또한 각각의 기술이 업무 목표를 달성하는 데 얼마나 도움이 되는지, 사용 난이도가 어느 정도인지 평가하게 했다. 당연히 디지털 소진과 관련한 질문들도 있었다. 그런 뒤 우리는 응답자들을 임의로 두 집단으로 나눴다. 첫 번째 집단에게는 앞으로 2주간 도구의 절반을 사용하지 말라고 요청했고, 두 번째 집단에게는 몇 가지를 제외할지 직접 정하게 했다. 두 집단 모두 어떤 도구를 사용하지 않을지 정해 우리에게 리스트를 제출했다. 연구가 진행되는 동안 이들은 자신이 사용한 도구가 무엇인지, 그리고 '사용 금지' 리스트에 오른 도구를 사용했다면 그럴 수밖에 없는 이유가 무엇인지를 매일 기록했다.

실험 결과는 처참했다. 두 집단 모두 지시를 따르지 않았다. 도구의 절반을 사용하지 않기로 한 사람들조차 대부분을 사용했다. 참가자들은 익숙해진 디지털 도구를 사용하지 않기가 너무 어려웠다고 답했다. 이들의 기록에는 쓰지 않고 싶었던 기술을 상사의 요구 때문에 사용해야 했다는 내용이 적혀 있었다. 또한 슬랙과 같이 동료와 소통하고 프로젝트의 진행 상황을 공유하기 위해 팀 내에서 관행처럼 사용하는 협업 도구를 쓰지 않겠다는 그들의 선택을 많은 동료가 존중하지 않았다는 이야기도 기록돼 있었다. 하나같이 좋지 않은 상황이었다. 그중에서도 최악은 연구 마지막 단계에서 참가자들이 디지털 소진 정도를 다시 한번 평가했을 때였다. 그 결과 2주간 대부분의 참가자는 평균적으로 소진 정도가 높아졌고, 제외할 도구를 직접 고른 집단보다 절반을 사용하지 않기로 한 집단에서 디지털 소진 증가율이 더 높았다.

참가자들의 소진 정도가 높아진 이유를 심층 조사한 결과 한 가지 뚜렷한 현상이 드러났다. 즉 그들이 어떤 디지털 도구를 사용할지 통제력을 거의 발휘할 수가 없었다는 점이다. 3장에서 확인했듯, 디지털 기술을 선택하고 사용하는 방식에 통제력을 발휘할 수 없다는 기분은 소진의 주요 원인이다. 다양한 디지털 도구를 포기하는 과정에서 참가자들은 실제로 많은 도구를 사용하는 것이 굉장히 피로한 일이라는 사실을 체감했다. 한 참여자는 이렇게 밝혔다. "[연구 덕분에] 제가 얼마나 많은 도구를 사용하는지 그리고 제 생산성과 집중력에 어떤 영향을 미치는지 더욱 분명하게 느꼈습니다. 도구를 전환하는 데 미묘하게 비용이 발생하고, 전환을 할 때 빚어지는 약간의 마찰이 제 집중력과 생산성을 망가뜨린다는 것을요." 사용하는 도구를 줄이고 싶지만 어떤 도구를 사용할지 자신이 완벽히 통제할 수 없다는 사실을 깨달으며 참가자들은 더 큰 소진감을 겪었고, 한 참가자가 밝혔듯 "통제권이 없는 듯한" 기분을 느꼈다.

사용하는 디지털 기술을 상당 부분 덜어낼 때 긍정적 효과를 경험할 수 있다는 사실은 과학적으로도 근거가 충분하다. 밥 서턴과 그의 오랜 동료 허기 라오Huggy Rao는 《마찰 프로젝트The Friction Project》에서 여러 연구를 통해 규칙, 정책, 프로세스, 전문용어 심지어 기술까지도 더하는 것보다는 덜어내는 편이 더 나을 때가 많다는 사실을 보여줬다. 서턴과 라오는 선택권이 주어질 때 사람들은 무언가를 덜어내기보다는 더하는 경향이 강하다고 강조했다.4 이런 경향성을 두 저자는 '추가 편향addition sickness'으로 설명했다. 이들은 대표적인 사례로 어느 대학 총장이 학교를 개선할 아이디어를 요청하자 교수진 가운데 11퍼센트만이 프로세스를 줄이자고 응답한 일, 벽돌 하나의 무게를 견딜 수 있게 레고 구조물을 수정하라는 과제에서 연구 참가자 대다수가 레고 블록을 추가한 일을 소개했다. 레고 실험에서 가장 좋은 해결책은 사실 블록을 하나 빼는 것이었음에도(또한 블록을 추가할 때마다 비용이 들었음에도) 말이다. 과학적으로 보면 디지털 도구를 줄여야 한다는 내 주장이 맞았지만, 당시 연구에서 우리가 참가자들에게 그 도구를 어떻게 제거해야 하는지 충분한 지침을 제공하지 않은 것이 문제였다.

이 초기 실험 이후로 나는 다양한 직무와 산업에 걸쳐 디지털 도구를 절반으로 줄여볼 마음이 있는 50명의 근로자를 대상으로 추적 연구를 진행했다. 다만 이번에는 참가자들에게 성공적으로 덜어내는 법에 대해 명확한 지침을 제공했다. 6개월 후에도 자신이 사용하던 기술의 절반만 사용하는 참가자가 8퍼센트였고, 디지털 소진 점수 또한 평균 40퍼센트 낮아졌다. 이제부터 이 참가자들이 디지털 도구를 어떻게 절반으로 줄였고 또 이를 어떻게 유지했는지 간략하게 설명하고자 한다. 시린의 사례를 들어 조금 더 구체적으로 보여주겠다.

1단계: 일터와 집에서 사용할 도구를 결정한다

첫 번째 단계에서는 디지털 기술 가운데 업무용, 순수하게 여가를 위해 사용하거나 개인의 삶(이를 '집'으로 통칭하겠다)을 조율하는 용도, 일과 집 양쪽 모두에서 사용하는 도구를 가려내야 한다. 시린의 목록에서 업무용으로만 쓰는 도구는 굵은 글씨로, 업무 외적으로 쓰는 도구는 일반 서체로, 일과 집 모두에서 사용하는 도구는 이탤릭체로 표시했다. 시린의 목록을 보고 자신과 비슷하다고 놀라는 사람이 많다. 집보다는 일 때문에 써야 하는 디지털 도구가 훨씬 많을 것으로 생각하겠지만 그렇지 않다.

　대다수가 집에서도 터무니없을 정도로 많은 앱과 플랫폼을 사용한다. 업무 외적인 도구들은 충만한 삶을 사는 데 필요하다고 생각할 수도 있지만 사실 대부분이 필요가 없는 것들이다. 좋은 소식은 일터에서 쓰는 도구보다는 집에서 사용하는 도구를 줄이는 데 훨씬 많은 통제권을 발휘할 수 있다는 것이다. 시린의 목록에서는 36개의 디지털 기술 가운데 그녀가 상사의 질책을 듣거나 회사에서 해고될 위험 없이 삭제할 수 있는 도구가 (절반 이상인) 21개나 된다.

1. 마이크로소프트 워드

2. 어도비 일러스트레이터

3. 파워포인트

4. 캔바

5. 아웃룩

6. 지메일(웹 브라우저)

7. 크롬

8. 허브스팟

9. 세일즈포스

10. 줌

11. 구글(검색)

12. 마이크로소프트 팀즈

13. 지라

14. 트위치

15. 인스타그램

16. 틱톡

17. (애플) 메일

18. 챗지피티

19. 셰어포인트

20. 왓츠앱

21. 아이메시지

22. 드롭박스

23. 아마존 앱

24. 체이스 모바일 앱

25. 트위터

26. 링크드인

27. 스포티파이

28. 에버노트

29. 웨이즈

30. 나이키 런 클럽

31. 컬러 스위치

32. 타임홉

33. 넷플릭스

34. 훌루

35. 시리

36. 알렉사

이 훈련을 함께한 사람들 가운데 절반 정도는 첫 번째 단계를 실행하는 것만으로도 디지털 소진 점수를 낮출 수 있었다. 어떻게 그럴 수 있었을까? 앞서 이야기한 통제력과 관계가 있다. 매일 사용하는 기술 중 약 절반을 자신이 선택한 것이고 또 원한다면 사용을 중단할 수 있음을 인식할 때 통제감이 높아진다. 자신이 원한다면 디지털 기술을 지울 수 있다는 사실을 아는 것만으로도 소진감을 놀랍게 낮출 수 있다는 얘기다. 자신에게 통제권이 있다는 사실을 깨달을 때 소진감이 가장 크게 낮아지지만, 자신이 원할 때 변화를 만들어나갈 힘이 자신에게 있다는 사실을 인식하는 동안에는 그 효과가 지속된다. 물론 앞으로 나올 단계들을 계속해서 따른다면 소진감을 훨씬 줄일 수 있을 것이다.

2단계: 대체 불가능성, 수단성, 인적 네트워크 종속성을 고려한다

2단계를 실행하기 위해서는 각 도구의 특성을 파악해야 한다. 집에서 쓰는 기술부터 살펴보는 것이 좋은데, 그 이유는 앞에서 말했듯 변화를 주기가 가장 쉬운 영역이기 때문이다. 그리고 집에서 사용하는 기술이 업무용 못지않게 많기 때문에 여기서 수를 크게 줄이면 전반적으로 상당한 변화를 만들어낼 수 있다.

가장 먼저 살펴볼 특성은 대체 가능성, 즉 목록에서 기능이 겹치는 도구들이 있는지를 파악하는 것이다. 예컨대 시린의 목록에서 지메일과 애플 메일은 둘 다 업무 외 이메일 용도이므로 서로를 대체할 수 있다. 시린은 아이폰에서 지메일을 확인하는 용도로 애플 메일을 썼지만 컴퓨터에서 지메일을 쓸 때처럼 지메일 앱만 사용해도 된다. 시리와 알렉사도 마찬가지다. 시린은 기본적으로 이 AI 비서들을 사실 확인이나 음악 감상에 쓰기 때문이다. 인스타그램, 틱톡, 타임홉은 친구들과 사진이나 영상을 공유할 때 사용하는 앱이다. 트위터와 링크드인도 기능이 겹친다. 물론 이 두 앱이 도달하는 대상에는 조금 차이가 있지만, 2단계 훈련을 통해 시린은 자신이 트위터에서 팔로우하는 사람들이 대부분 링크드인도 사용한다는 사실을 깨달았다. 두 플랫폼을 모두 쓴다고 해서 특별한 이점이 있는 것도 아니었다.

두 번째로 고려할 특성은 수단성이다. 우리가 하고자 하는 일의 수단이 되는 디지털 도구들이 있다. 어떤 일을 해야 해서 또는 달리 사용할 수 있는 도구가 없어서 사용해야만 하는 것들 말이다. 분명 이 범주에 속하는 도구가 있다. 시린이 아마존에서 무언가를 구매하거나 체이스 신용카드의 이용 금액을 확인하고 싶을 때는 이에 해당하는 앱을 사용해야 한다(아니면 웹사이트에 직접 접속해야 하는데 번거롭고, 앱을 사용하는 편이 인지적 부담도 덜하다). 다른 선택지가 없다. 하지만 컬러 스위치 게임을 꼭 해야 하는 것은 아니고, 에버노트에서는 단순 기록 외에 고급 기능을 사용하지 않으므로 마이크로소프트 워드로 충분히 대체할 수 있다. 스트리밍할 쇼나 영화를 찾아 트위치나 훌루에서 오랜 시간 체류하지만 사실 넷플릭스 외 다른 플랫폼에서 제공하는 영상을 보는 일이 거의 없다. 물론 이 디지털 도구들이 나름의 기능을 제공하는 것은 맞지만 시린에게 수단적 기능을 제공하지는 않는다. 따라서 제거 대상으로 고려할 수 있다.

세 번째로 고려할 특성은 인적 네트워크 종속성이다. 인적 네트워크의 규모가 커질수록 그 가치도 커져 사용자들이 의사소통 욕구에 따라 네트워크에 의존하는 경향 또한 강해진다. 그리고 다시, 의존하는 사람이 많아질수록 그 네트워크의 가치는 커진다. 이런 현상을 멧커프의 법칙 Metcalfe's law 이라고 한다.[5] 우리가 사용하는 모든 디지털 기술이 사람들을 연결해주는 직접적인 소셜 네트워크 기능을 제공하는 것은 아니지만, 인적 네트워크 때문에 대안이 되는 기술을 쓰지 않고 어떤 기술에 종속되는 경우가 많다.

예컨대 워드를 생각해보자. 워드를 쓰고 싶지 않을 수도 있다. 하지만 당신의 인적 네트워크(일터나 집)에서 다른 사람들이 워드 파일로 문서를 전달한다면 사용하지 않을 수가 없다. 종속되는 것이다. 미국에 살지 않는 친구들이 전부 모바일 메시징 기술로 왓츠앱을 쓴다고 할 때, 이들과 문자 메시지를 주고받고 싶다면 왓츠앱을 쓸 수밖에 없다. 물론 웨이즈 같은 내비게이션 앱은 A 지점부터 B 지점까지 얼마나 걸릴지 또는 고속도로 어느 지점에서 사고가 났는지 등의 데이터를 자발적·비자발적으로 플랫폼에 공유하기 때문에 여타 경쟁 앱보다 우위에 있다. 이 경우에는 기술이 제공하는 기능 때문에 사용자 및 기여자들이 다른 플랫폼으로 이동하기가 어렵다. 이 모든 사례가 우리가 특정한 상호작용을 원해서 또는 필요해서 어떤 기술에 종속되는 경우다. 이를 사용하지 않겠다고 하는 것은 그 기술이 제공하는 기능을 포기하는 것만이 아니라 그 기술로 얻을 수 있는 사람들과 통찰을 포기하는 것이다.

시린은 자신의 목록을 보며 대부분의 디지털 도구가 인적 네트워크에 종속돼 있다는 사실을 깨달았다. 동시에 그녀는 나이키 런 클럽이 제공하는 커뮤니티 데이터를 제외한다면 기능 대부분을 애플 워치의 운동 앱으로 대체할 수 있음을 깨달았다. 그녀는 나이키 런 클럽의 커뮤니티 데이터를 거의 사용하지 않으니 이 앱 또한 제거할 수 있다. 또한 왓츠앱으로 친구들과 대화하는 일이 거의 없어 기본 기능조차 기억이 나지 않을 때가 많았다. 연동 프로그램을 다운받으면 아이메시지를 통해 왓츠앱 메시지를 확인하고 전송할 수 있으므로 그 앱을 따로 확인할 필요도 없어진다.

2단계를 완료하려면 업무용 도구들을 보며 대체 불가능성, 수단성, 인적 네트워크 종속성을 파악해야 한다. 그런 뒤 이 세 가지 특성에 속하지 않는(그래서 제거할 수 있는) 디지털 기술이 무엇인지 자문해야 한다. 시린은 애플 메일을 지메일로 대체하기로 한 것처럼, 회사에서 구글 이메일 솔루션을 사용하는 만큼 아웃룩을 중단하고 지메일 웹 인터페이스만 사용하기로 했다. 또한 그녀는 이전의 회사에서 썼던 캔바가 익숙한 터라 프로젝트의 초기 단계에는 그래픽 작업용으로 캔바를 썼다. 하지만 현재의 회사에서는 보다 나은 어도비 일러스트레이터를 제공했고 프로젝트는 모두 그 포맷으로 제출해야 했다. 그녀는 캔바도 쓰지 않기로 했다. 집에서 사용하는 도구보다 업무용 도구를 선택할 수 있는 재량은 적었지만 2단계를 거치며 시린은 36개 도구 가운데 13개의 사용을 중단하는 데 성공했다. 나쁘지 않은 결과다.

1단계에서 정리한 목록에 이번 단계에서 제외한 도구를 얹어 표시하면 다음과 같다.

1. *마이크로소프트 워드*
2. **어도비 일러스트레이터**
3. **파워포인트**
4. ~~**캔바**~~
5. ~~**아웃룩**~~
6. 지메일(웹 브라우저)
7. *크롬*
8. **허브스팟**
9. **세일즈포스**
10. **줌**
11. *구글(검색)*
12. **마이크로소프트 팀즈**
13. **지라**
14. ~~**트위치**~~
15. 인스타그램
16. ~~틱톡~~
17. ~~(애플) 메일~~
18. 챗지피티
19. **셰어포인트**
20. ~~**왓츠앱**~~
21. 아이메시지
22. **드롭박스**
23. 아마존 앱
24. 체이스 모바일 앱
25. ~~트위터~~
26. 링크드인
27. 스포티파이
28. ~~**에버노트**~~
29. 웨이즈
30. ~~**나이키 런 클럽**~~
31. ~~**컬러 스위치**~~
32. ~~**타임홉**~~
33. 넷플릭스
34. ~~훌루~~
35. 시리
36. ~~알렉사~~

3단계: 자신이 변화시킬 수 있는
영역에 집중한다

업무용으로 남겨둔 도구들에만 초점을 맞추면 자신에게 변화를 불러올 능력이 별로 없는 것처럼 느껴질 수 있다. 예컨대 당신의 직장에서 고객 관리 도구로 세일즈포스를 사용한다면 세일즈포스를 쓸 수밖에 없다. 마찬가지로 팀이 마이크로소프트 팀즈 채팅으로 업무를 조율하는데 당신만 빠진다면 좋은 팀원이라고 하기는 어려울 것이다. 이런 업무용 도구들은 대체 불가능하고, 수단적 기능을 제공하며, 인적 네트워크에 종속돼 있다. 이 디지털 도구에서 벗어나고 싶다면 이에 동참하는 다른 사람들이 있어야 한다. 시린은 변화의 분위기를 만들 권한이 없었고, 아마 대부분 사람이 그럴 것이다.

 하지만 일터에는 2단계의 세 가지 특성 중 무엇에도 부합하지 않으면서 익숙하다는 이유로 쓰는 디지털 도구들이 많다. 기업에서 사용하는 디지털 기술에 관한 오랜 연구에 따르면 처음에는 새로운 기술을 도입할지 합리적이고 이성적인 판단을 거쳐 결정했지만, 이후 그 기술을 계속해서 사용하는 이유가 '다들 사용해서'일 때가 많다.[6] 서던캘리포니아대학교의 재닛 펄크Janet Fulk가 진행한 한 대표적인 연구에 따르면, 자신을 업무 집단에 동일시하는 정도가 높을수록 나머지 집단 구성원들이 어떤 디지털 메시징 시스템을 좋아한다는 생각에 사로잡혀 그 시스템을 계속 사용할 가능성이 더 큰 것으로 드러났다.[7] 자기 외의 구성원들이 그 기술을 실제로 좋아하는지 아닌지, 사용하고 싶어 하는지 아닌지는 중요하지 않았다. 사회적 영향과 습관은 비판적 사고 없이 어떤 기술을 계속 유지하는 성향을 예측하는 강력한 지표다.

  권한을 발휘할 수 있는 위치가 아니라면 세 가지 특성에 부합하지 않는 기술을 찾아 동료들 사이에서 변화의 기회를 만들어내는 것이 중요하다. 이렇게 하여 시린은 디지털 도구 네 가지를 더 제거할 수 있었다. 한 예로 그녀는 회사가 파일 공유 플랫폼으로 두 가지 선택지를 제공하는 이유를 이해할 수 없었다. 하나는 회사의 셰어포인트 서버였고 다른 하나는 드롭박스였다. 시린은 둘 다 사용하긴 했지만 왜 그렇게 해야 하는지 명확한 이유를 찾지 못했다. 다른 팀원들에게 확인하자 대부분이 셰어포인트를 싫어하고 드롭박스를 선호했다. 그녀는 상사에게 팀이 셰어포인트가 아닌 드롭박스를 사용해도 문제가 없을지 물었다. 상사는 두 가지 옵션이 있는 이유를 자신도 잘 모르겠다며 드롭박스로 전환해도 자신은 괜찮다고 답했다. 팀은 셰어포인트에 있던 파일을 모두 드롭박스로 옮겼고, 이로써 시린은 목록에서 디지털 기술 하나를 추가로 제거할 수 있었다.

  업무용 도구를 살펴보던 시린은 세일즈포스나 지라로 처리해야 하는 중요한 업무가 없다는 것을 깨달았다. 그 시스템에 저장된 몇 가지 내용을 추적하려고 접속하기는 하지만 업무상 자주 쓸 일이 없었다. 자주 사용하지 않다 보니 접속할 때마다 사용법이 헷갈려 헤매기 일쑤였고 필요한 정보를 찾기가 생각보다 어려웠다. 그녀가 이 이야기를 털어놓자 상사는 팀이 알아야 할 사안이 있을 때면 자신이 항상 메시지로 공지하니 그 기술들을 굳이 쓸 필요는 없다고 했다. 이렇게 목록에서 또 하나를 삭제할 수 있었다.

시린은 대담하게도 팀즈와 줌으로 회의하는 방식도 재고했다. 그녀의 팀은 늘 팀즈로 메시지를 주고받아 시린은 그 기능 때문에라도 팀즈를 사용해야 했다. 팀이 영상회의 기능을 쓸 때도 많았다. 팀즈로 진행하는 영상회의는 여러모로 편했다. 배경을 흐리게 처리할 수도 있었고 스크린 공유도 쉬웠으며 오디오 문제가 있을 때는 본인의 마이크나 스피커를 조정하는 방법도 알고 있었다. 그런데 줌에는 그런 기능이 없었다. 하지만 마케팅 자료 제작을 위해 그녀가 함께 일하는 컨설턴트 두 명은 줌에서 화상회의를 진행했다. 시린은 자신이 고용한 사람들이니 회의용 플랫폼도 자신이 선택해 공지하면 될 거라고 생각했다. 그녀는 컨설턴트들에게 앞으로는 팀즈에서 화상회의를 진행할 예정이라고 알렸다. 자신이 초대하겠다고 알렸지만 놀랍게도 두 컨설턴트 모두 다른 클라이언트들과 이미 팀즈로 회의를 하고 있다며 기꺼이 그 플랫폼으로 전환하겠다고 답했다. 시린은 내게 이렇게 말했다. "조금 걱정이었는데, 팀즈로 바꾸자고 말하길 잘했어요. 컨설턴트들이 애초에 왜 저와 줌을 쓰기로 했는지는 몰라도 결과적으로는 바꿀 수 있어서 잘된 거죠. 제가 이야기를 꺼내지 않았다면 지금까지도 계속 줌을 쓰고 있었을 거예요."

그리고 잘 사용하지 않는 허브스팟까지 제외하자 시린은 매일 사용하는 디지털 기술을 36개에서 19개로 줄일 수 있었다. 2단계에서 정리한 목록에 이번 단계에서 추가로 제외한 도구를 얹어 표시하면 다음과 같다.

1. 마이크로소프트 워드
2. 어도비 일러스트레이터
3. 파워포인트
4. ~~캔바~~
5. ~~아웃룩~~
6. 지메일(웹 브라우저)
7. 크롬
8. ~~허브스팟~~
9. ~~세일즈포스~~
10. ~~줌~~
11. 구글(검색)
12. 마이크로소프트 팀즈
13. 지라
14. ~~트위치~~
15. 인스타그램
16. ~~틱톡~~
17. ~~(애플) 메일~~
18. 챗지피티
19. ~~셰어포인트~~
20. ~~왓츠앱~~
21. 아이메시지
22. 드롭박스
23. 아마존 앱
24. 체이스 모바일 앱
25. ~~트위터~~
26. 링크드인
27. 스포티파이
28. ~~에버노트~~
29. 웨이즈
30. ~~나이키 런 클럽~~
31. ~~컬러 스위치~~
32. ~~타임홉~~
33. 넷플릭스
34. ~~훌루~~
35. 시리
36. ~~알렉사~~

아직 절반에는 미치지 못했다. 하지만 짐작하듯 절반으로 줄이는 것이 목표는 아니다. 이 훈련의 핵심은 우리가 학습하고 재학습해야 하는, 이리저리 오가며 전환해야 하는 디지털 도구의 개수를 의미 있는 수준으로 줄이는 것이다. 50퍼센트를 제거하자는 것은 하나의 지침일 뿐이다. 디지털 도구를 평균 여덟 개 사용하던 20년 전이라면 절반을 줄이는 것이 과한 조치였을 테고, 앞으로 10년 후에는 50퍼센트라는 기준이 너무 적을지도 모른다. 중요한 점은 덜어내기보다 더하기가 쉽다는 것이다. 《빼기의 기술》을 쓴 라이디 클로츠Leidy Klotz의 말처럼 우리는 타고나길 빼기를 간과하고, 숙고하기보다는 무언가를 더할 생각부터 한다.[8] 어떤 문제가 생기면 그 원인이 올바른 해법을 찾지 못해서라거나 올바른 제품이 없어서라는 말을 자주 듣는다. 굳이 생각할 필요 없이 그냥 무언가를 더하면 된다고 말이다. 하지만 더하기만 하고 덜어내지 않으면 소진이 커진다. 우리가 사용하는 도구 더미를 주기적으로 검토해 버릴 것을 찾아내야 하는 것도 이 때문이다.

4단계: 에너지 감사를 실시해 리스트를 완성한다

디지털 기술 제거 목록을 완성하는 마지막 단계는 에너지 감사를 실시하는 것이다.[9] 에너지 감사란 심리학자이자 성과 코치인 세라 사르키스Sarah Sarkis가 제안한 개념으로, 그녀는 이를 통해 무엇이 고객들의 에너지를 높이거나 빼앗아 가는지를 파악한다. "돈과 마찬가지로 에너지는 유한합니다." 사르키스는 이렇게 말했다. "에너지에도 자산과 부채가 있는 거죠. 수면이나 운동처럼 정신 및 신체 건강에 유익한 일을 한다면 자산이 느는 거예요. 늦게까지 일하거나 식사를 거르는 등 정신 및 신체 건강을 해치는 일을 하는 것은 부채고요."

에너지 자산과 부채의 개념을 디지털 도구에도 적용할 수 있다. 제거 대상으로 표시한 도구들을 '에너지 자산'과 '에너지 부채'로 분류하는 것이다. 2열의 표를 만들어 한쪽은 자산, 다른 한쪽은 부채로 표시한다. 어떤 도구가 당신에게 에너지를 준다면(좋아하는 콘텐츠를 제공하거나, 중요한 일을 하는 데 도움이 되거나, 당신에게 행복감 또는 짜릿함을 선사하거나, 마음을 따뜻하게 해주는 사람들 및 콘텐츠에 연결되게 해준다면) 자산으로 분류한다. 여기에 속하는 도구는 에너지 촉진제다. 반대로 어떤 도구가 에너지를 앗아간다면(제대로 사용하고 있는지 걱정이 되거나, 어떻게 사용해야 하는지 기억이 잘 나지 않거나, 디자인이 마음에 들지 않거나, 도구의 콘텐츠가 지루함 또는 분노를 안겨준다면) 부채로 분류한다. 에너지 도둑이다. 앞의 1~3단계를 거쳐 제거해야 할 대상으로 표시됐고 여기서도 에너지 부채에 속하는 도구라면 사용을 중단해야 할 더 타당한 근거가 마련된 셈이다. 하지만 앞의 단계들에서 제거 목록으로 표시한 도구가 에너지 자산으로 분류된다면 그 도구를 제거할지 재고해볼 수 있다.

시린의 제거 목록 도구들 가운데 유일하게 틱톡이 에너지 자산으로 분류됐다. 그녀는 이렇게 말했다. "그 영상들이 한심하다는 것은 알지만 스크롤하며 구경하는 게 좋아요. 거기에 있는 콘텐츠들을 진지하게 받아들이지 않으려고 노력해요. 그냥 별 의미 없는 오락적 가치로만 즐기려고요. 영상 몇 편 보고 나면 웃음이 터지고 기분도 좋아지거든요." 시린에게 틱톡이 그렇듯, 어떤 기술을 제거 목록으로 분류했지만 그 도구가 긍정적인 감정을 제공한다면 계속 사용할 대상으로 고려해볼 수 있다. 배터리 비유를 명심해야 한다. 우리의 에너지를 앗아가는 일을 멈추는 데 집중하고 에너지를 주는 일을 증폭해야 한다. 물론 도구 하나를 추가하는 것이 옳은 선택일 수도 있다. 올바른 목적만 있다면, 즉 고민해보지도 않고 무작정 도구를 더하고 보는 경우가 아니라면 말이다.

규칙 2:
정보에 걸맞은 미디어를 매칭하라

일류 로펌에서 그토록 꿈꾸던 법률 보조원으로 일을 시작한 때 클로디아는 회사 이곳저곳에서 쏟아지는 연락에 정신이 아찔할 정도였다. 이메일, 슬랙, 문자 메시지, 인트라넷, 사내 소셜 미디어 사이트에서 메시지가 들어왔다. 그녀는 이내 사무실 전화로 연락하거나 찾아오는 사람은 거의 없다는 사실을 눈치챘다. "너무 이상했어요. 다들 제게 대답을 바라면서도 대화를 걸어오는 사람은 없었으니까요."

로펌에서 근무한 지 두 달이 지나자 너무 많은 사람이 그녀를 찾아댔고, 클로디아는 심각한 소진을 경험했다. 가장 문제가 되는 것은 이메일이나 문자 메시지, 슬랙으로 전해지는 질문들이 명확하지가 않아 정확한 소통을 위해 몇 번이나 상대와 이메일, 문자 메시지를 주고

받아야 한다는 것이었다. 그녀의 답변 또한 늘 명확한 것은 아니었기에 상대와 몇 번이나 소통해야 하는 일도 있었다. 너무도 지치고 기운이 빠진 클로디아는 새로운 방법을 시도했다. 내용이 분명하지 않은 메일이 오면 상대에게 전화를 걸어 메시지를 확인했다. 통화로 2분이면 명확하게 사안을 정리할 수 있었다. 전보다 통화량을 늘린 것만으로 클로디아는 주고받는 메시지의 양을 크게 줄일 수 있었다.

"이제는 무척 가벼워졌어요." 변화를 도입하고 반년이 지났을 때 클로디아는 이렇게 말했다. "제가 통화를 너무 자주 한다고 이상하게 생각하는 사람들도 아직 있긴 해요. 하지만 사실 그들도 크게 개의치 않고, 무엇보다 제가 전보다 훨씬 에너지 넘치는 모습으로 일하고 있어요."

소진 문제를 해결하는 클로디아의 방법은 단순하지만 효과적이었다. 메시지의 모호성을 고려해 특정한 기능을 지닌 기술, 즉 전화라는 기술을 선택한 것이다. 디지털 시대에 우리는 텍스트로 된 비동기식asynchronous 소통 채널을 선호할 때가 많다(가장 최근 누군가에게서 전화가 왔던 때를 떠올려보길 바란다. 내심 '왜 전화를 하는 거지?' 생각하지 않았는가?). 하지만 메시지와 데이터는 대체로 텍스트보다는 실시간으로, 그리고 비언어적 단서가 함께할 때 더 잘 전달된다. 또한 회의에 대한 부정적인 여론과 원격근무를 둘러싼 사회적 논쟁이 보여주듯, 중요한 사안은 반드시 실시간으로 얼굴을 맞대고 처리해야 한다는 믿음에서 업무의 성격에 맞지 않는 소통 방식을 고를 때도 많다. 따라서 디지털 소진을 줄이는 두 번째 규칙은 데이터의 복잡성, 협업에서 요구하는 조율의 정도를 고려해 사용할 기술을 전략적으로 선택해야 한다는 것이다. 또한 직장, 직업, 친구 집단, 가족 사이에 특정 디지털 기술이 의미하는 상징성 또한 고려해야 한다.

매칭^{matching}이라는 개념을 이해하기 위해서는 '어포던스^{affordance}'라는 낯선 단어를 먼저 살펴봐야 한다.[1] 어포던스는 어떤 형태나 이미지가 행위를 유도한다는 의미로, '행동유도성'이라고 한다. 어떤 대상이든 고유한 속성 또는 특징을 지닌다. 바위는 단단하고, 무겁고, 둥글다. 소프트웨어 프로그램은 합산, 평균 계산, 할부 상환표 작성 등 표준 수학 함수를 계산할 수 있다. 이런 속성 또는 특징은 사람마다 다르게 인식된다. 몸집이 큰 동물은 바위를 앉아 쉴 장소로 본다. 작은 동물에게 바위는 그 아래 몸을 숨길 안전한 장소다. 두 동물이 바위의 특징을 다르게 인식하는 것은 신체적 차이에서 기인한다. 같은 바위라도 한 동물에게는 앉을 장소를, 한 동물에게는 숨을 장소를 제공한다. 같은 바위라도 동물에 따라 그것으로 할 수 있는 일이 다르다는 얘기다. 결과적으로는 페이스북과 당신 회사의 CRM(고객 관계 관리) 시스템도 바위와 다르지 않다.

디지털 기술의 잠재적 용도는 사람에 따라 매우 다르게 인식될 수 있고, 따라서 사용 방식도 크게 달라질 수 있다.[2] 예컨대 엑셀 프로그램을 홍보 회사에서 경영지원 보조 업무를 하는 직원은 주소나 메일을 분류하고 관리하는 데 사용하지만, 은행의 여신 담당 직원은 고객이 어느 정도의 대출을 감당할 수 있는지 판단하는 데 사용할 수 있다. 같은 소프트웨어 프로그램이라고 해도 양쪽에 다른 기능을 제공하는데, 두 사람이 서로 다른 목적과 기술로 접근하기 때문이다. 이런 맥락에서 어포던스는 도구 자체가 지닌 속성이라기보다 개인과 기술의 역량 간 관계로 빚어지는 결과물이라고 할 수 있다.

이 어포던스라는 개념이 두 번째 규칙의 핵심이다. 디지털 기술을 사용하는 한편 상호작용적인 소진의 3요소를 억제하고 싶다면 기술이 제공하는 어포던스와 기술이 사용되는 맥락의 핵심적인 특징을 매칭해야 한다. 1980년대에 리처드 다프트Richard Daft와 로버트 렝겔Robert Lengel이 이 매칭에 대한 사고 체계를 제시했다. 두 사람이 주장한 '매체 풍부성 이론media richness theory'은 많은 논쟁의 대상으로 명제의 일부를 뒷받침하는 결정적인 근거는 빈약하지만, 전반적으로 상당히 유용한 프레임워크를 제공한다.[3] 나는 그 프레임워크를 각계각층의 사람들에게 적용해 큰 성과를 거뒀다.

이 이론의 전제는 간단하다. 디지털 기술은 데이터와 정보를 전달하는 풍부성이 저마다 다르다는 것이다. '풍부성'이란 기술이 전달할 수 있는 단서의 수를 말한다. 다프트와 렝겔에 따르면, 정보를 전파하고 데이터를 처리하는 가장 근본적인 기술은 우리의 신체다. 우리가 대면 상호작용을 할 때는 이해·동의·수용 또는 혼란·반대·거부를 전달하고 암시하는 수많은 단서를 활용할 수 있다. 말로 데이터를 주고받을 때는 목소리의 어조, 고갯짓, 미간에 주름을 잡거나 입술을 오므리는 등의 몸짓이 함께한다. 누군가에게 정보를 전할 때 상대의 피드백에 맞춰 순간적으로 전달 방식이나 응답을 조정할 수 있다.

인간에게는 수백만 년 동안 데이터를 전달하는 수단이 대면밖에 없었기에 복잡하거나 모호한 정보를 대면으로 처리하는 데 특히 민감하게 반응하고 이해하도록 진화했다. 대면 상호작용에서는 메시지의 의미를 토론하고 이견을 좁혀나갈 수 있다. 이런 이유로 다프트와 렝겔은 대면 상호작용이 가장 풍부한 의사소통 매체라고 주장했다. 두 사람은 다중적이고 복잡한 신호를 실시간으로 처리하는 능력이 대면 상호작용에 근접한 기술일수록 대면 다음으로 풍부한 매체라고 여겼다(이를 리치 미디어 rich media라고 한다). 어떤 기술이 의미 있는 방식으로 전달하거나 처리할 수 있는 단서가 적을수록 매체는 빈약해진다(이를 린 미디어 lean media라고 한다). 이들의 매체 유형론은 (오늘날 우리가 주로 쓰는 기술에 빗대어) 다음과 같이 정리할 수 있다.

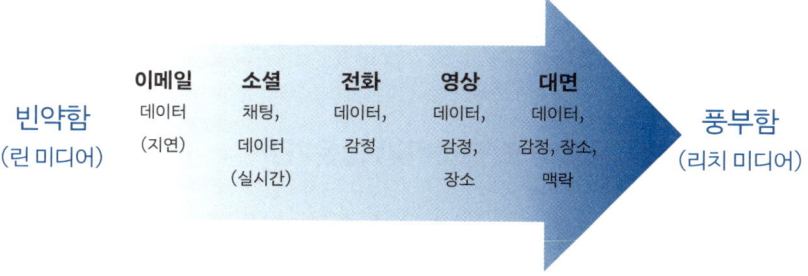

'풍부함'에 대한 기준과 빈약한 기술에서 풍부한 기술로 나열하는 순서를 두고 이견을 보이는 연구자들도 있다.[4] 나는 이런 논쟁이 핵심을 흐린다고 본다. 중요한 점은 디지털 기술마다 가능한 정보 또는 가

능하지 않은 정보의 공유 및 처리 방식이 다르고, 이 차이를 우리가 인식한다는 것이다.

자신이 소통하거나 이해하려는 정보가 난해할 때가 있다. 다른 사람들이 이해할 수 있을지 확신이 없을 때도 있다. 타인의 의견에 따라 자신이 할 수 있는 일이 달라지는 상황일 때는 공동의 이해에 최대한 빨리 도달하는 것이 중요하다. 자신이 처리하는 정보나 데이터가 상당히 단순하고 명확할 때도 있고, 신속한 결정을 내릴 필요가 없거나 일을 진행하기 위해 타인의 동의를 얻을 필요가 없을 때도 있다. 디지털 기술의 어포던스와 상황의 조건을 적절하게 매칭하지 못하면 균열이 생기고, 이 균열이 우리를 소진시킨다.

이어서 어떻게 해야 올바른 매칭을 할 수 있을지, 쉽고 직관적인 일들조차 할 수 없게 하는 관성을 어떻게 극복할 수 있을지에 대해 이야기하겠다.

아주 분명한가, 조금도 분명하지 않은가?

업무차 두 달간 오스트리아에 머물렀을 때 샌타바버라에 있던 동료들과는 9시간의 시차가 있었다. 오스트리아 시각으로 일과가 끝나면 동료 중 한 명인 제인에게 메일을 보내 새로운 소식을 전하고 중요한 인사 문제와 예산 문제를 논의했다. 까다로운 사안들이었다. 인사 문제는 앞으로 어떻게 하는 것이 최선일지 알 수가 없었다. 해고를 고민 중인 사람도 있었고, 승진을 고민 중인 사람도 있었다. 두 상황 모두 최선의 선택이 무엇인지 명확하지 않았다. 앞으로의 결정을 두고 나와 동료의 의견이 일치하지 않았다. 예산 문제에서도 제인과 나는 숫자에 대한 해석이 달랐다. 내 눈에는 숫자가 그리 좋아 보이지 않았지만 제인의 눈에는 별문제가 없어 보였다. 같은 숫자를 보면서도 서로 다른 방향으로 생각했지만, 우리는 서로의 시각이 다르다는 사실부터 이해하지 못했다. 나는 그녀가 자금을 이렇게 저렇게 할당하자고 제안하는 이유를 이해할 수가 없었다. 내 눈에는 자금 상황이 안 좋게 보였으니 그녀의 제안이 말도 안 되는 것처럼 느껴졌고, 아무런 문제가 없다고 보는 제인 입장에서는 내가 계속해서 난리법석을 떠는 이유를 이해하기가 어려웠다.

두 사안과 관련해 제인에게 처음 메일을 보냈을 때만 해도 그녀는 곧바로 답장을 했다. '곧바로'라는 말은 내가 있는 곳 시각으로 다음 날 아침을 뜻했다. 나는 빈에서 다른 업무를 마치고 오스트리아 시각으로 저녁 6시에 메일을 보냈는데, 그녀가 있는 곳에서는 오전 9시이니 근무 시간과 얼추 맞았다. 하지만 며칠 후부터 그녀의 답장이 거의 멈추다시피 했다. 나는 답답함을 느꼈다. 그녀에게 전보다 더 자주 이메일과 문자 메시지를 보내며 어떻게 된 일인지 물었다. 이런 상호작용으로 서로에 대한 오해가 쌓이며 둘 다 큰 피로감에 시달렸다. 상대가 나를 이해해주지 못한다는 사실에 둘 다 점점 더 분노와 좌절이 깊어졌고, 문자 메시지와 이메일로 얻을 수 있는 최소한의 정보만을 가지고 상대의 의도가 나쁘다는 식으로 결론을 내렸다. 게다가 인사와 예산 문제를 해결하려고 계속해서 이메일과 문자 메시지를 주고받느라 각자 해야 할 여러 일을 멈추고 맥락을 전환해야 하는 상황이 점점 더 많아졌다. 2주 넘게 이어진 이런 식의 상호작용은 대단히 소모적이었다. 문제는 우리가 해결하려는 사안의 성격에 맞춰 내가 올바른 기술을 매칭하지 못했다는 것이다. 그건 제인도 마찬가지였다.

인사 문제와 예산 배분에 관해 우리가 내려야 할 결정은 높은 수준의 다의성을 띠었다. 다의성은 정보나 데이터는 분명하되 사람에 따라 의미를 다르게 해석할 여지가 있는 경우를 가리킨다. 제인과 나는 직원들의 성과라는 동일한 데이터를 보고 있었지만 바라보는 시각이 달랐다. 한 직원을 두고 그녀는 개선됐다고 평가했지만 나는 노력이 부족하다고 평가했다. 동일한 예산안을 두고도 그녀는 지출 제안이 합리적이고 자금이 충분하다고 판단한 반면, 나는 우리 부서의 우선순위에 맞지 않고 다음 해에 큰 모험을 하기에는 돈이 너무 부족하다고 여겼다. 두 상황 모두 데이터는 동일했지만 그 안에서 서로 다른 것을 봤다. 다시 말해 우리가 가진 데이터는 다의성을 띠었다.

다의성 자체는 아무런 문제가 없다. 삶에서 다의적인 상황이야 셀 수도 없이 많다. 일터에서만이 아니다. 내가 인터뷰한 사람들 중에 크루와 달리아 부부가 있는데, 달리아가 출장 중일 때 오간 문자 메시지로 다투었던 일을 내게 들려줬다. 두 사람의 아들이 다니는 체조 스튜디오에서 일주일에 하루 더 추가 연습을 할 수 있는 자리가 났다. 아들이 체조에 투자하는 시간을 계산해본 크루는 체조 연습에 너무 많은 시간을 쓰는 것 같다고 생각한 반면, 달리아는 똑같은 데이터를 두고 아들에게 연습 시간이 부족하다고 판단했다. 의견이 일치하지 않았던 두 사람은 사흘 동안 문자 메시지로 계속 다투느라 너무도 힘들었다고 털어놨다. 상황이 다의적일 때 가장 좋은 해결 방법은 의견을 정확하게 전달하고, 상대의 관점에서 생각하고, 상대에게 메시지의 의미를 확인시키고, 앞으로의 방향을 합의하는 것이다. 이 모든 과정에는 협상이 필요하고, 협상을 하려면 많은 대화를 주고받아야 한다. 이메일이나 문자 메시지로는 하기 어려운 일이다.

상대적으로 빈약한 매체인 이메일과 문자 메시지는 다의성을 줄일 어포던스가 높지 않다. 이런 매체에서는 상대가 말하는 도중에 내용이 이해되지 않는다고 불쑥 끼어들어 묻기가 어렵고, 상대의 목소리를 직접 들을 때 느껴지는 톤이 전달되지 않으며, 상대의 몸짓이나 한숨을 내쉬느라 들썩이는 가슴도 볼 수가 없다. 여러 연구를 보면 실험실 환경에서 다의성이 큰 데이터를 두고 어떤 결정을 내려야 하는 집단과 개인은 영상회의나 전화 등 대면으로 소통할 때 가장 좋은 성과를 보이고, 이메일이나 메신저나 그룹 채팅으로 합의에 이르려 할 때 성과가 가장 안 좋은 경향을 보였다.[5] 흥미로운 점은 리치 미디어보다 린 미디어를 통할 때 의사결정이 더 빨라졌다는 것이다. 이는 린 미디어가 리치 미디어보다 처리하는 단서의 수가 적다는 의미이자, 추가적인 단서가 적기 때문에 집단의 만족도가 전반적으로 낮은 결정을 한다는 뜻이기도 하다.

다의적인 데이터로 좋은 결정을 내리기 위해서는 명확한 의사소통이 필요한데, 이 지점에서 린 미디어는 문제가 있는 셈이다. 제인과 내가 인사와 예산 문제로 이메일을 주고받을 당시 상대의 행동이 어떤 의미인지 분명하지 않았다. 그녀가 "그렇게 해도 저는 괜찮을 것 같아요"라고 적었을 때 나는 그 말이 내 의견에 동의한다는 것인지 아니면 그냥 내 이야기를 더는 듣기 싫다는 의미인지 알 수가 없었다. 그녀가 내 솔직한 질문에 이틀간 답을 하지 않았을 때도 내게 화가 난 것인지 그냥 바쁜 것인지 알 수가 없었다.

에리카 다완Erica Dhawan은 저서 《디지털 보디랭귀지Digital Body Language》에서 린 디지털 도구에서는 사람들의 모호한 말 또는 행동을 해석하기 어렵다고 설명하며, 이메일에 회신이 늦는 경우 등 여러 사례를 소개했다.6 디지털 도구로 소통할 때 발생하는 모호성에 대해 연구한 그녀는 이렇게 결론지었다. "사람들은 이메일, 문자 메시지 등으로 메시지를 전달받을 때 그 이면에 자리한 어조를 파악할 수 없었다. 자신의 메시지가 상대에게 어떻게 전달되는지도 충분히 인식하지 못했다. 반짝이는 우리의 새 커뮤니케이션 기술들은 단순히 소소한 문젯거리나 성가심을 넘어서 심각한 문제를 야기했다. 업무 및 의사결정 진행 속도가 느려졌고, 팀은 혼란에 빠졌다. 직원들은 의욕을 잃었고, 불안정했으며, 서로를 불신하고 의심했다." 세상에! 디지털 기술이 초래하는 모호성에 대처하기가 대단히 피로한 일인 것만은 분명하다.

하지만 방법은 있다. 합의에 이르기 어렵게 하는 다의적 데이터나 정보를 마주할 때는 필연적으로 불쑥 고개를 내미는 모호성을 최소화할 디지털 도구를 선택해야 한다. 다루는 데이터나 정보가 다의적이라는 사실을 안다면 모호성을 줄여줄 디지털 기술을(또는 아날로그식 만남) 선택하는 것이다. 제인과 나는 우리가 다루던 데이터의 다의성을 고려해 줌이나 전화 등 그 밖의 디지털 기술을 사용해야 했다. 서로 즉각적인 피드백을 주고받을 수 있는, 그래서 그녀가 어느 지점에서 혼란을 느끼는지 내가 금세 파악하고 그 자리에서 오해를 풀 수 있는 기술 말이다. 아들의 체조 연습 시간을 두고 결정을 내려야 했던 크루와 달리아 또한 마찬가지다.

  기술의 매칭은 반대 방향으로도 적용된다. 다의적이지 않은 데이터와 정보를 다룰 때 린 미디어를 택하는 것 또한 중요하다. 연구에 따르면, 비교적 간단한 결정일 때는 단서가 너무 많아지면 쉽고도 단순한 의사결정을 가로막는 문제들이 생겨날 수 있다. 누구나 이런 경험이 있을 것이다. 상대와 쉽게 합의를 도출했지만 어쩐지 상대가 자신에게 곁눈질을 한 것 같아서 또는 무슨 말을 하려다 만 것 같아서 괜히 말을 꺼냈다가, 사안과 관련도 없는 문제로 상황이 혼란스러워지고 결국 간단하게 끝날 결정이 복잡해졌던 경험 말이다. 다의성이 낮은 사안은 린 미디어와 매칭할 때 소진이 줄어든다.[7]

전달인가, 수렴인가?

기술과 매체를 매칭할 때 고려해야 할 두 번째 요소는 어떤 일을 완수하는 데 어느 정도의 조율이 필요하냐다. 모든 일에 동일한 수준의 조율이 필요한 것은 아니다. 타인과의 조율 수준은 자신의 행동이 타인에게 어느 정도 영향을 받는지, 즉 '상호의존' 정도에 따라 달라진다. 함께 소프트웨어를 프로그래밍하거나 친구들과 저녁 모임을 계획하는 경우라면 조율해야 할 사항이 많아진다. 반면 공동의 과제가 상호의존성을 적게 띨 때는 서로 간에 필요한 조율도 줄어든다.

수십 년 전 사회학자 제임스 톰프슨James Thompson이 제시한 서로 다른 상호의존성 유형에 대한 프레임워크는 오늘날에도 충분히 적용할 수 있을 정도로 정확하다.[8] 톰프슨은 과제의 상호의존성을 집합적·순차적·상호적으로 분류할 수 있다고 제안했다.

1. 집합적 상호의존성: 다른 사람이 하는 일에 직접적으로 의존하지 않고 각자가 독립적으로 공동의 결과물에 기여한다. 예컨대 소매 기업의 영업 사원들은 각자 다른 지역을 맡아 관리한다. 이들은 자신의 영업 목표를 달성하기 위해 독립적으로 일하고, 이들의 실적이 모여 기업의 영업 성과가 된다. 고객과의 상호작용과 영업 프로세스는 각자의 몫이지만 기업에서 제공하는 고객 관리 소프트웨어와 상품 교육 같은 동일한 디지털 지원 시스템을 활용한다.

개인의 예로는 친구들과 운동 챌린지를 함께하며 각자 운동 시간을 추적하고 공유 앱에 기록하는 것이 있다. 독립적으로 운동하지만 각자의 노력이 합산되어 예컨대 대륙 횡단에 상응하는 거리 걷기와 같이 집단의 목표에 기여한다.

2. 순차적 상호의존성: 한 사람의 결과물이 다른 사람이 시작해야 하는 업

무가 되어 작업이 선형적 흐름으로 진행된다. 예컨대 온라인 잡지의 콘텐츠 제작팀에서 기자가 먼저 기사를 쓰면, 그 기사는 에디터에게 전달되어 수정을 거친다. 에디터의 확인 후 기사는 그래픽 디자이너에게로 넘어가 시각적 요소가 더해지고, 그 결과물은 마지막으로 웹 기술자에게 전달되어 웹사이트에 게시된다. 각각의 업무가 완료되어야 다음 사람이 자기 몫의 업무를 시작할 수 있다.

가정의 예도 보자. 먼저 가족 구성원 한 명이 주간 식사 계획을 세워 식단 앱에 공유한다. 다른 구성원이 식단에 맞춰 온라인으로 식료품을 주문하고 또 다른 구성원이 계획표에 따라 식사를 준비하는 식이다. 각 단계가 이전 단계에 따라 달라지므로, 서로 간의 조율이 필요하다.

3. 상호적 상호의존성: 과제를 효율적으로 완수하기 위해 지속적으로 상호작용을 주고받는 과정이 필요하다. 이를테면 병원 중환자실에서 환자를 돌보는 의사와 간호사는 상호적 상호의존성을 띠는 관계다. 의사는 환자의 상태를 모니터링하고 치료하는 간호사에게 의존하고, 간호사는 병을 진단하고 적절한 약물을 처방하는 의사의 전문 지식에 의존한다. 치료에 환자가 어떤 반응을 보이는지에 따라 지속적인 소통과 조율이 필요한, 대단히 상호의존적인 업무다.

친척들과 함께하는 가족 모임을 계획할 때는 날짜와 장소, 메뉴, 일정을 정하기 위해 단체 채팅을 한다. 각 결정이 서로에게 영향을 미치고 또 서로의 의견을 고려해야 하는 만큼 모든 사람이 선호하는 방향으로 조율하기 위해 지속적으로 대화를 주고받아야 한다.

일반적으로 상호의존성이 집합적이거나 순차적일 때는 조율의 필요성이 작다. 집합적 상호의존의 상황에서는 각 개인 또는 집단이 독립적으로 움직이며 공동의 목표에 기여하는 한편, 타인의 순간순간 활동에 직접적으로 의존하지는 않으므로 조율을 크게 걱정하지 않아도 된다. 업무가 비교적 고립돼 있고, 공동의 자원을 공유하거나 전반적인 지침을 준수하는 정도로 상호작용도 제한적이다.

순차적 상호의존 또한 비교적 조율의 필요도가 낮은데 한 개인 또는 집단의 결과물이 다음 개인 또는 집단의 시작점이 되기 때문이다. 이런 체인형 구조에서는 바로 앞의 업무에 영향을 받지만 업무를 진행하는 데 필요한 상호작용은 여전히 선형적이고 어느 정도 예측이 가능하다. 다프트와 렝겔의 기준에서 린 미디어로 분류될 디지털 기술은 집합적 및 순차적 상호의존성을 띠는 업무를 조율하는 데 대체로 충분하다고 할 수 있다. 여기에는 이메일이나 메모, 표준 매뉴얼처럼 필수적인 정보는 담겨 있지만 즉각적인 피드백은 필요 없는 매체가 해당한다. 업무가 독립적이기 때문에 소통은 명료함과 정보성이 중요할 뿐 풍부한 단서를 전달할 필요는 없다. 필요한 내용을 상세하게 정리한 문서와 정기적인 업데이트면 각자가 자신이 무엇을 언제 기대해야 하는지 충분히 알 수 있다.

이와 대조적으로 상호적 상호의존성을 띠는 업무는 조율의 필요성이 크다. 대면 의사소통이나 풍부한 디지털 기술이 이런 업무가 지닌 복잡성과 역동성을 해소하는 데 도움이 된다. 즉각적인 소통과 다양한 신호가 있어야 발생 가능한 갈등과 모호함을 해결할 수 있고, 모든 이해관계자가 효율적으로 협력하고 신속하게 오해를 해소하며 변동이 있을 때마다 곧장 적응할 수 있다.

당신이 하는 일이 집합적·순차적 과제처럼 타인에게 정보를 '전달'해야 하는 상황인지 아니면 상호적 과제처럼 하나의 의미나 상호 이해로 '수렴'해야 하는지를 판단해야 한다. 보통 정보를 전달해야 한다면 텍스트 기반 정보를 비동기식으로 전송하거나 메시지를 명료하게 해줄 문서 또는 이미지를 전송하는 디지털 도구를 사용할 수 있다. 당신이 어떤 일을 했는지 설명하는 정보를 보내거나 당신이 멈춘 지점에서 상대가 업무를 진행하도록 해야 하는 경우라면, 상대로서는 당신이 보낸 메시지를 소화할 시간이 필요하다. 이 경우 즉각적인 답을 요구하지 않는 기술, 핵심적인 데이터를 흐리는 불필요한 단서들을 전달하지 않는 기술이 가장 적절하다. 하지만 공동의 이해에 수렴해야 하거나 공동의 결과물을 도출해야 한다면 다양한 단서를 주고받으며 실시간으로 협업할 수 있는 기술을 택해야 한다. 어떤 상황에 대해 각자의 이해를 논의하고 합의에 도달하고 각각의 부분이 조화롭게 어울릴 방법을 찾아야 하는 경우, 능동적인 토론과 신속한 피드백을 나누지 못하면 일의 진행이 더디다.

우리가 해야 하는 일의 특성과 어울리지 않는 기술을 선택한다면 조율을 해나가느라 큰 피로감을 느끼게 될 것이다. 실시간 협업을 지속적으로 해야 할 때 이메일이나 슬랙을 사용한다면 오해가 많아지고 메시지의 의미를 확인해야 하는 일이 잦아져 팀원들의 인지 부하와 스트레스가 크게 증가한다. 단순하고 독립적인 과제에 과도하게 복잡한 협업 도구를 사용하면 팀원들의 좌절감은 물론 자원의 낭비가 발생한다. 이 두 가지 사례 모두 기술과 조율의 필요도가 불일치하는 경우로, 소진은 증가하고 생산성이나 즐거움은 줄어든다.

대면 소통의 상징성

마크는 모호성과 조율 수준에 따라 업무에 어떤 기술을 사용해야 하는지 능숙하게 판단할 줄 알게 되자 자신이 이제는 전문가가 됐다고 생각했다. 그의 로펌에서 일하는 법률 보조원이 사무실을 찾아와 자기가 작성 중인 변론취지서를 좀 봐달라고 요청했다. 마크는 서류를 검토한 후 연락하겠다고 말했다.

어느 날 그가 내게 전화로 당시의 일을 설명했다. "당신이 내게 말해줬던 매칭을 떠올렸어요. 피드백을 주기에 가장 좋은 방법이 구글 독스라고 생각했죠. 변론취지서가 그리 어려운 내용도 아니었고, 구글 독스로 공유하면 다시 저를 찾아와 질문할 일도 없을 테니까요. 그래서 문서에 메모를 달았어요." 하지만 서류를 수정해서 전달하고 며칠이 지났을 때 법률 보조원이 언짢아했다는 소문을 전해 들었다. 알고 보니 그녀는 입사한 지 얼마 안 된 직원이었는데, 마크가 구글 독스로 수정하고 메모를 다는 방식이 자기를 직접 만나 가르칠 마음이 없다는 의미로 받아들였던 것이다. "기분이 정말 별로였어요." 마크는 당시의 감정을 이렇게 설명했다. "안 그래도 되는 일로 괜히 회의

같은 걸 열어서 저나 상대방이나 서로 피곤하게 할 필요가 없다고 생각해서 그렇게 한 것이거든요. 회의에 어떤 상징적인 의미 같은 것이 있을 줄은 몰랐어요."

내 경험상 마크의 경험과 같은 일은 무척 흔하다. 매칭은 정보 전달 및 처리를 최적화하여 디지털 소진을 줄이겠다는 합리적인 판단에 기반한다. 하지만 우리가 선택하는 디지털 기술이 어떤 상징성을 지닐 때도 있다. 미디어 풍부성 분야에서 대단히 설득력 있는 여러 연구에 따르면, 특정한 상황에서 어떤 기술이 누군가의 의도나 동기에 대해 잘못된 신호를 보낸다면 합리적인 매칭이라고 해도 득보다 실이 더 많을 수도 있다.[9] 일터나 친구들 사이에서 어떤 의사소통 또는 상호작용 방식이 애정, 관심 또는 무관심, 짜증의 의미를 지닌다면 다의성과 조율 수준을 고려한 합리적인 기술 매칭이라고 해도 역효과가 난다. 아마 많은 사람이 이런 경험을 했을 것이다. 급히 문자 메시지를 보내고서는 이게 아무리 효율적인 방식이라고 해도 무심해 보일 수 있겠다는 생각이 뒤늦게 들며 '음…, 전화로 이야기할 걸 그랬나' 후회하는 것 말이다.

마크는 새로운 동료의 기분을 상하게 했을 수도 있다는 생각에 걱정이 되고 스트레스도 받았다. 마크는 이렇게 말했다. "그냥 쓸모없는 회의를 할 걸 그랬어요. 회의를 해야 했다고 곱씹으며 후회하는 게 더 지치고 피곤했으니까요." 첫 회의를 대면으로 진행하는 데 나름의 상징성이 있음을, 합리적 매칭을 하려다가 본의 아니게 무심한 사람처럼 굴었음을 깨닫고는 법률 보조원에게 당시의 상황을 설명하고 사과했다고 한다. "그녀는 불편한 기색을 보이기는커녕 오히려 웃음을 터뜨렸어요. 그녀도 제게 확대 해석해서 미안했다고, 다만 자신을 조금도 신경 쓰지 않는 사람과 일하게 됐다며 걱정은 했다고 말했어요. 그렇게 둘이 한바탕 웃고 잘 마무리했어요."

마크의 사연은 매칭에서 세 번째로 고려해야 할 요소가 무엇인지를 보여준다. 당신의 매칭이 부정적인 신호를 보내는 것은 아닌지 늘 주의해야 한다는 것이다. 만약 부정적인 신호를 줄 여지가 있다면 특정한 과제나 사안을 다룰 때 조직이나 친구 집단, 가족 내에서 어떤 방식의 의사소통이 허용되는지 규범을 논의해야 한다.

규칙 3:
배칭과 스트리밍의 최적 조합을 찾아라

실시간 이메일 사용에 대한 통계를 다루는 정확한 연구는 많지 않지만, 보수적으로 추산해보면 근로자 한 명이 하루 120개 이상의 이메일을 수신하고 80회 이상 메일을 확인하는 것으로 알려져 있다.[1] 이메일 관련 업무를 처리하는 시간을 모두 합하면 일주일에 약 9시간에 달한다. 이메일 처리에만 말이다! 이메일을 확인하고 보내는 업무 외에도 마이크로소프트 엑셀과 워드, 구글 독스와 시트 등 여러 앱을 오간다. 휴대전화로는 문자 메시지 알림이 계속해서 울리고, 슬랙 메시지도 몇 개나 온다. 링크드인 뉴스 피드는 하루에 적어도 두 차례는 확인한다. 이런 식으로 나열하자면 끝도 없다. 마이크로소프트의 데이터에 따르면 자사 제품 사용자들이 디지털 소통 도구를 사용하는 데 업무 시간의 절반 이상(57퍼센트)을 소비하고, 생산성 도구를 사용하는 데 들이는 시간은 43퍼센트밖에 되지 않는다고 한다.² 어쨌거나 여기서는 관련 연구가 가장 많은 이메일에 초점을 맞추겠다.

한 피트니스센터 체인의 회계 부책임자인 젠은 수신하는 메일 양이 평균치보다 많다. 지난 한 해 동안 그녀는 하루 평균 168개의 이메일을 받았다. 젠은 출근 직후, 점심 식사 직전, 퇴근 1시간 전 등 하루에 딱 세 번만 메일을 확인한다. "이 규칙을 반드시 지키려고 해요. 이메일을 기계처럼 한 번에 처리하죠. 최대한 빨리 마치면 다른 업무에 집중할 시간을 확보할 수 있거든요." 디지털 소진 척도에서 젠은 1점을 기록했다.

넬슨은 건강식품 회사의 회계 부책임자로 일한다. 그가 처리해야 하는 메일은 하루 평균 184개로 젠보다 조금 많은 수준이다. 이메일 로그를 보면 그가 하루에 약 83회 이메일을 확인하는 것으로 나온다. 그는 이렇게 설명했다. "다른 일에 집중하다가도 새 메일이 도착했다는 알림이 오면 바로 확인합니다. 다른 사람들과 대면 회의를 할 때도 메일을 확인해요. 예의 없는 행동이라는 것은 알지만 안 볼 수가 없어요." 넬슨은 디지털 소진 척도에서 5점을 기록했다.

물론 이메일은 젠과 넬슨이 사용하는 수많은 디지털 기술 중 하나이자 다양한 소통 방식 중 하나일 뿐이다. 두 사람의 행동은 정보를 처리하는 두 가지 접근법을 보여준다. 젠은 배처^{batcher}, 즉 배칭^{batching}(일괄 처리) 방식으로 일하는 사람이다. 그녀는 하루 세 번 자신이 정해놓은 시간에 메일을 몰아서 처리하고, 그 외에는 메일을 확인하지 않는다. 그녀가 이메일을 처리하는 방식을 보면 다른 도구를 어떻게 사용할지도 짐작할 수 있다. 그녀는 재무 분석을 하는 와중에 자신을 방해하는 어떤 일도 용납하지 않는다. 이메일 업무를 처리할 때도 전화를 받거나 문자 메시지에 응답하지 않는다. 이런 점에서는 매우 엄격하며, 그 업무들을 할 차례가 되면 그때 처리한다.

넬슨은 이메일은 물론 정보 대부분을 실시간으로 처리한다. 새로운 정보가 들어오면 곧장 확인하고 처리한다. 전화가 오면 바로 받고 보고서를 받으면 바로 읽는다. 재무 보고서의 데이터를 만지고 있을 때도 다른 업무나 정보가 들어오면 하던 일을 멈춘다. 새 일을 처리한 다음 재무 보고서로 다시 돌아간다. "새로운 정보의 유혹을 외면할 수가 없어요. 어떤 문제나 이슈를 바로 처리하는 편을 선호해요." 그가 말했다. 넬슨은 스트리머 streamer, 즉 스트리밍 streaming (즉시 처리) 방식을 따르는 사람이다.

'배칭'과 '스트리밍'은 기술 용어에서 온 표현이다. 본래 배칭은 일정 기간 모인 트랜잭션을 한 번에 처리하는 컴퓨터 데이터 처리 방식을 말한다. 컴퓨팅 리소스가 한정적이었던 초기 컴퓨팅 때는 이 방식이 표준이었다. 모든 트랜잭션을 업무 외 시간에 일괄 처리하면, 한정된 컴퓨팅 리소스를 낮 동안 직원들이 실시간으로 해야 할 업무를 처리하는 데 사용할 수 있다. 현재도 은행의 일일 마감 거래 처리, 급여 처리, 재고 관리 일괄 업데이트 등 여러 업계에서 널리 사용하는 방식이다.

배칭의 반대는 스트리밍이다. 스트리밍은 데이터를 즉시 처리하므로 출력이 지연 없이 생성된다. 스포티파이나 넷플릭스 같은 스트리밍 서비스를 떠올리면 된다. 휴대전화나 TV에서 노래나 영화가 재생될 때는 콘텐츠를 전부 내려받을 때까지 기다렸다가 데이터를 처리해 소리나 영상으로 내보내는 방식으로 진행되지 않는다. 패킷별로 데이터를 수신하는 대로 바로 처리한다. 노래나 영화가 가끔 끊기는 이유도 다음 데이터를 받지 못해서다. 정해진 시간 내에 작업을 끝내도록 설계된 실시간 시스템은 수신한 데이터를 지체 없이 처리해 최신 정보를 바탕으로 즉시 대응한다. 타이밍과 즉각적인 응답이 중요한 앱에서는 필수적인 시스템이다.

배칭과 스트리밍은 우리가 일상적으로 마주하는 데이터의 홍수를 다루는 두 가지 상호보완적인 접근법이다. 문자 메시지, 슬랙 DM, 전화, 스프레드시트 작업, 문서 수정, 콘텐츠 제작, 음악 감상, 독서, 비디오게임 등 수많은 일을 배칭 또는 스트리밍 방식으로 처리할 수 있다.

넬슨보다는 젠처럼, 다시 말해 스트리머보다는 배처처럼 처리하는 것이 낫다고 생각하기 쉽다. 지금까지 읽은 내용을 바탕으로 한다면 배칭 방식을 따를 때 맥락 전환이 줄고 주의력 자원을 아낄 수 있다고 추론할 수도 있다. 배칭 방식은 디지털 피로의 주요 원인인 주의력 부담을 덜어준다. 하지만 젠과 넬슨의 디지털 소진 점수는 하나의 단면일 뿐이다. 넬슨은 디지털 소진 정도가 높지만 동료들의 사랑을 받는다. 동료 한 명은 이렇게 말했다. "넬슨은 항상 연락이 가능하고 응답도 바로 해줘요." 반면 젠은 소진 점수는 낮지만 동료들의 평가는 좋지 않다. 다른 부서의 부책임자는 이렇게 평했다. "다른 사람에게 시간을 내주는 법이 없고, 답변도 더는 필요가 없어졌을 때 뒤늦게 오는 경우가 많습니다."

배칭과 스트리밍 방식을 두고 선택을 할 때는, 특히 이 선택이 다른 사람에게 영향을 미칠 때는 사회적 결과가 초래된다. 따라서 앞서 소개한 두 규칙과 달리, 이 세 번째 규칙은 절대적일 수가 없다. 배칭이든 스트리밍이든 단 한 가지 처리 방식을 택해야 한다고 말할 수 없다. 이번 규칙의 핵심은 디지털 소진을 줄이는 한편 당신의 평판과 신뢰성을 잘 관리할 수 있도록 배칭과 스트리밍 방식의 최적 조합을 찾아야 한다는 것이다.

이제부터 배칭과 스트리밍 방식 중 무엇을 언제 택할지, 이 둘의 비율을 어떻게 정해야 할지, 직장과 가정에서의 관계에서 장기적인 성공과 행복을 유지하려면 젠보다는 조금 더 피로함을 감수하는 편이 나은 이유가 무엇인지 살펴보겠다.

소진의 대항마, 배칭 방식

본질적으로 배칭은 방해 요소를 제거하는 전략이다. 젠은 출근 직후, 점심 식사 전, 퇴근 1시간 전 이렇게 하루에 세 차례 메일을 확인함으로써 예측할 수 없을 때 불시에 들어오는 이메일을 인위적으로 통제하는 시스템을 만들었다. 대형 제약 회사에서 약사로 일하는 아이사는 문자 메시지를 배칭으로 처리한다. 그녀는 이렇게 설명했다. "집에 있을 때는 특정 시간대에만 문자 메시지를 확인해요. 저녁 식사 전, 아이들을 재운 직후, 잠자리에 들기 전이죠. 가족과의 저녁 시간을 문자 메시지로 방해받고 싶지 않아서요."

의료 보조인 댄은 자료를 클리닉의 전자 건강 기록 시스템에 입력하는 업무를 배칭 방식으로 처리한다. "진료가 끝날 때마다 [기록 시스템에] 관련 정보를 바로 입력하는 사람들도 있어요. 하지만 그렇게 하다 보면 다른 일들에 지장이 생기거든요. 저는 하루에 2시간을 딱 정해놓고 메모해둔 내용을 한꺼번에 입력해요. 그 시간에는 그 일만 하고, 다른 사람들도 그때는 저를 방해하지 말아야 한다는 걸 알고요."

자동차 엔지니어인 레지는 슈퍼컴퓨터에 올릴 자동차 충돌 시뮬레이션 모델과 관련된 디버깅을 한꺼번에 처리한다. "시뮬레이션을 한 번에 대여섯 건 걸어둬요. 결과가 나올 때까지 기다렸다가 타임아웃 오류가 생기면 나중에 몰아서 오류들을 차례대로 들여다보고 무엇이 잘못됐는지 파악합니다. 시뮬레이션 결과가 나올 때마다 하나씩 바로바로 확인하지는 않아요. 다른 일을 하다가 자꾸 중단되니까요."

디지털 생활의 가장 큰 특징은 정보가 들어오는 일정을 우리가 선택할 수 없다는 것이다. 정보가 올 때마다 바로 처리할 수도 있겠지만, 기다렸다가 내가 준비됐을 때 처리할 수도 있다. 이것이 배칭의 핵심이다.

이론상 배칭은 소진에 대항하는 훌륭한 해결책이다. 이메일이나 문자 메시지, 시뮬레이션을 한 번에 처리한다면 우리의 주의력을 앗아가는 맥락 전환을 방지할 수 있기 때문이다. 하지만 안타깝게도 배칭 방식에 대한 근거는 엇갈린다. 로테르담 에라스무스대학교의 인디 빙가르즈Indy Wijngaards가 이끈 연구에서 연구진은 네덜란드의 대형 금융 서비스 기업을 대상으로 현장 실험을 진행했다. 직원들로 구성된 한 집단은 이메일을 배칭으로 처리하는 데 동의하고 젠처럼 하루에 세 번만 이메일을 확인하고 응답하기로 했다. 다른 집단은 평소 방식대로 이메일을 처리하기로 했다.³ 이메일 업무에 배칭 방식을 도입한 지 한 달 후, 실험 집단 참가자들은 이메일로 방해를 받는 일이 현저히 줄었다고 보고했고 예상대로 소진감도 크게 줄었다. 하루에 처리하는 메일 양이 많았던 참가자들에게(이 연구에서는 하루 25개 이상이었다) 배칭 방식으로 소진감이 저하되는 효과가 가장 컸다. 한 달간 이메일 처리 방식에 아무런 변화도 주지 않은 통제 집단은 이메일로 방해받는 횟수나 소진감 정도 역시 변화가 없었다.

하지만 실험이 끝나고 2주가 지났을 때도 참가자 중 이메일 배칭 방식을 지속하는 비율은 실험 집단의 절반을 조금 넘는 53퍼센트 수준밖에 되지 않았다. 배칭을 중단한 이유를 묻는 연구진에게 한결같은 대답이 돌아왔다. 동료와 고객들이 배칭으로는 맞출 수 없는 빠른 응답을 기대했다는 것이다. 배칭은 성공적이었지만 동료 압박peer pressure 때문에 지속하기 어려운 사람이 많았다.

듀크대학교의 닉 피츠Nick Fitz와 동료들이 진행한 스마트폰 알림 배칭 연구에서 하루 세 번씩 정해진 시간에 알림이 한꺼번에 들어오게 한 참가자들은 평소처럼 알림을 받은 통제 집단과 비교해 주의력과 생산성, 휴대전화 사용의 통제력이 높아진 느낌이라고 보고했다.⁴ 이들은 스트레스 수준도 낮았고 알림으로 방해를 받는 횟수도 적었다. 그런데 알림을 전혀 받지 않도록 설정한 참가자들은 다른 두 집단에 비해 더 높은 수준의 불안과 포모 증후군을 경험했다. 이 참가자들은 자신이 앱을 확인하지 않는 동안에도 세상이 돌아가고 있다는 사실을 민감하게 의식했고, 중요한 활동을 놓치거나 사람들이 자신에게 실망할까 봐 두려워하고 불안해했다. 또 다른 연구를 통해 불안을 느끼기 쉬운 사람들에게는 배칭 방식이 실제로 스트레스 수준을 높일 수 있다는 점이 밝혀졌다.[5]

여러 연구에 걸쳐 내가 정한 것이 아니라 타인의 일정에 따라 전달되는 데이터나 정보, 소통을 처리할 때 스트레스를 받는다는 전반적인 경향성이 나타났다. 디지털 기술을 사용하는 업무를 배칭으로 접근하면 정보를 내 일정에 따라 처리할 수 있고 방해 없이 일에 집중할 수 있다. 이 접근법은 무언가를 읽고, 생각하고, 응답해야 한다는 즉각적인 스트레스는 물론 전반적인 소진감 또한 완화한다. 배칭 방식이 만능은 아니지만, 이것이 자신에게 적절하다고 생각한다면 다음의 몇 가지 아이디어도 함께 고려할 수 있을 것이다.

1. 지속적으로 자주 방해를 받는다면 배칭 방식을 택한다: 온종일 쉼 없이 방해를 받는다면 일괄 처리가 가장 효과적이다. 쉬운 예로 이메일을 들 수 있다. 하루에 수신하는 이메일 양이 적다면 배칭이 딱히 필요하지 않을 것이다. 또는 하루 중 특정 시간대에 메일이 집중적으로 오는 경우라면 자연스럽게 배칭 시스템이 구축된다.

미국 서부 해안에서 거주하는 드니즈는 본사가 동부 해안에 있는 회사 소속으로 원격근무를 한다. 아침에 메일함을 열면 3시간 전에 업무를 시작한 동료들이 보낸 이메일이 10~15개가량 도착해 있다(미국 동부와 서부 간에는 3시간의 시차가 있다. 예를 들어 동부의 뉴욕이 오전 9시라면 서부의 LA는 오전 6시다-옮긴이). 드니즈는 가장 먼저 이메일 업무를 모두 처리하고, 바로 들어오는 회신도 이때 함께 처리한다. 그러고 나면 몇 시간 동안 업무에만 집중할 수 있다. 이후, 동부 해안 지역에 있는 동료들이 퇴근할 시간에 맞춰 다시 메일을 한꺼번에 정리한 뒤 오후의 남은 시간에 다시 한번 집중 업무 시간을 갖는다.

2. 유사한 활동끼리 묶는다: 배칭이라고 하면 디지털 도구를 기준으로 일을 몰아서 처리하는 방식을 떠올리기 쉽다. 예컨대 이메일 일괄 처리, 보고서 수정 일괄 처리, 트위터 몰아 읽기 등과 같이 말이다. 물론 이렇게도 가능하다. 하지만 연구를 통해서 자연스럽게 상호보완 관계를 형성하는 활동들 또는 하나의 워크플로로 이어질 수 있는 활동들을 함께 묶는 편이 더 효과적인 것으로 드러났다. 1장에서 만났던 맥락 전환의 대가 글로리아 마크는 논리적으로 연결돼 있고 유사한 기술을 요구하는 일들 또는 하나의 특정한 목표를 달성하는 데 초점이 맞춰진 활동들을 묶어서 함께 처리하는 것이 좋다고 조언했다.6

우리는 과제의 복잡성을 줄이고 서로 연관이 없는 과제들을 오갈 때 발생하는 인지 부하를 낮추기 위해 자연스럽게 업무나 여가 활동을 비슷한 성질에 따라 분류하는 경향이 있다. 예컨대 당신이 수업을 준비하는 교사라고 생각해보자. 그렇다면 인터넷으로 논문을 읽고, 수업용 슬라이드를 보충하고, 초청 연사에게 메일을 보내고, 학생들이 올린 질문을 미리 읽어보려고 블랙보드 Blackboard 학습 관리 시스템을 확인하는 등의 활동을 하나로 묶을 것이다. 사용되는 디지털 기술이 최소 네 개지만 이 활동들이 함께 작용하며 하나의 과제를 수행하는 데 도움을 주는 만큼, 이 활동들의 묶음은 논리적이고 일관성 있다고 할 수 있다. 앞서 이야기했듯, 양식을 전환할 때보다 영역과 무대를 전환할 때 주의력 소진이 더 크다. 여러 도구를 오가야 할지라도 유사한 인지 처리를 요하는 활동들을 하나로 묶어 일괄 처리한다면 소진을 줄일 수 있다.

이메일 일괄 처리만을 다룬 연구에서 소진감이 크게 감소하는 결과가 나오지 않았다는 사실은 그리 놀랍지 않다. 존과 같은 사례를 생각해보면 더욱 그렇다. "이메일이나 심지어 문자 메시지를 처리할 때도 머릿속이 바빠 정신이 하나도 없습니다. 고객만이 아니라 공급자, 배관공, 여동생도 제게 메일을 보내거든요. 메일을 처리하려고 할 때마다 내가 지금 무슨 메일을 읽고 있는지, 누구에게 메일을 쓰고 있는지 떠올리느라 계속해서 멈칫했다가 다시 시작하고 다시 적응하는 과정을 거쳐야 합니다." 따라서 도구를 기준으로 일괄 처리할 일을 분류하기보다 유사한 활동을 묶는 방향으로 접근할 때 더 나은 결과를 얻을 수 있다.

3. 일괄 처리 작업을 너무 오래 해서는 안 된다: 요즘 어디를 가도 집중력과 딥 워크에 대한 이야기로 뜨겁다. 그런데 일괄 처리는 집중력이 핵심이어서 두뇌의 자원을 많이 소모한다. 따라서 이 상황이 계속되면 피로감이 높

아진다. 일괄 처리 작업을 너무 오래 해서는 안 되는 또 다른 이유는, 이렇게 함으로써 '다 털어낼 수 있다'는 생각에 빠질 때가 많기 때문이다. 하지만 이메일과 문자 메시지 등의 업무에 배칭 방식을 적용한 연구를 보면 사람들이 얼마나 많은 시간을 투입하든 그 업무를 전부 말끔히 털어내는 경우는 거의 없었다. 실제 배칭으로 업무 효율성이 높아질수록 데이터, 정보, 회신이 더 빨리 돌아오는 악순환이 계속된다.[7]

밀린 일을 다 정리할 수 있을 만큼 통제력이 있다고 믿었지만 이에 실패했을 때, 의욕이 꺾이고 소진감은 더 커진다. 그 때문에 일괄 처리에도 시간제한을 두는 편이 낫다. 그러지 않으면 과도한 집중력을 발휘하느라 피로를 느낄 것이고, 편지함을 다 비우지 못했다거나 링크드인 댓글을 전부 확인하지 못했다거나 문서 수정 작업을 전부 마치지 못했다는 이유로 통제력 상실감을 느끼고 소진될 것이다.

성취감과 통제감을 얻는 스트리밍 방식

넬슨처럼 새로운 정보가 수신되면 알람과 알림이 울리도록 설정해 즉시 확인하고 응답하는 방식으로 디지털 의사소통을 실시간으로 처리하는 스트리머들은 젠 같은 배처와는 매우 달라 보인다. 당신이 스트리머가 아닐지라도 이에 해당하는 사람을 주변에서 본 적은 분명 있을 것이다. 당신이 페이스북 게시물을 올리면 거의 실시간으로 댓글을 남기고, 단체 채팅창에 올라온 문자에 가장 먼저 하트 이모티콘을 누르고, 메일을 보내자마자 거의 바로 답장을 보내는 사람들 말이다. 스트리머는 데이터가 유입되는 채널들을 명민하게 살피고 즉시 처리한다.

이들은 디지털 관리 방식도 배처와 다르다. 배처는 일괄 처리하는 시간 동안 최대한 많은 메시지에 답하려 한다. 이메일을 예로 들자면 이들의 목표는 받은편지함을 0으로 만드는 것이다. 물론 이 목표를 실제로 달성하는 사람은 거의 없지만 적어도 마음가짐만은 그렇다. 메시지를 보낸 후에는 곧장 정리해 보관하거나 삭제 처리를 하고, 깨끗한 편지함을 보며 머릿속이 깨끗해지는 경험을 한다. 이에 비해 스트리머들의 받은편지함은 메일로 가득 차 있고 정돈돼 있지 않다. 이들이 메시지를 지우는 일은 거의 없다.

넬슨이 보여준 편지함에는 8,746개의 메일이 담겨 있었다. 그중 읽지 않은 메일이 1,452개였다. 확인하지 않은 메일이 왜 이렇게 많은지 묻자 그는 이렇게 답했다. "메일이 들어오면 알림창으로 휙 훑어보고는 별로 중요하지 않으면 그냥 무시하거든요. 별거 아니니까요." "언젠가 편지함을 한번 정리해볼 생각이 있나요?" 그에게 물었다. 그는 이해할 수 없다는 표정을 지으며 진지하게 되물었다. "굳이요?"

넬슨의 예와 달리, 젠이 보여준 편지함에는 43개의 메시지가 있었고 모두 읽음 표시가 돼 있었다. "조만간 처리하겠다고 생각 중인 메시지들이라 놔둔 거예요." 그녀가 설명했다. "그런데 매번 더 중요한 일들이 생겨서 시간이 없어요. 사실 여기 남아 있는 메일은 그리 중요하지는 않지만 회신은 해야 하거든요. 편지함에 남아 있는 메일들을 보면 신경이 쓰여요."

넬슨과 같은 스트리머와 젠과 같은 배처는 커뮤니케이션 환경이 매우 다르고 정보 처리 방식에 대한 선호 또한 다르다. 카네기멜런대학교의 로라 대비시Laura Dabbish와 로버트 크라우트Robert Kraut가 진행한 연구에 따르면, 스트리머는 (배처가 하듯이) 하루 중 특정 시간대에만 이메일을 확인하도록 제한하면 소진감을 느꼈지만 이메일을 바로바로 확인하고 응답할 때는 그렇지 않았다.[8] 다량의 메일을 받는 사람들은 메일이 적게 들어오는 사람들에 비해 전반적으로 더 높은 소진감을 보고했다. 한편 연구진은 스트리밍을 선호하는 사람들은 메시지를 바로 확인하는 것이 실제로 과부하를 줄이는 데 도움이 된다고 결론지었다. 특정 시간에만 확인할 경우 이메일이 누적되고, 결국 한 번에 처리해야 하는 이메일이 늘어나 불안과 분노를 느낄 수도 있다. 넬슨과 같은 사람들은 쌓여 있는 이메일을 처리해야 한다는 생각만으로도 끔찍함을 느낀다. "확인해야 할 이메일이 너무 많아지는 게 싫습니다. 그래서 바로바로 처리해요. 그편이 훨씬 낫거든요."

스트리밍은 일에 대한 통제감 또한 제공한다. 배처는 언제 어떤 일을 할지 정하는 데서 통제감을 경험하고, 새 메시지나 데이터로 자신의 우선순위나 주의 패턴이 달라지는 일을 허용하지 않는다. 스트리머는 무언가를 완수하는 데서 통제감을 느낀다. 내가 인터뷰한 스트리머 다수가 성취의 규모는 중요하게 여기지 않았다. 중요한 것은 무언가를 성취했다는 사실이었다. 스트리머인 조디가 어느 날 내게 이런 말을 했다. "제가 맡은 업무에서는 장기간에 걸쳐 진행해야 하는 일이 많아요. 한 번씩 작은 성취감을 경험하기도 하지만 그게 다죠. 저는 불안이 있는 사람이라 무언가를 완수해야 마음이 편안해지거든요. 누군가의 발표에 신속하게 피드백을 주거나, 메일로 들어온 신규 고객의 사용 패턴 데이터를 바로 분석하거나, 누군가의 메일에 회신을 하고 나면 무언가를 완수한 것 같은 기분이 듭니다. 제게는 그런 성취감이 필요해요." 조디는 데이터를 처리할 시간을 따로 떼어두는 방식보다 집중하던 큰 프로젝트에서 잠시 시선을 돌려 들어오는 데이터를 바로바로 처리할 때 통제감을 느꼈다.

조디가 자신을 불안을 느끼는 사람이라고 언급한 데는 나름의 이유가 있다. 한 연구에서는 불안을 느끼는 사람이 일터에서 높은 불안을 경험하는 날에는 이메일을 바로바로 처리하는 경향이 강했고, 이렇듯 스트리밍 방식을 취할 때 업무 성과가 더 좋았다.⁹ 연구진은 이는 "업무 메일 처리의 적응적 기능을 보여주는 결과로, 스트리밍은 불안을 경험하는 날 업무 성과를 높여주는 하나의 조절 행동regulatory behavior인 셈"이라고 정리했다. 다시 말해 불안을 느끼는 사람이 특히 불안도가 높아지는 날 이메일을 스트리밍으로 바로바로 처리한다면, 무언가를 완수했다는 통제감과 더불어 더 많은 일을 해낼 자신감을 얻을 수 있다.

이런 연구 결과를 종합해보면 불안 속에 사는 사람들에게는 스트리밍이 몇 가지 긍정적인 이점을 제공한다는 의미가 된다.

1. 즉각적인 업무 몰입: 불안한 에너지를 즉시 처리할 수 있는 업무(이메일

응답이나 요청이 들어왔을 때 즉시 요약서를 작성하는 등)에 집중시키면 통제감과 방향성을 되찾는 데 도움이 된다. 스트리밍은 우리에게서 명확하고 행동 지향적인 반응을 끌어내고 우리의 주의력을 불안한 생각에서 생산적인 활동으로 전환한다.

2. 명료한 의사소통: 이메일 소통이 늘어날 때 자신이 책임을 다하고 있다는 기분을 경험할 수 있고, 중요한 업무를 놓쳤거나 뒤처졌을지도 모른다는 걱정이 줄어든다.

3. 적극적인 문제 해결: 불안한 사람은 스트리밍 활동을 늘릴 때 문제 해결과 의사결정 과정에 더욱 능동적으로 참여할 수 있다. 능동적 참여와 해결 지향적 사고를 통해 '무언가 잘못되면 어떡하지?'라고 반추하는 대신 자신감을 느낄 수 있다.

4. 피드백과 지원: 스트리밍 방식으로 접근할 때 동료 및 상사에게서 피드백과 지원을 받을 기회가 늘어난다. 특히 까다로운 업무나 상황을 다루는 경우 불안도가 높은 사람은 스트리밍 방식으로 고립감과 스트레스를 완화할 수 있다.

소진을 줄이는 데는 대체로 스트리밍보다 배칭이 더 효과적인 듯하다. 맥락 전환이 줄고 딥 워크의 기회가 많아지기 때문이다. 하지만 불안을 경험하는 정도가 중간 수준 이상인 사람들에게는 통제감을 선사하는 스트리밍 방식이 더 효과적일 수 있다. 배칭이나 스트리밍 둘 중 하나만 선택하는 것은 문제가 될 수 있다. 이 두 가지 처리 방식을 어떻게 적절히 병합해야 자신에게 가장 이로울지 파악하고, 각각을 언제 어떻게 활용할 것인지 계획을 세워야 한다. 여기서 핵심은 당신이 의도적으로 선택한다는 데 있다. 자신의 성향은 물론 업무의 성격과 사람들과의 관계성을 고려해 통제감과 집중력을 경험할 수 있고 그리하여 자신이 소진되지 않을 방법을 선택해야 한다.

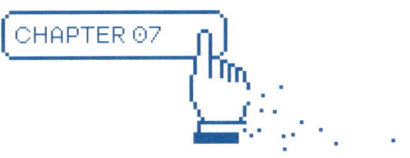

규칙 4:
응답하기 전 일단 기다려라

투자은행에서 애널리스트로 일하는 제드는 빠른 응답 속도에 자부심이 있다. 그는 이렇게 말했다. "메시지가 들어오면 바로 답장하는 편이에요. 용무가 있어서 연락했을 테니까요. 제가 빠르게 응답한 덕분에 동료들이 업무를 신속하게 마칠 수 있었다며 믿음직하다고 좋게 평가해주는 말을 많이 들어요." 일터에서 슬랙, 이메일, 문자 메시지에 반응하는 제드의 눈부신 응답 속도는 빙산의 일각일 뿐이다. "상대를 존중한다면 질문에 대한 답변이든 뭐든 필요한 것은 해결해줘야죠." 그가 말을 이었다. "링크드인에 흥미로운 게시물이 올라오면 보자마자 '좋아요'를 누르거나 댓글을 달아요. 저는 사람들의 신뢰를 저버리지 않는 사람이고, 그 점에 자부심을 느낍니다. 인스타그램에서도 마찬가지예요. 바로 딱! 생각하지 않고 그냥 하는 거죠."

디지털 도구에서 자신이 응답하는 방식을 설명하며 제드는 흥미로운 단어들(평가, 존중, 믿음직, 자부심, 바로 딱 등)을 언급했다. 내가 '흥미롭다'라고 한 이유는 제드가 상대에게 필요한 정보와 피드백을 늦지 않게 전해주는 것이 사실이지만, 타인의 눈에 이러이러한 사람으로 비치고 싶다는 욕구 또한 그의 응답 방식에 반영된 것 같기 때문이다.

몇 주간 제드의 은행에서 연구를 진행한 나는 제드가 자부심을 느낄 정도로 빠르게 회신해주는 상대방인 몇몇 동료 그리고 그가 자주 점심을 함께하는 친구들과 대화를 나눌 기회가 있었다. 이들에게 제드와의 소통이 어떤지 물었다. 다음은 같은 은행에서 일하는 애널리스트 피터와 제드의 상사인 레베카, 몇 블록 떨어진 곳에서 의류 유통업에 종사하고 있는 친구 머리사의 답변이다.

피터   좋은 동료예요. 정말 도움을 많이 주는 친구죠.

나   제드의 의사소통 스타일은 어떤가요?

피터   글쎄요. 평범해요. 부재중에 메시지 남기면 다시 꼭 연락을 주죠.

나   특별히 신속하다거나 도움이 많이 된다거나 하지는 않나요?

피터   그렇지는 않아요. 제 말은, 물론 도움을 주긴 하는데 그냥 평범한 수준으로요.

레베카   훌륭한 직원이죠. 친절하고 일도 잘하고요. 좋은 애널리스트의 자질을 갖추고 있어요.

나	제드의 의사소통 스타일은 어떤가요?
레베카	의사소통 스타일이 우리 비즈니스에 적합한지를 묻는 건가요? 그럼요. 잘하고 있어요.
나	특별히 신속하다거나 도움이 많이 된다거나 하지는 않나요?
레베카	제가 뭘 물으면 답을 구해 오죠. 전반적으로는 괜찮아요. 다만 한 가지 조언을 해준다면, 제드가 충분히 생각하지 않고 너무 빨리 답하는 것 같을 때가 있어요. 모든 일을 촌각을 다투는 시급한 일처럼 처리하지 않아도 되니까 조금 더 여유를 가지고 깊이 있게 접근하면 좋겠어요.

머리사	좋은 친구예요. 대학 때부터 알고 지낸 사이인데, 직장이 가까워서 한 번씩 어울리곤 해요.
나	제드의 의사소통 스타일은 어떤가요?
머리사	휴대전화를 손에서 떼지 않는 사람이라고나 할까요? 문자 메시지를 보내면 곧장 답하는 사람이요.
나	특별히 신속하다거나 도움이 많이 된다거나 하지는 않나요?
머리사	말했듯이 답이 정말 빨라요. 어떨 때는 '이렇게 급하게 답장하지 않아도 되는데, 내 게시물에 매번 좋아요 안 눌러도 되는데' 싶을 정도예요. 제 메시지에는 그렇게 빨리 답을 안 해도 되거든요. 제드에게는 더 중요한 일이 분명히 있을 테니까요.

이 인터뷰와 더불어 동료 다섯 명의 이야기를 더 듣고 난 후에는 제

드에게 안쓰러운 마음이 들었다. 그는 항상 다른 사람들에게 빨리 답하려 노력했고, 그런 자신의 노력을 사람들이 알아줄 거라고 믿었으며, 언제나 곁에 있는 믿을 만한 사람이라는 정체성으로 자존감을 쌓아왔다. 물론 나와 대화를 나눈 동료 및 친구들 모두 제드를 좋게 평가했지만, 그가 신속하게 응답한다는 점을 칭찬한 사람은 아무도 없었다. 그런 사실을 눈치조차 채지 못한 사람이 대부분이었고, 그의 회신 속도가 빠르다는 점을 눈치챈 사람마저 제드가 해야 할 중요한 일들을 제쳐놓고 자기 일에 먼저 응답하는 이유가 뭔지 의아해하거나 제드가 조금 더 여유를 가지면 좋을 것 같다는 의견을 내놓았다.

아마도 가장 안타까운 점은 빠르게 응답하는 사람이 되려는 노력이 제드를(그리고 내가 인터뷰한, 그와 비슷한 사람들 모두를) 소진으로 이끈다는 것이다. 당연하게도 디지털 소진 척도에서 제드는 5점을 기록했다. 그 또한 이유를 알고 있었다. 그는 이렇게 말했다.

> 사람들에게 빨리 응답하는 일을 우선 과제로 삼으니까 정말 피곤해요. 하던 일을 중단했다가 다시 시작해야 하고[주의력 전환], 어떻게 답을 할지 모르겠을 때 내가 왜 답을 하지 않는지 사람들이 궁금해할 거라는 생각이 들면서[추론] 불안해지기도 하고요[감정]. 하루를 마치고 나면 불안이 찾아오고[1단계 소진], 예전만큼 모든 일을 잘 챙기지 못하는 것 같은 기분도 들어요. 경력이 쌓여갈수록 점점 더 지쳐요[2단계 소진].

디지털 소진을 이보다 잘 보여주는 사례도 없을 것이다. 그럼에도 여전히 제드는 느긋하게 회신하는 태도가 좋다고는 생각지 않는다.

우리가 신속하게 응답하고 싶다고 해도 정작 상대는 그렇게 빠른 응답을 바라지 않는 경우가 많다. 제드의 상사인 레베카는 제드가 그렇게 빨리 답할 필요는 없다고 생각했고, 여유를 가지면 제드가 더 유능한 직원이 될 것 같다는 조언까지 했다. 친구인 머리사 또한 제드에게서 그렇게까지 신속한 응답을 기대하지 않았고 제드의 우선순위가 제대로 잡혀 있지 않은 것 같다며 걱정했다. 동료인 피터는 제드가 빨리 응답한다는 사실조차 떠올리지 못했다.

런던비즈니스스쿨의 로라 저지Laura Giurge와 코넬대학교의 버네사 본스Vanessa Bohns는 '이메일 긴급성 편향email urgency bias'이라는 경향성을 발견했다.[1] 두 사람은 "발신자가 응답 속도를 이러저러하게 기대할 것이라고 수신자가 자기중심적 편향으로 과대평가하는 과정에서 생겨난 오류"라고 설명했다. 두 사람은 4,000명 이상이 참가한 8건의 실험 연구를 대상으로 이메일 긴급성 편향을 연구했다. 그 결과 대체로 수신자는 발신자보다 메시지를 더 긴급하다고 인식했고 상대가 신속한 응답을 요구할 것으로 판단했다. 아마도 가장 눈여겨보아야 할 점은 수신자가 메시지를 긴급하다고 느낄수록 회신에 대한 압박감을 더 크게 느꼈고 개인의 웰빙 정도를 더 낮게 평가했다는 것이다. 이메일이 업무 외 시간에 왔을 때 이메일 긴급성 편향이 더 강해졌고 회신해야 한다는 부담감도 더 커졌다.

다른 연구를 통해서도 이메일을 긴급하게 인식하는 정도와 소진 간의 연관성이 드러났는데, 수신자가 이메일의 중요도를 높게 평가하고 빨리 회신해야 한다고 여길수록 이메일 과부하를 더 많이 느낀다고 보고했다.² 정리하자면 우리는 수신한 메시지를 발신자가 의도한 것보다 더 긴급하게 여기고 더 빨리 응답해야 한다고 생각한다.

나는 제드와 비슷한 사람을 여럿 봤다. 우리는 신속함을 찬양하고 바쁨을 칭송하며 빠른 조치가 미덕이라고 여기는 시대에 살고 있다. 제드와 같은 이들은 우리 문화의 산물이다. 이들은 빠르게 응답해야 한다는 기대에 충실하고 싶어 할 뿐 아니라 우리가 널리 찬양하는 미덕을 행하며 타인과 차별화되고자 한다. 팬데믹에서 회복하며 사무실 근무와 원격근무 간의 새로운 균형을 찾아가던 당시 유명한 조직심리학자 애덤 그랜트Adam Grant는 〈뉴욕타임스〉에 "당신의 이메일은 내가 긴급히 처리해야 하는 업무가 아니다"라는 제목의 사설을 실었다.³ 그는 오늘날의 디지털 세계에서는 이메일을 포함해 의사소통 도구를 통한 응답이 신속하길 바라는 기대치가 형성돼 있는데, 이는 너무도 지나치고 부적절한 기대라고 주장했다. 그는 이렇게 적었다.

> 인류사 대부분에서 응답한다는 말은 가족, 친구, 이웃, 동료 등 당신 곁에 가까이 있는 소규모 집단의 욕구에 주의를 기울인다는 뜻으로 통했다. 하지만 이제는 당신의 편지함으로 불쑥 메일을 들이밀고, 문자 메시지를 보내고, 슬랙 DM을 슥 건넬 수 있는 사람이 무한대에 가깝다. 디지털 과부하는 응답의 의미를 이제는 새롭게 정립해야 한다는 신호다. 상대와의 관계를 확인할 수 있는 지표는 답장의 속도가 아니다. 상대가 당신에게 보이는 관심의 깊이다.

그는 특유의 재치와 통찰을 더해 조언했다.

당신에게 얼마나 빨리 답하느냐는 상대가 당신을 얼마나 아끼는지를 판단하는 지표가 아니다. 응답 속도는 그저 상대의 바쁨 정도에 좌우될 뿐이다. 이메일, 문자 메시지, 전화 응답이 늦어진다면 상대가 무리한 상황에 압도됐다는 의미일 때가 많다. 그리 시급한 메시지가 아니라면 지연의 단위를 며칠 또는 몇 시간이 아니라 몇 주, 몇 달로 잡아야 한다.

사설이 실리고 한 주가 지나 그랜트는 링크드인에 관련 소식을 올렸다. 오늘날의 현실을 그대로 보여주는 댓글들이 많았다. 링크드인에서 그랜트의 게시물을 구독하는 사람은 알겠지만 보통은 그의 의견을 지지하고 칭찬하는 댓글로 가득하다. 하지만 이번만큼은 달랐다. 댓글 대부분이 대체로 비판적일 뿐만 아니라 호전적이기까지 했다. 이런 댓글도 보였다. "동의하지 않아요…. 일주일 후에 메시지에 답하는 것은 무례한 행동이죠." 또 다른 사람은 이런 글을 남겼다. "24시간에서 48시간 정도는 기다릴 수 있지만 회신에 일주일이나 걸린다면 의도적인 거죠. 대단히 프로답지 못한 행동이고요." 더 직설적인 댓글도 있었다. "현실과는 거리가 먼, 한심한 의견입니다." 성찰적인 댓글을 쓴 사람도 있었다. "다들 가장 먼저 응답하고는 인정을 바라죠. 안타깝게도 그게 통하고요."

이 댓글들은 빠른 응답에 대한 기대치가 우리 문화에 얼마나 진하고 깊게 새겨져 있는지를 여실히 드러낸다. 그렇기에 디지털 도구로 어느 때보다 즉각적이고 손쉽게 메시지에 응답할 수 있는 지금, 메시지에 언제 어떻게 반응해야 하는지 신중하게 접근하고 성찰하는 태도가 필요하다. 기다려야 한다는 규칙을 소개하는 이유도 이 때문이다. 소진을 줄이고 싶다면 여유를 가져야 한다.

디지털 응급실에서 부상자 분류하기

디지털 도구로 마찰 없는 커뮤니케이션이 가능해졌다. 오늘날에는 누구나 자신이 원하는 대로 누구에게나 메시지를 보내는 일이 대단히 쉬워졌다. 말을 타고 누군가를 방문할 정도로 또는 상점에 가서 우표를 구매한 뒤 편지를 보내야 하는 시간과 노력을 들일 정도로 중요하고 시급한 메시지인지를 따질 필요가 없어졌다. 이제 사람들은 어떤 생각이 떠오르면 문자 메시지를 보내고, 그러고 나면 그 메시지는 답을 해야 할 우리의 몫으로 남아 우리가 주의력을 기울이고 행동을 취해야 하는 일 중 하나가 된다. 다시 말해 오늘날의 디지털화된 일터와 디지털에 의지하는 가정에서 소통은 어느 때보다 많아졌다. 하지만 이를 처리할 자원은 늘지 않았다. 상대에게 구글 주소를 링크해 보내고 싶었던 적이 있다면 무슨 의미인지 잘 알 것이다. 이런 식의 요청이 쌓이면 우리의 주의력이 소진되고, 상대의 의도를 의심하는 병이 커지며, 죄책감과 분노가 일어난다. 들어오는 요청과 메시지는 많아지고 자원은 제한적인 현실에서 바로바로 모든 것에 응답할 수 없는 처지에 놓이거나 아니면 응답을 하느라 자신을 태워가며 소진시키는 상태가 된다.

그렇기에 받은편지함, 채팅 창, 소셜 스레드에서 부상자 분류를 실행해야 한다. 여기서 부상자 분류란 모든 사례를 평가하고, 서로 비교하고, 무엇이 가장 시급하거나 중요한지 결정하여 우선적으로 취해야 할 행동을 정하는 것을 말한다. 어쩌면 응급실에서 들어본 말일 텐데, 이곳에서는 의사가 우선 처치해야 할 환자가 누구인지 간호사들이 결정한다. 이들은 중이염으로 온 아이보다 총상을 입은 환자를 우선순위로 분류한다. 우리의 메일함과 소셜 스레드, 메시지 플랫폼 역시 응급실과 비슷하게 보이기도 한다. 새로 들어오는 메시지마다 자기가 가장 먼저 처리해야 할 가장 중요한 메시지라고 주장한다. 하지만 현실에서는 우리가 어떤 메시지를 우선 처리할 것인지 평가를 해야만 한다. 쉽지 않은 일이다. 무엇부터 응답할지 효과적으로 분류하기 위해서는 각 메시지의 시급성을 판단하는 데 근거로 삼을 유익한 정보가 많아야 한다. 바로 이 지점에서 '여유'라는 자원이 필요하다.

나는 대학원 시절에 응답 지연waiting to respond이라는 개념을 처음 접했다. 제드와 마찬가지로 나는 다른 사람들을 만족시키고 싶어 했고 내가 '좋은 커뮤니케이터'라는 자부심도 있었다. 다시 말해 빠른 응답을 중요하게 생각했다. 박사 과정 당시 노련한 교수님이 가르치는 조직 행동 학부 수업의 조교로 일했던 나는 응답을 너무 빨리할 때 어떤 문제가 생기는지 큰 깨달음을 얻었다. 그 수업에 참여한 지 2주 정도 되자 과제를 문의하고 수업 내용에 대해 질문하는 학생들의 이메일과 메시지에 압도되기 시작했다. 120명이 보낸 이메일에 답하는 데 하루의 절반을 쓰는 느낌이었다. 시도 때도 없이 메일이 들어오는 바람에 책을 읽거나 연구를 하는 데 방해가 됐다. 점차 화가 난 나는 학생들이 나란 인간에 대해 또는 내 연구에 대해 조금도 신경 쓰지 않는다고 생각하기에 이르렀다. 너무도 지쳐갔다. 교수님께 불만을 털어놓으며 무슨 방법이 없겠냐고 조언을 구했다. "물론 있지." 교수님은 이렇게 말씀하셨다. "답장을 하루 기다렸다가 해. 문제의 75퍼센트는 알아서 해결될 테니까."

무슨 뜻인지 이해가 되지 않았다. 문제가 어떻게 알아서 해결될 수 있지? 학생들이 내게 불만을 품지 않을까? 학생들은 큰돈을 내고 수업을 듣는 사람들이었고, 나는 학생들이 존경하는 마음으로 인내심을 발휘해 답장을 기다려줄 저명한 교수가 아니라 그들보다 고작 몇 살 많은 하찮은 조교일 뿐이었다. 그럼에도 시험해봤다. 답장을 하루 미뤄봤다. 교수님 말씀이 맞았다. 까다로운 메일 하나가 들어오고 나서 몇 시간 후에 두 번째 메일이 들어왔다. "신경 쓰지 않으셔도 될 것 같아요. 다른 학생한테 물어봤어요." "조금 전에 보낸 메일은 죄송합니다. 강의 계획서를 먼저 확인해야 했는데. 거기 나와 있더라고요.", "다시 보니 그리 중요한 문제는 아닌 것 같아요. 답장 안 주셔도 돼요." 75퍼센트까지는 모르겠지만 3분의 2 가까운 문제가 저절로 해결됐다. 기다림의 힘에 대해 배운 첫 번째 교훈이었다. 즉 시급한 요청 대부분은 알아서 정리될 때가 많다는 것이다.

몇 년 후 내 연구팀과 함께 시카고 인근 지역의 병원 간 응급 소아

이송 실태를 3개월간 관찰했을 당시, 실제 환자 사례에서도 시간이 지나면서 저절로 우선순위가 정리되는 상황을 목격했다.[4] 당시 나는 칠드런스 메모리얼 병원과 함께 디지털 기술을 이용해 그 지역의 병원 간 데이터 전송 시스템을 개선하는 프로젝트를 진행 중이었다. 병원은 이송돼 오는 아동 환자를 감당하느라 난감해했다. 병원의 한 관리자는 시카고 일대 인구가 지난 10년간 20퍼센트 증가했다며 "하지만 어린이 병원 수는 그대로입니다"라고 설명했다. 환자 이송에 특히 전문성을 갖춘 한 간호사는 이렇게 설명했다. "부상자 분류가 저희가 하는 일입니다. 이때 올바른 정보가 있어야 어떤 아이가 가장 집중적인 도움이 필요한지를 판단할 수 있죠. 물론 아픈 아이들을 모두 저희 병원에서 도울 수 있다면 좋겠지만 수용에 한계가 있어서요. 그렇게 우선순위를 정하고 환자의 전원 절차를 시작합니다."

그곳 간호사인 매그다는 내게 이렇게 말했다. "한 가지 배우는 게 있는데, [지역 병원의] 의사에게서 아이가 정말 아프다는 연락을 받았지만 데이터를 확인하니 그렇게 심각해 보이지 않을 때가 종종 있어요. 그럴 때는 우선 기다리며 상황을 지켜보는 게 최선이에요. 그간 경험한 바에 따르면, 아이 상태가 호전되고 의사에게서 오경보였다는 이야기를 듣게 되는 경우가 많았어요." 내 조교 시절을 떠올리며 농담 삼아 그녀에게 '그런 경우가 많았다'는 것이 75퍼센트 정도인지를 물었다. 놀랍게도 그녀는 이렇게 답했다. "정말 그 정도는 되는 것 같네요."

이송 전문 간호사들이 환자 전원과 관련해 한 말들은 저지와 본스가 이메일 소통 연구에서 발견한 것과 같은 맥락이다. 걱정에 사로잡힌 의사에게서 메시지를 받으면 아이의 상태가 실제보다 더 긴급하다고 인식할 가능성이 크다. 이 간호사들이 효과적으로 대응할 수 있었던 것은 긴급성을 과장해 인식하려는 충동을 낮추는 시스템을 개발한 덕분이다. 이들은 냉정하게 데이터를 검토하고, 증상과 중증도를 비판적으로 바라봤으며, 이송을 요청한 병원의(그리고 그 병원 의사들의) 의사소통 방식과 데이터 공유 방식을 고려했다. 그런 뒤 자체적으로 응급 우선순위 리스트를 만들어 그 기준에 따라 대응했다. 이 과정에서 아이의 증상이 빠르게 호전되거나 이송이 필요치 않게 되는 등 문제가 자연히 해결되는 경우가 많았다. 이송 전문 간호사들은 긴급한 상황에는 신속하게 대응하고 빠르게 응답했지만 그렇지 않은 사례에는 좀 더 느긋하게 대처했다.

이 부상자 분류 전략을 활용하면 디지털 도구의 힘으로 늘어난 엄청난 양의 메시지를 처리할 수 있다. 비결은 두 가지 시급성, 즉 상대가 생각하는 메시지의 시급성 그리고 우리 손안에 있는 다른 일들과 비교하여 평가한 시급성을 균형 잡힌 시각으로 바라보는 것이다. 냉정하고 계산적이라고 느낄지는 모르지만, 부상자 분류 시스템은 인명을 다루는 병원에서 한정된 자원을 가장 중요한 사안에 투입하는 효과적인 알고리즘이다.

중요도에 따라 분류한다는 개념 자체가 무례하거나 불손하다고 여길지도 모른다. 하지만 앞서 이야기했듯, 우리가 받는 메시지 대부분은 우리 생각만큼 시급하지 않기에 조금 늦게 응답한다고 해서 부정적인 결과로 이어지는 건 아니다. 에리카 다완의 말처럼 조금 천천히 응답하는 편이 도리어 인간적으로 느껴질 수도 있고, 향후 상대가 메시지를 너무 많이 보내지 않도록 유도할 수도 있다. 그녀는 이렇게 적었다. "당신이 상사나 고객, 동료에게 긴급한 질문을 한 상황이라면 중요도에 따라 분류되는 것이나 아무런 관심도 받지 못하는 것이나 별반 차이가 없다고 느낄 수 있다. … 이런 상황은 내가 가진 주인공 증후군main-character syndrome에 대해 생각해보게 한다. 우리가 삶이라는 영화 안에서 주역을 맡았고, 나머지 사람들은 전부 조연이라는 사고방식 말이다. 그러다 보면 내 질문에 즉시 답하지 않았던 이들도 나처럼 복잡한 사람이라는 것을, 스크린 밖의 실생활에서 처리해야 할 여러 일이 있고 그 때문에 디지털 대화에서 멀어질 때도 있음을 인정하게 된다."5

응답 속도를 늦출 때의 이점

수프리야는 대형 항공우주 회사의 기계 엔지니어다. 그녀는 응답을 느긋하게 하는 방식을 대단히 지지하는 쪽이다. 그녀는 이렇게 말했다. "오랫동안 관찰한 바에 따르면, 제가 빨리 응답하면 상대방의 응답도 빨라지더라고요. 이메일은 물론이고 소셜 미디어나 구글 독스에 글을 달 때도 마찬가지예요. 제가 답을 천천히 하면 상대도 전보다는 느리게 응답하고, 그러다 보면 응답이 오가는 횟수가 줄어들어요."

수프리야의 경험을 뒷받침하는 과학적 근거도 있다. 여러 연구를 통해 우리가 타인의 응답 패턴에 동조하는 경향이 있음이 밝혀졌다.[6] 즉 우리는 상대와 정교하게 호흡을 맞춰 왈츠를 추는 것이다. 우리가 빠르게 응답하면 상대의 응답도 빨라진다.

이런 패턴을 메일, 문자 메시지, 메시징 플랫폼 등 여러 양식에서 찾아볼 수 있다. 한 연구진은 200만 명의 사용자가 주고받은 160억 개의 이메일 말뭉치를 바탕으로, 누군가의 응답 시간을 "가장 정확하게 예측할 수 있는 변수는 이전의 메일들에서 응답자가 회신하는 데 걸린 평균 시간"임을 확인했다. 여기서 '응답자'는 나에게 메시지를 보낸 상대방을 가리킨다. 즉, 나의 응답 시간은 상대의 응답 시간에 크게 좌우되고, 상대의 응답 시간은 나의 과거 응답 시간에 따라 달라진다는 것이다. 수프리야는 음악을 끄고 춤을 새롭게 시작한 후 주도권을 잡는 영리한 선택을 했다. 그녀는 내게 이렇게 말했다. "상대가 원할 것 같은 속도에 맞춰 응답하는 일을 마침내 멈추고 제 속도를 따르기 시작하자 삶이 훨씬 나아졌어요. 실제로 대다수의 사람이 제 방식을 따라 응답 속도를 늦췄고, 그러다 보니 응답이 오가는 횟수도 적어졌어요. 결국에는 제가 받는 메시지 양이 전반적으로 줄었습니다. 그 덕에 불안과 소진도 줄었고요."

응답의 속도를 늦추는 데 또 다른 이점은 타인이 보낸 정보를 더욱 충분히 처리하고 이해할 여유를 가질 수 있다는 점이다. 타인의 말을 완벽히 이해하지 않고 신속하게 응답하면, 내가 조교 때 맡았던 학생들처럼 행동하게 된다. 이미 답이 훤히 있는데도 못 보고는 할 필요가 없는 질문을 하는 것이다. 응답을 지연할 때 우리는 정보를 더 잘 처리할 수 있고, 그러면 추가 설명을 요청하는 질문도 줄어든다. 이런 행동 패턴은 상당히 강력한 힘을 발휘하는데, 유치원생들을 대상으로 한 여러 연구에서도 반응을 지연하고 생각을 먼저 할 때 모든 유형의 과제에서 수행 능력이 향상된다는 결과가 나왔다.[7]

여유를 가질 때 자신만이 아니라 타인의 의사소통 부담까지 줄여줄 수 있다. 수프리야처럼 우리도 새로운 동조 사이클을 만드는 첫걸음을 내디딜 수 있다. 응답 속도를 의도적으로 늦추면 메시지가 들어오는 속도가 지연되고, 메시지의 양이 줄어들면 메시지 때문에 소진되는 일 또한 줄어든다.

내용은 길게, 횟수는 적게

160억 개의 이메일을 대상으로 한 연구에서 발견한 중요한 사실이 하나 더 있다. 보통 메일을 많이 받는 사람일수록 응답은 빠르고 메시지는 짧았다는 점이다. 앞에서 확인했듯 소진을 줄이는 데는 그리 도움이 되는 행동 패턴이 아니다. 하지만 이것으로 끝이 아니었다. 연구 결과 이메일이 짧을수록 상대가 회신하는 속도가 더 빨라졌다. 즉 우리가 신속하게 응답할 때는 메시지가 짧아지고, 짧은 메시지를 받은 상대는 장문의 메시지를 받았을 때보다 응답을 빨리한다. 이렇게 또 한 번 소진 사이클에 갇히게 된다.

여기에서도 여유가 유용한 역할을 한다. 응답을 천천히 할수록 메시지가 길어질 가능성이 크다. 여기에 상대가 의미 있는 응답을 하는 경우라면 당신의 메시지와 마찬가지로 장문이 될 것이고, 응답의 속도 또한 느려질 것이다. 연구 데이터상에서 이 패턴이 뚜렷하게 나타났다. 왜일까?

정부 기관 산하 대형 연구센터의 대민 관계 관리자인 마르셀에게는 한 가지 이론이 있는데, 그의 경력 내내 이 이론이 항상 통했다고 설명했다. 그는 사람들에게 메시지를 보내는 횟수는 줄이되 필요한 내용을 모두 정리해서 포괄적으로 보내는 방식을 좋아한다고 말했다. "저는 빨리 답하는 편은 아닙니다. 충분한 숙고를 거쳐 사람들에게 의미 있고 유용한 응답을 작성할 수 있을 때까지 시간을 가져요. 제가 신중하게 접근할수록 사람들이 제게 다시 연락하는 일도 줄고, 왔다 갔다 서로 묻고 설명할 일이 줄어들어요. 제가 보낸 글에 전부 자세히 나와 있으니까요. 한 번에 끝내자는 식인 거죠. 이렇게 하면 전체적으로 제가 처리해야 하는 소통량이 적어져 과부하도 덜 느껴요."

마르셀의 이론은 두 부분으로 이루어져 있다. 첫째로 실시간 동기식 도구들과 달리 대부분의 디지털 소통에서는 숙고하고 자신의 메시지를 정제할 여유가 있다는 것이다. 그는 디지털 소통의 이런 어포던스를 이용해 더 '의미 있고', '신중한' 메시지를 전달할 수 있다. 두 번째는 그가 포괄적인 응답을 전할 때 사람들이 단문으로 그때그때 추가 문의를 하는 일이 줄어든다는 것이다. 그의 이론이 타당한지 살펴보겠다.

먼저 비동기성 어포던스를 보자. 캘리포니아대학교 샌타바버라 캠퍼스 교수인 조지프 월터Joseph Walther는 인간관계를 유지하기 위해 디지털 도구를 효율적으로 사용하는 방법을 연구하는 데 평생을 바쳤다.8 마르셀의 직관과 일치하게 그는 비동기식 상호작용을 가능케 하는 디지털 도구들이 대면이나 동기식 도구보다 우리를 더 나은 커뮤니케이터로 만들어줄 수 있다고 주장한다. 자신이 어떤 반응을 할지 통제력을 더 많이 발휘할 수 있기 때문이다. 그는 이렇게 적었다. "메시지가 발신되기 전 내용과 틀을 수정하거나 메시지를 다시 작성하는 능력은 대면 상호작용이 제공할 수 없는 사치다." 그의 여러 연구를 통해 밝혀진 것은 우리가 반응 시간을 지연시킬 수 있을 때 그리하여 조금 더 깊이 있게 생각하고 신중하게 메시지를 수정할 수 있을 때, 자신이 보낸 응답에 대한 만족도가 높고 응답이 더욱 포괄적이며 수신자의 니즈에 더 충실하고 수신자와 친밀감도 더 깊이 있게 쌓을 수 있다.

요약하자면 응답을 지연하는 사람들은 자신이 보낸 메시지에 더 자신감을 가지고 타인의 니즈도 더 잘 고려한다. 이런 결과는 이메일, 문자 메시지, 메시징 플랫폼, 소셜 미디어 등 모든 비동기식 디지털 도구에 동일하게 적용된다. 월터의 연구 결과와 더불어 그의 '사회적 정보 처리 모델'을 뒷받침하는 여러 근거는 응답을 지연할 때 더 유익한 응답을 전할 수 있다는 마르셀의 이론 첫 번째 부분에 신빙성을 더한다.

그의 이론 두 번째 부분은 질 높은 응답으로 상대와 여러 번 대화를 주고받아야 하는 일을 방지할 수 있다는 것이었다. 이 타당성을 강력하게 뒷받침하는 데이터가 있다. 또 다른 빅데이터 연구에서(여기에서는 10만 명이 주고받은 8억 개의 이메일을 분석했다[9]) 짧은 이메일은 수신자가 바로(확인 후 5분 이내에) 삭제하는 한편 긴 메일은 훨씬 오랜 시간(대체로 1주 이상) 보관했고 다시 읽어보는 경우도 많았다. 장문의 메일 가운데 수신자가 단 두 번만 읽어본 경우는 25퍼센트였고, 최대 5회 이상 재확인한 경우는 64퍼센트였다. 연구진은 이메일 데이터 분석을 보완하고자 400명 이상을 대상으로 설문조사를 진행해 메일을 다시 확인할 때 이들이 어떤 행동을 하는지 확인했다. 그중 74퍼센트는 정보 찾기가 목적이었고, 응답 같은 행동을 취하기 위해 재확인한 비율은 20퍼센트에 그쳤다. 정보를 찾기 위해 재확인한 사람 중 25퍼센트는 궁금했던 질문에 대한 답을 얻거나 문제를 해결하기 위해서였고, 24퍼센트는 어떤 과제를 수행하는 법을 배우기 위해서, 22퍼센트는 상세한 설명이 담긴 첨부파일을 확인하기 위해서였다.

  이 결과에서 중요하게 봐야 할 점은 장문의 이메일이 장기간에 걸쳐 지식과 정보의 저장소 역할을 했다는 것이다. 사람들은 최신 정보를 얻거나 추가적인 설명을 요청하려고 발신자에게 다시 연락할 필요 없이, 이미 받은 이메일을 다시 열어 유용한 정보를 찾아냈다. 따라서 마르셀 이론의 두 번째 부분에서 말하듯, 시간을 들여서 수신자를 세심하게 고려해 상세한 정보를 담은 장문의 이메일을 쓴다면 초기에 투자한 시간을 충분히 보상받을 수 있다. 마르셀의 동료 한 명은 내게 이렇게 말했다. "마르셀이 보내주는 건 다 좋아요. 참고 자료로 쓸 수도 있고요. 마르셀은 재차 확인할 일을 거의 만들지 않습니다. 대부분 사람과는 추가로 확인해야 하는 일 때문에 몇 번이나 연락을 주고받아야 하는데 말이죠. 마르셀은 업무에 활력을 불어넣는 동료입니다."

얻는 것과 잃는 것을 살펴보라

밀려드는 메시지와 데이터에 어느 정도의 시간을 두고 응답할지는 여러 요소를 고려해서 정해야 하고, 어느 정도의 지연이 적절할지는 오직 당신만이 판단할 수 있다. 응답의 간격을 1시간, 하루, 일주일로 접근하면 도움이 될 것이다. 이 여유의 규칙을 내 삶에 적용해보니 들어오는 메시지를 모두 살펴보고 응답에 얼마나 노력을 들일지에 따라 세 가지로 분류하는 방식이 도움이 됐다. 나는 기준에 따라 철저하게 분류를 시작했고, 분류와 배칭 방식을 결합했다.

    나는 규칙 3에 등장했던 젠의 마음을 누구보다 잘 안다. 나도 텅 빈 편지함과 함께 하루를 마무리하고 싶다. 생각만 해도 정말 만족스럽다. 하지만 여지껏 그 목표 근처에도 가본 적이 없다. 꽤 오랫동안 나는 이메일과 문자 메시지와 소셜 미디어를 하루 중 특정한 시간에만 확인했고, 그 시간에 무엇을 확인할지는 내가 정해놓은 우선순위 기준에 따라 결정했다. 내가 정한 기준에 따른 분류를 철저하게 지켜 배칭 방식을 열심히 따른 지난 몇 년이 내 이력에서 가장 생산적인 시기였을 것이다. 학술 논문을 많이 발표했고, 다양한 기업에 컨설팅을 했으며, 내 최고의 연구 몇 건도 이때 탄생했다. 높은 집중력과 딥 워크에서 큰 에너지를 얻었고, 소진감은 거의 느끼지 않았다.

기술이 우리의 일과 삶에 미치는 영향을 연구하는 사람들 가운데 느린 응답자는 나만 있는 것이 아니다. 칼 뉴포트도 나와 비슷한 방식을 취한다.[10] "나는 이메일에 답장을 즉시 하지 않는 편이다. 받은편지함을 종일(어떨 때는 그보다 길게) 확인하지 않을 때도 있다. 메시지는 무시한다. 나를 잘 아는 사람들은 정말 급하면 내게 전화를 건다. 일부러 그러는 것은 아니다. 도리어 이런 모습을 보여 미안하고 부끄러운 쪽이고, 되도록 더 잘 응답하려고 노력도 한다." 여유를 갖는 방식을 많은 사람이 지지하지 않을 수는 있지만, 생산성을 높이고 소진을 막아주는 것만은 확실하다.

이 방식에 긍정적인 이점이 많지만 내가 극단적일 정도로 응답을 지연하고 철저하게 일괄 처리만 하던 시기에 다음과 같은 이메일과 문자 메시지를 받곤 했다.

- "폴, 메시지 받았어요? 한참 지났는데, 아직 연락이 없어서요."
- "답이 없어서 이 오퍼는 취소할게요."
- "이봐, 이제는 내가 싫어진 거야?"
- "아침에 답을 줬으면 좋았을 텐데. 결국 다른 방법을 찾아야 했거든요."

지금 다시 보니 마음이 좀 아프기도 하다. 생산성을 높이겠다는 의

욕에 취해 다른 사람들이 내 타임라인에 맞추게 했다. 친한 동료들이 내가 바로 답을 하지 않기 때문에 믿을 만한 사람이 아니라는 평판이 돈다는 사실을 알려줬고, 친구들은 약속 잡기가 어렵다며 내게 짜증을 냈다. 가족 중 몇몇은 자기를 싫어하느냐고 직접 묻기도 했다. 박사 과정 중이던 한 제자는 이런 말을 했다. "교수님께는 뚜렷한 패턴이 있어요. 이메일을 한 번에 처리하시잖아요. 최대한 빨리 답장을 받고 싶을 때는 교수님이 일괄 처리할 때 이메일을 보내요. 그럼 바로 답장을 주시거든요." 이런 방식이 짜증스럽냐고 묻자 그가 답했다. "조금은요. 그래도 저는 패턴을 아니까 그에 맞춰 대응할 수 있어요. 교수님이 많은 일을 해내는 비결이 그 패턴 덕이라는 것도 알고요." 내가 극단적으로 내 기준에 따라 분류하고 일괄 처리하는 방식 때문에 디지털 소진은 줄었지만 평판이 나빠지는 대가를 치러야 했다.

지금도 나는 분류와 배칭 방식을 바탕으로 일을 처리하는데 전보다는 훨씬 유연하게 접근한다. 정보 처리와 소통에 관한 사안은 대부분 몰아서 처리한다. '하루'보다 더 길게 지연시키는 범주에 속하는 사람들에게는 응답이 늦어질 예정이라는 알림을 보낸다. 응답 시간에 대한 기대치를 설정하면 양쪽 모두 마음이 가벼워진다는 연구 결과에 근거한 전략이다.[11] 유사한 과제들을 묶어 맥락 전환을 줄이고, 대부분의 이메일과 문자 메시지는 여전히 정해진 시간에 처리한다. 더 자세한 내용을 담은 메시지로 조금 더 여유를 가지고 응답하자 마르셀이 경험했듯 추가 설명을 요청하거나 추가 질문을 하는 연락이 줄어 나중에 주의력을 빼앗길 일 자체가 줄었다. 한편 전보다 스트리밍을 더 자주 한다. 일정한 간격으로 의사소통 채널들을 살피고, 메시지와 업무를 내 기준에 따라 분류한 뒤, 즉각적으로 처리해야 하는 일에는 응답하고 시급해 보이면 간단한 수정이나 데이터 분석도 바로 처리한다. 다른 사람들을 실망시킬지도 모른다는 걱정에서 벗어나 어떤 면에서는 예전보다 덜 피로하다고도 할 수 있다. 분류와 더불어 제한적이고도 의도적인 스트리밍 방식을 병행하면 소진을 줄이면서 다른 사람들에게도 응답할 여유를 확보할 수 있다.

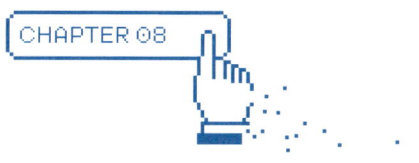

규칙 5: 추측하지 말라

알론소는 캘리포니아의 한 조경 회사에서 40명의 팀을 이끄는 현장 감독이다. 팀원들이 한 번에 10여 곳의 현장에서 작업할 때가 많아 그는 문자 메시지, 전화, 왓츠앱, 페이스북 메신저, 심지어 인스타그램까지 활용해 팀원들의 상황을 파악하고 문제를 해결한다. 그는 콘크리트를 타설해야 할 시간에 작업자들이 인스타그램에 게시물을 올리는 모습을 자주 목격한다. 게다가 그들은 정작 자기 문자 메시지에는 제때 응답하는 법이 없다. 고된 하루를 마치고 집에 오면 그는 육체노동으로 몸이 피로할 뿐 아니라 업무를 조율하는 데 너무나 많은 도구를 쓴 탓에 정신적으로도 잔뜩 지쳐버린다. 휴식을 취하던 중 자기만 빼고 술을 마시러 간 동료들의 게시물을 볼 때가 있다. 이런 데이터를 마주하면 괜한 추측을 하게 되고 그 때문에 더 피곤해진다. 그가 한탄하듯 말했다. "직원들이 뭘 하는지, 다음 날 일에 어떤 영향을 미칠지 섣불리 결론을 내려서는 안 된다는 것을 잘 압니다. 하지만 어쩔 수가 없을 때가 많아요. 바로 제 눈앞에 펼쳐져 있으니까요."

디지털 세상은 추측하려는 우리의 성향을 부추긴다. 사람들은 페이스북에 멋진 주말 모험을 올리고, 인스타그램에는 자신이 아름답게 찍힌 사진을 올리며, 팀즈에서는 조금 전에 성사시킨 엄청난 매출에 대해 이야기한다. 하지만 우리는 이들의 삶 중 일부분만 보는 것이다. 보이지 않는 이면에 더 많은 이야기가 있음을 안다고 해도 디지털 환경은 우리 눈앞에 보이는 것에 과도하게 집중하게 하고 그 정보를 바탕으로 타인에 대한 추측을, 그것도 아무런 근거가 없는 추측을 하게 한다는 것이 많은 연구를 통해 밝혀졌다.

추측을 둘러싼 연구는 사회심리학 분야에서 핵심적인 역할을 한다.[1] 예컨대 널리 알려진 기본적 귀인 오류 fundamental attribution error의 핵심 메커니즘이 바로 추측이다. 누군가가 나쁜 짓을 한 근거를 마주하면 우리는 그가 타고난 기질 때문에 나쁜 행동을 하는 것이라고 생각한다. 나쁜 행동의 원인이 나쁜 '기질'에 있다고 여기는 것이다. 반면 자신이 무언가 나쁜 행동을 했을 때는 다른 외부적 영향이 없었다면 그런 행동을 하지 않았을 거라고 여기며 자신의 행동을 환경 탓으로 돌린다.

또한 우리가 어떤 과정을 거쳐 타인을 판단하는지를 설명하는 추론의 사다리 ladder of inference에서도 추측이 중요한 역할을 한다.[2]

- 타인의 행동이나 행위에 대한 제한된 데이터에 노출된다.
- 그 데이터에 집중한다.
- 자신의 세계관에 맞춰 데이터를 해석한다.
- 타인의 기질, 행동, 감정, 동기 등을 추측한다.
- 타인에 대한 결론을 내린다.
- 자신의 결론을 바탕으로 신념을 형성한다.
- 자신의 신념에 따라 행동을 취한다.

인간의 행동을 설명하는 이 두 가지 모델에서는 추측을 자동 처리의 결과물로 바라본다. 우리는 보통 의식조차 못 한 채 추측을 하고, 정확한 이유도 모른 채 누군가에게서 어떤 느낌을 받는다. 디지털 도구로 타인에 대해 지나칠 정도의 데이터를 제공받는 현실에서 타인을 향한 추측을 멈추기란 쉽지 않다. 다만 내가 연구한 바를 기반으로 도움이 될 몇 가지 아이디어를 소개하고자 한다.

보이는 것을 확대 해석하지 않는다

콜로라도에 있는 정부지원연구센터에 새로운 정보통신기술책임자로 부임한 프레드는 한 가지 복잡한 문제를 마주했다.[3] 그가 관리하는 IT 기술자들은 여러 연구실에 흩어져 일하고 있었다. 서로 대화를 나누며 성공적인 문제 해결 방식을 공유하거나 배우는 일이 없었다. 다들 만능 기술자였다. 프린터에 문제가 생기면 해당 연구실 소속 IT 기술자가 수리했다. 클라우드 저장소에 문제가 생기거나 대단히 정밀한 장비에 소프트웨어 통합 문제가 생겼을 때도 그 연구실에 소속된 IT 기술자가 해결했다. 그는 조직 설계에 문제가 있다고 판단했다. 다들 똑똑한 사람이지만 만능 기술자로 일할 뿐 과학자들과 관리자들이 경험하는 특수한 문제들을 해결하는 데 필요한 특정 지식을 쌓지 못하고 있었다.

 이 문제를 해결하기 위해 프레드는 조직을 재편해 IT 기술자들을 한 팀으로 만들었다. 그리고 새로운 디지털 프로젝트 관리 도구를 제공해 다른 팀원들이 어떤 프로젝트를 진행 중인지를 한눈에 볼 수 있게 했다. 동료 기술자가 대단히 까다롭고도 전문적인 문제를 성공적으로 해결해낸 것을 확인할 수 있다면 관련 문제가 발생했을 때 그 기술자에게 가서 도움과 지원을 요청할 수 있으리라는 생각이었다. 프레드는 또한 IT 기술자들이 특정한 분야의 전문성을 쌓아가면서 그 전문성에 부합하는 업무를 맡고, 점차 복잡한 문제들도 수월하게 해결할 수 있기를 바랐다.

 처음 한두 달은 별다른 변화가 없었다. 하지만 조금씩 IT 기술자들이 진행하는 프로젝트가 늘어났고 자신의 문제 해결 방법을 프로젝트 관리 도구에 입력하기 시작했다. 일하는 방식이 달라진 것은 아니었다. 다만 디지털 도구가 그 전에는 볼 수 없었던 중요한 데이터 포인트를 확인할 수 있게 해주었다. 도구를 사용하기 전에는 다른 기술자가 어떤 일을 하는지 전혀 알 수가 없었다. 관리 도구를 통해 작업

배정 현황과 완료 시간을 모두가 손쉽게 확인할 수 있었다. 또한 기술자들은 예전만 해도 동료가 사용자의 문제를 어떻게 해결했는지 정확히 알지 못했다. 이제는 도구에 입력된 기록 덕분에 서로가 맡은 문제를 어떤 단계를 거쳐 해결했는지 쉽게 파악할 수 있게 됐다.

이들이 다른 사람들의 업무를 확인할 수 있게 되자 어떤 일이 벌어졌을까? 바로, 추측을 하기 시작했다. 어떤 기술자가 예전에 어떤 업무를 해본 적이 있기 때문에 앞으로도 그 일을 또 하고 싶어 할 것이라고 가정했다. 또한 누군가가 해결책을 장문으로 기록하면 문제를 잘 해결한 거라고 여겼다. 특정 종류의 데이터를 볼 수 있게 되자 추측은 더욱 활발해졌고, 자신의 추측을 근거로 행동했다. 어떤 기술자가 예전에 그 업무를 빨리 마친 적이 있고 그에 관한 기록도 남겼다면, 그에게 유사한 업무를 배정하기 시작한 것이다.

이후부터 대부분의 기술자가 분노했다. IT 기술자 중 한 명이었던 브리짓은 또 프린터 수리 업무를 배정받은 것을 확인하고는 내게 이렇게 하소연했다. "일하면서 이렇게 화가 난 적은 처음이에요. 다들 제가 '프린터 수리 전문'이라고 생각하나 봐요. 프린터 고치는 일만 계속해서 주니까요. 저는 그 일이 싫거든요." 하지만 브리짓에게는 비밀스럽고도 조금은 사악하기까지 한 계획이 있었다. 그녀는 꼼수를 써서 시스템을 역으로 이용하려 했다. "이번에 맡은 프린터도 평소처럼 수리할 거예요. 하지만 서류를 형편없게 써서 올리려고요. 제가 일을 잘 해내지 못한 것처럼, 아니면 아무것도 모르는 아마추어처럼 보이게요. 몇 번 그렇게 하면 제가 프린터를 잘 모른다고 생각하고 다른 업무를 주겠죠."

　몇 달간 기술자들을 관찰하면서 브리짓의 계획보다 훨씬 파렴치한 행동을 하는 사람도 봤다. 자신이 정말 원했던 분야의 일을 받았지만 사용자의 문제를 해결하는 방법을 잘 모르는 사람들도 있었다. 이런 경우 이들은 인터넷에서 훌륭해 보이는 서류를 찾아내 자신이 직접 작성한 것인 양 복사해서 시스템에 올렸다. "이렇게 하면 다들 제가 일을 완벽하게 해냈다고 생각하겠죠." 그는 뻔뻔한 행동을 하면서도 이를 지켜보는 내게 부끄러운 기색 하나 없이 말했다.

　이 팀의 문제는 새로운 디지털 프로젝트 관리 도구에서 직원들의 행동 중 일부 데이터 포인트만 볼 수 있다는 것이었다. 어떤 작업을 했는지, 완료까지 얼마나 걸렸는지 그리고 작업 내용을 정리한 문서 등만 확인할 수 있었다. 하지만 이들의 행동과 관련해서 보이지 않는 데이터 포인트가 많았다. 이들의 해결 방식에 사용자가 만족했는지, 이들이 자신의 업무에 만족했는지, 고객서비스가 훌륭했는지 등은 보이지 않았다. 업무를 배정하는 단계에서 IT 기술자들은 볼 수 있는 데이터를 과대 해석했고, 앞서 확인했듯 직원의 불만과 부정확한 정보로 가득한 데이터베이스라는 결과를 불러왔다.

　나는 프레드와 그의 팀이 이 문제를 해결할 수 있도록 두 가지 변화를 도입했다. 우선 눈에 보이는 제한적인 데이터로 타인의 동기, 기술, 선호를 추측할 때 어떤 결과가 생기는지에 대해 대화를 나눴다. 재미있는 점은 추측을 하는 당사자는 자신이 추측을 하고 있음을 인지하기가 어렵다는 것이다. 브리짓은 동료들이 프로젝트 관리 도구에서 보이는 데이터를 바탕으로 자신에게 업무를 배정한다는 점은 알고 있었지만 자신 또한 다른 사람들을 대상으로 같은 행동을 한다는 사실은 눈치채지 못했다. 브리짓의 동료인 베니토는 후에 내게 이렇게 털어놨다. "저도 모르는 새에 다른 사람들에 대해 추측을 하고 있었다니 정신이 번쩍 들었어요. 그러고 보니 동료들도 그저 저와 비슷했던 것뿐임을 알겠더라고요. 다들 하기 싫은 잡일을 내게 떠넘기는 거라고 생각했는데, 이런 생각을 계속하는 것도 사실 굉장히 피곤한 일이거든요. 하지만 동료들이 그런 의도가 아니었다는 것을 알겠어요. 그저 저처럼 어떤 이유로 그런 결정을 하는지에 대해 별생각이 없었던 거예요."

두 번째로는 프로젝트 관리 도구를 개선해 팀에 실제로 중요한, 새로운 종류의 데이터를 수집하게 했다. IT 기술자들이 특정 업무에 대한 자신의 관심도를 평가할 수 있도록 모듈을 만들었고, 기술자들이 현재 배우고 있는 기술 그리고 업무와 직접적 관련은 없지만 기술자들이 현재 겪는 어려움을 입력할 수 있는 기능도 추가했다. 이렇게 두 종류의 데이터를 더하자 앞으로 업무를 배정할 때 참고할 수 있는 선택지와 기술자들의 선호에 관한 정보가 훨씬 풍부해졌다. 관리 도구에서 볼 수 있는 데이터를 바탕으로 누가 어떤 일에 최적화돼 있다는 식의 추측에 무심코 빠져들 때 이 정보가 안전망 역할을 해줄 수 있었다.

소셜 미디어가 부추기는 인지 편향을 경계하라

상당히 다른 맥락이긴 하지만 마찬가지로 제한된 데이터에 근거해 추측을 하기 쉬운 곳이 소셜 미디어다. 2장에서 다뤘듯, 유럽에서 자전거 여행 중인 친구들의 인스타그램 게시물을 마주한 딘처럼 소셜 미디어를 통해서는 전체적인 그림을 보지 못한다. 선별된 콘텐츠가 올라오기 마련인 소셜 미디어의 특성상 우리에게 주어지는 가시적 정보를 확대해서 해석하게 된다. 소셜 미디어가 인지 편향이 판치는 놀이터라는 연구 결과가 많은 것도 이런 이유에서일 것이다.[4]

타인이 선별해서 소셜 미디어에 공유한 게시물은 가용성 휴리스틱 availability heuristic 을 활성화한다. 보이지 않는 더 큰 맥락은 배제한 채 우리에게 제시되고 또 쉽게 접근할 수 있는 정보에 근거해 한 사람의 인생을 판단하는 것이다. 소셜 미디어는 최신성 편향 recency bias 을 유발해 최근 게시물을 (우리의 머릿속에서는 물론 플랫폼의 알고리즘에서도) 강조하고, 그럼으로써 우리가 지금 보고 있는 타인의 순간들이 그의 인생 전체인 것처럼 느끼게 한다. 또한 타인이 내게 관심이 많다고 과대평가하는 스포트라이트 효과 spotlight effect 또한 빼놓을 수 없다. 이런 인지 편향들 탓에 타인과 자기 자신을 둘러싼 추측이 형성된다.

가장 좋은 전략은 우리가 그 순간 보고 있는 특정 콘텐츠보다 더 크게, 더 의미 있게, 더 멀리 나아가는 추측을 하지 않으려고 노력하는 것이다. 뉴멕시코에서 도시 설계사로 일하는 테레사는 소셜 미디어에서 추측을 경계하는 자신만의 방법을 들려줬다. "사진을 봤는데 누군가가 행복해 보이고 즐거워 보이는 모습이 담겨 있다면 바로 저 순간에는 정말로 행복하고 즐거웠던 거라고, 여기까지만 생각해요. 그 이상으로 추측을 확대하지 않으려고 노력해야 한다는 것을 깨달았어요. 그 순간에는 저런 감정을 느꼈을 거라고 짐작하고 넘어가는 거죠. 이렇게 하면 마음이 한결 가벼워져요." 이 접근이 마음에 들었다. 간단하고 과학적 근거도 있기 때문이다.

최근 실험 연구 결과 소셜 미디어를 능동적으로 사용하고 나면(자신의 계정을 업데이트하거나 특정 정보를 검색하는 등) 불안이 감소했다. 반대로 뚜렷한 목표 없이 수동적으로 피드를 넘기며 구경하는 행동과 불안 간에는 연관성이 드러났다. 또 다른 실험 연구에서는 소셜 미디어에 들어가기 전 마음챙김 기법을 수행하면 전체론적이고 비판적으로 콘텐츠를 받아들일 수 있고, 성급한 결론에 도달하는 경우가 줄어 불안과 외로움이 낮아지고 웰빙과 관련한 감정들이 상승한다는 결과가 나왔다.[5] 정리를 해보자면, 소셜 미디어에서 상당 시간 머물 생각이라면 마음챙김을 행하며 능동적으로 임해야 한다. 이렇게 접근할 때 당신이 보고 있는 게시물 이상의 의미로 확대해서 추측하지 않을 수 있고, 어떤 게시물이 그 사람 전부를 대변한다는 식의 일반화에서 벗어날 수 있다.

그럼에도 가장 타당한 결론은 추측이라는 피로한 행위를 멈추고 싶다면 소셜 미디어 사용을 줄이는 것이다. 한 실험에서는 인스타그램, 트위터, 틱톡, 페이스북을 참가자들이 일주일간 사용하지 않게 했다.[6] 이들을 인구통계학적 특성이 유사하되 소셜 미디어 사용에 아무런 제한이 없는 대조군과 비교했다. 일주일 후 모든 소셜 미디어 사용을 중단했던 참가자들은 실험 전에 비해 우울과 불안이 유의미하게 감소했다. 소셜 미디어를 이전과 동일하게 사용한 대조군은 아무런 차이가 없었다. 또 다른 실험에서는 참가자들이 3주 동안 스마트폰 사용을 하루 1시간으로 줄였다.[7] 스마트폰 사용을 제한하지 않은 대조 집단과 비교할 때 이들은 우울과 불안, 포모 증상이 눈에 띄게 감소했다.

이 결과가 시사하는 바는 분명하다. 어쩔 수 없이 일어나는 추측들로 소진되고 싶지 않다면 소셜 미디어 사용을 최대한으로 줄여야 한다는 것이다. 나 또한 지난 몇 년간 소셜 미디어 사용 시간을 일주일에 몇 시간으로 줄이려고 노력해왔다. 당신이 그렇듯 나 역시 소셜 미디어를 완전히 놓고 싶지는 않다. 내게 유익한 점도 많기 때문이다. 하지만 소셜 미디어 앱 사용 시간을 줄이면 내 피로감 또한 줄어든다. 그래서 나는 소셜 미디어를 사용할 때는 능동적으로 열심히 임하고, 테레사의 접근법을 떠올려 내가 보고 있는 것 이상의 의미로 추측하지는 않으려고 노력한다.

타인의 관점으로 이해하라

레자는 페이스북과 링크드인에서 오랜 친구인 후안의 게시물을 마주하고 짜증이 날 때가 많았다. 후안이 휴가 때 사진을 올리거나 승진

같은 희소식을 전할 때마다 레자는 그가 자랑을 하거나 인정을 받고 싶어 안달이라는 생각을 떨치기 어려웠다. 레자는 특히 거슬렸던 후안의 게시물 하나를 내게 설명한 후 이렇게 덧붙였다. "저런 이야기를 공유하는 이유는 사람들한테 쿨해 보이고 싶거나 외부의 인정을 받고 싶은 거라는 생각밖에 안 들어요." 후안의 게시물을 보며 그는 추측했고, 그러다 보니 후안이 싫어졌다. "친구가 한심하게 구는 꼴을 보는 것이 피곤하고, 우리 우정이 예전 같지 않다는 걸 느끼면서 감정적 소모도 커요." 레자가 말했다.

어느 날 퇴근길에 운전 중이던 레자는 해적 두 명과 치즈샌드위치에 관한 이야기가 나오는 팟캐스트를 들었다. 내게 이 이야기를 들려주던 그는 팟캐스트에 나온 사람의 이름도, 거기서 언급된 이론의 이름도 기억나지 않는다고 했다. 하지만 레자가 '해적'과 '치즈샌드위치'라는 말을 꺼냈을 때 나는 곧바로 떠올렸다. 바로 레베카 색스$_{\text{Rebecca Saxe}}$의 이야기다. 색스는 MIT의 인지과학 교수로 '마음 이론$_{\text{theory of mind}}$'에 관한 연구로 유명하다.[8] 그녀가 들려준 해적 이야기는 대략 이렇다.

이반이라는 해적에게는 치즈샌드위치가 있다. 이반은 샌드위치와 함께 마실 것이 필요하다는 생각에 보물상자 위에 샌드위치를 올려두고 자리를 비웠다. 그사이 바람이 불어 샌드위치가 바닥에 떨어졌다. 또 다른 해적인 조슈아가 나타나 자신의 샌드위치를 보물상자 위에 올려뒀다. 이반과 마찬가지로 조슈아도 마실 것을 구하러 자리를 떴다. 그때 이반이 돌아왔다. 이반은 어디에 있는 샌드위치를 집어 들까?

색스의 연구에 따르면, 이 질문을 세 살짜리 아이에게 하면 아이는 곧장 땅에 떨어진 샌드위치를 가져갈 거라고 답한다. 하지만 다섯 살짜리에게 물으면 보물상자 위에 있는 샌드위치를 집을 거라고 답한다. 색스와 그녀의 동료들은 3세에서 5세 사이에 마음 이론이 발달한다고 주장했다. 마음 이론은 타인이 나와 다른 관점, 신념, 욕구, 의도를 가질 수 있음을 이해하는 인지 능력을 가리킨다. 아직 마음 이론이 발달하지 않은 3세 아이는 이반이 자신과는 다르게 세상을 경험한다는 사실을 인식하지 못한다. 아이는 치즈샌드위치가 땅에 떨어졌을 때 이반이 그 자리에 없었다는 사실을 처리하지 못한다. 3세 아이는 자신이 알고 있는 것은 이반도 알고 있으리라고 믿기에 이반이 당연히 떨어진 샌드위치를 집을 거라고 생각한다.

타인의 관점을 이해하기 위해서는 마음 이론이 필요하다. 타인이 상황을 나와 다르게 보고 해석할 수 있다는 점을 인식할 때 상대의 반응을 더 정확하게 예측할 수 있고, 공감과 이해로 상대에게 호응할 수 있다. 타인의 관점에서 바라본다는 것은 이런 이해를 바탕으로 상황을 고려하는 것이다. 잠시라도 내 안의 추측을 내려놓아야 상대의 경험과 동기를 더 잘 파악할 수 있다. 색스의 연구가 보여주듯, 마음 이론은 도덕적 판단에도 영향을 미친다는 점에서 상대의 경험과 동기를 이해하는 것이 중요하다. 세 살짜리 아이는 이반이 더러워진 샌드위치를 먹기 싫어 일부러 조슈아의 샌드위치를 가져간 것으로 이해하고 그가 나쁜 사람이고 벌을 받아야 한다고 생각할 수 있다.

"그 팟캐스트를 듣고 충격을 받았어요." 레자가 말했다. "더는 세 살 아이처럼 굴지 않겠다고 결심도 했고요." 자신의 동기에 비추어 후안의 게시물을 해석하던 사고에서 벗어나 레자는 어떤 동기로 후안이 그런 이야기를 공유했을지 생각해보기 시작했다. 자신이 아는 후안은 어떤 사람인지, 두 사람이 함께했던 경험에 대해 생각해보던 그는 점차 후안이 올린 휴가 사진은 여행과 사진을 진심으로 사랑하는 마음에서 나온 것일 테고 승진 소식을 알린 일은 노력을 다한 후안이 마땅히 느껴야 할 자부심에서 비롯된 것임을 인정할 수 있었다. 후안의 동기에 대해 생각하기 시작하자 레자의 마음에 일던 짜증이 금세 잦아들었다. 그는 후안의 게시물이 자랑이나 관심을 받고 싶어 하는 마음이 아니라 열정과 성취감의 표현이었음을 깨달았다.

레자가 타인의 관점에서 생각하며 공감력을 키운 이후부터 소셜 미디어 경험이 달라졌다. 그는 이렇게 설명했다. "지금도 늘 그런 태도를 지향하려고 노력해요. 이제는 내 기준에서 타인의 동기를 추측하지 않아요. 상대의 입장에서 바라보니 행복감이 훨씬 커졌어요. 나를 갉아먹는 감정의 전쟁터에 발을 들이지 않기로 한 거죠." 타인의 관점을 적극적으로 취하려는 노력은 우리를 추측으로 몰아가 결국 소진에 이르게 하는 인지 편향에서 벗어나게 해준다.[9]

AI 에이전트가 그 사람을 대변하지는 않는다

AI 에이전트^AI agent가 우리 삶에 들어오기 시작했다. AI 에이전트란 데이터를 바탕으로 결정을 내리고 그 결정에 따라 행동하는 AI를 말한다. 챗지피티를 비롯해 그와 유사한 대규모 언어 모델들은 우리가 글과 말로 입력한 데이터로 응답·예측·추천을 할 수 있지만, 아웃풋을 바탕으로 무엇을 할지 결정해 자율적으로 행동하지는 않는다. 하지만 AI 에이전트는 가능하다.

노스캐롤라이나대학교 샬럿 캠퍼스 교수로 재직 중인 카밀 엔더콧^Camille Endacott과 나는 회의 일정을 짜는 데 도움을 주도록 설계된 리사^Lisa라는 이름의 초기 AI 에이전트를 함께 연구했다.[10] 리사는 (챗지피티와 유사한) 대화형 사용자 인터페이스를 사용해 우리가 원하는 바를 자연어로 전달하면 처리했다. 예컨대 누군가가 내게 메일로 회의를 요청하면, 상대에게 수락한다는 답변과 함께 리사와 회의 일정을 협의하라는 메시지를 적은 후 리사를 '참조'로 추가해 메일을 발송하면 된다. 우리가 조사했던 사람들은 메일에 이런 글귀를 넣었다. "제 어시스턴트 리사가 2주 내 가능한 일정을 확인할 겁니다. 그녀와[대부분 리사를 '그녀'로 칭했다!] 협의해 일정을 잡아주세요." 이 메시지를 통해 리사는 당신이 회의를 원한다고 해석했다. 그런 뒤 당신의 캘린더를 열어 회의가 가능한 시간대를 살펴 당신이 언제 회의를 하고 싶은지, 이 회의의 우선순위가 어떤지를 판단해 상대에게 일정을 조율하는 이메일을 보낸다. 리사는 이메일을 언제 보내야 할지, 어떻게 작성해야 할지, 어떤 어조를 유지하고, 회신이 없을 때는 어느 정도의 주기로 후속 연락을 취할지를 스스로 결정했다.

생각해보면 이 일련의 작업을 수행하는 데는 상당히 많은 의사결정, 추론, 행동이 필요하다. 리사는 이 모든 일을 꽤 잘 처리했다. 하지만 알다시피 일정 조율은 까다로운 일이다. 아무리 철저하게 준비해도 문제가 생기기 마련이다. 리사는 문제를 해결하기 위해 최선을 다했지만 한계가 분명했다. 아니나 다를까 몇몇 사람은 리사가 제안한 일정이 마음에 들지 않는다거나 헷갈리게 말한다거나 말투가 무례하게 느껴진다거나 답장이 느려 자기 일정은 존중하지 않는 것 같다는 불만을 제기했다. 이런 일이 벌어지면 리사를 에이전트로 내세운 사람이 개입해야 했다. 한 예로 리처드는 처음 만나지만 자신에게 유용한 인맥이 될 가능성이 있는 사람과 미팅 일정을 잡으려 했다. 리사는 상대에게 여러 차례 메일을 보냈지만 정작 일정을 확정 짓는 메일은 보내지 않았다. 메일 참조로 이 상황을 지켜보던 리처드는 상대가 언짢아하는 게 느껴졌다. 리처드가 당시의 상황을 들려줬다. "제가 직접 전화해서 사과했어요. '정말 죄송합니다. 리사는 실제 사람이 아니라 봇이에요. 불편을 드려서 정말 죄송합니다.'"

엔더콧과 나는 사람들이 불만스러워할 만한 일이 생길 것이고 사람이 개입해야 할 때가 있으리라는 점은 예상했다. 하지만 리사와 일정을 조율했던 사람들과 대화하면서 놀란 점은 리사에게 화가 난 사람은 거의 없었다는 것이다. 이들은 리사와 일정을 잡게 한 사람에게 분노했다. 더 구체적으로 말하면 AI 에이전트와 일정 이야기를 해야 하는 데 화가 난 것이 아니라, 리사가 그 주인의 지시를 받고 있다고 여긴 듯 상대방에게 화가 나 있었다. 이를 보여주는 사례가 또 있다.

노아는 리사를 통해 라훌과의 일정을 조율한 끝에 라훌의 사무실 근처 카페에서 만나기로 했다. 약속 장소로 향하던 중 '긴급'이라고 적힌 리사의 메일을 받았는데 "시내에 있는 술집으로 장소를 옮겨도 될까요?"라고 적혀 있었다. 노아는 리사가 자꾸 약속을 변경해 짜증이 났다고 이야기했다. "그래도 '그러지 뭐. 택시 타면 되지'라고 생각하며 넘겼어요. 번거롭긴 했죠. 그런데 택시를 타고 가는 중에 리사가 또 다른 장소를 언급하며 또 물었어요. '여기서 볼 수 있을까요?' 저는 '네, 알겠어요' 했죠. 그곳에 도착해서 라훌에게 친구로서 한마디 했어요. '그나저나 네 개인 비서 진짜 최악이야' 괜히 여기저기 도느라 20달러나 날렸으니까요." 그러자 라훌이 리사는 AI 에이전트라고 설명했고, 상황은 더 악화됐다. 노아는 그런 라훌이 무례하고 재수 없게 느껴졌다고 털어놨다. 라훌이 AI 에이전트를 사용했기 때문이냐고 물었더니, 노아는 그건 아니라면서 라훌이 약속 장소 하나 제대로 정하지도 않았다는 것은 그가 이 만남을 중요하게 여기지 않는 증거 아니겠느냐고 말했다.

노아를 포함해 내가 인터뷰한 수많은 사람은 AI 에이전트에 대한 부정적인 추측(무례하다, 멍청하다, 서툴다 등)을 그 주인에게 넘겨씌웠다. 이들은 AI 에이전트와의 부정적 상호작용을 떠올리며 그 주인에게 분노했다. 하지만 결정을 내린 것은 사람이 아니라 AI 에이전트였다. 우리는 실제 수행 비서를 대상으로도 연구를 진행했다. 이들 또한 일정을 조율하는 데 종종 실수를 저질렀다. 하지만 비서의 실수로 불편함을 겪은 사람들은 그 비서에게 화를 냈다. 리사 때와는 달리 비서의 행동이 고용인을 대변한다고 여기지 않았다. 연구 결과 소통의 상대방은 AI 에이전트가 의심스러운 결정을 할 때 그 주인이 무능하거나 무례하다고 생각하는 등 대체로 AI 에이전트의 결정에 대한 평가를 주인에게 전이했다.

유일하게 예외가 있었는데, 소통의 상대방이 AI 에이전트의 주인과 돈독한 관계일 때였다. 이 경우 사람들은 보통 자신의 평가를 AI 에이전트에 국한하고 주인에게 전이하지 않았다. 여러 연구에서 비슷한 결과를 보였다.[11] 물론 당신의 목표가 누군가에게 좋은 인상을 남기는 것이라면, 그와의 소통을 AI 에이전트에게 위임하지 말아야 할 것이다. 이에 대해서는 14장에서 다시 이야기하겠다.

커뮤니케이션 환경이 급변하면서 우리를 소진시키는 '추측'의 기회가 너무나 많아졌다. 사람과 사람을 대리하는 로봇은 별개의 존재라는 점을 명심해야 한다. 추측에 빠지기가 상당히 쉽지만 그럼에도 추측하지 않으려 노력하는 것이야말로 소진을 줄이는 확실한 방법이다.

규칙 6:
의도를 가지고 행동하라

말런은 퇴근 후 집에 오면 휴대전화는 꼭 주방 조리대에 둔다. 주머니에 소지하거나 식탁으로 가져가지 않는 이유는, 그랬다가는 휴대전화를 들여다볼 게 뻔하다는 것을 알기 때문이다. 휴대전화에서 멀어져 아내와 시간을 보내거나 아이들과 놀아주려고 최선을 다하지만 마음은 자꾸 휴대전화로 향한다. "마치 자석처럼 아무리 멀어지려 해도 자꾸 저를 끌어당겨요." 말런이 피로와 불만을 느끼는 지점은 자신이 휴대전화를 놓지 못한다는 것이 아니라, 잡으면 목적 없이 들여다본다는 데 있다. "어떨 때는 전화기를 만지고 싶어서 '공급 업체에 이메일을 보냈던가? 한번 확인해야겠다'라는 핑계까지 대요. 메일을 보낸 걸 당연히 기억하면서도 말이죠. 링크드인에 누가 재미있는 걸

올렸는지, 판타지 풋볼 점수는 어떻게 됐는지 확인하고 싶어서 저 스스로 거짓말을 하는 거예요." 35분 후 말런은 휴대전화를 다시 주방 조리대에 내려놓는다. "한 게 아무것도 없이 30분이나 낭비했어요."

아무런 목적의식 없이 디지털 기술을 사용할 때가 너무도 많다. 내 데이터만 봐도 일터에서조차 프로그램을 열고, 메시지를 확인하고, 파일을 훑어보며, 별 이유 없이 인터넷을 하는 시간이 일주일에 7시간이나 된다. 이렇게 표류하는 동안 그 시간에 할 수 있었을 일들은 그대로 남아 있다. 과학 장비 회사의 지역 영업 관리자인 테드는 목적 없이 디지털 기술을 사용하는 시간 때문에 회사에서는 일주일에 4시간을 더 근무하고, 집에서도 하루에 1시간은 일을 하는 것 같다고 말했다. "디지털 기기들을 사용하느라 너무 피로해져서 그냥 가만히 앉아서 넋을 놓게 됩니다. 그러다가 내가 낭비한 시간을 떠올리면 피로감이 더 커져요."

말런과 테드는 수많은 디지털 기술 사용자가 흔하게 경험하는 문제로 고통받고 있었다. 딱히 이유 없이 자꾸 기기에 손이 가는 증상 말이다. 별다른 이유 없이 휴대전화를 집어 들거나 노트북 앞에 앉는다. 그저 기기가 거기 있고 내게 손짓하고 있기 때문이다. 우리가 불나방처럼 기기에 달려드는 이유는 기기 자체 때문이라기보다는 새로운 정보가 존재할 가능성 때문이다. 앱은 두뇌의 도파민 생성을 촉진하도록 설계돼 있다. 신경전달물질인 도파민은 신경세포 간 신호를 전달하는 화학적 메신저다. 감정과 동기, 보상에 핵심적인 역할을 하기에 '쾌락' 신경전달물질이라고 한다. 맛있는 음식을 먹거나 칭찬을 듣는 등 기분 좋은 경험을 하면 두뇌에서 도파민을 분비해 보상과 쾌감을 느끼게 한다.

이때 쾌감을 불러온 경험이 강화되고 우리는 같은 행동을 반복하려 한다. 이런 이유로 자꾸 그 앱을 쓰게 되는 것이다. 신발을 구매하거나 공과금을 내려고 휴대전화를 들었다가 또는 업무에 필요한 정보를 찾으려고 태블릿이나 노트북을 켰다가 무의식적으로 게임이나 소셜 미디어를 시작하고는 끝도 없는 스크롤링을 하고 검색이라는 늪에 갇히고 만다. 이 모든 이야기가 디지털 콘텐츠 세상을 목적 없이 떠도는 사례다. 테드는 이렇게 말했다. "몇 시간이 그냥 훅 지나가요. 그러다가 문득 정신을 차리고는 '세상에, 뭘 하느라 시간이 이렇게 갔지?' 하며 놀라곤 하죠."

2023년에 실시한 글로벌 연구에 따르면, 16~24세의 인터넷 이용자 중 41퍼센트가 기기를 켜는 가장 큰 이유로 '시간을 때우기 위해서'를 꼽았다.¹ 미국 10대 청소년에 초점을 맞춘 또 다른 연구에 따르면, 하루에 '능동적으로' 온라인을 이용하는 약 8시간 33분 중에서 2시간 47분은 뚜렷한 목적 없이 소셜 미디어와 웹사이트를 구경하는 데 썼다.² 여기에 10대들이 보고한 대로 TV나 영화, 영상 시청으로 (이런 활동도 목적성이 크지 않다고 보는 사람들이 있을 것이다) 쓰는 3시간 16분을 더하면 디지털 기술에 쓰는 시간의 절반 이상이 아무런 목적이 없는 블랙홀에 빨려 들어간 셈이다. 성인과 10대들이 그냥 인터넷을 돌아다니며 허비하는 시간을 합한 수치는 어느 나라든 거의 비슷한 수준이다.³ 요는, 말런과 테드가 예외적인 경우가 아니라 보편적이라는 것이다. 이들처럼 당신과 나도, 우리의 친구들과 가족들도 수많은 시간을 공중에 날린다.

이번에 다룰 규칙은 기기를 사용할 때는 의도를 가지고 행동하라는 것이다. 일터에서든, 친구들과의 식사 자리든, 집에서 저녁을 보내는 시간이든 마찬가지다. 디지털 도구의 사용을 줄여야 한다고 말하는 게 아니다. 다만 의도를 가지고 행동한다면 결과적으로는 디지털 도구 사용 시간이 줄어들 것이다. 이번 규칙의 핵심은 휴대전화를 집을 때마다 또는 컴퓨터 앞에 앉을 때마다 목적이 있어야 한다는 점이다.

전진의 법칙

내가 무척 아끼는 경영서 중 하나인 《전진의 법칙》에는 하버드대학교 교수인 테레사 애머빌Terasa Amabile과 그녀의 남편이자 브랜다이스대학교 교수인 스티븐 크레이머Steven Kramer가 238명의 일기장을 연구한 결과가 등장한다.[4] 두 저자는 사람들이 일터에서 의미 있고 만족스러운 경험, 즉 두 사람이 풍부한 '직장 생활의 내면 상태inner work life'라고 칭한 경험을 하는 원동력이 무엇인지 분석했다. 이들은 이렇게 결론지었다. "직장 생활의 내면에 긍정적인 영향을 미치는 수많은 일 가운데 가장 강력한 요소는 의미 있는 일에서의 전진progress이다." 중요한 목표를 향해 나아간다고 느낄 때, 목적의식에 충실한 발걸음을 떼고 있다고 느낄 때 우리는 쾌감을 느낀다. 한편 제자리걸음을 한다고 느낄 때, 더 심각하게는 후퇴를 경험할 때 우리는 소진된다.

전진하고 있다는 느낌이 활력소가 되어 소진을 막아준다. 전진이란 무엇을 의미할까? 우리가 나아가고 있다는 사실을 어떻게 알 수 있을까?

첫 번째 질문에 대한 답으로 애머빌과 크레이머는 작은 성공의 중요성을 꼽았다. 작은 성공이란 자신이 곱씹으며 기뻐할 수 있는 소소한 성취를 뜻한다. 거창한 일을 말하는 것이 아니다. 별것 아닌 듯 보이는 일에서의 성공이라도 직장 생활을 할 때의 내면 상태에 큰 영향을 미칠 수 있다. 연구 자료가 된 일기에는 사람들에게 활력을 준 작은 성공들이 가득했다. 한 과학자는 실험이 훌륭하다는 이야기를 듣고 기쁨을 느꼈고, 한 프로그래머는 코드 내 고질적인 버그를 고쳐 행복해했다. 사소해 보일지라도 작은 승리들이 쌓여 사람들이 일터에서 느끼는 전반적인 만족감에 큰 영향을 미쳤다. 중요한 점은 전체 프로젝트를 완료하기까지 한참이 남았음에도, 아직 넘어야 할 산이 많은 상황임에도 이렇듯 작은 성공들이 계속 앞으로 나아갈 에너지를 준다는 것이다.

두 번째 질문의 답으로 이 연구는 일에서 나아가고 있다는 기분을 느끼려면 실제적인 개선을 인식할 수 있어야 한다고 말한다. '직무 설계 이론'job design theory'의 대부로 꼽히는 리처드 해크먼Richard Hackman과 그레고리 올덤Gregory Oldham은 이 인식을 경험하는 두 가지 주된 방법을 제시했다.[5] 첫 번째 방법은 우리가 훌륭한 일, 중요하거나 유용한 일을 하고 있음을 확인시켜주는 상사나 뛰어난 동료의 피드백이다. 이런 외부의 검증은 성과를 인식하고 확인하는 데 도움이 된다. 이처럼 나아가고 있다는 사실을 타인에게서 인정받는다면 물론 도움이 되지만, 해크먼과 올덤은 일 자체에서 피드백을 확인하는 두 번째 방법이 더 훌륭하고 의미 있다고 설명했다. 예컨대 복잡한 코드를 테스트 중인 프로그래머는 자신이 의도한 대로 코드가 작동할 때 전진하고 있다는 즉각적인 확인을 받는 셈이다.

이와 같은 일과의 직접적인 상호작용은 다른 사람들이나 외부의 검증이 없어도 성취감을 안겨준다. 하지만 대개는 일에서 전진하고 있는지 직접적이고 즉각적인 피드백을 확인할 수 있도록 직무가 설계돼 있지 않다. 코드를 만든 후 다른 사람에게 전달해 테스트하는 식이다. 해크먼과 올덤은 일의 수행과 즉각적인 보상이 분리된 직무 설계는 사람들의 의욕을 떨어뜨리고 탈진으로 이끈다고 주장했다. 내가 컨설팅 일을 할 때도 동기부여지수를 활용해 내 고객들이 충분한 피드백을 얻을 수 있도록, 그들이 이룬 전진을 확인할 수 있도록 직무 설계가 돼 있는지 진단했다. 이런 요소를 고려하지 않은 직무가 사람들의 의욕 저하와 번아웃으로 이끄는 모습을 셀 수 없이 접했다.

일터에서나 집에서 무엇을 하든 어떤 목표를 향해 나아가고 있다는 기분을 느낄 때 사람들은 소진감이 낮아졌다고 보고했다. 하지만 목표를 향해 어느 정도 전진하고 있는지를 확인하려면 의도를 가지고 행동해야 한다. 화려한 양말을 사겠다고 인터넷을 끝없이 헤매거나, 소셜 미디어를 계속 스크롤링하며 밈을 구경하거나, 누군가가 프로젝트에 대한 업데이트를 메시지로 보냈는지 슬랙을 확인하는 행위는 전진의 법칙에 위배된다. 다른 많은 일을 할 수 있는 시간에 아무런 목적 없이 어딘가에 깊이 빠져 있었음을 인식하고 나면, 시간을 낭비한 것 같은 기분과 더불어 좌절감을 느끼게 된다.

우리가 지닌 비생산적인 경향성에 맞서는 한 가지 방법은 마음챙김의 태도로 디지털 기술을 사용하는 것이다. 다양한 맥락에서 마음챙김의 개념을 연구한 심리학자 엘렌 랭어Ellen Langer는 마음챙김이란 현재의 순간에 적극적으로 몰입하는 과정이라고 정의한다.[6] 마음챙김의 상태에서 우리는 자신이 무엇을 하고 있는지 알고 또 그 일을 왜 하고 있는지 인식한다. 마음챙김은 목표를 세우고 이를 향해 나아가고 있는지 피드백을 얻는 데 필수적인 요소다. 마음챙김의 태도로 임하지 않는다면 작은 성공을 알아차리기 어려운 동시에 경로에서 이탈해 무목적의 심연으로 빠져들기 쉽다.

여러 연구에서 마음챙김 및 전진과 스트레스 및 소진 간의 직접적인 연관성이 확인됐다. 연구 결과 마음챙김의 태도로 디지털 기술 사용의 목적을 정하는 사람은 아무런 의도 없이 행동하는 사용자들에 비해 스트레스와 소진을 경험할 가능성이 매우 작고 일에서 나아가고 있다는 기분은 더 크게 느꼈다.[7] 그뿐만이 아니라 특정한 목적을 가지고 의식적으로 디지털 도구를 사용하는 이들은 우선순위를 정하고 주의를 집중시키는 능력이 더 높았고, 타인이나 어떤 사건을 두고 추론하는 일이 적었으며, 자신의 행동에 대한 통제감을 느꼈다. 디지털 도구 사용에 의식을 기울이는 정도가 낮은 사람들은 여러 영역과 무대를 오가며 주의력을 전환하는 일이 잦았고, 무의미한 활동에 빠져 낭비되는 시간에 대해 보통 수준 이상의 불안을 느꼈다. 이런 결과는 전진의 법칙에서 근간이 되는 핵심 이념들을 뒷받침한다. 우리가 의도를 가지고 행동한다면, 즉 목표를 세우고 디지털 도구를 사용하고 그 목표를 향해 작은 성공을 쌓아나간다면 소진은 적게, 에너지는 넘치게 경험할 수 있다.

디지털 소진을 이겨내고 싶었던 말런과 테드는 행동에 변화를 더해 자신만의 방식으로 전진의 법칙을 따랐다. 말런은 휴대전화를 집어 들 때마다 이 기기를 사용하는 실제적이고도 중요한 목표는 무엇인지 또한 자신이 그 목표를 향해 어느 정도의 성과를 이뤘는지 확인할 수 있는 지표는 무엇인지를 명확하게 세웠다. 그는 이렇게 설명했다. "예를 들어 온라인에서 러닝화를 사고 싶다면 자신에게 이렇게 말하는 거예요. '네 목표는 후보 세 개를 찾는 거야.' 그러고 나면 휴대전화를 집어 들기도 전에 전략이 세워지죠. 우선 러너스 월드Runner's World에 들어가서 리뷰를 몇 개 확인하고, 나이키와 호카Hoka, 브룩스Brooks를 둘러봅니다. 그런 뒤에는 아마존에 가서 가격을 확인한 후 러닝화 세 켤레를 장바구니에 담아요."

목표와 성공을 측정하는 지표를 명확히 하고 목표를 향한 계획을 세우기 시작한 덕분에 말런은 아무런 이유 없이 휴대전화를 집어 드는 일이 줄었다. "사실 이 방식이 꽤 마음에 듭니다. 이제는 휴대전화를 볼 때마다 '이유가 뭐지? 지금 이걸 왜 쓰고 있지? 언제 그만둬야 하는지는 어떻게 알 수 있지?'라고 따져봐요. 일종의 통제력도 느끼고 실제로 뭔가를 성취한다는 점에서 기분도 좋아집니다."

테드는 전진의 법칙을 일에 적용했다. 그는 자신의 시간을 가장 많이 뺏는 일을 언급했다. "자료 조사의 늪에 빠져 별로 중요하지도 않은 내용까지 들여다보게 되는 것이 가장 큰 문제예요. 종일 스크롤링과 클릭만 하는 거죠." 목표를 세우고 소소하게 승리할 거리를 정하자 그는 언제 멈춰야 할지를 알게 됐을 뿐 아니라 기분 좋은 성취감도 느낄 수 있었다. "당신이 알려준 규칙을 적용해서 바뀐 점은, 이제는 브라우저를 열어 여기저기 떠돌지 않는다는 거예요. 내가 찾는 자료가 뭔지, 어디서 찾을 것인지를 미리 정해요. 계속 둘러볼 필요는 없다고, 그저 우리의 의견을 뒷받침해줄 연구 다섯 편만 찾으면 된다고 생각하면서요. 연구 다섯 편을 찾고 나면 기분이 정말 좋습니다. 그렇게 숫자로 정해놓는 게 도움이 되더라고요. 제가 실제로 달성할 수 있는 목표이고, 성취하는 순간 짜릿한 기분을 느껴요."

집에서든 일터에서든 기기를 의도적으로 사용하고, 그 행위들을 기반으로 무언가를 향해 나아간다는 기분을 느끼면 활력이 생긴다. 그러면 끝없는 전환과 추론, 무의미한 시간 낭비와 그로 인한 부정적인 감정이 불러오는 소진에서 벗어날 수 있다.

완충 장치를 만든다

오스카 와일드의 《도리언 그레이의 초상》에서 초상화를 그린 화가의 친구 헨리 경은 주인공에게 이런 조언을 건넨다. "유혹에서 벗어나는 유일한 길은 그 유혹에 굴복하는 겁니다. 유혹에 저항한다면 당신의 영혼은 스스로 금지한 것을 향한 갈망에 병들어갈 것입니다." 헨리 경은 쾌락주의적 삶에 대해 말한 것이지만, 와일드가 오늘날의 작가였다면 스마트폰이나 소셜 미디어를 두고 같은 이야기를 했을지도 모른다. 애덤 알터Adam Alter는 저서 《멈추지 못하는 사람들》에서 디지털 기술은 우리를 유혹하도록 설계돼 있다고 설명했다. 기기의 유혹에 대해 그는 이렇게 적었다. "우리의 의지력에는 한계가 있고, 결국 인간인 우리는 유혹 앞에서 무릎을 꿇을 것이다."

말런은 기기에서 멀어지지 못하는 자신의 나약함을 인정했다.[8] "제 인생에서 가장 큰 유혹은 휴대전화일 거예요. 다른 것들은 대부분 이겨낼 수 있거든요. 하지만 휴대전화만큼은 그러지 못해요. 너무 초조해져서 항복하지 않을 수가 없습니다." 나는 말런만큼 휴대전화에 큰 유혹을 느끼지는 않지만, 그럼에도 그의 마음을 잘 안다. 휴대전화를 사용할 아무런 이유가 없음에도 강력한 자석처럼 나를 끌어당기는 것 같을 때가 있다.

알림 때문만은 아니다. 최신 데이터에 따르면 알림이 스마트폰과의 상호작용을 유도하는 경우는 전체의 겨우 11퍼센트이고, 89퍼센트는 아무런 계기 없이 그냥 스마트폰을 사용한다.[9] 따라서 많은 이들이 제안하듯 알림을 끈다고 해도 큰 도움이 되지는 않는다. 나 또한 내가 원해서가 아니라 어떤 이유 때문인지 몰라도 그래야 할 것 같아서 스마트폰을 집어 들 때가 대부분이다. 그 유혹을 얼마간 이겨내긴 하지만 이내 불안함이 찾아온다. 결국 유혹에 항복하고는 스마트폰을 들어 확인할 필요가 없는 무언가를 확인하고 나서야 진정이 된다. 어쩌면 나 역시 말런만큼 심각한 상태일지도 모르겠다.

지금껏 참가한 학술 토론회 가운데 가장 큰 웃음소리를 들었던 자리는 당시 코넬대학교에 몸담고 있던 제프 행콕$^{Jeff\ Hancock}$ 교수가 노스웨스턴대학교에서 두뇌가 자극을 처리하는 데 스마트폰 사용이 어떤 영향을 미치는지에 관해 발표할 때였다. 그는 마취과 의사들과 함께 진행한 연구를 보여주며 비교적 가벼운 수술을 받는 환자들이 수술 중 문자 메시지를 주고받는 일이 허용될 때 진통제에 대한 의존도가 낮아졌다고 밝혔다.[10] 이 연구 결과에 웃음을 터뜨린 사람은 없었다. 이어 그가 휴대전화와 두뇌의 연결이 어찌나 강력한지 자신의 발표를 듣는 동안 청중 대다수가 '유령 진동 증후군$^{phantom\ phone\ vibration\ syndrome}$'을 경험했을 거라고 말했을 때 큰 웃음이 터졌다. 이 증후군은 실제로 전화나 문자 메시지가 오지 않았는데도 진동을 느끼는 현상을 가리킨다. 얄궂게도, 웃음이 잦아들자 대부분 사람이 자신의 휴대전화를 꺼내 확인했다.

수술실에서 진행한 행콕의 연구는 사실 대부분 사람이 주방이나 거실에서 경험한 일을 조금 더 극적으로 보여주는 사례다. 만성적인 스마트폰 사용은 뇌의 화학 작용을 바꿔놓는다.[11] 구체적으로 설명하자면, 과도한 휴대전화 사용은 감마아미노뷰티르산(가바^{GABA})과 다른 신경전달물질 간의 정상 비율을 교란한다. 가바는 억제성 신경전달물질로 진정이나 황홀감 같은 효과를 낸다. 가바가 너무 많아지면 피로감과 불안 등 여러 부작용이 나타날 수 있다. 헤로인과 같은 약물이 가바의 활동성을 높이는데 이 과정에서 중추신경계가 억제된다.[12] 이 연구 결과는 만성적인 휴대전화 사용이 헤로인과 같은 불법적인 물질이 우리 두뇌를 변화시키는 것과 비슷한 작용을 한다는 점을 시사한다. 스탠퍼드 의과대학에서 중독 의학 이중 진단 클리닉 Addiction Medicine Dual Diagnosis Clinic을 운영하는 애나 렘키 Anna Lembke는 스마트폰을 '현대판 피하 주삿바늘'이라고 부르기도 했다.[13] 이 이야기들이 하나같이 가리키는 바는 우리가 휴대전화를 사용하고 싶다는 충동을 참기 어려운 데는 생리적인 동인이 있을 수도 있다는 점이다. 헨리 경의 말처럼 우리의 뇌는 유혹에 굴복하는 것이 행복한 일이라고 느끼게 한다.

이 생리적인 동인은 습관의 힘으로 더욱 강화된다. 대체로 습관은 무의식적인 행동의 결과다.[14] 어떤 행동이 습관으로 가는 문턱을 넘고 나면 우리는 생각을 멈추고 그냥 그 행동을 하기 시작한다. 당신이 나나 말런, 테드와 비슷한 처지라면 디지털 기술과 관련해 여러 습관이 형성돼 있을 것이고, 깊이 생각해보면 습관이라는 걸 알겠지만 알아차리지 못하는 습관도 있을 것이다. 예컨대 컴퓨터 앞에 앉자마자 곧장 웹 브라우저를 여는 것도 습관이다. 하루에도 몇 번씩 별 이유 없이 주머니에서 스마트폰을 꺼내 들여다보는 것도 습관이다. 테드는 내게 이런 이야기를 들려줬다. "저는 항상 판도라 앱을 열어요. 왜인지는 모르겠어요. 음악을 들어야겠다는 생각이 없을 때조차 제 손가락이 저절로 그 앱으로 향해요."

스마트폰과 앱이 뇌의 화학작용을 실제로 바꾸는지 아닌지와 무관하게 우리가 별생각 없이 스마트폰을 사용하는 것만은 확실하다. 스마트폰을 집어 들고, 페이스북을 확인하고, 이메일을 보내고, 챗지피티를 켜는 것조차 금세 습관으로 굳어져 이 행동에서 벗어나기가 어려워진다는 사실이 여러 연구를 통해 드러났다.[15] 기기를 손에 들고 있어야 하는지, 앱을 열어야 하는지 사람들은 의식적으로 생각하지 않는다. 사용 패턴이 습관화되어 멈추기가 어렵다. 여기에 습관의 결과인 동시에 원인일 수도 있는 뇌의 화학 변화까지 더해보면 사람들이 디지털 도구에서 멀어지고자 하면서도 그러지 못하는 이유를 이해할 수 있다.

자신의 행동에 대해 생각하지 않는다면 의도를 가지고 행동할 수 없다. 내가 만난 사람들 가운데 의도를 가지고 행동하라는 규칙을 성공적으로 적용한 이들이 그들 자신과 디지털 도구 사이에 완충 장치를 세우려 한 것도 바로 이런 이유에서다. 당신이 반사적으로 끌리는 대상과 당신 사이에 장애물만 더해도 습관에서 분리될 하나의 장벽을 세우는 셈이다. 습관 전문가이자 《아주 작은 습관의 힘》이라는 명작을 탄생시킨 제임스 클리어James Clear는 공감할 수 있는 여러 사례를 소개했다.

그는 냉장고를 열었을 때 맥주가 보이면 무의식적으로 손이 갈 때가 많다고 했다. 맥주를 냉장고 안쪽, 손이 닿기 어려운 곳으로 자리만 바꿨을 뿐인데도 자동으로 맥주에 손을 뻗는 행동을 멈출 수 있었다. 맥주와 자기 사이에 장애물이 생기자 앞에 놓인 것들을 이리저리 옮기면서까지 맥주를 마시고 싶은 것인지 (찰나의 순간이나마) 고민하게 됐다. 맥주를 정말 마시고 싶은 사람이나 맥주에 중독된 사람에게는 이 짧은 머뭇거림이 아무런 효과도 발휘하지 않겠지만, 이 정도의 마찰이면 대다수에게는 행동의 자동성을 끊어내기에 충분하다. 습관적인 디지털 도구 사용자들은 정말로 휴대전화를 들여다보고 싶다거나 웹 브라우저를 열고 싶어서가 아니라 의심을 품을 기회를 주는 장애물이 없어서 그런 행동을 한다. 메릴 라이스 루이스Meryl Reis Louis와 밥 서턴이 밝혔듯, 장애물은 자동적인 습관에서 능동적인 사고로 '인지의 기어를 전환'하게 해준다.16

디지털 기기 앞에서 실제로 인지 기어를 전환해 의도를 가지고 행동하려면 어떻게 해야 할까? 나는 오랫동안 인터뷰를 진행하며 디지털 기기 사용에 완충 장치를 마련해 성공을 거둔 이들의 유용한 실천 사례를 정리해왔다. 당신만의 완충 장치를 만들 때 이들의 사례에서 영감을 얻을 수 있기를 바란다.

당신과 디지털 기기 사이에 완충 장치를 만들기 위한 아이디어

아이디어	효과
1 기기를 충전하는 충전 스테이션을 구매해 가족 모두가 볼 수 있는 공간에 둔다.	"휴대전화와 태블릿이 전부 한자리에 보관돼 있으니 '저기서 나만 휴대전화를 꺼내 가는 게 맞는 건가?' 하는 생각이 들어요. 또 제 휴대전화만 없는 것을 보면 아내와 아이들도 제가 휴대전화를 사용하고 있다는 사실을 알 테니, 가족들에게 내세울 그럴듯한 핑계도 필요하고요." _말런

2	문자 메시지 응답 시간을 정한다.	"문자 메시지 답장은 저녁 8시 30분경에 한꺼번에 해요. 그때 휴대전화를 확인하고 문자 메시지를 다 처리합니다. 시간을 정해두니 새 메시지가 들어왔는지 계속해서 확인해야 한다는 생각이 덜 들어요." _테드
3	앱을 폴더에 정리해 놓는다.	"모든 앱을 폴더로 정리해서 보관해요. 그래서 별다른 목적 없이 아무 앱이나 클릭하는 일이 없고 알림 표시도 바로 보이지 않아요. 어떤 앱이 어느 폴더에 들어가 있는지 기억해내야 하는데, 골치가 아프니 그냥 안 쓰고 말겠다는 생각이 들죠." _캐서린
4	기기에서 알림을 끈다.	"알림 때문에 불빛이 반짝이면 저는 불나방같이 휴대전화로 달려들어요. 알림을 끄면 불이 들어오지 않는데, 간단하지만 정말 효과가 있어요. 전보다 휴대전화를 덜 보게 되죠. 사실 알림이라고 해도 긴급한 사안인 적은 없잖아요." _르네
5	휴대전화의 지문 인식이나 얼굴 인식을 수동 설정한다.	"이상하게 들리겠지만 수동으로 비밀번호를 입력해야 한다는 수고로움 때문에 '휴대전화로 뭘 하게?', '꼭 해야 하는 일이야?'라고 자문하게 돼요. 자동으로 잠금을 해제할 때는 그런 장벽이 없었죠." _바트
6	노트북을 외부 모니터와 연결해 책상에 둔다.	"예전에는 노트북을 곁에 두고 늘 열어보곤 했는데, 이제는 모니터에 연결해서 책상에 둡니다. 노트북을 쓰고 싶을 때는 책상 앞에 앉아야 하는데 그러면 꼭 일하는 기분이 들어요. 그러면 가족들과 영화를 보는 대신 일을 하고 싶은 건지 자신에게 묻게 되죠." _마이크

7 넷플릭스와 스포티파이 계정 하나를 온 가족이 함께 써서 추천 알고리즘을 교란한다.	"가족 모두가 계정 하나로 스트리밍 서비스를 사용하는 방식을 택했어요. 이렇게 하면 제 취향에는 별로인 영화나 노래, 아이들이 좋아할 만한 콘텐츠가 추천돼요. 알고리즘이 누가 누군지 구분을 못 하니 아이들에게는 또 제가 좋아할 만한 콘텐츠를 추천하기도 하죠. 그래서 이제는 계정에 로그인하면 쓸데없는 콘텐츠들을 한참 걸러내야 하고, 점차 짜증이 나리라는 걸 잘 알아요. 그러느니 그 대신 책을 읽는 경우가 많습니다." _앙헬
8 브라우저에서 탭을 비활성화한다.	"탭을 여럿 열어두면 자꾸 돌아가서 보게 돼요. 그러다가 또 다른 링크를 클릭하고 또 클릭하느라 통제 불능의 상태가 되죠. 그래서 한 번에 하나만 열 수 있도록 탭을 비활성화했어요. 다른 콘텐츠로 이동하려면 의식적으로 링크를 클릭하거나 새 URL을 입력해야만 하도록 말이죠. 그것만으로도 자꾸 이것저것 열어보는 일이 많이 줄었어요." _신
9 퇴근 후에는 문자 메시지나 이메일, 소셜 미디어를 확인하지 않고 전화 통화만 가능하다고 주변에 알린다.	"옛날 방식으로 돌아갔어요. 퇴근 후에 제가 필요하면 (회사 사람들이든 친구든, 그 누구든) 전화를 해야 한다고 알렸습니다. 이메일이나 문자 메시지는 확인하지 않는다고요. 요즘은 전화를 안 하는 세상이니 저랑 통화를 해야 할 정도로 정말 중요한 일인지 한 번쯤 생각해보겠죠. 이 방법이 제게는 잘 맞아요. 유혹에 사로잡히지 않을 장소에 휴대전화를 보관해도 벨소리는 들리니까요." _브루스

10 기기에서 '바로 가기'를 모두 없앤다.	"무언가가 눈앞에 있으면 별생각 없이 클릭부터 하게 되잖아요. 이런 습관을 없애려면 클릭할 거리를 없애야 한다는 생각이 들었어요. 그래서 바로가기를 지웠습니다. 이제는 온라인에서 어떤 사이트나 앱을 이용해야 할 때는 직접 찾아서 들어가야 하는데, 그 잠깐의 수고 때문에 잠시 멈춰 진짜 필요한지 생각해보게 돼요." _소피아

재미있고 기발한 답을 듣고 싶었던 나는 생성형 AI 도구에도 몇 가지 아이디어를 추천해달라고 요청했다. 프롬프트를 이렇게 작성했다. "우리가 습관적으로 디지털 기기를 쓰지 않도록 완충 장치 역할을 해줄 색다른 아이디어 열 가지를 제시해줘. 아이디어별로 어떤 점에서 효과가 있는지도 설명해줘." 따분한 아이디어도 있었고 대단히 엉뚱한 이야기도 나왔다. 챗지피티는 내게 정해진 시간 동안 내 전화기를 물리적으로 빼앗아 보관해줄 '폰 가드Phone Guard'를 고용하라고 제안했다. 그 이유를 이렇게 설명했다. "사회적 책임은 강력한 힘을 발휘합니다. 다른 누군가가 휴대전화 접근을 통제할 때 책임감과 불편함이 더 커지고, 정말 필요할 때가 아니고서야 휴대전화를 돌려달라고 요청하기가 어려워집니다." 앤트로픽Anthropic에서 만든 생성형 AI 클로드Claude는 집에서 오븐 장갑을 끼라고 말했다. "오븐 장갑은 둔하고 불편해서 벗지 않고는 터치스크린을 누르거나 자판을 입력하기가 불가능에 가깝습니다. 휴대전화 사용이 상당히 불편해집니다."

처음에는 말도 안 되는 것처럼 느껴졌는데 생각할수록 그럴듯한 방법도 있다. 2024년, FTLO 트래블$^{FTLO\ Travel}$이라는 회사에서 전 세계 여러 지역을 목적지로 하는 폰프리$^{phone-free}$ 여행 상품을 내놓았다.[17] 이 상품을 예약하는 고객들은 도착 즉시 휴대전화를 제출해야 하고 여행 마지막 날까지 돌려받지 못한다. 회사의 창업자는 이렇게 설명했다. "이런 유혹을 없애는 것이 유대감을 쌓고 대화를 나누는 데 도움이 됐습니다." 폰프리 여행이 출시된 첫해에만 예약자가 3,000명에 이르렀다. 멕시코 리비에라의 한 호텔에서는 객실 내 TV를 치우고 투숙객의 전자기기를 금고에 보관하는 '디톡스 컨시어지$^{detox\ concierge}$' 옵션을 제공한다.

　마지막 대화에서 말런은 이런 말을 남겼다. "저는 사실 휴대전화로 뭔가를 하거나 배우는 것을 좋아해요. 내가 무엇을 하려는지, 무엇을 얻고 싶은지를 계속 떠올릴 때 피로감이 훨씬 덜하더라고요. 결국 이것이 의도를 가지고 행동하는 거겠죠? 이렇게 할 때 훨씬 활력이 넘치는 기분이에요." 이것이 우리의 목표다. 하지만 의도를 가지고 행동하려면 먼저 의도를 가져야 함을 상기시켜줄 장치가 필요할 때도 있다. 장벽을 세워 마찰을 일으키라는 것, 이것이 이번 규칙의 핵심이다. 그 마찰을 경험하는 동안 우리는 왜 기기를 사용하는지, 기기 사용을 멈춰야 할 시점을 어떻게 알 수 있는지, 사용을 멈춘 후 무엇으로 성취감을 얻을 수 있을지 생각해볼 수 있다.

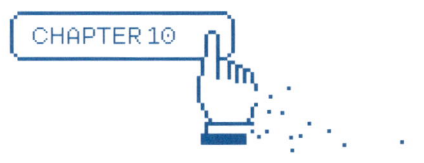

규칙 7: 간접적으로 배워라

앞서 소개한 여섯 가지 규칙은 기기를 어떻게 사용해야 우리가 소진되지 않을지를 가르쳐주었다. 규칙 7, 8은 기기를 어떻게 새로운 에너지의 원천으로 활용할 수 있을지를 알려준다. 1만 7,000명 이상의 직원을 둔 미국 은행 디스커버 파이낸셜 서비스Discover Financial Services와 함께했던 프로젝트를 사례로 들고자 한다. 디스커버의 마케팅 부서 직원들을 처음 만났을 당시 대부분이 피로감을 호소했고, 디지털 도구가 너무 많아 진이 빠질 정도라고 털어났다. 사원부터 부책임자까지 하나같이 데이터 작업과 직원 간 소통에 소비하는 시간이 너무 많은 것 같다고 푸념했다.

소진감이 정점에 달하던 때 경영진은 도구를 하나 더 추가하기로 했다. 자이브Jive라는 기업에서 만든 새로운 소셜 네트워킹 플랫폼이었다(회사용 페이스북으로 생각하면 된다). 그 플랫폼은 디스커버 임직원만 이용할 수 있었고, 페이스북처럼 게시물을 올리고 사용자들끼리 연결할 수도 있었다. 사측은 직원 간 데이터와 지식을 공유하는 창구를 하나 더 만든다는 취지로 이 플랫폼을 도입했다. 예상하다시피 직원들은 그리 달가워하지 않았다. 새로운 디지털 기술을 또 배워야 할 뿐 아니라 확인해야 할 도구, 처리해야 할 정보가 또 하나 늘어나는 셈이었으니까.

직원들의 의욕이 너무 저하돼 있던 때라 나는 임원진을 설득해 부서 두 곳을 대상으로 먼저 실험해보기로 했다. 실험 집단은 마케팅 부서로, 10개의 파트에 수백 명의 직원이 소속돼 있었다. 이 부서는 자이브의 플랫폼을 사용하게 한 반면, 대조군인 운영 부서는 쓰지 않게 했다. 9개의 파트로 이루어진 운영 부서는 직원 수와 인구 통계학적 구성이 마케팅 부서와 거의 동일해서 대조군으로 적절했다. 연구가 시작되기 전 나는 두 집단을 대상으로 다양한 설문조사를 진행하며 직원들이 얼마나 정확하게 전문가를(어떤 사안에 대해 질문이 생겼을 때 찾아가 물어볼 수 있는 사람을) 가려낼 수 있는지 파악했다. 또한 이들이 필요한 지식이나 자원을 가진 특정 직원에게 자신을 연결해줄 사람을 얼마나 잘 찾아낼 수 있는지도 테스트했다. 초기 테스트 이후 6개월의 실험 기간을 보낸 뒤, 연구 시작 때 했던 설문조사를 다시 실시했다.

결과를 보고 놀란 사람은 나뿐만이 아니었다. 경영진도 놀라워했다. 자이브 플랫폼을 사용한 마케팅 직원들은 전문가를 찾아내는 능력이 31퍼센트나 향상됐다.¹ 또한 자신에게 필요한 전문가와 연결해줄 사람을 식별하는 능력은 무려 88퍼센트나 상승했다. 반면 대조군인 운영 부서는 같은 기간 두 측정 항목 모두에서 개선이 없었다. 조금 더 깊이 들여다보니 이유가 드러났다. 마케팅 부서는 자이브 플랫폼의 담벼락 게시물, DM, '좋아요'를 통해 직원들 사이에서 이루어지는 소통에 노출돼 있었다. 동료들이 어떤 주제로 서로 대화를 나누고 누구와 상호작용을 하는지 볼 수 있었던 이들은 동료들이 무엇을 또 누구를 알고 있는지도 파악할 수 있었다. 반면 운영 부서는 주변 커뮤니케이션에 노출되지 않았고, 그로 인해 동료들이 무엇을 그리고 누구를 아는지 학습할 수 없었다.

다른 수단으로는 대체할 수 없는, 디지털 기술 사용의 매우 큰 이점 중 하나가 바로 우리에게 새롭고도 다른 지식의 원천에 접근할 수 있게 해준다는 것이다. 타인에게 접근할 수 있다는 이점을 활용해 간접적으로 학습할 수 있다. 즉, 직접 상호작용하지 않고 타인을 관찰하는 것만으로도 학습할 수 있다는 얘기다. 간접 학습 능력을 확장할 때 우리는 사람들에 대한 새로운 점들을 발견할 수 있다. 더욱 뛰어난 혁신을 이룰 수 있고, 빠르게 문제를 해결할 수 있으며, 세상을 다른 관점에서 볼 수 있고, 타인과 더욱 깊은 연결성을 만들어나갈 수 있다. 내가 오랫동안 진행해온 일련의 연구를 통해 이런 변화가 우리에게 새로운 에너지를 준다는 사실이 드러났다.² 다만 문제는 이런 이점을 제공하는 (디스커버 마케팅 임원의 표현대로 우리에게 "모퉁이 너머를 내다보게 해주는") 디지털 도구의 힘을 일깨우는 방법을 우리가 잘 모른다는 것이다.

엿듣기의 이점

오늘날의 지식 집약적 조직에서는 사람들이 하는 일 대부분이 눈에 보이지 않는다. 직원들은 컴퓨터 앞에 앉아 보고서를 쓰고, 분석하며, 광고 문구를 작성하는 등 다른 사람들이 눈으로 쉽게 확인할 수 없는 업무를 수행한다. 후기 산업 사회의 경제에서 노동은 점차 그 물성을 벗고 사람들이 볼 수 있는 물리적 형태가 거의 남아 있지 않게 됐다. 조직이 업무를 더 작은 단위로 세분화하여 지리적으로 떨어진 여러 팀과 부서로 분산시키면서 이런 비가시성이 심화됐다. 물리적 요소가 있는 일이라고 해도 업무가 분산된 이상 이를 볼 수 있는 동료가 없다. 변화하는 노동의 역학을 연구하는 선도적인 두 학자, 보니 나르디 Bonnie Nardi 와 위리외 엥게스트룀 Yrjö Engeström 은 지식 경제에서 "일은 어떤 의미에서는 실무자를 제외한 모두의 눈에 보이지 않는다"라고 정리했다.[3] 복도를 사이에 두고 수년을 함께 일한 사이여도 또는 같은 동네에 사는 사이여도 서로가 어떤 지식을 가지고 있는지조차 모를 수 있다.

대부분의 기업과 마찬가지로 디스커버에서도 직원들은 대체로 자신과 같은 팀의 구성원이나 가까운 동료들이 매일 무슨 일을 하는지는 명확하게 이해하고 있었다. 하지만 다른 부서 직원들이나 다른 사무실에서 근무하는 동료들에 대해서는 거의 아는 바가 없었다. 다른 이들이 하는 일은 그들 눈에 보이지 않았다. 이런 지식 격차는 소통의 부재 때문에 발생했다. 직원들은 함께 회의에 참석하거나, 한 팀으로 일하거나, 보고서 또는 그 밖의 업무 결과물을 주고받는 일을 계기로 동료들이 하는 업무에 대해 배웠다. 다시 말해 직접적인 경험을 통해서만 학습할 수 있었다.

마케팅 부서의 대리 직급인 지니는 동료들의 업무를 이렇게 파악한다고 설명했다. "저는 주로 제가 어느 정도 아는 사람들, 그러니까 어떤 업무를 하는지 아는 사람들과 상호작용해요. 그러니까 대체로 같은 팀 팀원들이죠…. 하지만 동료들이 실제로 업무를 하는 모습을 볼 수는 없어요. 컴퓨터 앞에 앉아 있는 모습은 보이지만 무슨 일을 하는지는 몰라요. 물론 어느 정도 감은 잡고 있죠. 대화 중에 무슨 일을 하는지 직접 듣기도 하고, 다른 직원에게 보낸 이메일에 저를 참조로 넣을 때도 있고요. 아니면 다른 부서 직원이 찾아와 동료와 프로젝트에 대해 이야기하는 것을 우연히 듣게 될 때도 있어요."

지니가 디스커버에서 동료들과 상호작용하는 방식은 어느 회사에서나 찾아볼 수 있는 풍경이다. 우리는 보통 직접적으로 상호작용을 하며 타인이 어떤 지식을 가지고 있는지 배운다. 다만 오늘날 대부분의 조직에서는 늘 같은 사람들과 교류한다는 것이 문제다. 연구에 따르면 직장 내 네트워크는 다양성이 작고, 같은 팀이나 부서 또는 물리적으로 자리가 가까운 사람들을 상대로 같은 경험을 반복하는 경향이 있다. 다시 말해 같은 것만 계속 본다.

　소셜 미디어와 그 밖의 디지털 도구들 덕분에 (자이브나 채터 등 기업용 플랫폼을 통해) 회사 곳곳의 사람들에게 그리고 (인스타그램이나 링크드인 같은 공개적인 플랫폼을 통해) 각계각층의 사람들에게 접근할 수 있게 됐고, 다른 사람들이 어떤 지식을 지녔는지 배울 다양한 기회가 마련됐다. 소셜 미디어를 포함한 디지털 도구는 우리에게 간접적으로 학습할 기회를 제공한다. 우리가 관찰을 통해 효과적으로 학습할 수 있다는 사실은 오랜 연구로 밝혀졌다. 기계공이나 조산사처럼 몸 쓰는 일을 하는 직종에서는 보통 수습생으로 시작해 장기간 전문가를 지켜보며 일을 배워 뛰어난 숙련도를 갖추어 실무를 수행한다.[4] 지식 노동 환경에서는 누군가를 관찰하는 것으로 업무를 배우지 않는다. 하지만 타인을 지켜보고 그들이 업무에 대해 하는 이야기를 듣는 것은 타인이 어떤 지식을 지녔는지 파악하는 좋은 방법이다.

　타인이 무엇을 알고 또 누구를 아는지에 관한 지식을 사회심리학자들은 '메타지식metaknowledge'이라고 하는데, 어려운 단어 같지만 지식에 대한 지식을 뜻한다고 생각하면 된다. 여러 연구를 통해 정확한 메타지식이 업무 생산성 향상, 오류 감소, 전반적인 직무 만족도 향상과 연관돼 있음이 밝혀졌다.[5] 누가 무엇을 알고 누구를 아는지를 파악하는 것은 유익할 뿐 아니라 이 과정에서 새로운 개념과 아이디어를 배우고, 새로운 사람과 지식을 발견하는 일 자체가 활력을 돋운다. 과거 나와 함께 일했던 의료장비 회사의 전기 엔지니어인 제이먼은 이렇게 말했다. "제 업무에서 가장 흥미로운 일은 새로 배워야 할 것들이 무엇인지를 깨달아가고, 누가 그 지식을 가지고 있고 또 제게 가르쳐 줄 수 있는지 찾아내는 것입니다. 일이 지루해지거나 번아웃이 올 것 같으면 누가 무엇을 알고 있는지 찾아나가면서 에너지와 열정을 얻어요."

소셜 플랫폼에서 우리는 직접 관련이 없는 사건의 제3자로 존재하지만 가장 앞줄에서 사건을 지켜볼 수 있다. 디스커버에서의 연구가 보여주듯 소셜 플랫폼에서는 평소에 마주칠 일이 없거나 주기적으로 얼굴을 보지 않는 사람들의 대화를 엿들을 수 있고, 이를 통해 메타지식을 쌓을 수 있다. 마케팅 부서 직원인 레지나의 이야기는 엿듣기가 무엇인지를 훌륭하게 보여준다. "다른 부서에서 일하는 두 사람이 컨설팅 적정 요율을 어떻게 결정해야 할지 상의하는 메시지를 봤어요. 저는 모르는 분야라 알아두면 좋겠다 싶었어요. 그래서 '저 사람들이 그걸 아는구나. 나중에 물어봐야겠다…' 하고 머릿속에 저장해뒀죠. 이후에 진행하게 될 프로젝트들에 유용할 지식이거든요. 그 메시지가 이메일로 왔다면, 저는 그 메시지의 존재조차 몰랐을 테고 볼 수도 없었을 테니 두 사람이 컨설팅 요율에 대한 지식이 있다는 것도 몰랐겠죠." 레지나는 두 동료가 나눈 언뜻 지루해 보이는, 하지만 정보가 가득한 업무 대화를 앞줄에서 관람했다. 직접 상호작용을 한 두 동료에게는 일상적인 대화였다. 하지만 레지나에게는 유용한 정보여서 그녀는 메타지식을 업데이트했고, 다른 부서에 누가 무엇을 그리고 누구를 아는지에 대한 이해도 키울 수 있었다.

이런 메타지식의 향상은 그 자체로도 우리의 에너지를 북돋지만,

그 지식이 새로운 아이디어나 혁신으로 이어지면 더욱 긍정적인 효과를 발휘한다. 한 예로 디스커버의 카드 회원 마케팅 부서에서 일했던 마르타는 소비자가 특정 신용카드 브랜드를 선택하는 이유에 대해 몇 개월간 조사했다. 조사 결과 그녀가 관심을 둔 인구 집단에서는 리워드 프로그램이 중요했는데, 구체적으로 말하면 리워드를 현금으로 교환할 수 있거나 카드 결제 대금에서 차감할 수 있는지가 카드 선택의 중요한 기준이었다. 마르타는 이 결과를 바탕으로 새로운 전략을 세우려 했지만 몇 주 동안 성과가 없었다.

그러던 어느 날, 돌파구를 찾아냈다. 그녀는 예전에 자이브 플랫폼에서 두 동료가 나눴던 대화를 떠올렸다. 그중 한 명은 가격 정책과 분석 업무를 하는 부서 소속이었는데 소비 습관이 금리 변동에 영향을 준다고 했다. 관심이 생긴 마르타는 두 사람의 대화 기록을 다시 살펴보다가 금리를 책정하는 과정에 어느 정도의 유연성이 있음을 알게 됐다. 잠재성을 알아본 그녀는 특정 소비 카테고리에 한해서 고객들에게 캐시백 보너스를 제공하되 금리 범위 내에서 운영되도록 제안했다. 그녀는 당시 자이브의 대화 속 직원 한 명에게 이메일을 보내 더 자세한 내용을 문의했고, 캐시백 아이디어가 실현 가능하다는 피드백을 받은 후 프로그램을 만들었다.

"지금까지는 대단히 성공적으로 운영되고 있습니다. 정말 혁신적인 프로그램이라 자부심이 커요." 마르타는 지식을 새로운 방식으로 재결합해 혁신을 이뤘다. 중요한 점은 소셜 네트워킹 플랫폼에서 동료와 낯선 이가 주고받는 대화를 볼 수 있었기에 두 사람이 어떤 지식을 가지고 있는지 파악할 수 있었고, 그 덕분에 혁신을 이룰 수 있었다는 점이다. 규모나 중대성은 상대적으로 작지만, 마케팅 부서 직원들에게서 마르타와 유사한 사연을 여럿 들었다. 이들은 자이브를 통해 다른 직원들이 어떤 지식을 가지고 있는지 볼 수 있었고, 이를 바탕으로 디스커버 내부에 이미 존재하던 지식을 새로운 방식으로 결합할 수 있었다.

이후 나는 다섯 곳의 기업과 함께하며 소셜 네트워킹과 디지털 협업 플랫폼을 활용해 '모퉁이 너머를 내다보는' 방법을 연구했다. 어느 기업이든 간접 학습은 활력을 불어넣는 아이디어로 이어졌다. 하지만 그 과정이 늘 순탄했던 것은 아니고, 모든 사람이 간접 학습의 혜택을 누린 것도 아니다. 디지털 도구를 이용해 엿듣기를 활력의 원천으로 삼으려면 어떤 변화가 필요한지 살펴보겠다.

네트워크를 다르게 생각하라

소셜 도구를 통해 엿듣기가 지닌 힘을 알게 되면서 내가 얻은 첫 번째 교훈은 네트워크를 다르게 생각해야 한다는 것이다. 우리는 소셜 미디어와 디지털 협업 도구로 많은 이들과 연결돼 있다. 그러나 우리가 실제로 관심을 기울이고 의미 있는 관계를 맺는 사람은 극소수다. 옥스퍼드대학교의 인류학자인 로빈 던바 Robin Dunbar 는 ('던바의 수 Dunbar's Number'로 널리 알려져 있듯이) 우리가 의미 있는 관계를 유지할 수 있는 적정한 수는 약 150명이라고 주장했다.⁶ 던바는 신피질(감각지각, 인지, 언어 등 고차원적인 기능에 관여하는 뇌 부위)의 크기와 개인이 유지할 수 있는 사회적 집단의 최대 크기 사이에 상관관계가 있다고 주장했다. 그는 연구를 통해 신피질의 크기가 큰 영장류가 더 큰 사회 집단을 이루고 사는 경향이 있음을 발견했다. 그리고 이를 인간에게 적용해 인간의 신피질 크기가 기능적으로 처리할 수 있는 관계의 규모를 제한한다고 주장했다. 즉 집단의 규모가 커질수록 복잡한 사회적 상호작용과 관계를 관리하기 위해 인지 부하가 커지는데, 신피질은 이런 복잡성을 처리하는 능력이 한정돼 있다는 것이다.

150명이라는 수에 동의하지 않더라도 이 이론의 핵심은 이해할 수 있을 것이다. 우리는 자이브에 있는 모든 동료에게, 페이스북의 모든 친구에게 관심을 기울일 수가 없다. 그렇다면 우리는 이에 어떻게 대처할까? 네트워크의 규모를 줄여 소수의 사람에게 집중하고(게시물을 읽고, 사진을 보고, 댓글로 대화를 나누는 등) 나머지 사람들은 대체로 무시한다. 어쩌면 "난 안 그래요. 내가 잘 모르는 사람이나 오프라인상에서 자주 대화를 나누지 않는 사람들의 페이지도 구경하고 게시물도 읽어요"라고 반박할지도 모르겠다. 나를 포함해 많은 사람이 그렇게 말한다. 하지만 데이터는 다른 이야기를 들려준다.

학술지 〈네이처〉에 실린 한 연구에는 2020년 미국의 페이스북 활성 사용자 전체 집단의 데이터를 분석한 내용이 담겼는데, "개인이 페이스북에서 보는 콘텐츠의 대부분은 그 출처가 본인과 '비슷한 성향'의 계정 또는 페이지"라는 것이다.⁷ 이에 대해 논문 저자들은 부분적으로는 누구의 이야기를 들을 것인지 본인이 선택한 것도 작용했을 것이고(우리는 자신과 비슷하거나 관련이 있어 보이는 사람들에게 주목한다) 또 부분적으로는 알고리즘의 선별 기능이 작용했으리라고 설명했다. 알고리즘은 나와 공통점이 있고 나와 비슷하다고 말할 수 있을 법한 사람들 또는 내가 아는 사람들이 만든 콘텐츠를 추천하기 때문이다.

마이크로소프트가 워싱턴대학교 연구진과 함께 자사의 디지털 커뮤니케이션 도구를 사용하는 유저들의 데이터를 토대로 진행한 연구에 따르면, 대규모 재택근무가 시작된 팬데믹 기간에 연결의 수와 다양성이 크게 감소했다.[8] 지식 집약적 직종의 사람들은 함께 일하는 집단 및 부서 사람들과의 상호작용은 늘었지만 부서 밖 사람들과의 능동적인 상호작용은 물론 이들에게 주의력을 기울이는 정도 역시 급격히 감소했다. 디지털 도구로 구축한 네트워크의 규모가 클 수 있고 간접 학습의 기회도 풍성할 수 있지만, 네트워크 내에서 우리가 실제로 관심을 갖는 사람들은 극히 소수다.

캘리포니아대학교 어바인 캠퍼스의 교수 루크 리$^{Luke\ Rhee}$와 내가 한국의 소프트웨어 기업들을 상대로 진행한 연구 2건은 네트워크에 대한 지향성이 간접 학습의 가능성을 어떻게 제한하거나 창출하는지를 보여준다.[9] 제품 개발과 관련한 다양한 직무의 엔지니어들이 디지털 도구와 대면 맥락에서 타인과의 접촉을 어떻게 유지했는지 1년간 살펴봤다. 또한 이들이 프로세스 및 제품 개선을 위해 어떤 아이디어를 제안했고, 상사는 이들의 아이디어를 얼마나 혁신적이라고 평가했는지도 추적했다. 앞서 등장한 여러 연구와 마찬가지로 엔지니어들은 디지털 도구를 통해 많은 연결을 개발하고 유지했지만, 이들이 적극적으로 관심을 둔 대상은 그중 일부에 불과했다. 즉 함께 프로젝트를 수행한 동료들이었다. 정기적으로 함께 일하지 않는 수많은 사람에게도 관심을 기울이긴 했지만, 이마저도 자기 일과 관련된 정보를 가지고 있을 것 같은 사람들이었다. 이는 '주의 편향attention bias'의 효과로, 자신에게 유용한 데이터나 정보를 줄 수 있을 것 같은 사람들에게 주의를 기울이는 것이다. 우리가 진행한 연구 결과에서는 주의 편향을 이겨낸 엔지니어들이 상사에게서 대단히 혁신적인 아이디어를 제출했다는 평가를 받았다. 자신과 함께 일하지 않는 사람들, 자신에게 대단히 유용한 정보를 제공할 것으로 보이지 않는 사람들에게 관심을 둔 엔지니어들은 훨씬 나은 아이디어를 떠올렸다(이 일로 이들은 연봉 인상 폭이 컸고 승진도 빨랐다).

그 이유가 뭘까? 혁신이란 대체로 아직 연결되지 않은 것들 사이를 연결할 때 탄생하기 때문이다. 혁신은 과거에는 없었던 무언가를 만들어내는 게 아닌, 기존의 해법에서 새로운 문제를 발견하거나 아이디어들을 기존과 다른 방식으로 결합하는 것이다.[10] 하지만 이렇듯 새로운 연결성을 만들려면 네트워크에서 언뜻 자신에게 대단히 유익해 보이지 않거나 관련이 있어 보이지 않는 사람들에게 주의를 기울이고 이들에게서 간접적으로 배울 줄 알아야 한다.

디스커버에서 소셜 네트워킹 플랫폼을 통해 활력을 얻는 데 성공한 사람들은 자신의 네트워크를 확장했고, 자신이 업무상 자주 소통하는 이들과는 다른 부류의 사람들과 관계를 구축하고 유지하려고 의식적으로 노력했다. 신용카드 마케팅 부서 관리자인 조던은 네트워크 확장이 의도적인 전략이었다고 설명했다. "우리 회사 직원이 1만 5,000명쯤 되는데, 하루에 제가 교류하는 사람이 일곱 명 정도이고 일주일로 보면 네다섯 명이 추가됩니다. 제 팀원은 고작 네 명이라 자이브가 다른 사람들을 만나고, 교류하고, 경험하는 기회의 창이죠. 그래서 평소 대화하는 사람들과 굳이 친구가 되려고 시간을 낭비하고 싶지는 않아요." 조던이 잘 알고 있듯, 소셜 네트워킹 플랫폼은 거의 만날 일이 없고 관계를 쌓을 기회가 적은 사람들과 접촉할 기회를 주었다. 그가 플랫폼을 통해 사람들과 쌓은 관계는 비교적 가벼웠으며 깊은 관계는 거의 없었다. 하지만 조던이나 그와 비슷한 생각을 지닌 사람들에게는 강한 유대를 쌓는 것이 목표가 아니었다. 이들에게는 관계를 유지하는 데 큰 노력을 쏟지 않아도 되는 약한 관계성이 더욱 바람직했다.

회계 전문가인 베카는 내게 이렇게 말했다. "사내용 플랫폼이든 일반 소셜 미디어 플랫폼이든 그곳에서는 큰 노력을 들이지 않아도 사람들과 관계를 쌓을 수 있어요. 다른 팀원들끼리 어떤 대화를 나누는지 지켜보고, 한 번씩 댓글을 남기면서 그냥 그 사람들에 대해 알아가고 어떤 일을 하는지 배워요. 따로 커피를 한잔하거나 자녀 선물까지 챙겨줄 필요도 없어요. 편하죠. 사실 제가 플랫폼에서 얻고자 하는 것은 사람들이 무슨 일을 하는지 대략 파악하는 거예요. 가장 친한 친구가 되어줄 사람을 찾는 게 아니라요." 디스커버를 포함해 내가 함께 일했던 여러 기업의 직원들은 별 관련이 없어 보이는 사람들에게로 네트워크를 확장하고 관심을 가질 때, 여기에 들어가는 노력보다 얻는 바가 대체로 더 크다고 여기는 듯했다. 실제로, 교류할 기회가 거의 없는 사람들과 경험을 공유할 때 더 폭넓은 메타지식을 구축하고 더 혁신적인 아이디어를 떠올릴 수 있다.

지금까지 기업 내부의 사례를 다뤘지만 이 사례들이 지닌 의미는 어느 맥락에나 적용할 수 있다. 브렌다는 트위터와 인스타그램을 이렇게 활용한다고 말했다. "제 서클 밖에 있는 사람들에 대해 새로운 무언가를 알게 되거나 이들에게서 새로운 아이디어를 얻을 때 에너지를 얻는 기분이에요. 소셜에서만큼은 제 일상에서 마주치지 않을 사람들과만 교류하려고 해요. 그렇게 해야 제가 배우는 것도 많고 더 큰 힘을 얻을 수 있거든요."

보니 나르디가 '월드 오브 워 크래프트' 게임을 대상으로 진행한 인류학적 연구에서도 유사한 사례들을 찾아볼 수 있다.[11] 나르디는 플레이어들이 퀘스트를 진행하면서 다른 플레이어들과 팀이나 동맹을 구축하는 방식을 설명했다. 이들의 관계는 유지하는 데 대단한 노력이 필요치 않으면서도 연구 참가자들이 평소에는 알지 못했던 사람들로부터 많은 것을 배울 수 있게 하는 '가벼운' 관계와 비슷했다. 이런 상호작용은 여러 면에서 활력을 불어넣었는데, 특히 새로운 그룹과 교류할 때 참가자들이 게임을 더 잘할 수 있는 새로운 스킬과 아이디어를 얻을 수 있었기 때문이다.

네트워크를 확장하는 것은 수고스러운 일이다. 하지만 우리에게 간접 학습의 기회가 될 경험을 지닌 사람들과 연결성을 유지하는 데는 많은 노력이 필요치 않다. 또한 이들과 관계를 구축하고 유지하는 과정에서 큰 활력을 얻기도 한다.

다양한 정보를 연결하여 생각하라

디지털 도구를 통한 엿듣기를 에너지 생성 활동으로 어떻게 바꿀 수 있을까? 내가 얻은 두 번째 교훈은 데이터에 대한 생각과 데이터를 모으는 방식 자체를 재고해야 한다는 것이다.

 기자인 클라이브 톰프슨Clive Thompson의 글은 소셜 미디어와 대부분의 디지털 협업 도구를 통해 데이터를 경험하는 방식을 훌륭히 묘사했다. 그는 (구체적으로는 페이스북을 두고) 이렇게 적었다. "사소한 업데이트 하나하나는(소셜 정보의 한 조각 한 조각은) 그 자체로는 무의미하고 지극히 시시하기까지 하다. 하지만 시간이 쌓이면서 이 작은 정보 조각들이 합쳐지면, 수천 개의 점이 모여 점묘화가 되듯 친구와 가족들의 삶을 놀라울 정도로 정교하게 보여주는 한 편의 그림이 된다. 예전에는 불가능한 일이었다. 현실에서는 친구가 굳이 당신에게 전화를 걸어 자기가 어떤 샌드위치를 먹고 있는지 자세히 설명해주지는 않을 테니까."[12]

 톰프슨의 말처럼 샌드위치 사진 한 장, 게시물 하나는 아무 의미가 없고 어쩌면 짜증을 불러일으킬 수도 있다. 하지만 누군가의 샌드위치 게시물이 어느 정도 쌓이면 그 샌드위치를 먹는 사람에 대해 여러 가지 사실을 알게 된다. 예컨대 항상 오후 4시쯤이면 출출해한다거나, 마요네즈를 싫어한다거나, 채식주의자라거나, 집에서 두 블록 거리에 훌륭한 샌드위치 가게가 있다거나. 우리가 볼 줄만 안다면 작은 조각과 토막들은 거대한 그림으로 완성된다.

디스커버에서 소셜 플랫폼을 사용한 마케팅 직원들은 이 새로운 데이터 환경에 적응하기 위해 행동을 변화시켰다. 책임자급의 직원인 빈스는 소셜 미디어 플랫폼에서의 학습을 학생처럼 접근해야 한다고 설명했다. "선생님에게 무언가를 직접 질문하는 학생이라면 이미 어느 정도 맥락을 알고 궁금한 점을 보완하려는 것일 테니 선생님의 답을 들으면 큰 그림을 이해할 수 있겠죠. 하지만 선생님이 다른 학생에게 하는 말을 곁에서 들은 상황이라면 (물론 많은 걸 배울 수는 있겠지만) 그 말의 맥락을 스스로 파악해야 하죠." 빈스는 소셜 미디어 플랫폼에서 여러 가지를 알 수 있다고 말했다. "평소 저와 대화를 나눌 일이 없는 사람들이 서로 어떤 이야기를 나누는지 볼 수 있는데, 그들의 대화에는 유용한 정보 조각들이 많이 담겨 있어요." 빈스가 행동을 바꾸자 그들의 이야기는 유용한 정보가 됐다. 그는 이렇게 말했다. "사람들의 대화를 읽는 습관을 들여야 해요. 최소한 훑어보는 습관이라도 말이죠. 그리고 당사자와 직접적으로 대화를 하는 게 아니니 조금 더 숙고해야 합니다. 어떤 맥락인지 이해해야 하니까요."

맥락을 파악하는 것이 중요하다. 그러기 위해서는 상대가 무엇을 얼마나 아는지 나름의 가설을 세운 뒤 이를 확증 또는 반증해줄 정보를 찾아야 한다. 상대가 채식주의자인지를 판단하려면 샌드위치 게시물들을 쭉 훑으며 그 사람이 닭고기나 햄샌드위치를 주문한 적이 있는지 확인하면 되듯, 사람들이 과거에 했던 특정 직무와 관련한 게시물이나 특정한 업무를 주제로 나눈 대화들을 살펴보면 더 큰 패턴을 파악할 수 있다.

핵심은 어디를 어떻게 살펴봐야 하는지 아는 것이다. 사람들이 일이나 삶에서 문제를 맞닥뜨릴 때 이를 해결하기 위해 보통 취하는 방법은 도움이 될 법한 정보를 대응적으로 찾아보는 것이다. 샤워기에서 온수가 나오지 않으면 구글에서 잠재적 원인을 검색한다. 통계 분석을 하는 방법을 모르겠다면 교재에서 다변량 분석 기법에 대한 정보를 찾아본다. 이런 반응은 대응적이라고 볼 수 있는데, 새로운 지식이나 새로운 지식을 얻는 데 도움이 될 메타지식을 습득할 생각은 하지 않기 때문이다. 이렇듯 특정 유형의 지식을 목적에 따라 집중적으로 찾아보는 행동은 검색이라고 할 수 있다.

하지만 간접 학습을 경험한 마케팅 직원들은 어떤 문제가 생겼을 때 대응적으로 지식을 검색하지 않았다. 이들은 소셜 네트워킹 플랫폼에서 그날그날 얻은 메타지식을 선제적으로 수집했다. 다시 말해 '누가 무엇을 아는지' 또는 '누가 누구를 아는지'에 관한 지식을 그때그때 우연히 접했고, 당장은 딱히 쓸모가 없는 메타지식이라도 나중을 위해 수동적 기억에 저장해뒀다. 레지나의 말처럼 이 별것 아닌 변화가 대단히 심오한 차이를 만들어낸다. "요즘 소셜 미디어를 할 때 새로운 습관이 생겼어요. 사람들이 하는 말을 훑어보면서 이들이 무엇에 대해 얼마나 아는지 대략이나마 파악하는 거예요. 이것저것 보다가 존이 특별 금리 상품에 대해 알고 있구나 싶으면 '이 정보를 기억해둬야지' 생각하며 머릿속에 저장해요. 대단한 변화죠. 무언가를 발견하면 언제가 될지는 모르지만 필요해질 상황을 위해 저장해두는 거죠." 이런 행동의 전환은 큰 보상으로 이어졌다.

   소셜 미디어를 이런 식으로 활용한 사용자들은 문제를 마주했을 때 자신이 저장해둔 정보 조각들을 떠올렸고, 복잡한 정신적 과정을 거쳐 이 조각들을 연결해 하나의 완전한 해결책을 만들어냈다. 누가 무엇을 아는지에 관한 종합적인 그림을 완성하는 데는 상당한 정신적 민첩성이 필요하다. 또한 이렇듯 정보를 통합하는 데는 정보의 수집과 추출, 필터링 같은 핵심적인 인지 기술들이 필요하다. 소셜 미디어와 그 밖의 디지털 도구들로 효율적인 간접 학습을 할 수 있으려면, 추상적으로 사고하고 다양한 정보 조각을 연결하는 데 필요한 인지 기술을 개발해야 한다. 복잡한 인지 과정이 피곤하게 느껴질 수 있고 당연히 어느 정도의 인지적 노력이 필요한 일이다. 하지만 내가 연구한 바에 따르면, 무언가를 배우며 느끼는 짜릿함과 상황 개선에 도움이 되는 새 아이디어를 사람들에게 제시할 때 느끼는 활력으로 이 정신적 피로를 충분히 상쇄할 수 있다.

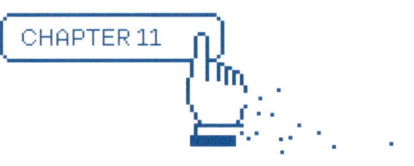

규칙 8: 지금 이 순간에 머물러라

마리아나는 미국 남서부에 있는 한 대학교의 교수로, 학교 내 다양성 증진을 위한 교육과 사회 정책 개혁을 연구한다. 지난 2주간의 캘린더를 검토하니 이메일 회신과 연구 그룹의 슬랙 채널 메시지 응답에 16시간을 썼고, 대부분 줌으로 진행된 회의에 12시간을, 데이터 분석에 6시간, 연구 논문 작성에 8시간, 대학원생을 대상으로 한 줌 강의에 6시간을 썼다. 이 모든 업무에서는 하나 이상의 디지털 기술을 적극적으로 활용했다. 그녀의 캘린더에는 '타일링 tiling'이라고 적힌 수상한 일정도 보였다. 며칠에 걸쳐 아침과 늦은 오후, 그리고 두 번째 주 금요일에는 6시간 가까이 수행한 일정이었다. '타일링'이 뭐냐고 물었더니 그녀가 뿌듯해하며 답했다. "욕실에 타일을 붙이는 작업을 하고 있어요. 바닥이랑 샤워실이요. 아, 그리고 세면대 벽면에도 엄청 귀여운 타일을 붙이고 있고요." 마리아나는 디지털 소진 척도에서 2점을 기록했다.

마리아나와 비슷한 수준으로 여러 디지털 기기를 사용하는 사람들은 그녀보다 훨씬 심각한 디지털 소진을 호소한다. 이들은 스크린 앞에서 너무 많은 시간을 보낸다고, 너무나 다양한 양식을 오가며 지나치게 많은 일을 해야 한다고 불평한다. 그리고 욕실 타일 작업처럼 업무와 관련 없는 일을 하는 데는 죄책감을 느낀다. 에너지가 소진돼 해야 하는 업무도 다 따라잡지 못하는 상황에서 즐겁고 재미있는 일을 한다는 데 죄책감이 느껴진다고 말이다. 그뿐 아니라 이들은 머릿속이 여전히 줌에서 로그아웃을 하지 못했거나 보내야 할 이메일 생각으로 꽉 차 다른 취미 활동을 즐길 수가 없다.

그렇다면 마리아나는 어떻게 그럴 수 있는 걸까? 일정이 일과 관련 없는 활동으로 가득 차 있으면서도 어떻게 소진을 적게 경험하는 걸까? "저는 슈퍼우먼이 아니에요." 그녀가 말했다. "다른 사람보다 더 많은 걸 해낼 능력도 없고요. 저희 아이들은 저한테 허당이라고 해요. 한 번에 두 가지 일을 하려고 하면 꼭 실수를 하거나 허둥대거든요." 마리아나의 비결은 자신이 현재 하고 있는 일에 집중하는 법을 터득한 것이었다. 지금 이 순간에 벌어지지 않는 일들을 생각하거나 걱정하거나 들떠 하지 않는 것이다. 그녀는 다른 어느 곳도 아닌 현재의 순간에 머무른다. 마리아나는 미하이 칙센트미하이 Mihaly Csikszentmihalyi가 대중화한 '몰입flow'이라는 개념에서 '현재에 집중하는 능력'을 배웠다

고 설명했다.[1]

몰입은 고도의 집중력, 시간 감각의 초월, 현재 순간으로의 완전한 몰두를 뜻한다. 보통 몰입은 어떤 과제가 지닌 어려움이 개인의 기술 및 능력과 균형을 이룰 때 경험할 수 있다. 노력과 집중력을 쏟아야 할 정도로 까다롭되, 압도당할 정도로 어려워서는 안 된다. 연구에 따르면 몰입의 상태에서 사람들은 깊은 즐거움과 충만함을 경험한다.[2] 그리고 에너지가 넘치는 느낌에 빠진다. 다른 어느 곳도 아닌 바로 이 순간에 머물고자 한다. 하지만 디지털 도구를 사용할 때는 주의력이 분산되고, 추론을 하며, 감정에 휘둘려 몰입을 경험하기가 어렵다.

마리아나와 같은 사람들은 이 마지막 규칙을 따른다. 현재의 순간에 존재하고, 지금 이 순간 하는 일에 (디지털 도구를 사용하느냐 아니냐와 관계없이) 집중하며, 자신의 마음이 다른 곳이 아닌 여기에 머무르게 한다. 이들이 행하는 또 다른 중요한 규칙이 있다. 이전의 일에서 벗어나게 해주는 활동으로, 뇌와 몸의 근육을 상호보완적으로 단련시키는 일들을 조화롭게 배치한다는 것이다. 디지털 기술을 사용해 일을 할 때 몰입하고 이후에는 전략적으로 디지털 기술에서 벗어나는 단절을 적절히 섞는 것이 여덟 번째 규칙을 지키는 비결이다.

순간이동을 멈추는 법

여기에 두 명의 데이나가 있다. 첫 번째 데이나는 한 홍보 회사에서 어시스턴트 AE로 일한 지 6개월이 됐다. 대학에서 영문학을 전공한 그녀는 회사의 헬스케어 분야에서 미디어 노출을 담당하는 업무가 마음에 들어 입사했다. "예전부터 PR 쪽에서 일하고 싶었어요. 하지만 일이 이렇게 힘들 줄은 정말 몰랐어요." 데이나는 일을 하며 다뤄야 하는 수많은 데이터베이스와 도구, 커뮤니케이션 채널에 압도될 지경이었다. 그뿐 아니라 고객마다 선호하는 소통 방식이 달랐고, 회사 동료들과는 또 다른 도구를 써야 할 때도 많았다. 데이나는 몇 개월 동안 앞서 소개한 몇 가지 규칙을 따르며 디지털 소진을 줄여나갔다. 사용하는 도구를 절반으로 줄였고, 매칭 기술을 익혔으며, 추측하지 않으려 노력했고, 디지털 기술 사용에 의도를 가지고 임했다. 그럼에도 여전히 소진되는 기분을 경험했다.

자기 일과 삶을 진지하게 되돌아본 그녀는 한 가지 깨달음을 얻었다. "사실 좀 지루함을 느끼는 것 같아요. 기사를 읽고, 에디터들의 약력과 선호를 파악하고, 제 고객사를 언급한 미디어 자료를 찾아보는 일들을 반복하거든요. 대단히 까다로운 일은 아니죠. 그러다 보니 일을 하려고 휴대전화를 들었다가도 틱톡을 열거나 별로 중요하지 않은 것들을 검색할 때가 많아요. 그러지 말아야지 하면서도요. 하지만 어쩔 수 없이 매번 그러고, 늘 피곤하다고 느껴요."

두 번째 데이나는 30년 가까이 경력을 쌓아왔고, 당시에는 일곱 번째 회사에서 근무 중이었다. 그녀는 대형 의료기기 회사에서 윤리 및 준법지원을 담당하는 선임 법률고문으로 일했다. 그녀는 자기 일을 사랑했다. "변호사들은 평판이 썩 좋지 않죠. 하지만 우리가 회사를 훌륭한 일터로 만드는 데 한몫한다고 믿어요." 그녀는 자부심이 가득한 얼굴로 말했다. 두 번째 데이나는 업무용으로 써야 하는 수많은 디지털 도구 때문에 힘들어했다. 우리가 만난 계기는 그녀의 팀이 선샤인 액트$^{Sunshine\ Act}$에 따라 새로운 디지털 도구를 도입하는 과정에서였다. 선샤인 액트는 오바마 행정부의 대표 법안인 건강보험개혁법의 일부로 미국 연방 헬스케어 프로그램에 참여하는 의약품 및 의료장비 제조사가 의료인에게 제공하는 금전적·물질적 혜택을 공개해야 한다는 제도였다. 자기 일에 대해 생각하던 그녀는 이렇게 푸념했다. "사실 과로와 스트레스로 힘들어요. 해야 할 일은 너무 많은데 머리가 쉴 틈이 없다 보니 한 번씩 다른 곳으로 정신이 순간이동하는 것 같은 느낌이 들어요. 중요한 사항을 메모해야 할 때 갑자기 몇 년 전에 떠났던 여행이 생각난다든지 하는 식이에요. 요즘 들어 그럴 때가 많아요. 현재의 순간에 집중하지 못하고, 그래서 더 지쳐요."

두 데이나의 상황은 여키스-도슨 법칙$^{Yerkes\text{-}Dodson\ law}$으로 설명할 수 있다.³ 20세기 초, 심리학자인 로버트 여키스$^{Robert\ Yerkes}$와 존 도슨$^{John\ Dodson}$은 미로 속 쥐로 일련의 실험을 진행했다. 몇몇 통로의 끝에는 음식이라는 보상이, 나머지 통로의 끝에는 전기 충격이 준비돼 있었다. 두 사람은 전기 충격의 강도를 바꿔가며 쥐의 각성 수준을 조절한 뒤 쥐들이 미로 속에서 보상으로 향하는 경로를 얼마나 빠르게 습득하는지 살폈다. 그 결과 충격이 약했을 때 쥐들은 올바른 길을 학습하는 데 오래 걸렸다. 충격이 강할 때도 마찬가지였다. 하지만 전기 충격이 쥐의 각성 수준을 중간 정도로 유발하자, 미로를 가장 빨리 익혔다. 여키스와 도슨은 최고의 수행력을 발휘하는 최적의 각성 수준이 있다고 결론 내렸다.[4] 각성 수준이 너무 낮으면 쥐는 열심히 움직이지 않고, 각성이 지나치면 너무나 열심히 과제를 수행하다 번아웃에 빠졌으며, 딱 알맞은 각성 수준일 때 최고의 수행 능력을 발휘했다. 초기 심리학 연구자들이 흔히 그랬듯, 여키스와 도슨 또한 쥐 실험 결과를 인간에게 대입해 자극과 스트레스가 적정한 수준일 때 우리는 몰입과 집중력, 최고의 수행력을 발휘할 수 있다고 결론지었다.

첫 번째 데이나는 여키스-도슨 곡선의 왼쪽에 속한다. 업무가 그리 까다롭지 않아 주의력이 분산됐고, 지루함 때문에 자꾸 한눈을 팔게 됐다. 그녀의 정신이 향하는 곳을 탭·스와이프·스크롤·타이핑이 따랐고, 다시금 디지털 소진의 덫에 빠졌다. 두 번째 데이나는 곡선

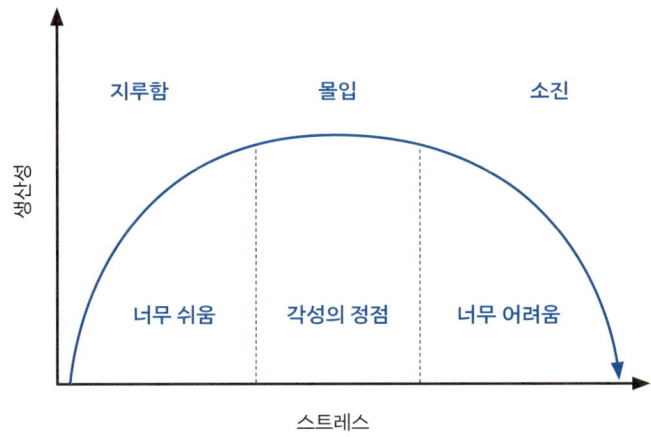

의 오른쪽에 해당한다. 일이 너무 벅찼고, 집중력을 유지하기가 어려웠다. 우리가 집중력을 유지한 채로 장시간 인지적으로 부하가 큰 일을 하면 인지적 피로를 경험한다는 사실은 연구를 통해서도 밝혀졌다. 두뇌의 전전두엽피질 내에 글루타메이트라는 물질이 쌓이는 탓이다.[5] 글루타메이트는 신경세포들이 신호를 주고받는 데 쓰는 중요 아미노산이다. 이 물질이 축적되면 의사결정과 계획 같은 전전두엽의 기능을 수행하기가 어려워진다. 그런 상황이면 노력은 적게 들면서도 적절한 수준의 보상이 전해지는 일을 하게 되기가 십상이다. 예컨대 링크드인을 훑어보거나, 사진첩에서 가장 좋았던 휴가 때의 사진을 들여다보는 식이다.

요약하자면, 높은 각성 탓에 인지적 피로를 경험하면 우리의 정신은 디지털 기술을 이용해 피로한 일에서 벗어나 각성도가 낮은 무대로 순간이동을 하려고 한다. 이런 무대 전환은 앞서 봤듯 소진의 원인이 된다. 따라서 지루함에 정신이 다른 곳으로 향하는 첫 번째 데이나든, 과부하로 정신이 순간이동을 하는 두 번째 데이나든 다른 곳으로 떠나려는 탈출 계획 때문에 몰입의 상태로 진입할 수 없다. 언제든 마음대로 사용할 수 있는 디지털 기기들 덕분에 자극이 너무 적거나 너무 과할 때 우리는 손쉽게 순간이동을 할 수 있게 됐다. MIT 교수인 셰리 터클Sherry Turkle이 디지털 세계 속 우리 삶에 대해 적은 것처럼 우리는 "영원히 다른 곳에" 머물 가능성을 품고 산다.[6]

앞서 설명했듯 몰입은 자극이 적당한 상태로, 현재 하는 일에 몰두해 있고 다른 장소로 이동할 필요를 느끼지 못한다. 이런 몰입의 상태가 될 수 있다면 디지털 도구를 전송 장치 삼아 어디로든 떠나겠다는 생각을 하지는 않을 것이다. 따라서 중요한 질문은, 몰입에 어떻게 이를 수 있느냐다.

펜실베이니아 주립대학교와 메릴랜드대학교 교수들이 이끈 두 연구팀은 디지털 도구를 사용할 때 몰입의 상태에 이르는 방법을 파악하고자 일련의 연구를 진행했다.[7] 그 연구의 결과를 종합해보면 기술을 사용하며 몰입에 이르기 위해서는 다음의 요소가 필요하다.

1. **유연성:** 디지털 도구를 다양하게 사용할 수 있어야 한다. 예컨대 소프트웨어 회사의 제품 담당 책임자라면 트렐로Trello 같은 프로젝트 관리 도구를 이용해 'API 접근', '소프트웨어 통합' 같은 카드를 만들어 업무를 관리할 수 있다. 아니면 여러 색상의 라벨을 붙여 우선순위, 유형, 팀별로 업무를 분류할 수도 있다.

2. **변경 가능성:** 자신에게 가장 적합한 방식으로 도구를 배치할 수 있어야 한다. 예컨대 교사라면 노션Notion 워크스페이스를 변경해 팟캐스트 에피소드 데이터베이스를 저장하고 앞으로 학생들과 함께할 활동들을 정리한 캘린더를 만들어 기록과 정리를 해결할 수 있다.

3. **실험성:** 자신이 사용하는 도구들의 기능으로 여러 가지 실험을 해볼 수 있어야 한다. 그래픽 디자이너라면 포토샵 같은 도구에서 여러 브러시와 마스크를 적용해보며 작업에 어떤 도움이 될지 살펴볼 수 있다.

4. 유희성: 도구를 사용하며 즉흥성, 상상력, 창의성, 독창성을 발휘할 수 있어야 한다. 도시 설계사라면 어반심^{UrbanSim} 같은 시뮬레이션 도구로 다양한 도시의 건축 규제 조례 또는 교통 패턴이 주택 선택이나 도시 확산 현상에 어떤 영향을 미치는지 살펴볼 수 있다.

이 연구 결과가 보여주듯, 디지털 기술을 사용할 때 몰입에 이르느냐 아니냐는 도구의 특성만큼이나 우리의 태도와 접근법에 달려 있다. 물론 도구의 특징과 우리의 태도 외에 업무가 적절한 수준의 자극을 제공하는지도 중요하다. 디지털 도구를 사용하며 우리가 앞의 네 가지 요소를 모두 발휘한다고 해도 해결 불가능한 과제를 수행하는 중이라면 몰입에 이르기 어렵다. 반대의 상황도 마찬가지다. 여키스-도슨 곡선에서 최적의 상태에 속하는 과제라도 그 업무에 필요한 디지털 기술을 앞의 네 가지 방식으로 활용할 수 없다면 몰입에 이를 수 없다.

이런 변수들을 고려해보면 디지털 기술 사용과 몰입에 대한 모든 연구 가운데 몰입의 효과가 비디오게임 사용자들에게서 가장 뚜렷하게 발견되는 것은 당연한 일일지도 모른다.[8] 최신 멀티플레이어 비디오게임은 캐릭터와 장비를 다양하게 변경할 수 있는 여러 기능을 제공한다. 또한 게임 대부분은 실험성과 유희성이 풍부하다. 게다가 게임은 보통 여러 레벨에 걸쳐 점차 난이도가 높아지는 구조라 게임을 많이 할수록 실력이 향상되는 한편, 매번 자신의 기술을 시험하고 확장해나갈 수 있다.

하지만 비디오게임보다 훨씬 지루한 디지털 도구들로도 몰입을 경험할 수 있다. 최근 연구에 따르면 마음챙김의 태도로 소셜 미디어를 사용하는 사람들은 그렇지 않은 사람들보다 몰입 상태에 빠지기 쉽고, 소셜 미디어상에서 몰입 상태일 때 두려움이나 불안 같은 부정적인 감정을 덜 경험한다.[9] 대단히 지루한 디지털 기술 하나를 들어보겠다. 유한 요소 해석(공학 분석에 사용되는 컴퓨터 시뮬레이션 기술) 소프트웨어인 하이퍼메시HyperMesh는 자동차 충돌 때 에너지 부하를 시뮬레이션하는 도구다. 설명만 들어도 지루하다면 실제로 사용하는 사람들은 오죽할까! 하지만 하이퍼메시 같은 도구들도 올바른 방식으로 접근한다면 사용자를 몰입 상태에 이르게 할 수 있다.

내 연구에서 많은 이들이 디지털 기술로 몰입을 찾은 한 가지 방법은 게임을 만들고, 규칙을 정하고, 마감 기한을 설정하는 것이었다. 자동차 회사의 충돌 안전 엔지니어인 젠슨이 한 가지 사례를 들려줬다. "재미있는 업무를 하게 될 때는, 예컨대 범퍼 프레임의 기하학적 구조를 변경해야 하는 일이라면 게임처럼 접근하는 겁니다. 창의력을 발휘해 몇 가지 디자인을 떠올리고[유희성], 하이퍼메시로 이것저것 해보며 내가 생각해보지 못한 형태로 렌더링할 방법이 있는지 보는 거죠[실험성]. 그러다 보면 몇 시간이나 디자인에 몰두하게 돼요. 조금 전에 출근했는데 어느새 점심시간인 거예요."

그의 동료인 제이컵의 전략도 눈여겨볼 만하다. "디자인 변경을 대대적으로 해야 하는 경우에는 우선 하이퍼메시에 테스트 모듈을 생성해서 단면 컷 적용 등 몇 가지 명령 세트를 자동화합니다[유연성].

그런 다음 메뉴를 재배치하고 각 부품을 다른 색으로 코딩해 변경 사항이 눈에 잘 띄게 하면[변경 가능성] 작업 과정에 재미를 더할 수 있어요. 이런 작업은 무척 재미있어요. 하루가 어떻게 지나가는지도 모를 정도죠." 하이퍼메시로 게임처럼 일하는 젠슨과 제이컵은 다른 곳으로 순간이동하지 않는다. 두 사람은 그 순간에 몰두했고, 자기 능력을 시험하고 확장시켜주는 각성 수준을 유지하며 작업했다. 이들은 다른 어느 곳도 아닌 그 순간에 존재했다.

그렇다면 앞서 만난 두 명의 데이나는 어떻게 했을까? 첫 번째 데이나는 홍보 회사에서 쓰는 디지털 도구로 몰입 상태에 진입하는 두 가지 방법을 찾아냈다. 첫 번째 방법은 상사에게 조금 더 어려운 업무를 요청하는 것이었다. "용기가 필요했지만 상사에게 제가 조금 더 복잡한 업무도 맡을 수 있다고 말했고, 마침내 기회를 얻었어요. 전부 그런 것은 아니지만 그래도 더 많은 기술과 생각을 요구하는 업무를 몇 개 맡았어요. 그런 일들을 할 때 훨씬 더 에너지가 넘쳐요." 두 번째 방법은 여키스-도슨 곡선의 왼쪽에 속하는 업무를 할 때 노구를 대하는 방식을 달리한 것이다. 그녀는 이렇게 설명했다. "저희가 쓰는 도구로 콘텐츠를 생성할 방법을 여러 방면으로 시도했어요. 기사를 빠르게 분석해주는 앱이 하나 있거든요. 앱의 기능들을 이것저것 써보면서 예전 기사들을 바탕으로 에디터의 관심사를 파악할 정보를 얻을 수 있을지 다양하게 테스트하고 있어요. 소소하게 실험을 계속하면서 거기서 도출된 결과가 사실일지 보려고 나름대로 테스트베드도 만들었어요. 꽤 재미있어요. 이 일을 하다 보면 시간이 훌쩍 가요."

첫 번째 데이나는 용기를 내어 상사에게 원하는 바를 요청하고 디지털 기술 사용에 약간의 변화를 줌으로써 몰입 상태를 경험할 수 있었고, 전보다 소진 정도도 낮아졌다고 말했다.

두 번째 데이나의 이야기는 그리 행복한 결말이 아니다. 그녀는 일을 그만뒀다. "더는 못 버틸 것 같았어요." 퇴사 소식을 듣고 전화한 내게 그녀가 말했다. "업무가 너무 복잡하고 자꾸 새로운 기술을 배워야 해서 너무 지쳤거든요. 업무에 완전히 몰입하는 상태를 다시 한 번 경험할 수 있었다면 계속 일할 에너지를 얻었을 거예요. 하지만 그러지 못했어요." 그녀의 사연은 우리가 교훈으로 삼을 만한 사례다. 1단계 소진 정도를 낮게 유지하기 위해서는 몰입 상태에 이를 방법을 찾으려 노력해야 한다. 여키스-도슨 곡선의 양극단에 너무 오래 머물면 2단계 소진에 접어들고, 그러면 회복하기가 어려워진다.

물론 일터에서 디지털 도구 사용 방식을 바꾸는 것만으로는 두 번째 데이나의 2단계 소진을 막을 수 없었을 것이다. 그녀는 업무에서 더욱 완벽하게 분리되어 재충전할 방법을 찾아야 했다. 다음으로 우리가 살펴볼 주제가 바로 이것이다.

보완적 반대 활동 찾기

마리아나의 캘린더에 '타일링'이라고 적혀 있던 일정을 기억하는가? 순간에 온전히 집중하는 방법에 대한 두 번째 교훈과도 관련이 있다.

디지털 기술이 필요하지 않은 활동에서 몰입할 기회를 찾는다면 스크린타임이 전체적으로 줄어들 뿐 아니라 이후 디지털 도구를 활용해 업무를 해야 할 때 더 큰 에너지를 발휘할 수 있다.

디지털 디톡스를 행하고 디지털 기술 사용을 절제할 때 웰빙 수준이 크게 높아진다는 증거가 많다. 목표는 디지털 도구를 영원히 또는 장기간 멀리하는 게 아니라 도구를 손에서 내려놓는 잠깐의 시간을 최대한 활용해 더 활력 있고 에너지 넘치는 모습으로 스크린 앞에 다시 앉는 것이다.

디지털 매체 사용, 특히 소진감에 대해 연구하는 이들은 자발적·의도적으로 디지털 도구에서 잠깐 멀어질 때 소진감이 일시적으로 낮아진다고 밝혔다. 한 예로 한국의 성인 근로자들을 대상으로 진행한 연구에서는 점심시간 1시간 동안 휴대전화 없이 산책을 한 사람들이 휴대전화로 업무와 무관한 활동을 한 사람들에 비해 "더 활력이 넘치고 정서적 소진은 크게 낮아졌다"라고 밝혔다.[10] 디지털 도구에서 자발적으로 멀어졌을 때 소진감이 낮아지는 정도를 기록한 데이터를 들여다보면 한 가지 일관된 메시지를 찾아볼 수 있다. 디지털 기기에서 잠시 멀어질 때 가장 효과적으로 재충전을 할 수 있다는 점이다.

디지털 기술과 무관한 활동 가운데 우리가 에너지를 재충전하는 데 가장 좋은 활동은 무엇인지에 대한 연구도 적지 않다. 다양한 방법이 알려졌는데, 그중 내가 가장 좋아하는 몇 가지를 소개하고자 한다.

1. 야외에서 시간 보내기: 연구에 따르면 퇴근 후 디지털 도구 없이 야외에

서 시간을 보내면 긍정적인 감정은 더 커지고 정서적 소진은 더 낮아진 상태로 다음 날 업무를 시작할 수 있다는 사실이 밝혀졌다.[11] 다만(이 점이 중요하다) 야외에 머물며 자연과 진정으로 '교감한' 사람들에게만 해당하는 이야기다.

2. 물을 바라보기: 나무나 땅을 바라볼 때보다 물을 1분 40초 동안 바라볼 때 수축기 혈압이 크게 낮아졌다.[12] 또한 땅을 볼 때보다 물을 바라볼 때 심박수 감소도 컸고, 이완과 회복에 대한 주관적인 평가도 이와 맥을 같이 했다. 바라보는 수역이 넓을수록 그리고 집중해서 바라볼수록 효과는 커진다.

3. 성관계하기: 누구도 놀라지 않을 이야기지만, 퇴근 후 성관계를 한 부부는 그렇지 않은 사람들에 비해 다음 날 아침 일터에서 훨씬 더 긍정적인 감정을 경험했다.[13] 전날 성관계를 했을 때를 하지 않았을 때와 비교하면 긍정적인 기분이 5퍼센트 증가했다. 가장 중요한 것은 참여자들이 성관계에 깊이 몰입할수록 긍정적 효과가 더 컸다는 점이다.

이 모든 연구 결과가 일관되게 가리키는 사실은 디지털 기술을 사용하지 않는 활동에 '몰입'할 때 더 효과적으로 재충전할 수 있다는 것이다. 비디지털 활동에(자연과 교감하는 것이든, 물을 바라보는 것이든, 성관계를 하는 것이든) 몰두할수록 재충전의 효과가 크다.

이제 마리아나의 타일링 작업으로 돌아가 보자. 그녀가 매일 경험하는 1단계 소진 후 재충전을 하는 데 타일링이 큰 효과를 발휘한 이유는 디지털 기술을 사용하지 않은 활동으로 몰입 상태에 진입할 수 있었기 때문이다. 실제로 마리아나는 타일링 작업을 하며 깊은 몰입에 빠질수록 디지털 도구를 쓰고 싶다는 마음이 줄어들었다. 그녀는 이렇게 설명했다. "타일링이나 손으로 무언가를 하는 작업을 하다 보면 이상한 경험을 하게 돼요. 이메일이나 슬랙, 뉴스 등 디지털로 하는 것은 아무것도 보고 싶지가 않아져요. 제 전원이 꺼지는 느낌이라고나 할까요. 평소라면 휴대전화를 손에서 내려놓지 못하거든요. 하지만 이런 작업에 빠져들수록 휴대전화에 관심이 줄어요. 그리고 그날 치의 타일링 작업을 마치고 나면 트위터에 들어가거나 유튜브 영상을 보고 싶다는 마음조차 사라져요. 그냥 거기서 빠져나온 듯한 느낌이 들어요."

마리아나처럼 비디지털 영역에서 몰입에 이를 수 있는 사람들은 이런 활동을 아무렇게나 고른 게 아니었다. 이들은 내가 '보완적 반대complementary opposite' 활동이라고 부르는 일을 찾아냈다. 보완적 반내 활동은 요구되는 신체적 기술, 사용하는 도구, 활동 장소, 그리고 물론 사용하는 디지털 기술이 본업과는 정반대라고 할 수 있는 활동을 가리킨다. 이렇듯 여러 면에서 정반대지만, 분석적 추론과 비판적 사고를 필요로 한다는 점에서 일터에서 하는 일과 상호보완적이라고 할 수 있다. 마리아나의 타일링을 이번 장의 사례로 소개한 이유는 내가 택한 보완적 반대 활동과 비슷해 설명하기가 쉬웠기 때문이다.

나를 몰입 상태로 인도하는 활동이자 디지털 도구에 대한 흥미를 떨어뜨리는 일은 집 리모델링이다.[14] 교수라는 본업을 할 때는 약 8시간을 컴퓨터 앞에서 보낸다. 하루에 수백 통의 이메일을 받고, 구글 스칼라Google Scholar, 웹 오브 사이언스Web of Science에서 논문을 찾아보고 온라인에서 PDF 파일로 논문을 읽는다. R과 같은 통계 분석 도구와 아틀라스닷티아이ATLAS.ti 같은 질적 분석 도구를 사용한다. 학생과 기업 리더들을 대상으로 줌 강의를 한다. 수업용 캔버스Canvas 사이트도 업데이트해야 한다. 여러 사람을 대상으로 프레젠테이션을 준비하느라 파워포인트와 키노트Keynote를 사용하고, 마이크로소프트 워드와 구글 독스로 논문을 쓰며, 나의 개인적인 용도를 포함해 학생들과 고객들을 더 잘 이해하기 위해 챗지피티와 클로드, 제미나이Gemini 같은 AI 도구도 활용한다. 하지만 석고보드를 붙이거나 전기 작업을 하거나 몰딩 시공을 하거나 타일 작업을 할 때는 디지털 기술이 자리할 곳이 없다. 학생도 고객도 동료 평가도 없고, '거래 비용'이나 '구조화'에 관한 논문을 읽을 일도 없다. 집수리 프로젝트만큼 학자의 삶과 거리가 먼 일도 드물다. 거의 대척점에 있는 일이라고 할 수 있다.

하지만 동시에 상호보완적이다. 동료 평가를 위한 논문을 완성하거나 학생들에게 커다란 의미를 부여할 강의를 설계하는 데는 방대한 계획과 문제 해결 과정, 정밀함과 수정 작업이 필요하다. 대체로 혼자 해야 하는 일이지만 그 과정에서 도움을 받아야 한다. 상사는 없지만 자신이 봤을 때 이 정도면 됐다는 생각이 들 때까지 데이터를 수집하고, 논문을 수정하며, 강의를 준비해야 한다. 나중에 사람들은 당신의 최종 결과물에 대해 말할 것이고, 자신들의 요구를 어느 정도나

만족시켰는지 평가할 것이다. 이런 특징은 집수리 프로젝트에서도 찾아볼 수 있다. 두 작업은 상호보완적인 인지 기술을 요구한다. 내가 신체적 기술(예컨대 석고보드 이음새에 퍼티 작업을 하는 법을 배우는 등)과 인지적 기술(예컨대 석고보드를 어떻게 붙일지 계획을 세우는 등)을 모두 처음부터 배워야 한다면 내게는 너무도 부담스러운 작업일 뿐 아니라 이 일을 하면서 몰입 상태에 이르지 못할 것이다. 마리아나는 이렇게 말했다. "타일링을 좋아하는 이유 중 하나는 교수의 뇌를 그대로 쓰면서 교수 일은 하지 않아도 되기 때문이에요." 내 말이 그 말이다. 이것이 바로 보완적 반대 활동의 개념이다.

지금까지 보완적 반대에 해당하는 사례를 셀 수 없이 들었다. 무엇이 '반대'이고 무엇이 '보완'인지는 사람마다 다르게 판단하겠지만, 몇 가지 예를 들자면 다음과 같다.

- 회계사 vs 요리
- 이벤트 기획지 vs 암벽등반
- 헤지펀드 투자자 vs 주짓수
- 구조공학자 vs 웨이트 리프팅
- 건축가 vs 자동차 복원
- 변호사 vs 살사 댄스

마리아나와 나처럼 보완적 반대 활동을 찾은 사람들은 몰입 수준이 높아졌고 디지털 도구를 다시 집어 들고 싶다는 욕구가 낮아졌으며, 소진의 정도 또한 낮아졌다고 밝혔다(내가 실제로 측정하기도 했다).

연결을 끊는다고 자동으로 에너지를 회복하는 것은 아니다.[15] 《행복의 특권》에서 숀 아처Shawn Achor는 이렇게 적었다. "대부분 사람은 이메일 회신이나 논문 쓰기 같은 일에서 손을 떼면 두뇌가 저절로 회복되고 몇 시간 후 또는 다음 날 아침에 에너지가 충전된 상태로 그 업무를 다시 시작할 수 있으리라고 생각한다." 하지만 아처가 보여줬듯, 정신적으로 피로한 상태(신체적 소진이 아닌 디지털 소진을 경험하는 상태)라면 이런 식으로는 에너지를 회복할 수 없다. 이때는 정신을 분산시키는 여가 활동보다는 자신이 몰두할 수 있는 활동에 인지적으로 몰입하는 편이 훨씬 좋은 재충전 방법이다.

규칙 4에 등장했던 로라 저지와 버네사 본스는 아무런 활동도 하지 않거나 보완적 반대에 속하지 않는 활동을 하는 것보다 업무 외 활동을 계획하는 것이 재충전에 더 효과적임을 연구를 통해 밝혀냈다. 이들이 진행한 연구에서는 쉬는 날 뭔가 목표를 세운 사람이 그렇지 않은 사람보다 행복도가 12퍼센트 높았다.[16] 또 다른 연구에서는 주말 계획을 세운 사람이 그렇지 않은 사람보다 행복도가 13퍼센트 높았다. 세 번째 연구에서는 퇴근 후 저녁에 어떤 활동을 하기로 계획한 사람이 그렇지 않은 사람보다 10퍼센트 더 행복했다. 저지와 본스는 이렇게 결론 내렸다. "수동적인 '휴식과 이완'보다는 일이 아닌 개인의 목표를 달성하는 데 휴식을 사용하는 편이 고된 일과에서 더 효과적으로 회복하는 방법이다."

성인 근로자들을 대상으로 7개월간 진행된 설문조사를 기반으로

한 또 다른 연구에서는 업무 외 활동 후 소진 정도가 가장 낮고 에너지가 가장 높았던 사람들은 자신의 업무와 상당히 다른 활동에 대단히 진지하게 임한 이들이었다. 업무 외 활동이 일터에서 하는 일과 너무 유사하거나 그 활동에 진지하게 임하지 않는 사람들은 업무로 복귀한 뒤 소진은 더 심해지고 에너지는 더 낮아졌다고 이야기했다.[17]

한 가지 더 살펴봐야 할 사안이 있다. 재충전을 위한 업무 외 활동을 얼마나 꼼꼼하게 계획해야 할까? 13건의 개별 연구 결과를 살펴보면 업무 외 여가 활동을 시작 시간부터 종료 시간까지 지나치게 세밀하게 계획한 사람은 그 활동을 하는 동안 즐거움과 몰입도가 모두 낮았다.[18] 이 연구 결과는 '대략 계획'하는 편이 더 좋은 전략이라고 말한다. 예컨대 '오전 9시 정각에 작업을 시작하자'처럼 미리 시간을 지정하는 것보다 '오전에 세면대 뒷벽 타일 작업을 하자'라는 식으로 접근해야 한다는 뜻이다. 이 모든 내용을 종합할 때, 업무 외 활동에 몰입하고 싶고 지금 이 순간에 충실하게 존재하고 싶다면 다음을 따라야 한다.

- 업무와 보완적인 반대 활동을 찾는다.
- 깊이 몰두할 수 있는 활동을 선택한다.
- 단순한 휴식보다는 인지적으로 몰입할 수 있고 대단한 디지털 기술을 요구하지 않는 활동을 선택한다.
- 그 활동을 언제 할 것인지 계획한다.
- 계획을 너무 꼼꼼하게 세우지 않고 시작과 종료 시간만 대략 정한다.

일터에서 하는 일과 반대되면서도 보완적인 활동에 진지하게 임할 때 휴식과 이완, 에너지 회복이라는 이점을 누릴 수 있다. 중요한 점은 이런 활동을 통해 잠시일지언정 자발적이고도 편안하고 자연스럽게 디지털 기술에서 멀어질 수 있다는 것이다. 작가 앤 라모트$^{\text{Anne Lamott}}$의 지혜처럼 말이다. "무엇이든 플러그를 몇 분만 뽑아두면 다시 잘 작동한다. 당신도 마찬가지다."

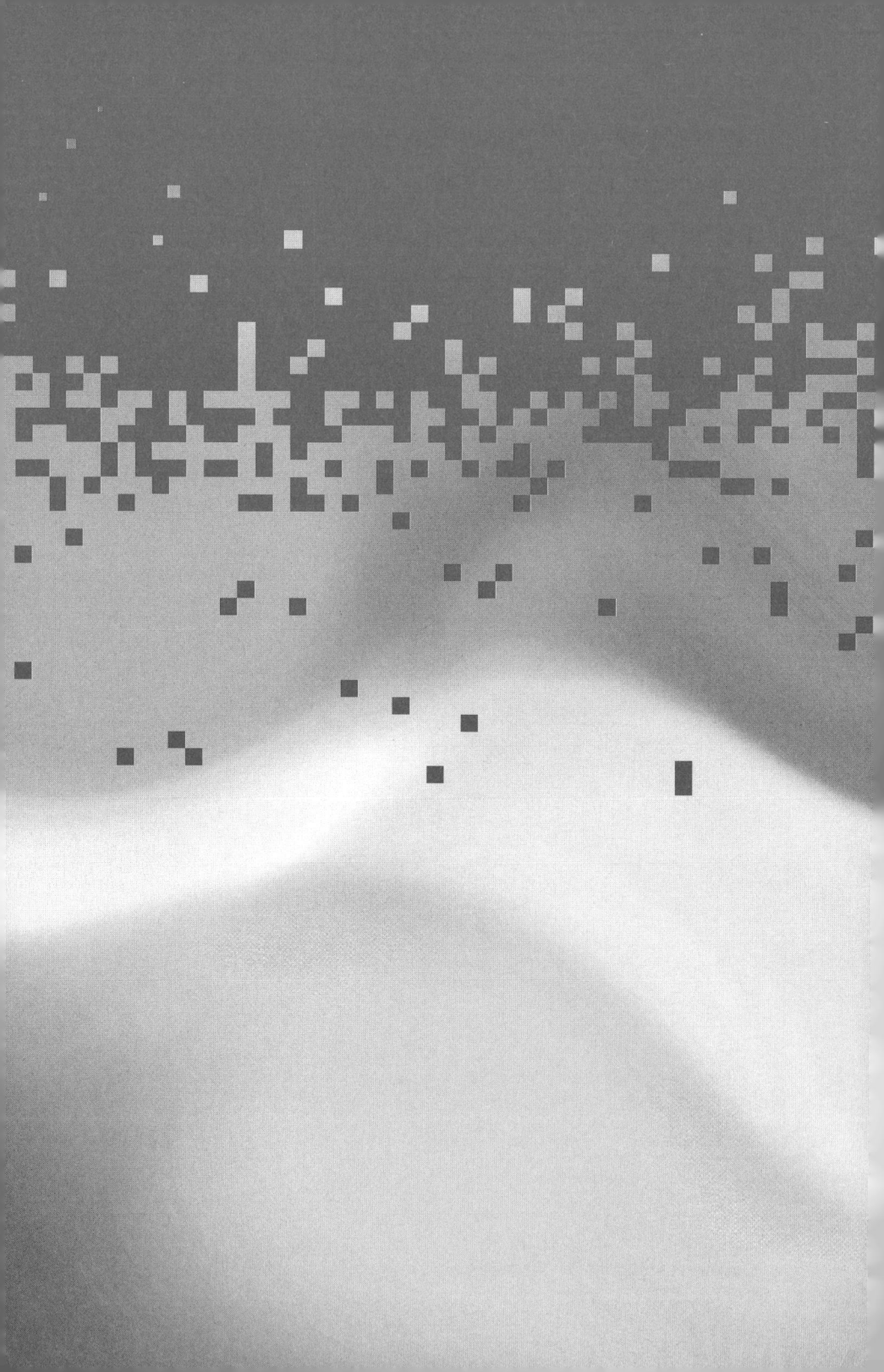

PART 3

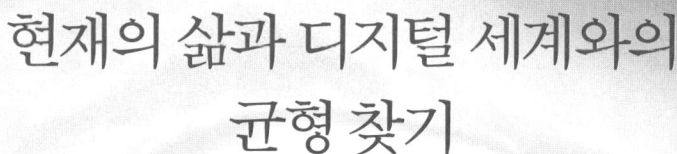

현재의 삶과 디지털 세계와의
균형 찾기

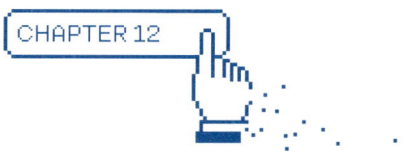

조직을 위한 처방

그리핀은 명망 있는 건축사무소에서 책임자로 일한다. 그는 자신이 일 중독자라는 사실을 누구보다 잘 알고 있으며, 사무소 직원들이 모두 자신처럼 일하고 싶어 하지 않는다는 사실도 잘 안다. 내가 그를 만나기 1년 전쯤, 그리핀은 이메일 서명란과 슬랙 프로필에 짤막한 문구를 추가했다. '제가 지금 이 메시지를 보내는 이유는 제 편의에 따른 것입니다. 당신의 스케줄과 맞지 않는다면 제 메일에 바로 답장하지 않아도 됩니다.' 하지만 그 후에도 사무소 직원들은 그의 메일에 늦은 밤이든 주말이든 거의 곧장 답장을 했다.

"이해가 되질 않습니다." 그가 하소연했다. "회사 문화를 개선하려고 변화를 시도하는데도 효과가 없는 것 같아요."

지난 몇 년간, 회사의 관리자들과 고위 리더들 사이에서 디지털 소진에 대한 인식이 크게 달라졌다. 한 SaaS^{software as a service}(서비스형 소프트웨어) 기업의 최고제품책임자는 얼마 전 이런 이야기를 들려줬다. "10년 전, 아니 5년 전쯤만 해도 디지털 소진이라는 게 정말 존재하는 개념인지 의아했어요. 하지만 이제는 사람들이 디지털 소진을 심각하게 경험한다는 걸 알고 있어요. 회사 차원에서 뭔가 조치를 취해야 합니다." 한 생물공학 기업의 중간관리자는 팬데믹 이후의 상황에 대해 이렇게 말했다. "사람들이 디지털 기술로 점점 더 과부하를 받는 게 눈에 보여요. 조직에서 이 문제를 민감하게 생각하고 직원들을 도울 방법을 찾아야 합니다."

안타깝게도 그리핀의 문구처럼 선의에서 비롯된 해결책이 아무런 역할도 하지 못하고 있다. 하버드대학교의 교수인 도로시 레너드^{Dorothy Leonard}가 여러 해 전에 보여줬듯, 대부분의 직원은 기술 사용 규범에 대해 리더들이 하는 '말'을 그리 신뢰하지 않는다.¹ 이들은 리더가 어떻게 '행동'하는지에 주목한다. 사람들의 메시지에 언제나 신속하게 응답했던 그리핀은 다른 직원들도 그렇게 해야 한다는 분위기를 조성한 셈이다. 그리핀 사무소에서 프로젝트책임자로 일하는 라나는 그리핀의 말과 행동에 차이가 있음을 알아챘다. "저희한테는 곧장 답장하지 않아도 된다고 하긴 해요. 하지만 그는 저희에게 바로 답장하거든요. 무엇을 중요하게 여기는지 분명하죠. 그가 시도 때도 없이 하는 듣기 좋은 소리는 진정성이 없어 보일 수밖에요."

디지털 소진과 관련해 리더의 말과 행동에 괴리감을 느끼는 사람은 라나만이 아니다. 다른 회사 직원들도 그리핀과 비슷한 상사의 메모를 마주하고는 다음과 같은 소감을 밝혔다.

- "지금 당장 답장할 필요는 없다고 말하는 사람이 한 명만 더 나타나면 진짜 비명이라도 지를 것 같아요."
- "우리가 번아웃되고 있다는 사실을 경영진이 알아서 다행이긴 한데, 그 몇 마디 말로 상황을 바로잡을 수는 없어요."
- "정말 말도 안 되는 소리죠. 너무 무리하지 말라고 말한다고 해서 사람들이 무리하지 않는 게 아니잖아요. 우리야 보스가 하는 대로 따라가는 거죠."

칼 뉴포트는 디지털 소진에 관리자가 이런 식으로 접근한다면 문제를 회피하는 것이고, 해결은커녕 상황을 더욱 악화시킨다고 지적한다. 그는 이렇게 적었다. "이런 사고방식은 이메일 응답 시간을 줄이거나 이메일 제목을 더 명료하게 작성하는 등의 '해결책'을 모색하는 것으로 이어진다. 즉 지메일의 텍스트 자동 완성 기능을 이용해 메시지를 더 신속하게 작성하거나 슬랙의 검색 기능을 활용해 대화 속에서 원하는 정보를 빨리 찾게 한다. 지식 근로 현장에서 이런 조치는 작업자에게 빠른 신발을 안겨주며 자동차 생산 공정의 속도를 높이라는 것과 비슷하다. 엉뚱한 전쟁에서 거둔 작은 승리다."

최근 유행하기 시작해 한동안 계속될 것 같아 우려스러운 최신 경영 '솔루션'은 생성형 AI 도구의 물결이 디지털 소진이라는 문제에 확실한 해답이 될 것이라고 보는 시각이다. 생성형 AI 도구나 앱을 개발하는 기업 다수는 벌써 자신들의 제품이 디지털 소진의 해결책이라며 공격적인 광고를 시작했다. 한 예로 마이크로소프트의 코파일럿Copilot(챗지피티를 개발한 오픈AI의 기술을 기반으로 한다)은 매일 밀려드는 커뮤니케이션을 관리하는 데 도움이 된다며 꽤 인상적인 통계 자료(자사 직원과 선별된 일부 고객을 대상으로 조사해 자사가 분석한)를 제시했다.²

마이크로소프트의 모던 워크Modern Work 부문 부사장인 재러드 스파타로Jared Spataro는 이렇게 말했다. "지난 1년간 '#마이크로소프트365코파일럿'이 제 이메일에 미치는 대단한 영향력을 직접 경험했습니다. 긴 스레드를 요약하는 것부터 답장 초안을 작성하고 심지어 '지금 내 메일함에서 긴급한 메일이 뭐지?' 같은 질문에 대답까지 하는 코파일럿은 시간과 노력을 덜어주는 협업 파트너입니다. 코파일럿이 없던 삶으로 돌아가고 싶지 않습니다."³ 꽤 대단해 보인다. AI에 대해서는 14장에서 조금 더 자세히 다루면서 AI를 어떻게 활용하면 디지털 소진을 관리하는 데 도움이 될지 알아볼 예정이다. 다만 1부에서 봤듯이 디지털 기술에 따른 주의력 분산, 추론, 정서적 반응은 AI만으로는 해결할 수 없다. 조직에서 AI를 어떻게 사용할지 신중하게 접근하지 않으면 디지털 소진이 훨씬 심화될 수도 있다.

따라서 조직의 관리자이자 리더라면 단순히 직원들에게 건강한 습관을 기르라거나 더 많은 디지털 도구를 활용해 문제를 해결하라고 독려하는 것으로 직원들의 디지털 소진을 줄일 수 있으리라고 생각해서는 안 된다. 그보다는 조직 내에서 기술 사용과 관련해 건강한 문화를 구축하고, 무분별한 디지털 도구 사용으로 직원들의 에너지를 고갈시키지 않도록 노력해야 한다. 2부에서 배운 규칙들을 어떻게 활용해야 직원들이 디지털 소진을 관리하는 데 도움을 줄 수 있을지 살펴보겠다.

리더를 위한 지침

내가 건터를 만났을 당시 그는 적외선 영상 장치를 개발하는 한 중견 기업에서 최고기술책임자로 일한 지 3개월째에 접어들고 있었다. 자신이 '리스닝 투어'라고 이름 붙인 소통의 일환으로 그는 여러 부서의 사람들과 이야기를 나누며 어떤 기술이 필요하고 또 직원들이 회사의 디지털 도구 포트폴리오에 대해 어떻게 생각하는지 파악했다. 그 과정에서 그는 상당히 충격을 받았다. "각 부서의 직원들이 현재 사용 중인 디지털 도구들을 전부 보여줬는데, 너무 많았어요. 회사의 공식 공급 업체 목록에 기록된 기술보다 훨씬 많았습니다. 직원들에게 특정 기술을 사용하는 이유를 묻자 '도움이 돼서요'라고 답하더군요. 어디서 구했느냐고 물었더니 '글쎄요. 관리자가 구해준 것 같아요'라고 답했습니다." 건터는 회사 전반에 걸쳐 실제로 사용 중인 디지털 도구가 얼마나 되는지 파악하기 위해 정식 감사를 진행하기로 했다. 감사 결과에 따르면, 150가지가 넘었다. 더 심각한 점은 슬랙 같은 도구는 중복 결제가 이뤄지고 있었고, 한 그룹의 슬랙 계정이 다른 그룹과 연결조차 돼 있지 않은 경우도 발견됐다.

이 회사에서 사용 중인 디지털 도구가 이렇게 많아진 데는 서로 밀접하게 연관된 두 가지 이유가 있었다. 첫 번째는 관념적인 문제였다. 직원들의 커뮤니케이션, 정보, 디지털 소진 문제가 적절한 기술이 마련되지 않은 탓이라고 생각하는 관리자들이 많았다. 팀장 한 명은 내게 이렇게 이야기했다. "더 신속하게 소통해야 한다고 생각했고, 또 업무를 '비동기'식으로 진행하게 해줄 도구가 많아지면 아무래도 방해를 받는 일도 줄어들 테니 효율이 높아질 것으로 생각했어요. 슬랙을 도입한 것도 이 때문이에요."

나는 관리자들에게서 이런 논리를 수없이 들었다. 실제로 내가 대화를 나눈 수많은 리더는 디지털 소진을 해결하는 방법이 더 많은 디지털 도구를 쓰는 것이라고 믿는 듯 보였다. 디지털 도구를 판매하는 기업들이 그렇게 홍보했기 때문일 것이다. '완벽한' 도구를 하나만 갖추면 별 효과가 없는 다른 도구들을 전부 없앨 수 있다고 말이다. 하지만 이런 사고방식은 규칙 1(도구를 절반으로 줄여라)과 규칙 2(매칭하라), 규칙 4(기다려라)에 정면으로 위배된다. 더 많은 도구가 답이라는 가정, 도구 하나면 모든 일을 해결할 수 있다는 가정, 빠를수록 좋다는 가정에 기댄 사고방식이다.

두 번째는 실용적인 문제였다. 나와 대화를 나눈 팀장은 슬랙을 쉽게 구독할 수 있었다. 슬랙이 제공하는 가격 및 영업 모델 덕분에 정식으로 사측의 승인을 받지 않고도 사용할 수 있었다. 디지털 도구 제조 업체 다수는 기업을 대상으로 기술 판매를 할 때 거쳐야 하는 길고도 복잡한 절차를 우회할 방법을 찾아냈다. 관리자들에게는 법인카드를 일정 한도까지 편하게 사용할 권한이 있다는 점을 이용한 것이다. 디지털 기술 기업들, 특히 구독형 소프트웨어를 제공하는 기업들은 이 점을 이용해 심사와 사전 승인을 받지 않아도 되는 수준으로 가격을 책정한다. 또한 여러 SaaS 기업이 노골적인 랜드 앤드 익스팬드 land and expand (한 부서 또는 지역을 거점으로 점차 영향력을 확대해나가는 전략-옮긴이) 전략을 개발해 사내 관리자 개개인에게 도구를 판매하는 접근법을 취했다.⁴ 그런 뒤 그 도구를 쓰는 팀이 어느 정도 늘어나면 회사의 공식적인 기술 구매 채널에 접근해 이렇게 말한다. "귀사에서 저희 소프트웨어를 유료로 구독하는 팀이 벌써 100개나 됩니다. 그러니 기업용 계정을 만드는 게 어떻습니까?" 디지털 기술 제공자들의 이처럼 교묘하고도 효과적인 영업 전략은 조직 내 기술의 확산으로 이어질 때가 많다.

다만 문제는 규칙 1에서 배웠듯, 회사에서 널리 사용하는 도구를 직원 개개인의 선택으로 제외하기가 어렵다는 점이다. 팀의 주된 소통 방식이 마이크로소프트 팀즈라면 팀원 혼자만 그 채널에서 빠져나오기가 어려울 것이다. 다시 말해 관리자나 고위 리더들이 사내 디지털 기술의 확산을 막아주어야 한다.

건터는 자신에게 주어진 책임을 이해했고 그에 따라 결단력 있게 행동했다. 그는 회계팀을 찾아가 기술 공급 업체로부터 법인카드로 정기적으로 청구되는 비용을 모두 파악하고, 새롭게 청구되는 비용은 검토를 위해 따로 표시해두라고 일렀다. 그런 뒤 건터는 IT 부서에서 승인하지 않은 구독을 모두 해지했다. 관리자가 구독을 원한다면 서면으로 정식 요청을 해야 했다. 상당히 강경한 대응이었다. 그러나 이런 정책 덕분에 관리자들은 어떤 기술이 정말로 필요한 것인지, 업무에 정말로 적합한 도구인지 자문할 기회를 얻었다. 대규모 해지 사태가 벌어지고 6개월 후, 회사에서 사용하는 도구가 30개 줄었다. 건터는 이렇게 말했다. "그 일로 비난도 좀 받았습니다. 하지만 결국에는 다들 더 행복해졌다고 말해요. 너무 많은 도구를 따라잡느라 얼마나 힘들었는지 이제야 깨달았다고, 도구들을 그만 사용하고 싶었지만 방법을 몰랐다고 말입니다." 나쁜 선택이 어려운 선택이 되도록 마찰을 일으키는 일은 종종 고위 리더만 할 수 있다.

 리더들이 디지털 소진을 낮추는 기술 사용 방법을 몸소 보여주는 것 또한 중요하다. 직원들에게 퇴근 후에는 원치 않는다면 이메일에 답하지 않아도 된다고 말하는 정도로는 충분치 않다. 어떤 유형의 일을 할 때 어떤 디지털 도구가 적합한지 명확한 가이드라인을 정해줘야 한다. 그런 뒤 팀원과 교류하는 과정에서 리더가 직접 그 가이드라인을 따르는 모습을 보여주는 것이다. 내가 함께 일한 리더들 가운데 건강한 기술 문화를 구축한 리더들은 어떤 목적에 어떤 도구를 사용해야 하는지 작은 메모로 만들어 직원들 컴퓨터 옆에 붙여놓게 했다. 심지어 압박을 느끼는 상황에서는 다음과 같이 말하도록 직원을 독려했다. "리더가 적어준 가이드에 따르면 지금 이 사안은 전화로 처리할 만한 일이네요."

또 어떤 리더들은 규칙 3(최적 조합을 찾아라), 규칙 4(기다려라), 규칙 8(지금 이 순간에 머물러라)에 해당하는 가이드라인을 세워 동료나 고객에게 어느 정도의 시간을 두고 응답해도 되는지, 응답보다 더 우선적으로 처리해야 하는 업무는 무엇인지 밝혔다. 대부분 사람은 좋은 커뮤니케이터라는 자부심을 어느 정도 가지고 있는 만큼 이런 지침이 처음에는 이상하게 느껴질 수 있다. 하지만 '좋은'이라는 의미가 모든 맥락에서 동일한 것은 아니다. 눈에 확실히 보이고 또 명확히 명시된 규범이 팀 내에 존재할 때 디지털 소진을 가장 확실하게 예방할 수 있다.

기술 이야기는 이제 그만하라

"무신경하고 진부한 소리처럼 들릴 거라는 점은 잘 알아요." 그녀의 회사에서 벌어지는 변화에 대해 묻자 미샤는 이렇게 답했다. "하지만 이 세상에서 제가 단 하나만 바랄 수 있다면, 제발 기술에 대해 다들 그만 좀 떠들었으면 좋겠어요. 너무 지나치다고요!"

그녀가 왜 이렇게 느끼는지 충분히 이해한다. 상업용 항공 서비스 기업인 그녀의 회사에서 2주를 함께한 나는 디지털 기술에 대한 논의가 어찌나 많은지 압도당할 지경이었다. 내가 참석한 대부분 회의에서는 어떤 팀이 새로운 디지털 도구를 사용 중이라는 식의 이야기가 빠지지 않고 등장했다. 몇몇 고위 리더는 적합한 기술과 전략이 잘 갖춰져 있는지와 하이브리드 근무 제도에 대해 정말 쉬지 않고 이야기했다. 나는 부서장들과 관리자들이 회사의 운영체계를 효율화하는 데 AI가 어떤 역할을 할지(다만 내가 본 바로는 당시 아무도 AI를 사용하고 있지 않았다) 논의하는 회의에도 네 차례 참석했다. 또한 사내 소셜 네트워킹 플랫폼에는 항공 산업을 뒤흔드는 기술 변화에 대해 논하는 업계 기사들로 가득했다.

3장에서 논의했듯, 기술을 둘러싼 과도한 담론은 피로를 유발할 수 있다. 그 대화가 결정론적인 서사를 따라간다면, 즉 새로운 기술이 모든 것을 바꿀 것이고 우리는 변화의 방향성에 대해 아무것도 하지 못한 채 그저 휩쓸려갈 수밖에 없다는 무력감을 안겨주는 대화라면 더더욱 그렇다. 실제로 많은 대화가 이런 서사를 따른다. 그뿐 아니라 규칙 6(의도를 가지고 행동하라)에서 배웠듯, 디지털 기술에서 무력감을 느낄 때 직원들은 아무런 목적 없이 행동하고, 디지털 기술을 오랫동안 사용하고도 뭐 하나 성취한 게 없다는 기분에 사로잡혀 극심한 소진감을 느낀다. 20년 동안 수백 곳의 기업을 드나든 나는 이것만큼은 확실하게 말할 수 있다. 리더인 당신은 아니라고 생각할 수도 있지만, 직원들은 당신이 기술에 대한 이야기를 자주 한다고 느낄 것이다. 게다가 그 이야기가 직원들에게 얼마나 피로감을 안겨주는지 당신은 모를 것이다.

대부분의 직원에게는 새로운 기술에 대해 논하는 관리자들의 커뮤니케이션 양 자체가 많다고 느껴질 뿐 아니라, 고위 리더들이 디지털 도구에 대해 한 말은 조직 내부에서 오래도록 회자되며 대단히 해로운 효과를 초래하기도 한다. 내가 초기에 진행한 연구 프로젝트 중 하나는 제너럴모터스General Motors와 함께한 것이었다.⁵ 당시 기업은 엔지니어가 설계 솔루션을 더 빠르게 찾아낼 수 있도록 차량 성능 분석을 여러 기술로 전환하여 제품 설계를 디지털화하는 데 매진하고 있었다. 이 과정의 일환으로 크래시랩CrashLab이라는 새로운 디지털 도구를 도입했다. 차량 충돌 테스트 시뮬레이션 설정을 자동화하는 도구다. 내가 연구 중이던 엔지니어 그룹 중 한 팀은 그리 흥미롭지 않은 여러 이유가 겹친 탓에 관리자들로부터 크래시랩이 분석 속도를 높여줄 것이라는 이야기를 자주 듣게 됐다. 같은 일을 하는 두 번째 엔지니어 팀은 크래시랩으로 작업 속도가 빨라질 것이라는 이야기를 듣지 못했다. 그 대신 이들은 그 도구가 시뮬레이션 모델을 구축하는 방식을 표준화해준다는 말을 들었다.

  두 팀을 가까이서 지켜본 나는 두 팀이 각각 '속도' 메시지와 '표준화' 메시지를 얼마나 많이 들었는지 비교할 수 있었다. 첫 번째 그룹은 '속도' 메시지를 '표준화' 메시지보다 6배 더 들었다. 두 번째 집단은 '스피드' 메시지보다 '표준화' 메시지를 4.5배 더 자주 접했다. 두 집단 모두 완벽히 동일한 업무를 하고 있었고, 완벽히 동일한 도구를 사용할 예정이었다는 사실을 기억하길 바란다. 관리자들이 이들에게 크래시랩에 대해 들려준 이야기가 달랐을 뿐이다. 이들의 사례를 소개하겠다.⁶

크래시랩 사례	
그룹 1이 들은 내용: 크래시랩=속도	그룹 2가 들은 내용: 크래시랩=표준화
관리자: 듣자 하니 크래시랩을 쓰면 발전 곡선에서 앞서나갈 수 있다더군요. 장애물 배치와 가속도계 위치 지정 기능이 뛰어나서 시간을 많이 절약할 수 있다고 하니 꼭 써보세요. **엔지니어:** 그 알고리즘이 어떻게 작동하는지 아세요? 그냥 궁금해서요. **관리자:** 무슨 알고리즘이요? **엔지니어:** 자동화 알고리즘이요. **관리자:** 글쎄요. 하지만 예전에 [다른 차량 프로그램에서] 일했던 브렛 파스칼 기억하죠? 그 친구가 이 도구와 관련이 있어 보이던데 그쪽에 한번 물어보세요. 어쨌든, 교육을 받으면 금방 파악하고 바로 실무에 적용할 수 있을 겁니다.	**관리자:** 크래시랩을 쓰라고 하니 어떤 생각이 들지 짐작이 가네요. 기존 방식으로도 아무 문제가 없는데 굳이 새로운 도구를 써서 일만 느려질 거라고 생각하겠죠. 하지만 단기적으로는 골칫거리처럼 느껴져도 향후 이득이 훨씬 클 테니 단기적인 생산성 손실은 아무것도 아닐 겁니다. **엔지니어 1:** 너무 과장해서 말씀하시는 것 같은데요! **관리자:** 말하자면 그렇다고요. **엔지니어 2:** 그럼 이제 정말 그 도구를 써야 하는 건가요? **관리자:** 천천히 적응해보자고요. 우선 사용법부터 익히고 작업을 조금씩 옮겨가면서요. 그러면 크게 지장을 주지는 않을 거예요. 표준화에 정말 도움이 되는 도구니까 나중에 결과를 비교하기가 훨씬 편할 겁니다.

이후 어떤 일이 벌어졌을까? 나는 두 엔지니어 그룹이 크래시랩을 어떻게 사용하는지 주 1회, 51주간 추적했다. 두 집단 모두 성실한 직원이라면 마땅히 할 법한 일들을 따랐다. 이들은 크래시랩을 사용했고, 관리자들이 말한 장점을 직접 확인해보려 했다. 첫 번째 집단은 크래시랩이 기존의 방식을 따를 때보다 작업 속도가 더 빨라지는지 확인하기 위해 몇 가지 테스트를 진행했다. 두 번째 집단의 엔지니어들은 속도는 비교하지 않았다. 그 대신 이들은 시뮬레이션 모델을 비슷하게 설정해 결과를 쉽게 비교하기 위해 동료들이 자신과 같은 방식으로 크래시랩 기능을 설정했는지 확인했다.

첫 번째 집단은 크래시랩의 분석 속도가 빠르지 않다는 것을 알게 됐고 이후 대다수가 사용을 중단했다. 이런 결정을 하기까지 적지 않은 스트레스와 소진을 경험했다. 첫 번째 집단 소속인 클라라는 이렇게 말했다. "크래시랩을 유지할 방법을 찾아보려고 했어요. 스탠과 데니스가[그녀의 상사들이다] 이 도구를 사용하기를 정말 바랐으니까요. 하지만 방법이 없었어요. 속도가 더 느렸거든요. 이 도구를 도입한 이유가 사실 속도 때문이었잖아요. 상사들이 원하는 방식으로 일이 풀리지 않아 저도 스트레스를 받고 초조했지만 어쩔 수 없었어요." 당신도 클라라의 심정을 이해할 수 있을 것이다. 그녀는 크래시랩을 쓰지 않아 상사들을 실망시키는 것 같았고, 자신이 속도를 비교한 결과로 그들의 생각이 틀렸다는 것을 입증한 셈이니 윗사람에게 반항한 것처럼 마음이 불편했을 것이다. '속도'에 대한 이야기를 들은 첫 번째 집단의 엔지니어 대다수가 비슷한 감정을 경험했다. 당연하게도 이들은 디지털 소진 척도에서 높은 점수를 기록했다.

두 번째 집단의 엔지니어들은 곤란한 상황을 경험하지 않았다. 이들도 비교 분석을 했지만 크래시랩이 모델 설정 시간을 단축할 수 있는지는 평가하지 않았다. 이들은 속도에 대해서는 아무런 이야기도 듣지 못했기 때문이다. 그 대신 두 번째 집단은 크래시랩으로 서로의 모델을 유사하게 설정할 수 있는지, 그리하여 결과를 비교하기가 용이한지를 살폈다. 크래시랩은 그 기능에서는 유용성을 보여줬다. 두 번째 집단의 엔지니어들은 상사들이 틀렸음을 입증하는 난감한 위치에 놓이지 않았고, 대부분 낮은 디지털 소진 점수를 기록했다.

관리자가 새로운 기술의 틀을 제시하는 방식이 어떤 영향력을 발휘하는지를 주제로 연구가 상당히 진행됐다.[7] 연구들은 모두 같은 메시지를 전한다. 직원들이 일터에서 신기술에 접근하거나 사용 경험을 평가할 때 관리자들에게서 들은 이야기를 기준으로 삼는다는 것이다. 안타깝게도, 연구에 따르면 정작 관리자들은 자신이 어떤 메시지를 전달하는지 잘 모를 때가 많다. 그렇다고 관리자들을 탓할 수만은 없다. 새로운 기술의 영향력은 예측하기가 상당히 어렵기 때문이다. 내 훌륭한 동료이자 기술과 조직 변화 분야에서 세계 최고의 권위자 중 한 명인 스티브 발리Steve Barley는 이렇게 적었다. "일과 기술, 조직에 관해 40년 가까이 연구한 끝에 기술 변화와 관련해서 확실한 사실은 한 가지뿐이라는 결론을 얻었다. 기술 변화에서 우리가 기대한 것만 얻는 경우는 거의 없고, 때로는 기대한 것조차 얻지 못한다. 다만 무슨 일이든 벌어지긴 한다."[8]

발리의 연구와 마찬가지로 내 연구 결과 또한 같은 사실을 가리킨다. 기술의 변화는 복잡한 과정을 거치고, 너무도 복잡한 나머지 그 결과를 정확하게 예측할 수 없기 때문에 관리자들이 제대로 파악하지 못할 때가 많다는 것이다. 이들의 잘못이 아니다. 하지만 이 연구가 시사하는 바는 분명하다. 관리자가 아직 알 수 없는 기술의 효과를 두고 예측을 자제하거나, 기술의 효과에 대해 직원들에게 이야기할 때 확신의 정도를 낮춰 전달하는 편이 도움이 되리라는 점이다. 앞에서 살펴본 것처럼 기술과 관련해 관리자가 한 말과 직원이 경험한 바가 충돌하면 직원은 소진을 경험할 것이다. 또한 어떤 기술의 효과가 이러저러할 것이라는 당신의 생각은 틀릴 가능성이 크다. 따라서 기술 이야기를 줄이는 것으로 모두의 수고를 덜어주길 바란다.

하이브리드 근무를 재고하라: 조율과 동료애

이메일 다음으로 지난 반세기 동안 직원들에게 디지털 피로감을 가장 많이 안긴 것은 하이브리드 근무와 AI라는 기술적 변화였다. 하이브리드 근무로의 전환이 전 세계적으로 얼마나 대대적으로 벌어졌는지 통계 자료를 내밀며 지루한 이야기를 늘어놓을 생각은 없다. 하이브리드 근무에 관한 정책이 아직 유동적인 기업이 많지만 그럼에도 그 변화 자체는 충분한 근거와 연구로 입증됐다. 하이브리드 근무는 여러 의미를 지닐 수 있지만, 여기서는 다양한 장소와 시간대에 일한다는 뜻으로 사용하겠다. 본사 건물에서 일하는 사람이 있는가 하면 어떤 이들은 집이나 호텔, 해변, 고객사, 위성 사무실 등 수없이 다양한 장소에서 일한다. 오늘날 대부분 업무는 디지털 기술의 힘을 빌린다. 서로 상당한 물리적·시간적 거리를 두고도 사람들이 업무를 함께 할 수 있는 데는 디지털 기기와 소프트웨어 앱, 네트워크 기반 시설의 결합 덕분이다.

팬데믹으로 재택근무라는 거대한 실험이 급물살을 탄 이후로 직원들이 사무실 못지않게 원격지에서도 생산성을 발휘할 수 있음을 알게 된 기업이 많아졌다. 하지만 모든 업무를 똑같이 취급하며 언제나 원격으로 근무가 가능하다고 착각한다면 직원들이 디지털 소진을 경험할 가능성이 커진다. 이와 마찬가지로 필요하지 않을 때 직원들을 억지로 사무실로 불러들이려고 한다면 더 유연한 근무 일정과 높은 집중력을 가능케 하는 디지털 기술의 이점을 활용하지 못하게 될 것이다. 사무실에 언제 출근해야 하는지 원칙이 없고 업무 기대치와 디지털 기술이 조화를 이루지 못할 때 원격 및 하이브리드 근무 환경에서 일하는 직원들은 소진을 경험한다.

요즘에는 신문이나 링크드인 피드에서 "하이브리드 근무에서 이상적인 출근 일수는 며칠인가?"라는 제목의 글을 쉽게 마주칠 수 있다. 마치 마법의 숫자가 정해져 있기라도 한 것처럼 말이다. 이는 잘못된 질문이다. 더 나은 질문은 이것이다. "직원들이 언제 사무실에 출근해야 하는가?" 디지털 소진을 가장 중요한 기준으로 삼는다면 답은 명확하다. 서로 조율해가면서 해야 하는 업무일 때 또는 동료애를 구축해야 할 때다. 각각을 간략히 살펴보겠다.

조율

관리자의 역할은 직원들의 디지털 기술과 소통의 필요 수준을 일치시키는 것이다. 온라인 전자상거래 사이트에서 운영 부서를 책임지는 도널드는 지리적으로 분산된 20개 이상의 팀을 관리한다. 그는 팀장들과 프로젝트를 계획한다. 프로젝트에 높은 수준의 조율이 필요한 업무가 포함됐을 때면 팀원들에게 사무실 출근을 요청하고, 반대로 업무가 요구하는 조율의 수준이 낮으면 팀원들에게 사무실을 포함해 근무 장소를 직접 정하게 한다. 도널드가 팀 관리를 성공적으로 해내는 비결은 프로젝트를 계획하는 단계에서 업무가 요구하는 조율의 정도를 미리 파악하고 사전에 계획해 직원들에게 사무실 출근을 요청하거나 근무지를 선택할 여유를 확보하는 것이다.

기업들에 원격근무에 관한 컨설팅을 할 때 나는 디지털 소진이 낮아지도록 규칙 2(매칭하라)의 프레임워크를 사용한다. 사무실에서 다른 직원들과 동기식으로 함께 일한다는 것은 같은 시간에 같은 장소에서 일한다는 뜻이고, 사무실 밖에서 비동기식으로 일한다는 것은 서로 다른 장소와 다른 시간대에 일한다는 의미다. 내 연구와 더불어 원격근무 조정에 관한 방대한 연구를 종합해보면 원격 및 하이브리드 근무에서 디지털 소진을 낮추는 가장 중요한 요소는 앞서 본 규칙 2와 관련이 깊다. 즉 사무실에서 모두가 함께 근무해야 하는지를 결정할 때는 규칙 2에서 배운 교훈을 신중하게 적용해야 한다.

이 맥락에서는 다프트와 렝겔이 언급한 '매체의 풍부성'을 중요하게 생각해야 한다. 우리가 하는 일이 동기적으로 가능한지 비동기적으로도 가능한지에 집중하는 것이다. 어떤 과제가 순차적 상호의존성을 띤다면 조율 요구가 낮다. 즉 비동기식으로 업무가 가능하므로 팀이 원격이어도 업무를 수행하는 데 아무런 문제가 없다. 실제로 순차적 상호의존성을 띠는 작업에 팀을 한자리로 불러 모은다면(동기식 소통이 가능한 디지털 도구를 통해서든 실제로 사무실에 모두 모이든) 도리어 집중력이 크게 분산될 수 있다. 만약 과제가 집합적 상호의존성을 띤다면 (업무의 각 부분이 맞닿는 지점에서 문제를 해결하기 위해 어느 정도 동기식 의사소통이 필요하겠지만) 팀이 원격으로 근무해도 대체로 별 무리가 없다.

한편 상호적 상호의존성을 띠는 작업이라면 모호함을 해소하고 불확실성을 해결하기 위해 지속적인 소통이 이뤄져야 하므로 동기식 소통이 필요하고, 사무실에 함께 모여 일하는 편이 큰 도움이 될 것이다. 이런 업무를 할 때는 동료를 직접 마주하고, 서로가 걱정하는 바가 무엇인지 맥락을 읽고, 상대의 속도와 감정에 호응하며, 상대의 파장에 맞추는 것이 가장 좋다. 이를 최적으로 해낼 수 있으려면 같은 공간에 있어야 한다.

이를 수치화하기 위해 내 연구팀은 18개 회사에서 약 150개의 프로젝트를 대상으로 대규모 연구를 진행했다. 우리는 팀별로 과제의 복잡성을 추적했다. 또한 팀이 과제를 어느 장소에서 수행했는지, 어떤 기술을 사용했는지 로그 데이터도 수집했다. 그런 뒤 관리자들을 설문조사해 팀의 성과를 물었고, 팀원들에게는 각 과제를 하는 동안 어느 정도 몰입했는지를 물었다. 그 결과 관리자가 과제가 요구하는 조율 수준에 적합한 기술을 매칭했을 때 그렇지 않은 경우에 비해 팀의 성과와 몰입도가 모두 훨씬 높았다.

동료애

도널드가 팀의 업무를 계획하며 근무지를 결정하는 단계에서 조율 수준만 고려하는 것은 아니다. 두 번째로 중요한 변수는 동료애다. 여기서 나는 '동료애'를 호의, 우정, 신뢰, 공유된 규범과 기대치를 아우르는 넓은 의미로 사용한다. 즉 팀 또는 조직에서 느끼는 일체감, 결속감이다. 분산 근무를 주제로 한 약 30년의 연구를 통해 가상 또는 원격으로 근무하는 팀들은 동료애 측면을 발전시키는 데 어려움을 겪는다는 점이 드러났다. 물론 불가능하다는 뜻은 아니며, 대면보다 디지털 도구를 통해 이런 감정을 쌓기가 더 어렵다는 얘기다.

스탠퍼드대학교의 파멜라 하인즈Pamela Hinds와 조지메이슨대학교의 캐서린 크램턴Catherine Cramton은 디지털 도구를 영리하게 사용해 비교적 탄탄한 동료애를 쌓은 팀이라면 주기적으로 만날 때 신뢰, 존중, 전반적인 친밀감이 크게 높아진다는 점을 보여주었다.[9] 나와 함께 연구를 자주 하는 학자이자 글로벌 워크 분야의 전문가인 세달 닐리Tsedal Neeley는 저서인 《리모트워크 레볼루션》을 통해 팀은 동료애를 키우기 위해 대면 론치launch(팀이 출범할 때 한자리에 모여 업무 방식을 합의하고 동의 여부를 확인하는 시간-옮긴이) 세션을 열어야 하고, 프로젝트를 진행하

는 중에도 여러 차례 리론치^{relaunch}를 가져야 한다고 밝혔다.¹⁰

　서로 거의 대면하지 않는 직원들은 사무실에서 자주 얼굴을 보는 직원들에 비해 신뢰, 친밀감, 이해 수준이 낮다고 보고했다.¹¹ 도널드는 이렇게 이야기했다. "제 팀들은 직접 소통할 때 사기가 더 높아지고 서로에 대한 호감도도 높아집니다. 그래서 저는 이들이 유대감을 쌓을 수 있도록 한 번씩 불시에 모임을 마련하기도 합니다." 한 예로 그는 두 팀을 모아 16명을 데리고 샌디에이고에서 이틀 밤을 보냈다. 모임 동안 프로젝트 이야기도 얼마간 했지만 대체로 식사를 하거나 골프를 치며 시간을 보냈다. "모두 한자리에 모이게 하는 것이 목표예요. 다들 비슷한 거리를 이동해서 와야 하는 중립적인 장소를 고르는 것이 좋습니다. 팀 여행 경비를 충당하느라 예산을 다시 짜야 하겠지만 여행에서 얻는 가치는 비용을 뛰어넘습니다. 여행 후에도 친밀한 관계가 계속되고, 서로 더 잘 알게 된 만큼 팀 간에 사이도 더 좋아지거든요."

　공동 연구를 진행한 닐리와 나는 대면이 현실적으로 어려운 상황이라도 훌륭한 관리자라면 직원들에게 디지털 도구의 사용을 독려해 동료애를 고취할 방법이 실제로 있음을 확인했다.¹² 우리는 지식 공유를 위해 사내 소셜 도구를 사용하는 기업 두 곳을 조사했다. 고위 리더들은 여러 부서의 직원들에게 페이스북이나 인스타그램을 사용하듯, 회사 소셜 플랫폼에 개인사에 대한 흥미로운 이야기나 근황을 정기적으로 공유해달라고 요청했다. 업무와 무관한 부분에서 관심사나 배경이 비슷한 동료를 발견한다면 업무와 관련한 일로 연락하기가 더 쉬워질 것이라는 생각이었다. 처음 직원들은 회사용 도구에 '페이스북 게시물 같은' 콘텐츠를 올리는 일을 어색해했지만 경영진은 단순한 독려만이 아니라 직접 개인적인 게시물을 올리며 모범을 보였다. 이내 플랫폼의 알고리즘은 업무 외 관심사가 유사한 사람들을 연결하기 시작했다. 회사는 직원들이 음식·스포츠팀·영화·운동 등에 관해 대화를 나눌 때 서로의 업무에 관해서도 알게 되고, 자신에게 업무상 도움이 될 만한 점들도 배우게 되며, 결국 일과 관련한 질문을 하기 위해 서로에게 연락하기 시작한다는 것을 확인할 수 있었다. 자신과 마찬가지로 독립영화를 좋아하는 동료와 유대감을 쌓는 경험을 한 직원은 이렇게 말했다. "영화 이야기를 하다 보니 까다로운 업무 문제에 대해서도 편하게 조언을 구할 수 있었어요."

사이가 먼 동료에게 다가가 가끔 협업까지 하는 관계로 발전하기 위해서는 소소한 화젯거리가 필요할 때가 많다. 디지털 도구에서 공유하는 업무 그리고 비업무 콘텐츠는 사회적 윤활제로 작용해 대화를 촉진할 수 있다. 중요한 점은 직원들이 서로 도움이 필요하지 않을 때는 게시물에 댓글을 달고 팔로우를 하며 가끔 협업하는 동료들과 가벼운 관계를 유지할 수 있다는 것이다. 이렇듯 교류가 이어지는 사이라면 상대가 도움을 요청할 때도 거래라는 느낌이 덜하고 유기적이고 자연스럽게 느껴진다. 큰 조직에서 직원들은 이런 교류를 통해 회사와의 연결성을 느낄 수 있고 자신을 공동체의 일원으로 인식하게 된다. 관리자는 직원들 사이에 이런 일상적이고 개인적인 연결을 독려하고 촉진해야 한다. 닐리와 내가 확인했듯, 관리자의 적극적인 독려가 없으면 직원들은 도구를 통해 서로 간에 연결성을 구축하려는 행동을 중단한다.

AI에 지능적으로 접근하라

앞에서 논의했듯, 새로운 기술이 업무를 어떻게 변화시킬지 관리자가 정확히 예측하기는 어렵다. 그 대상이 스스로 학습하고 주기적으로 역량을 개선하는 생성형 AI라면 예측하려는 시도는 더더욱 어리석은 일이 될 것이다. 따라서 이런 도구들이 불러오는 불확실성에 이미 많은 직원이 느끼는 불안감이 대규모 소진으로 이어지지 않도록 일터에서 AI에 접근하는 방식을 고려하는 것이 중요해졌다. 여기서 잠시 관리자와 조직 리더들이 AI를 어떻게 도입해야 직원들이 번아웃에 시달리지 않을지 논의해보고자 한다.

나는 그간 여러 회사에서 현재의 워크플로에 AI를 통합하려고 서두르는 와중에 직원들이 급격한 소진을 겪는 현상을 지켜봤다. 이에 새로운 도구를 다루면서 직원들이 경험하는 소진감을 완화할 방법을 찾고자 AI를 활용하는 지식 집약적 기업 열 곳과 프로젝트를 진행하기로 했다. 이 프로젝트에서 나는 리더들을 위한 프레임워크 하나를 만들었다. 직원들이 AI의 역량을 활용해 업무를 개선하고 조직에 기여하도록 이끄는 한편, 소진감은 겪지 않게 할 수 있는 프레임워크였다. 스텝STEP이라는 이름의 이 프레임워크는 상호 연결된 네 가지 활동으로 구성된다.[13] AI에게 자동화 또는 보강을 맡길 업무를 분류하고(segment), 직원의 역할을 전환하고(transition), AI의 진화하는 역량을 활용하도록 직원을 교육하고(educate), 업무 역할이 달라짐에 따라 새로운 학습을 잘 받아들이고 있는지 그리고 동료들에게 한 차원 높은 도움과 지원을 제공하는지를 반영해 성과를 평가하는(performance) 것이다.

스텝 프레임워크의 취지는 업무에 AI를 어떻게 활용할지 직원들이 능동적으로 모색하게 하고, AI로 조직을 어떻게 변화시킬지 결정하는 과정에도 참여시킨다는 것이다. 우리는 직원들이 AI를 사용할 때

AI 도입 과정을 위한 스텝 프레임워크

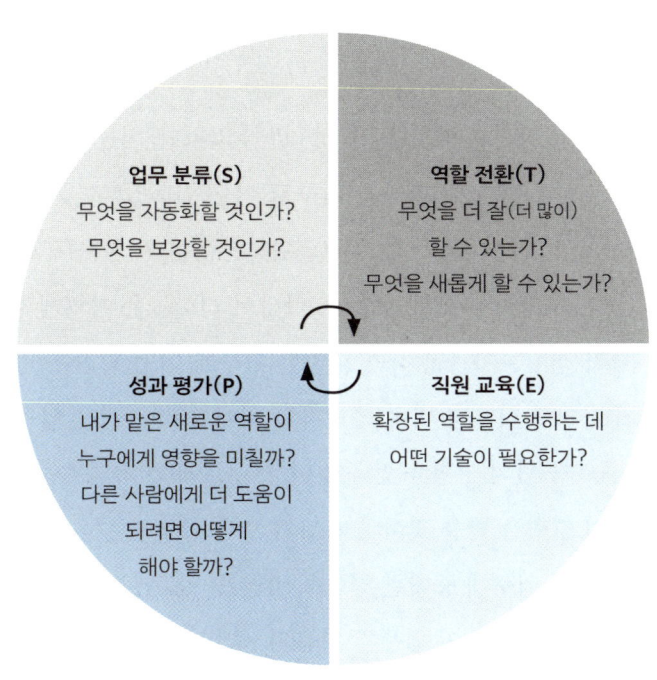

몰입하여 참여하고, 목적의식을 갖기를 바랐다. 나는 스텝 프레임워크가 이 두 가지를 모두 달성하는 데 도움이 된다는 것을 깨달았다.

스텝을 활용해 직원들을 더 깊은 소진의 수렁으로 밀어 넣지 않으면서 조직에 AI를 도입하는 방법을 설명하기 위해 성공적인 기업 세 곳의 사례를 보여줄 예정이다(여기서도 가명을 사용하겠다). 먼저 의료기기 제조사인 헬스코, 마케팅 에이전시 마크코, 광역도시계획 기관 어반거브. 이 조직들의 특정 부서는 스텝 프레임워크를 이용해 직원의 전문성과 AI의 역량을 결합했다. 이 성공적인 사례들을 통해 프레임워크 도입으로 직원들의 경험을 개선하고 소진을 방지하는 방법을 배울 수 있다.

업무 분류

AI가 우리의 일자리를 빼앗을 거라는 말이 많지만, 이는 지식 집약적 기업에서 직무 대부분이 다중의 업무로 이루어져 있다는 사실을 간과한 이야기다. 어떤 AI도 개별적으로는 인간 직원 한 사람이 맡은 모든 업무를 수행하지 못할 것이다. 따라서 리더들은 이렇게 물어야 한다. "AI가 직원들이 수행하는 다양한 업무에 어떤 영향을 미칠 것인가?" 추정치에 따르면 미국 근로자의 최대 80퍼센트는 업무의 최소 10퍼센트가 AI의 영향을 받을 것이고, 근로자 19퍼센트는 업무의 50퍼센트가 영향을 받을 것이다.[14] AI가 모든 업무에 손을 대지는 않겠지만 꽤 많은 업무에 중대한 영향을 미칠 수 있고 실제로도 그럴 것이다. 리더들은 직원들이 업무를 다음의 세 범주로 분류하도록 해야 한다. 첫째 AI가 할 수 없거나 해서는 안 되는 업무, 둘째 AI가 보강할 수 있는 업무, 셋째 AI가 자동화할 수 있는 업무다.

헬스코의 윤리 및 준법지원 부서는 신입 직원을 위해 챗지피티를 도입했다. 헬스코를 포함해 많은 기업의 리더들은 직원들에게 업무 세분화를 주도하도록 장려하며 업무 자동화로 이들의 일자리가 사라지지 않을 거라는 신뢰를 심어주었다. 윤리 및 준법지원 부서의 리더들은 먼저 직원들에게 AI가 그리 도움이 되지 않을 만한 업무를 가려내도록 했다.[15] 기업이 연방 정책을 잘 준수하고 있는지 판단하는 일, 그리고 외부 컨설턴트와 작업할 때 기업의 지식재산을 어느 정도까지 보호할 것인지 한도를 설정하는 일이 가장 먼저 언급됐다. AI가 할 수 없는, 인간의 판단과 맥락 이해 같은 능력이 필요한 일이었다.

다음으로 부서는 AI가 보강할 수 있는 업무를 분류했다. 시간이 많이 드는 작업 중 하나가 계약서나 제안요청서의 세부 사항이 정확히 반영돼 있는지를 확인하는 일이었다. 여기서는 AI가 매우 유용했다. AI는 제안요청서와 표준계약서 양식을 확인한 후 합의 조건을 반영한 계약서 초안을 완성했다. 그 후 어떤 점을 주의 깊게 봐야 하는지 등 이 분야에 경험 많은 법률 보조원이 초안을 검토하고 수정했다.

마지막으로 AI가 완전히 자동화할 수 있는 업무를 파악했다. AI가 단독으로 실행하기 알맞은 작업은 외부 관계자에게 계약 변경을 요청하는 까다로운 메일을 작성하는 일이었다. 이렇게 세 범주로 업무를 분류한 후 직원들은 이 업무들을 AI로 어떻게 보강하고 자동화할지 방법을 구체화하는 일에 착수했다.

헬스코를 비롯해 AI를 효과적으로 활용한 기업의 리더들은 AI가 어디서 어떻게 도움을 줄 수 있을지 평가하기에 가장 좋은 위치에 있는 사람들이 실무자라는 점을 잘 알고 있었기에 직원들에게 업무 분류를 주도하게 했다. 리더들은 직원들에게 AI 도구를 실험해보게 하고, 그 실험 결과를 공유하고 토론하여 최고의 접근법을 도출하는 회의도 여러 차례 진행했다. 직원들이 이 과정에 기쁜 마음으로 참여한 데는 두 가지 이유가 있었다. 첫째로 리더가 업무 분류를 맡겼다는 것은 곧 자신을 신뢰한다는 의미라는 점이다. 두 번째 이유가 더 중요할 수 있는데, 바로 업무의 일부를 자동화한다고 해서 자신이 일자리를 잃는 게 아님을 이해했다는 점이다.

역할 전환

AI가 업무를 더 빠르고 정확하게 처리한다면 직원들이 현재의 직무에서 해야 할 일이 줄어들 수도 있다. 그렇다면 두 사람이 하던 일을 한 사람에게 맡기고 인력을 한 명 줄이는 것도 하나의 선택지가 될 수 있다. AI에 비판적인 사람들이 우려하는 것이 바로 이 지점이다. 하지만 내가 함께했던 기업 열 곳 가운데 업무 자동화 및 보강으로 효율성이 높아져 일자리를 없애거나 없앨 계획인 기업은 단 한 곳뿐이었다. 또한 인력 감축의 규모도 작았다. 이보다는 다른 두 전략이 더 일반적으로 실행됐다. 즉 역할을 심화하거나 업그레이드하는 방식으로 전환하는 것이었다.

마크코에서는 채팅 기반 AI를 도입해 하위 직급의 마케팅 직원들이 제품 설명서나 브로슈어 같은 마케팅 자료를 만드는 과정을 돕게 했다. 그 덕에 반복적인 작업에서 해방된 직원들은 경쟁사 분석과 마케팅 캠페인 테스트에 집중할 수 있었다. 분석과 테스트 모두 회사가 원래부터 하던 일이었지만 자주 못 했을뿐더러 원하는 만큼 정교한 수준으로 실행하지 못했다. 이제 직원들이 이 업무로 전환할 여유가 생기자 회사는 그 분야에서 경쟁사가 따라올 수 없을 정도의 역량을 구축할 수 있었다.

리더들은 먼저 자사가 경쟁사 분석과 실험에서 역량이 부족하다는 것을 파악했다. 이에 그 분야를 깊이 있게 배울 만한 적성과 흥미를 가진 직원을 선정한 뒤 내부 전문성을 활용해 초기 교육을 제공했다. 마크코의 한 선임 AE는 이렇게 말했다. "저희 팀은 지금껏 경쟁 구도를 제대로 파악하지 못했어요. 더는 직원들이 마케팅 자료 서식을 고치는 데 시간을 낭비하는 일 없이 팀 인력을 정말 중요한 업무에 온전히 집중시킬 수 있어서 무척 기쁩니다."

역할을 전환하는 두 번째 방법은 업그레이드다. 업그레이드는 관리자들이 하던 일을 직원에게 맡기는 것이다. 예컨대 어반거브에서 신입 설계자의 업무는 보통 토지 이용 모델을 구축하는 데 국한됐다. 하지만 선임 설계자들이 해오던 새로운 모델링 시나리오 개발 작업을 세분화하고 일부 작업을 보강하고 자동화하여 신입 설계자들이 참여할 수 있게 했다. 업무의 균형을 맞추기 위해 선임 설계자들은 수석 설계자들의 일이었던 대외 관계 관리 업무를 맡았다. 수석 설계자는 이렇게 설명했다. "새롭게 맡을 업무가 없었다면 선임 설계자들은 신입 설계자들이 시나리오 개발에 참여하도록 쉽게 허락하지 않았을 겁니다. … 저 역시 신중한 평가 끝에 제 업무의 큰 몫을 선임 설계자들에게 넘기기로 했어요. 좋은 소식은, 이제 그 많던 대외 관계 업무에서 벗어나 새로운 방향에 집중할 수 있게 됐다는 겁니다."

내가 함께한 모든 조직에서 역할 전환의 핵심은 창의성이었다. 특정 영역에서 직원들의 전문성을 심화하든 상위 직급의 업무를 맡도록 하위 직급의 역할을 업그레이드하든, 리더들은 회사가 아직 하고 있지 않지만 새롭게 할 수 있는 일과 조직의 가장 하위 직급 또는 중간관리자급에 가치를 더할 수 있는 새로운 업무를 떠올려야 했다.

직원 교육

업무 분류와 전환 과정에서 직원들은 필히 새로운 기술을 배워야 한다. 이 새로운 기술 중 일부는 데이터와 알고리즘, AI 사용과 직접적으로 관련이 있다. 직원들은 새로운 AI 도구가 어떻게 작동하는지, AI를 회사 내부 문서나 데이터로 어떻게 학습시켜야 하는지(파인튜닝 fine-tuning), AI에게 원하는 일을 시키기 위해서는 어떤 명령어나 프롬프트를 작성해야 하는지(프롬프트 엔지니어링 prompt engineering), AI의 예측과 제안을 어떻게 평가해야 하는지를 배워야 한다.[16] AI 사용과 직접적인 연관성은 없지만, 직원 본인의 역할이 심화되거나 업그레이드되면서 새롭게 배워야 하는 기술도 있다. 경쟁 마케팅 분석이나 시나리오 계획 등이 여기에 속한다. AI의 역량은 빠르게 진화하기에 직원들은 계속해서 학습해야 한다.

AI와 함께 일하게 되면서 우리에게는 지속적인 변화라는 새로운 현실이 펼쳐졌고, 따라서 직원 교육을 최우선 과제로 삼아야 한다. 헬스코와 마크코, 어반거브 모두 지속적으로 직원들에게 새로운 기술을 교육시켜야 한다는 현실을 받아들였다.[17] 다만 방식은 각각 달랐다. AI와 데이터 기술에 대해서 헬스코는 HR Human Resources 부문의 학습 및 개발Learning and Development, L&D팀과 협력해 직원들을 위한 AI 및 사이버보안 부트캠프를 만들었다. L&D 직원과 대학교수들, 헬스코와 계약을 맺은 업계 전문가들 및 트레이너들이 교육과정을 담당했다. 윤리 및 준법지원 부서는 부트캠프 운영 비용을 HR 부문과 분담했고, 직원들은 강의 내용이 달라질 때마다 반복 수강할 수 있었다.

마크코는 지역 대학과 계약을 맺어 데이터 사이언스와 AI에 관한 새로운 기술을 직원들에게 가르치는 맞춤형 교육 프로그램을 만들었다. 그 대학은 직원들이 'AI 준비 완료' 인증을 받기 위해 통과해야 하는 일련의 테스트도 개발했다. 기술 진화에 따라 테스트도 달라졌고, 새로운 테스트를 통과하지 못한 직원은 프로그램을 재수강해야 했다.

이보다 훨씬 예산이 적었던 어반거브는 링크드인과 유다시티Udacity 같은 플랫폼에서 AI와 시뮬레이션, 데이터 관리를 가르치는 단기 강좌 프로그램을 구독했다. 이들은 직원들과 관리자들이 유용하다고 평가한 강좌들을 추려 목록을 완성한 후, 도시계획 프로세스에 참여하지만 AI와 직접적인 관련성이 없는 업무를 하는 직원들도 매달 목록에 있는 강좌 하나를 수강하도록 독려했다.

직원 교육을 성공적으로 지원한 기업들에는 두 가지 공통점이 있었다. 첫째, 학습이 조직 문화에 내재해 있다. 리더와 관리자들은 AI의 도입을 배움의 기회로 봤으며, 직원들이 AI 도입 즉시 활용 방법을 완벽하게 익히거나 AI에게 맡길 업무를 분류해낼 수 있을 거라고 기대하는 사람은 아무도 없었다. 리더는 직원이 AI의 역량을 탐색하고, 새로운 기술을 자신의 업무에 가장 잘 통합할 방법을 판단할 수 있기를 바랐다. 둘째, 사측에서 마련한 학습 기회에 직원들이 참여할 시간을 보장했다. 헬스코는 직원들에게 분기마다 최소 이틀은 부트캠프를 수강하거나 그곳에서 배운 기술을 복습할 수 있게 했다. 어반거브는 일주일에 3시간을 온라인 수강에 안배했다. 무엇보다 리더들은 AI 도구의 진화와 직원 교육 상황에 맞춰 업무 세분화와 역할 전환을 새롭게 검토해야 하는지 주기적으로 확인했다. 직원들은 자신의 기술이 역할에 직접적으로 영향을 미친다는 사실을 잘 알고 있었고, 이것이 동기가 되어 대단한 의욕을 가지고 배움에 임했다.

성과 평가

스텝 프레임워크의 마지막 단계에서 관리자들은 기존의 직원 평가 방식을 재고해야 한다. 직원들이 AI를 효율적으로 활용하도록 도운 리더들은 성과에 대한 생각과 관행을 새롭게 전환했다. 직원을 평가할 때 생산성을 결과 지표로 삼지 않고 입력값으로 삼았다. 업무 분류 과정에서 리더는 직원들에게 책임을 부여해 업무를 더욱 신속하고 정확하게 처리할 수 있도록 AI 도구를 적절하게 활용할 방안을 직접 판단하게 했다. 그 결과 생산성은 직원이 자신의 성과를 평가받는 기준이 아니라 직접 관리하는 대상이 됐다. 마크코의 고위 리더는 이렇게 덧붙였다. "예전에는 직원들이 얼마나 생산성을 발휘하는지 평가했습니다. 하지만 AI로 업무를 함께하는 지금은 그런 방식이 통하지 않아요. 이제는 직원들이 AI를 가장 생산적인 방식으로 활용할 방법을 찾아내리라고 믿고 맡깁니다. 우리가 직원에게 기대하는 것, 그들을 평가하는 방식이 모두 달라졌어요."

회사 열 곳의 직원 평가 방식에서 가장 핵심적으로 달라진 점은 직원들이 서로를 얼마나 도왔는지에 초점을 맞춘다는 것이다. 사람들은 홀로 고립되어 일하지 않는 만큼, AI가 한 직원에게 가져온 변화는 그 자신과 다른 직원들의 상호작용에도 연쇄적으로 영향을 미칠 가능성이 크고, 결국 수많은 이들의 업무에 반향을 일으킨다.[18] 조직에 AI를 성공적으로 통합한 리더들 역시 이런 사실을 인지하고, 직원들이 서로 학습하고 적응하도록 돕는 것이 가치를 창출하는 중요한 방법이라고 생각했다. 어반거브의 상무이사는 이렇게 말했다. "AI 시대에 직원들에게 바라는 것은 서로가 가르치고 배우며 업무 자체를 새롭게 다시 설계하는 것입니다. 모두가 함께하는 일인 거죠."

그 결과 내가 연구한 모든 기업에서 성과를 평가하는 방식이 여러 면에서 달라졌다. 첫째, 업무 분류와 전환으로 직원들이 무엇을 어떻게 해야 하는지에 대한 기대치가 순식간에 달라졌다. 업무 역할이 1년에도 몇 번이나 바뀌었고, 초반에 정한 목표가 평가 기간이 끝날 즈음이면 무의미해지는 경우가 많아 연간 성과 평가는 아무런 효용이 없게 됐다. 내가 연구한 모든 회사에서 평가 주기를 단축했는데, 대부분 분기별 회의를 선호했다. 둘째, AI 사용으로 업무와 역할이 달라진 직원들은 계속해서 새로운 사람들과 상호작용하게 됐다. 이에 성과 평가에서는 직원이 그 기간에 가장 자주 교류한 사람이 누구이고, 또 그들에게 도움이 되는 협업자였는지가 가장 중요하게 작용했다. 다수의 회사에서는 상호작용한 동료들이 평가 대상인 직원에게서 얼마나 도움을 받았는지 의견을 제공했다. 이런 방식에는 관리자들보다 도움을 받은 당사자가 더 정확하게 평가할 수 있다는 장점이 있었다. 또한 평가가 짧은 간격으로 이뤄지는 만큼 함께 일한 동료들의 평가를 바로 반영할 수 있었고, 직원들은 필요한 경우 동료들에게 더 많은 도움과 지원을 제공하는 방향으로 행동을 바꿀 수 있었다.

헬스코는 가장 과감하고도 기술적으로 가장 진보한 방식으로 성과 평가 시스템을 개편했다. 헬스코 HR 부문의 데이터과학자들이 직원들이 사용하는 이메일, 슬랙, 캘린더에서 데이터를 추출해 누가 누구에게 가장 의존하는지를 보여주는 소셜 네트워크 대시보드를 만들었다. 대시보드를 통해 6주마다 직원들에게 그 기간에 가장 자주 협력한 동료들의 목록을 보내 서로의 상호작용을 평가하게 했다. 이 데이터는 후에 직원들과 관리자들에게 공유됐고, 이를 통해 직원들은 자신의 협업 성과를 측정하고 개선할 수 있었다.

이 새로운 접근법을 시행하고 2년 후, 헬스코 직원들은 평가 시스템에 대한 만족도가 72퍼센트 상승했다고 보고했다. 윤리 및 준법지원 부서의 한 고위 리더는 이렇게 밝혔다. "시스템이 새롭게 개편되면서 이제 직원들은 상사들에게서만 이야기를 듣지 않습니다. 자신과 함께 일하는 사람들에게서 직접 피드백을 받죠. AI로 업무 수행 방식이 빠르게 변화하고 있는 지금, 이런 피드백이 대단히 중요해졌습니다. 모두가 서로를 도와야 하죠. 직원들은 자신이 타인에게 도움이 된다는 사실을 확인할 때, 더 유익한 도움을 줄 기회를 발견할 때 성과가 더 좋아집니다."

마크코와 헬스코, 어반거브의 사례는 스텝 프레임워크가 조직에 대단히 유익하다는 사실을 보여준다. 마크코에서는 반복적인 마케팅 업무를 AI에게 맡긴 덕분에 직원들이 경쟁사 분석이나 캠페인 테스트와 같은 더욱 가치 있는 일에 집중할 수 있었다. 역할이 심화되면서 직원들은 더 몰입했고 회사에 가치를 더할 수 있었다. 헬스코는 업무 분류와 전환 과정에서 직원들이 업무 자동화를 위협이 아닌 자신의 역할을 강화할 기회로 인식하게 했다. 업무 분류 과정에 직원들을 참여시키고 지속적인 교육을 제공한 헬스코는 신뢰와 배움의 문화를 구축했다. 어반거브가 역할 업그레이드에 접근하는 방식은 업무를 재구성하는 데 창의성이 중요하다는 점을 보여주었다. 업무와 책임을 재분배하는 과정에서 회사는 신입 설계자와 선임 설계자 모두에게 역량을 발휘하고 더욱 성장할 수 있는 업무를 맡겨 의미와 도전 정신을 경험하게 했다.

일터에서 디지털 소진을 유발하는 문제 대부분은 시스템에서 비롯된 것으로, 변화를 만들 권한이 있는 책임자들이 나서야만 바로잡을 수 있다. 직원들이 이 책에 소개된 여덟 가지 규칙을 적용해 디지털 소진에 선제적으로 대처할 수 있다고 해도, 디지털 소진을 불러오는 부정적인 관행을 예방할 수 있는 환경이 조성돼야만 가장 큰 효과를 경험할 수 있을 것이다.

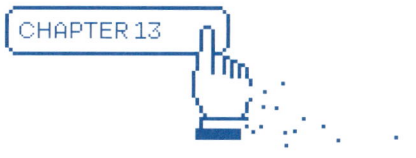

디지털 네이티브를 키우는
부모를 위한 제안

이번 장에서 양육에 관해 이야기하려는 것은 아니다. 자녀들이 디지털 세계에서 성공적으로 살아갈 방법을 다루지도 않는다. 아이들의 스크린 노출 시간을 제한해야 한다거나, 몇 살 때까지 기다렸다가 휴대전화를 사줘야 한다거나, 아이들의 소셜 미디어 계정을 주기적으로 확인하라는 등의 조언 또한 하지 않을 것이다. 나는 아동 심리학자도 가족 심리치료사도 아니고, 아동 및 청소년의 미디어 소비를 연구하는 학자도 아니다. 이런 주제에 초점을 맞춘 책들이 이미 많이 나와 있고, 당신에게 조언해줄 적절한 자격을 갖춘 전문가들도 많다. 전문적인 도움을 어디서 찾아야 할지 궁금하다면 주석을 참고하길 바란다.[1] 무엇이 좋은 증거이고 또 무엇이 그렇지 못한지를 가려내는 데 익숙한 사회과학자이자 부모이기도 한 내가 특히 훌륭한 통찰을 담고 있다고 판단하는 자료들을 정리해뒀다.

이 장에서는 디지털 시대의 부모가 침착함을 유지하는 방법에 대해 이야기할 것이다. 지난 몇 년간 내가 대화를 나눈 부모들 가운데 어찌할 바를 몰라 혼란스러워하던 이들의 사연을 몇 가지 소개한다.

"부모가 되는 것이 이렇게까지 지치는 일일 줄은 상상도 못 했습니다. 부모로서 시달려야 하는 온갖 기술적인 일들 때문에요. 카풀 연락부터 학교에서 오는 메시지, 상담사들에게서 오는 이메일, 아이들이 어느 경기장에서 게임을 하게 될지 알려주는 앱까지…. 거기에 아이들에게 휴대전화를 사줘야 할지, 소셜 미디어 이용은 언제부터 허용하는 게 맞는 건지도 고민입니다. 혹시나 애들이 온라인에서 나쁜 짓이라도 하진 않을지 걱정이 됩니다. 신경 써야 할 일이 너무 많아요."

_ 스티브, 두 자녀(14세, 8세)를 둔 부모

"아이들이 어렸을 때, 그러니까 영유아였을 때는 항상 저를 필요로 해서 정말 피곤했거든요. 그런데 지금이 더 피곤해요. 아이들 스케줄 관리를 다 제가 해야 하거든요. 지금도, 아이들끼리 같이 어울려 노는 날짜를 잡자고 엄마 두 명에게서 연락이 왔어요. 아들네 반 파티에 간식이 필요해서 페어런트스퀘어 앱도 계속 확인해야 하고요. 또 아들 인후통 때문에 [의료용 앱으로] 상담 간호사 연락도 기다리고 있어요. 이 모든 걸 챙겨야 하니 정신이 하나도 없어요."

_어맨다, 세 자녀(13세, 8세, 4세)를 둔 부모

"아들이 학교가 늦게 끝나면 문자 메시지를 보내기로 돼 있어서 스마트폰을 계속 가지고 있어야 해요. 그런데 아이가 메시지를 잘 안 보내니까 아들이 늘 들어가 있는 스냅Snap에 가서 거기서는 답을 하는지 확인해야 해요. 그 와중에 또 다른 아들이 참여하는 플래그 풋볼팀 학부모가 페이스북 DM을 보내서 연습 시간이 몇 신지 물어봐요. 시간이 맨날 바뀌거든요. 그런데 저도 모르니까 게임체인저 앱을 봐야 하죠. 코치가 경기 시간을 문자 메시지로 보냈는지 앱에 올렸는지 전화로 알려줬는지 기억도 안 나요. 미칠 지경입니다."

_ 호아킨, 두 자녀(17세, 12세)를 둔 부모

"정말 화가 나서 못 견디겠어요. 우리가 한창 자라날 때는 부모님들이 이런 기술을 다룰 필요가 없었잖아요. 그때는 문자 메시지가 없었으니까 다른 부모들이 계속 문자 메시지를 보내지도 않았고, 캔버스가 없었으니 부모님이 과제마다 성적을 확인할 수도 없었죠. 그런데 지금은 모든 게 기술을 통해 이뤄져요. 선생님은 아이들이 전부 휴대전화를 가지고 있으니까 언제든 집에 전화하면 부모가 데리러 올 수 있을 것으로 생각하고 수업을 일찍 끝내요. 제가 어렸을 때는 수업이 끝나도 엄마가 데리러 올 때까지 기다려야 했거든요. 이 온갖 기술 때문에 완전히 번아웃 상태예요. 부모님 세대가 부러울 정도입니다."

_로다(내 아내), 세 자녀(13세, 12세, 10세)를 둔 부모

어쩌면 나처럼 당신도 디지털 세계에서 아이를 키우며 당신과 똑같은 좌절감을 경험하는 사람들이 있다는 것만으로도 덜 미치겠고,

덜 외롭다고 느낄지 모른다. 요즘 시대의 양육에 관해 나와 대화를 나눈 수백 명 중 디지털 기술 덕분에 아이 키우는 일이 쉬워졌다고 말하는 사람은 단 한 명도 없었다. 물론 신속하게 계획을 세울 수 있다거나 필요할 때 아이들과 연락할 수 있다는 점은 많은 이들이 장점으로 꼽았지만, 디지털 시대의 양육이 어렵고도 고된 일이라는 점에서는 대체로 의견이 일치했다.

디지털 기술을 사용하는 아이들을 키운다는 것이 얼마나 큰 부담인지, 또 그 부담감이 얼마나 큰 스트레스와 피로를 유발하는지도 우리는 잘 알고 있다. 자녀의 기술 사용을 어떻게 관리해야 하는지 알려주는 연구도 상당히 많다. 하지만 놀랍게도, 우리와 우리 아이들을 둘러싸고 있는 디지털 기술, 데이터, 소통의 그물에 갇힌 부모들의 소진은 어떻게 다뤄야 하는지 알려주는 연구는 너무나 적다. 나는 우리가 부모로서 경험하는 디지털 소진을 해결하지 않으면 아이들에게 부정적인 영향을 미칠 것으로 생각한다. 일련의 연구를 통해 부모가 경험하는 높은 수준의 소진은 부모와 자녀 관계의 악화와 상관관계가 있고, 극단적인 경우 방임과 아동을 대상으로 한 폭력적 행동과도 관련될 수 있음이 충분히 입증됐다.[2]

비행기가 이륙할 때마다 승무원들이 알려주듯, 기내의 압력이 떨어지면 자신이 먼저 산소마스크를 착용한 후 자녀를 도와야 한다. 산소 부족으로 의식을 잃으면 부모인 당신만이 아니라 자녀의 생명까지 위험해진다. 이와 마찬가지로 부모가 자신의 디지털 소진을 먼저 해결하지 않으면 소진을 경험하는 아이들을 도울 시간이나 체력, 인내심, 관계적 자본이 바닥나는 끔찍한 상황에 빠질 수도 있다.

따라서 부모로서 디지털 기술과의 관계를 재정립하는 여러 가지 방법을 살펴볼 예정이다. 이 주제와 관련해 발표된 연구가 거의 없는 만큼, 주로 내 연구 데이터를 근거로 방법을 제시하고 내가 만났던 부모들의 사례를 소개하고자 한다. 여기서 소개할 전략들은 앞서 언급한 규칙 다수를 포함하며, 부모가 디지털 소진을 줄이기 위해 따를 수 있는 간명한 가이드 형태로 제시할 예정이다.

그림자 노동 시간을 계산하라

LA의 교외 지역에 사는 마리는 열네 살, 열한 살, 여덟 살짜리 세 아이를 둔 엄마다. 그녀는 한 기술 회사의 영업 관리자로 일하고 있지만 근무 시간이 유연해서 출근과 재택근무 중에 선택할 수 있다. 마리의 인생에서 지금 시기를 한마디로 정의하자면 '라이더'라고 할 수 있을 것 같다. 그녀는 이렇게 말했다. "온종일 차 안에 있는 기분이에요. 아이들이 학교를 두 곳으로 나눠서 다니는데 등교 시간도 달라요. 남편과 분담해서 아이들을 각자 학교에 데려다준 후 저는 출근할 때도 있고 집으로 돌아오는 날도 있어요. 일주일에 적어도 두 번은 병원에 갈 일이 생기거나 아이 교정기를 조정해야 하거나 그래요. 하교 후 아이들을 태워 병원에 가야 하죠. 교통 상황에 따라 병원에 가는 데만 30분이 걸리기도 해요." 세 자녀 모두 1년 내내 축구 클럽에 참여한다. 아들은 난독증이 있어 일주일에 한 번 치료사에게 데려가야 한다. 학교에서 뮤지컬 프로그램에 참여하는 큰딸은 연습이나 공연으로 저녁에 끝날 때가 많다. 남편 닉도 아이들을 데려다주고 태우러 가는 일을 분담하지만 출장이 잦아 대부분 일을 마리가 책임져야 한다.

지식 근로자로 유치원부터 고등학생 시기의 아이들을 키우는 부모들과 인터뷰를 자주 한 나는 마리의 사연과 비슷한 이야기를 수없이 들었다. 물론 지역이나 국가에 따라 차이는 있을 것이다. 도심에서 아이를 키우는 부모는 대중교통이 잘 갖춰져 있어 운전하는 시간이 더 적은 편이다. 미국 외 국가의 부모들은 과도할 정도로 일정이 빼곡한 미국 아동들에 비해 방과 후 활동이 적다고 보고한다. 미국의 시골 지역과 글로벌 사우스 Global South (아시아·아프리카·남미의 개발도상국을 포괄하는 개념으로 남반구라는 지리적 위치보다 경제적 측면과 정치사적 측면이 더 핵심적으로 고려된 구분이다-옮긴이) 국가의 부모들은 아이들을 데려다주고 데리러 가는 일련의 활동에 이모와 삼촌, 형제자매 등 다른 가족 구성원들의 도움을 많이 받는 것으로 알려졌다. 마리의 상황이 다소 극단적으로 느껴질 수도 있겠지만 그리 드문 일은 아니다.

어쨌든 이런 지역적 차이에도 불구하고 전 세계적으로 부모가 느끼는 피로의 총량은 대체로 비슷해 보인다. 아이들을 태우고 다니는 일만큼은 부모가 느끼는 피로감에도 파킨슨의 법칙 Parkinson's law 이 적용되는 듯하다.[3] 다양한 활동에 아이들을 데려다주고 데리러 가는 횟수에 비례해 부모가 경험하는 소진 또한 증가한다는 얘기다.

다른 부모들과 협력해 운전기사 노릇이 조금이라도 수월해지게 하려는 부모들이 많다. 마리는 이렇게 설명했다. "그런 도움을 못 받는다면 정말 정신이 어떻게 되거나 아니면 애초에 이 모든 일을 해내지 못할 거예요. 아이들 카풀을 하는 모임도 여럿 참여하고 있고, 필요할 때 서로 도움을 주고받는 친구들도 있어요." 마리는 개인적으로 아는 부모들과는 단체 채팅방에서 대화하고 조금 덜 친한 학부모들과는 스포츠팀, 학교 관련, 그 외 특별활동용 앱들을 통해 메시지를 주고받는다. "모든 일을 확인하고 모든 사람과 소통하기 위해 너무 많은 기술을 써야 합니다. 굉장히 피곤해요."

디지털 기술 덕분에, 치과 진료가 늦어져 아이 픽업 시간을 조정해야 한다고 친구에게 알리는 등 긴급한 상황이나 변수에 빠르게 대처할 수 있게 됐다. 하지만 이렇게 기술을 사용하다 보니 상당한 수준의 '그림자 노동shadow labor'도 생겨난다. 나는 디지털 모델링 작업을 인도에 위탁하는 한 대형 자동차 회사와 프로젝트를 하며 그림자 노동이라는 개념을 처음 접했다.

이 자동차 회사는 수십 년 동안 여러 나라에서 엔지니어링 시설과 조립 공장을 운영해왔다. 그러다가 인터넷이 확산되고 디지털 설계로 전환되면서 몇 년이 걸리던 차량 설계와 제조 공정을 작은 단위로 분할해 다른 나라의 노동자들에게 아웃소싱하면 몇 시간 만에 끝낼 수 있게 됐다. 미국 엔지니어들은 이 작업을 인도로 보내 처리하면 자신들은 더 가치 있고 흥미로운 일을 할 수 있으리라 생각하고 새로운 변화를 반겼다. 하지만 얼마 지나지 않아 이들은 인도의 엔지니어들이 아무리 유능하다고 해도 작업에 필요한 디지털 파일들을 모두 취합하고, 어떤 일을 해야 하는지 설명하는 이메일을 쓰거나 통화를 하고, 새로운 작업에 참고할 만한 이전 작업 사례를 정리하고 질문에 답하는 데 자신들이 굉장히 많은 시간을 써야 한다는 사실을 깨달았다. 나는 프로젝트를 추적하는 로그를 통해 미국 엔지니어들이 프로젝트와 관련해 인도 엔지니어와 소통하는 데 어느 정도의 시간을 쓰는지 확인했다. 당시 미국 엔지니어들은 평균 규모의 프로젝트라면 업무를 완성하는 데까지 약 5시간이 걸린다고 추정했다. 프로젝트 추적 로그를 통해 확인한 바에 따르면, 새로운 프로젝트를 아웃소싱했을 때 미국 엔지니어들은 업무에 관해 설명하느라 인도 엔지니어와 약 4시간 30분을 소통했다. 즉 업무를 인도에 위탁해 절약하는 시간이 30분에 불과했던 셈이다.[4] 다행스럽게도 나와 함께 일하면서 팀은 그림자 노동 시간을 크게 줄여나갔다. 그렇지만 완전히 없앨 수는 없었다.[5] 기업의 경영진이 홍보하던 '원활한 이전'이나 '24시간 엔지니어링'의 꿈은 끝내 완벽히 실현되지 않았다.

　마리를 포함해 내가 대화를 나눈 여러 부모의 그림자 노동 시간이 자동차 회사의 엔지니어들처럼 몇 시간에 달할 것이라고는 생각지 못했다. 나는 부모 10명에게 자녀들을 여러 활동에 데려다주고 데려오는 일정을 조율하기 위해 배우자, 보육 제공자, 다른 부모들과 디지털 도구로 소통하는 데 쓰는 시간을 기록해달라고 부탁했다. 10명의 평균 소통 시간은 일주일에 3.25시간이었다. 구체적인 사례들을 들여다보니 부모들이 카풀을 조율하는 데 쓴 시간이 직접 운전해 아이를 데려다주는 데 드는 시간과 비슷한 경우가 많았다. 조사에 참여한 부모 중 한 명인 그레타는 이렇게 설명했다.

> 아이를 밴드 연습에 데려다주는 일정을 학부모 세 명과 조율해요. 각자 요일을 정해 한 명이 데려다주고 다른 한 명이 데리고 오는 방법도 시도했는데 계획대로 된 적이 거의 없어요. 다들 다른 자녀도 있고, 다른 스케줄도 있고 일도 하고 해서 자꾸 일정이 꼬이거든요. 그래서 [그녀는 내게 하루에만 메시지 32개가 오간 대화창을 보여주었다] 픽업을 못 하게 됐다, 누가 대신 해줄 수 있느냐, 아이들한테는 누가 이야기할 거냐, 오늘도 같은 시간에 연습이 끝나는 게 맞느냐, 이런 이야기가 계속 오가요. 이 메시지 창을 확인하고 답하고, 밴드 연습 종료 시간을 확인하려고 학교 앱과 이메일에 들어가고 이러면서 아이들 차량 문제를 조율하는 데만 15분을 썼어요. 우리 집에서 연습실까지 왕복 20분이거든요. 제가 그냥 다녀오는 편이 더 빨랐을 거예요.

하지만 내가 함께 일했던 자동차 회사와 달리, 여기서 벌어지는 그림자 노동 시간은 점차 줄어들 거라는 희망이 보이지 않았다. 양육의 세계에서는 계획을 망쳐놓는 예기치 못한 사건이 언제든 벌어질 수 있다고 상정해야 한다. 이런 돌발 상황은 변수가 아니라 상수다. 따라서 디지털 도구로 일정을 편하게 조율하던 부모들은 마찬가지로 그 소통의 편리함에 기댄 누군가가 막판에 도움을 요청하는 상황에, 그리하여 모두가 감내해야 하는 그림자 노동 시간이 늘어나는 상황에 갇히고 만다. (1장에 등장했던) 크리스틴 베크만과 멀리사 마즈매니언이 직장에 다니는 부모들을 연구하며 관찰한 현상과 유사하다. 우리 삶 일부를 외주로 맡길 수 있게 해준 바로 그 기술 때문에 도움을 제공하는 사람들과 끊임없이 연락을 주고받으며 조율해야 하는 패턴에 갇혀버렸고, 스트레스와 소진은 훨씬 커졌다.

마리는 디지털 도구로 다른 부모들과 일정을 조율하느라 얼마나 많은 그림자 시간을 쓰는지 깨닫고는 카풀 일정을 모두 취소했다. "비용 대비 편익을 따져보니 사람들과 일정을 조율하느라 실제로는 시간을 거의 절약하지 못했더라고요." 자신의 분석 결과를 살펴본 마리는 아이들의 이동을 직접 책임지기로 했다. "이제는 다 합쳐서 15분 정도 더 쓰는 것 같아요. 그래도 수많은 사람과 계속 연락을 주고받지 않아도 되고, 내가 뭘 놓치고 있는 건 아닌지, 어떤 앱을 확인해야 하는지 신경을 쓰지 않아도 되니 덜 지치는 느낌이에요. 이것만으로도 충분히 가치가 있어요."

가장 인상 깊었던 점은 일주일에 차에서 몇 분 더 보내는 편이 차에서 보내는 시간을 줄이기 위해 온갖 소통을 해야 하는 시간보다 덜 피로하게 느껴질 수 있다는 사실이다. 물론 모든 부모가 직접 하고 말겠다고 결정을 내릴 사치를 부릴 수 있는 것은 아니다. 다만 마리의 사연은 우리 삶을 더 편안하게 해줄 것으로 기대했던 도구 때문에 그림자 노동 시간이 생겨난다는 것을 생각지 못할 때가 많음을 보여준다. 디지털 도구로 발생하는 그림자 시간을 계산해보고, 그 시간이 소진이라는 대가를 치를 만큼 가치가 있는지 판단해보길 바란다. 부모로서 현명한 결정을 내리는 데 도움이 될 것이다.

놓치는 기쁨을 누려라

지금까지 디지털 소진을 주제로 대화를 나눈 수많은 이들이 '소방호스로 물을 들이켜는 기분'이라는 상투적인 표현을 썼다. 휴대전화, 태블릿, 컴퓨터, TV, 비디오게임 콘솔, 스마트 스피커로 우리는 수많은 앱에 연결되고, 이 앱들을 통해 방대한 데이터에 접근한다. 이 데이터들이 우리가 다가갈 때까지 얌전히 기다리고만 있는 것도 아니다. 앱은 메시지, 알람, 알림 등 온갖 방식으로 데이터를 우리에게 들이민다. 니르 이얄Nir Eyal, 애덤 알터, BJ 포그BJ Fogg를 포함해 여러 저자가 보여줬듯이 우리가 사용하는 디지털 앱 다수는 우리를 사로잡기 위해 예측 불가능한 주기로 데이터와 정보를 제공하도록 설계돼 있다. 이는 '변동 비율 강화variable ratio reinforcement'라는 심리학 원리에 근거한다. 즉 어떤 행동을 유지시키는 데는 일정한 간격에 따라 보상을 하는 것보다 무작위로 또는 불규칙한 간격으로 보상을 제공하는 편이 더 효과적이라는 얘기다. 더는 소방호스로 물을 들이켜는 게 아니다. 데이터가 한번 쏟아질 때 소방호스가 물을 뿜어내듯 하는 건 맞지만, 우리가 예측할 수 없는 박자에 쏟아져 나온다. 휴대전화를 포함해 디지털 기기의 유혹에 저항하기 어려운 이유 중 일부이기도 하다. 무언가가 당장이라도 쏟아져 나오리라는 것을 알기에 차라리 그냥 확인하자는 심리다.

대부분의 부모가 경험한 일이듯, 그 소방호스는 대체로 불편한 타이밍에 우리를 흠뻑 적신다. 회사에 있을 때 아이 학교에서 메시지가 들어오고, 저녁 식사를 준비 중일 때 아이의 농구 경기 시작 시간이 바뀌었다는 문자 메시지를 받는다. 1장에서 배웠듯, 이렇게 간헐적으로 수신되는 메시지는 영역과 무대를 넘나드는 맥락 전환을 일으켜 우리를 지치게 한다. 또한 3장에서 본 것처럼 불규칙한 간격으로 들어오는 데이터는 뭔가 중요한 이야기나 활동을 놓치고 있는 것은 아닌가 하는 두려움을 자극한다.

포모는 부모들에게 실로 큰 문젯거리다. 10대 자녀 두 명을 둔 니키는 이렇게 말했다. "아들이 속한 스포츠클럽 팀에서 문제가 좀 생겨서 몇몇 아이가 다른 팀으로 옮긴다는 이야기가 나왔어요. 문자 메시지로 굉장히 긴 이야기가 오갔고, 그다음에는 팀 앱으로, 또 전화로 계속 연락이 왔죠. 일주일 내내 그랬던 것 같아요. 제가 계속 확인을 하니까 아들이 저한테 너무 집착하는 것 같다고 하더라고요. 그래도 사람들이 어떤 이야기를 하는지 알고 싶었고 소외되고 싶지 않았어요." 니키도 모든 대화를 당장 확인할 필요는 없다는 것을 알고는 있었지만 (그녀의 표현에 따르자면) "불빛에 달려드는 불나방처럼" 멈출 수가 없었다. 그녀는 놓칠까 봐 두려웠고, 포모 증후군 탓에 스마트폰 알림에 사로잡힌 그녀는 다른 일들은 손도 대지 못했다.

친구들 사이에서든, 아이 친구들의 부모들 사이에서든, 학교·스포츠팀·음악클럽 등과 연결되는 기기 안에서든 어디선가는 항상 어떤 일인가가 벌어지고 흥미진진한 사건이 실시간으로 펼쳐진다. 아이들의 삶, 그리고 부모의 삶에까지 영향을 미치는 중요한 정보를 놓칠지 모른다는 두려움은 크게는 '부모 번아웃'을, 구체적으로는 디지털 소진을 불러오는 중요한 원인으로 밝혀졌다.[6] 이런 두려움을 어떻게 잠재울 수 있을까? 한 테크 기업이 저지른 실수에서 그 답을 찾을 수 있을지도 모른다.

  2021년 10월 4일, 페이스북과 인스타그램, 메신저, 왓츠앱의 모회사인 메타에 심각한 기술적 장애가 발생했다. 약 7시간 동안 사용자들은 메타의 플랫폼들에 로그인을 할 수 없었고, 자신의 계정에 접속하지 못하거나 그 플랫폼들에서 어떤 리소스도 사용하지 못한 사람들이 수십억 명에 달했다. 그뿐 아니라 세계적으로 가장 큰 메시징 서비스인 메신저와 왓츠앱 소통도 중단됐다. 서비스 중단 직후, 이스라엘 바르일란대학교의 탈 에이탄Tal Eitan와 탈리 가지트Tali Gazit는 메타 플랫폼들을 자주 사용하는 이스라엘 성인 500명을 대상으로 설문조사를 진행해 포모 수준을 비롯해 여러 지표를 측정하고, 서비스 장애가 지속되는 동안 어떤 경험을 했는지에 관해 개방형 질문을 했다.[7] 예상했듯, 사람들은 서비스 장애가 시작되자마자 높은 수준의 포모를 경험했다. 자신들이 어둠에 갇혀 있느라 다른 이들이 플랫폼에서 공유하는 정보나 활동을 놓칠까 봐 걱정했다. 하지만 서비스 장애가 세계적으로 일어나고 있음을 깨닫고는 안도감을 느꼈다. 두 연구자의 표현에 따르면, 참가자 다수가 기쁨을 표했다.

  이런 결과에 흥미를 느낀 연구자들은 전 세계가 여전히 소셜 미디어를 사용하는 상황에서 본인이 의도적으로 소셜 미디어에 거리를 둘 때 놓치는 기쁨(조모Joy of Missing Out, JOMO)을 경험할 수 있을지 체계적으로 연구해보기로 했다. 후속 연구를 통해 사람들이 포모와 조모를 교환하기란 쉽지 않은 일로 드러났다.⁸ 연구 결과 고등학생, 대학생 연령대의 싱글로 심리적 안녕감이 낮고 소셜 미디어를 자주 사용해온 사람들은 소셜 미디어에서 단절될 때 대체로 조모를 경험하지 못했다. 이들은 소외되는 기분에 두려움과 불안함을 느꼈다. 한편 한창 육아에 전념할 연령대에 심리적 안녕감이 높은 사람들은 초반의 금단 시기를 지나고 나면 조모를 경험하기 시작했다. 조모를 경험할 방법을 조사한 여러 연구를 통해 마음챙김의 태도로 디지털 기기를 사용하고 소방호스에서 의식적으로 한발 물러서는 결정을 스스로 내릴 때, 지금 당장 어떤 일이 벌어지는지에 무관심해지며 더없이 행복한 감정을 느낀다는 것이 드러났다.⁹ 또한 이 연구에 따르면, 기술과 무관하고 인지적으로 몰입할 수 있는 활동을 찾으면 자신이 부재하는 동안 앱에서 어떤 일이 벌어지는지 신경을 덜 쓰게 된다.

조모에 관해 처음 알게 됐을 때만 해도 니키는 반신반의했다. "이상한 이야기처럼 들리긴 해요. 그래도 어떤 느낌인지 알 것 같아요. 주변에서 다른 학부모들이 소란스럽게 굴고 온갖 이야기가 소용돌이치는 와중에 거기에 휘말리지 않겠다고 선택하고 물러서면 명상에 빠지는 듯 고요해지는 느낌을 받을 수 있을 것 같아요." 그녀는 한번 시도해보기로 했다. 아이들 일정을 조율할 때 사용하던 여러 앱의 푸시 알람을 껐고, 하루를 마무리하는 저녁 시간에만 확인하기로 했다.¹⁰ 그뿐 아니라 아들의 라크로스팀 학부모들이 모여 있는 단체 채팅방에 정신없이 올라오는 메시지들을 밤까지 읽지도 응답하지도 않기로 했다.

그렇게 2주를 보낸 후 니키는 어느 정도 성과가 있었다고 보고했다. "다른 부모들은 정신없이 분주한데 저는 그럴 필요가 없다는 데서 해방감이 느껴졌어요. 이제는 휴대전화에서 '딩동' 하고 알림음이 들려도 '나중에 봐도 돼'라고 생각할 정도가 됐죠. 사실 꽤 좋았어요. 에너지도 전보다는 조금 더 넘치는 것 같고요." 물론 대가도 있었다. 니키가 응답을 빨리하지 않는 바람에 그녀의 의견은 반영되지 않은 채 결정이 내려지기도 했다. 하지만 니키는 실시간으로 대화를 쫓아가는 것보다 자신의 의견을 전하지 못하는 편이 스트레스가 더 적다고 고백했다.

태도를 바꾸겠다고 마음먹고, 다른 사람의 생각이나 행동에 신경 쓸 바에는 얼마간의 통제력을 희생시키는 편이 더 가치 있다고 생각할 때 조모를 경험할 수 있다. 이를 시도해본 대부분의 부모는 자신이 놓쳤다고 생각했던 것들이 알고 보니 사소한 일들이었고, 사람들의 대화에 뒤늦게 합류하는 것을 이제는 즐기게 됐다고 털어놨다. 네 자녀를 둔 아버지인 마르코는 이렇게 말했다. "휴대전화를 켜서 다른 부모들 사이에 일어난 온갖 일을 확인하고 나면 이런 생각이 듭니다. '내가 아들과 농구하는 동안 이 사람들은 이거 알아내려고 이렇게 시간을 낭비했구나.' 뿌듯한 마음이 들기도 해요."

연결성을 낮춰 더욱 깊은 연결감을 느껴라

사회적 네트워크 연구 분야에서 유대 강도(두 사람 간의 관계가 얼마나 견고한지를 나타내는 대리 지표)를 측정하는 데 대표적인 방법은 설문 응답자에게 자신이 교류하는 사람들의 명단 가운데 한 사람을 고르게 한 뒤 두 가지 질문을 하는 것이다.[11] 첫 번째 질문은 그 사람과 얼마나 자주 상호작용을 하는가이고, 두 번째 질문은 그 사람과 얼마나 '친밀하게' 느끼는가다. 사회생활의 대부분 영역에서 상호작용의 빈도와 친밀감에 대한 평가는 높은 상관관계를 보인다. 즉 누군가와 자주 소통하면 가까운 사람으로 평가하는 경향이 있고, 그 반대도 마찬가지다. 두 사람이 서로에게 소통 빈도와 친밀감 모두를 높게 평가하면 네트워크 과학자들은 이 두 사람이 '강한 유대관계'라고 판단한다. 두 사람이 두 항목에서 서로에게 낮은 점수를 준다면 '약한 유대관계'라는 의미다. 내가 경영대학원생들을 대상으로 네트워크 강의를 하던 당시 약한 유대관계는 소파를 나르는 걸 도와주는 사람이고, 강한 유대관계는 시신을 옮기는 걸 도와주는 사람이라고 비유해서 웃음이 터지기도 했다.

부모-자녀 네트워크, 부모-교사 네트워크, 좀 더 넓게는 부모들의 사회적 네트워크(보통 이 네트워크는 자녀를 키우는 친구들로 구성될 때가 많지만 꼭 자녀의 친구 부모가 포함되는 건 아니다)에 관한 연구는 많지만 디지털 시대에 서로 일정을 조율하며 도움을 주고받는 부모 간 네트워크에 대한 실증적 연구는 거의 없다. 따라서 이제부터 나올 이야기는 대체로 정성적 통찰에 근거한다. 내가 경험한 바에 따르면, 부모들이 디지털 기술로 다른 부모와 소통하고 상호작용하는 방식에 대해 배워갈수록 여타 인간관계에서와 달리 부모들의 네트워크에서는 소통의 빈도와 정서적 친밀감이 상관관계에 놓여 있지 않다는 확신이 커졌다.

코린의 사연은 가장 흔하게 찾아볼 수 있는 사례다. 그녀는 두 딸을 둔 엄마로 디지털 도구를 사용해 일주일에 약 15명의 부모와 소통한다. "그중에 친구는 한두 명 정도예요." 그녀가 말했다. "다른 사람들은 아이 친구의 부모거나 같은 반 학부모거나 아이와 같은 활동을 하는 친구의 부모들이죠. 하지만 다들 같은 앱을 쓰고, 페이스북과 인스타그램에서 소통하고, 문자 메시지로 온갖 이야기를 나눠요. 그러니 네트워크의 일부인 것은 확실하죠." 네트워크 과학자들이 하듯 나는 코린에게 부모 네트워크에서 소통 빈도와 친밀감이 모두 높은 사람이 누구인지 생각해보라고 하자 그녀는 단호하게 답했다. "없는 것 같아요. 이들 대부분과 소통을 정말 많이 하긴 하지만, 사실 잘 모르거든요. 그리 가까운 사이가 아니에요. 몇몇은 성도 모르고 자녀가 몇 명인지도 몰라요. 그래도 제 친구들이나 형제자매보다 이 사람들과 훨씬 자주 소통해요." 나와 대화를 나눈 대부분의 부모처럼 코린의 부모 네트워크는 소파를 옮겨줄 사람들로 가득했고, 시신 처리를 도와줄 사람은 거의 없는 듯했다.

부모의 네트워크 구조 속 약한 유대관계가 디지털 소진에 왜 중요한지를 이해하기 위해서는 규칙 2(매칭하라)를 떠올려야 한다. 앞서 우리는 업무에 가장 적합한 디지털 도구를 선택하는 방법에 대해 논의하며 어긋나는 매칭을 경계해야 한다고 배웠다. 조율의 필요도에 비해 너무 빈약한 매체를 택하면 오해와 추론의 끝없는 굴레에 빠져 도리어 더 많은 소통이 필요해진다. 반대로 너무 풍부한 매체로 상위 매칭을 한다면 나와 상대의 시간 모두를 낭비하고 결국 소진을 경험할 수 있다. 내가 연구한 대부분 사례에서 부모들 간의 소통과 상호작용은 대체로 디지털 도구를 통해서만 이뤄졌다. 짧은 문자 메시지 하나, 페이스북에 '좋아요' 하나, 이런 식이다. 이들은 암묵적으로 규칙 2를 따라 린 미디어, 즉 빈약한 매체를 택한다. 아이를 오늘은 누가 데리러 가는지 정하려고 굳이 집에까지 찾아가 얼굴을 보고 이야기하거나 줌에 접속할 필요가 없다는 것을 알고 있으니 말이다.

하지만 이 맥락에서는 규칙 2만 적용하면 문제가 된다. 왜냐하면 부모들 간의 상호작용에는 진짜 친구와 가족, 동료들과의 관계가 지닌 다차원성이 부족하기 때문이다. 이들 사이에는 문자 메시지 외의 매칭을 시도해볼 자연스러운 기회가 적다. 코린이 그 점을 정확히 짚어준다. "마음만 먹으면 이들과는 실제 대화도, 서로 알아가려는 노력도 하지 않고 평생 문자 메시지만 하고 지낼 수 있어요. 누가 어디 가는지만 정하는 사이니까요."

이런 구조의 문제점은 디지털 기술 덕분에 다른 부모들과 일상에서 매우 긴밀하게 연결돼 있지만 이들과 연결감은 느끼지 못한다는 것이다. 네트워크 용어로 말하자면 소통 빈도는 높지만 정서적 친밀감은 부재한 경우다. 캔자스대학교의 제프리 홀Jeffrey Hall이 진행한 최근 연구에서, 연구진은 429명을 대상으로 자신의 인맥 가운데 상호작용에 에너지를 많이 쏟아야 하고 이로 인해 고갈된 기분을 느끼게 되는 상대가 누구인지 물었다.¹² 그 결과 단절감을 느끼는 상대와 상호작용을 할 때 에너지를 크게 소모하는 것으로 드러났다. 연결감을 느끼지 못하는 상대와의 소통이 사람들을 소진시켰다. 또한 에너지 소모가 큰 상호작용을 한 후 단절감과 외로움을 느낀다면 이후에 벌어지는 상호작용에서도 에너지를 소모할 가능성이 컸다. 연구진은 이렇게 결론지었다. "에너지 소모가 큰 상호작용으로 이미 소진된 상태임에도 다른 사람들과 소통하려 한다면 더 많은 에너지를 소비해야 하고, 그 결과 피로감이 더 커진다." 악순환인 것만은 분명하다.

소진 척도에서 낮은 점수를 기록한 몇몇 부모가 이 악순환에서 벗어난 방법을 들려줬다. 이들의 이야기에서 공통으로 등장하는 내용은 여러 사람과 린 미디어로 소통하는 일을 줄이고, 리치 미디어를 활용해 몇몇 사람과 소통하는 방향으로 바꿨다는 것이다. 이든은 이렇게 이야기했다. "저는 사소한 일로 문자 메시지를 주고받는 대신, 주초에 전화를 걸거나 방과 후 놀이터에서 만나 한 주 일정을 논의하기로 마음먹었어요. 이렇게 하는 편이 훨씬 마음에 들었습니다. 통화를 하거나 실제로 대화를 나누면 상대를 더 잘 알게 되고, 아이 이야기 말고 다른 이야기도 나누게 되거든요." 이든은 아이들을 데려다주고 데려오는 일을 하나하나씩 조율해야 하는 개별적인 사안으로 대하지 않고 한 주 전체로 초점을 옮겼다. 이렇게 접근할 때 한 주의 일정을 조율해야 하는 것으로 사안이 더 중대해졌고, 이를 해결하려면 리치 미디어가 더더욱 필요했다. 전화나 대면 상호작용을 활용한 덕분에 이든은 다른 부모들에게 더욱 친밀감을 느낄 수 있었다. 그가 밝히듯 친밀감이 높아지자 소진감이 상쇄됐다. "단순히 제 휴대전화 화면에 뜨는 번호가 아니라 한 사람으로서 서로 연결되고 알아가는 과정을 경험하면, 대화를 마친 뒤 에너지를 얻은 것 같은 느낌이 들어요. 문자 메시지 서른 개를 보내고 나서 소진되는 느낌과는 완전히 다릅니다." 이렇듯, 연결을 줄이고 연결감은 높이는 이든의 전략은 다른 부모들과 일정을 조율하느라 매주 낭비되던 그림자 시간도 줄여줬다. 또한 다른 부모들도 상대를 잘 몰랐을 때는 성급하게 이런저런 추정을 하게 되는데 통화를 하거나 직접 만나 대화를 나눈 후에는 그런 성향이 덜해진다고 밝혔다.

이런 상호작용은 소셜 네트워크상의 산발적이고 가벼운 상호작용과 달리 간접 학습의 기회와 활력을 준다. 정서적 친밀감이 없는 사람들과의 잦은 상호작용은 에너지를 앗아갈 뿐이다. 다른 부모들과 연결감을 느낄 수 있는 상호작용 방식을 찾는 일이 단기적으로는 수고스러울 수 있지만, 이에 성공한 부모들은 충분히 투자할 가치가 있다고 말한다.

아이들 앞에서는 기기를 내려놓아라

부모의 디지털 기술 사용을 자녀가 어떻게 바라보는지에 관해 실제로 많은 연구가 이뤄졌다. 모든 연령대의 아이들은 부모가 휴대전화를 사용할 때를 의식하고 또 싫어한다. 여러 연구를 통해 부모가 휴대전화, 소셜 미디어 게임 등 디지털 도구에 주의력이 분산되면 아이들에게 관심을 덜 기울이게 된다는 것이 밝혀졌다.[13] 그 결과 아이들은 위축되거나 문제 행동을 보였다.[14]

5세 이하의 자녀를 둔 부모를 대상으로 진행된 한 연구에서는 부모의 디지털 기술 사용 증가와 자녀의 문제 행동 증가 간 상관관계가 있는 것으로 밝혀졌고, 4~10세 아동을 대상으로 한 연구에서도 비슷한 결과가 나왔다. 자녀 양육으로 스트레스와 소진을 경험하는 부모들은 도피처를 찾아 다양한 디지털 기술에 더 자주 의존했다. 하지만 부모가 디지털 도구에 더 의존할수록 아이들의 문제 행동은 심해졌고, 이것이 다시 부모의 스트레스와 소진을 높이는 결과로 이어졌다.[15]

1~5세의 자녀를 둔 엄마들을 대상으로 진행된 또 다른 연구에서도 이와 유사한 결과가 나왔다. 엄마의 우울감은 휴대전화 사용과 관련이 있었다. 휴대전화 사용으로 엄마는 아이들에게 온전히 집중하지 못했으며, 이는 결국 기술이 자녀 양육 과정을 방해하는 정도가 커지는 현상으로 이어졌다.[16] 마지막으로 참여자 5,700명 이상을 대상으로 한 27개 연구를 체계적으로 검토한 결과 1~18세의 자녀 주변에서 스마트폰을 사용하는 부모들은 다양한 유형의 환경에서 자녀에게 언어적·비언어적으로 반응을 적게 보였다.[17] 이상의 연구 결과들은 부모가 되면 금세 깨닫게 되는 한 가지 사실과도 관련이 있다. 아

이들은 항상 부모를 지켜보고 있다는 것이다. 디지털 기술로 부모의 주의가 산만해지면 아이들은 부정적으로 반응하는 경향을 보인다.

연령과 무관하게 아이들은 부모의 관심이 다른 곳으로 향하면 그 대상이 무엇이든 당연히 속상해할 것이다. 그렇다면 디지털 기술에서 무엇이 그리도 특별하기에 문제가 되는 것일까? 10대 아들 둘을 둔 엄마인 알마는 한 가지 그럴듯한 설명을 내놓았다. "제가 아이들을 키우며 깨달은 게 있는데, 제 태블릿이나 휴대전화 같은 게 일종의 신호인 셈이에요. 엄마가 다른 곳에 있고 싶어 한다는, 아이들이 아니라 다른 사람들과 함께하고 싶어 한다는 신호죠. 책을 읽거나 요리를 할 때도 제가 다른 일을 하는 것은 맞잖아요. 하지만 다른 곳에 가 있지는 않아요. 제 말 이해되시죠? 아이들은 그 차이를 느껴요. 어릴 때부터 10대가 된 지금까지도 마찬가지예요. 자기들도 기기를 맨날 붙잡고 있으면서 말이에요."

규칙 8(지금 이 순간에 머물러라)에서 다뤘듯, 디지털 도구는 우리를 너무도 쉽게 다른 곳으로 순간이동시켜 아이들 곁에 함께하지 못하게 한다. 알마가 말한 '신호'라는 표현이 마음에 든다. 아이들이 주변에 있을 때 디지털 기기를 사용한다면 의도치 않게 스크린 너머에 아이들보다 중요한 것이 있다는 신호를 보내는 셈이다.

나이보다 정서적으로 조숙한 청소년기의 딸을 둔 케이트는 딸에게서 '진지한' 대화를 나누자는 말을 들었던 때를 회상하며 눈물을 보였다. "딸이 그러더라고요. '엄마, 할 말이 있는데 화내지 마세요. 엄마가 나한테 관심을 조금 더 가져줬으면 좋겠어요. 엄마는 맨날 휴대전화만 들여다보고 있으니까. 휴대전화로 뭘 하는지는 모르겠지만 그리 중요한 일인 것 같지는 않은데, 제가 하루를 어떻게 보냈는지 궁금해하는 것 같지 않아서 속이 상해요.' 그러고는 자기가 곧 대학에 가니까 시간이 있을 때 둘이서 같이 이것저것 해보면 좋겠다고 하더라고요. 그때 저 자신이 얼마나 한심하던지. 사실 휴대전화로 별로 하는 것도 없거든요. 아이 말이 맞아요."

어쩌면 당신도 자녀에게서 휴대전화 좀 그만 들여다보라고, 컴퓨터 좀 그만하라고, TV 좀 그만 보라고 싫은 소리를 듣고 부모의 관심이 아이에게 정말 중요하다는 사실을 새삼 느꼈던 순간이 있을 것이다. 내 동료이자 아동 미디어 사용 분야의 전문가인 로빈 나비Robin Nabi는 이렇게 말했다. "요는, 부모가 아이들 앞에서 휴대전화를 얼마나 자주 들여다보는지 스스로 의식하고 주의를 기울여야 한다는 것입니다. 부모의 시선이 향하는 곳을 보며 아이들은 부모에게 무엇이 중요한지 메시지를 받으니까요."[18]

최근 진행된 일련의 연구에서 아이 앞에서 디지털 기기 사용에 상당한 시간을 쓰는 부모일수록 양육자로서의 유능감을 둘러싼 스트레스와 불안, 죄책감이 커진다고 밝힌 것도 어쩌면 같은 이유에서일지 모른다. 미시간대학교의 연구진이 진행한 인터뷰 연구에서 부모들은 자신이 집에서 디지털 기기를 사용하며 아이들에게서 멀어질 때가 많고, 아이들에게 온종일 기기를 만지고 있어도 된다는 인식을 심어준 것 같아 죄책감과 분노를 느낀다고 호소했다.[19] 드물게도 부모의 과도한 디지털 기기 사용을 아이들이 어떻게 느끼는지 직접 물어본 연구를 통해 연구자들은 아이의 진짜 생각을 확인할 수 있었다. 연구자들은 이렇게 적었다.

모든 참가자의 가정에는 기술 사용에 대한 규칙이 있긴 하지만 부모와 아이 모두 이를 어긴다고 보고했다. 아이들은 식사 시간이나 가족들이 함께하는 시간에 부모가 휴대전화를 사용하는 일이 자주 있다고 밝혔다. 한편 아이들은 부모가 업무와 관련해 휴대전화를 사용하는 경우라면 규칙 위반을 용인했다. 바이올렛은 이렇게 말했다. "[야구 코치인 아빠] 스케줄 때문에 아빠한테 연락을 하는 사람이 많아요. [선수들이] 연습 시간을 확인하느라 아빠한테 항상 문자 메시지를 보내고, 보조 코치도 그렇고, 아빠랑 같이 일하는 사람들도 연락을 자주 해요." 이와 유사하게 손은 가족이 함께하는 시간에 부모님이 한 번씩 휴대전화를 사용한다고 이야기했다. 그러면서 부모님이 규칙을 위반할 때면 기분이 나쁘다고 덧붙였다. "무시당하는 기분이에요⋯. 그런데 용건이 뭐였는지에 따라 달라요. 친구와의 통화처럼 별다른 목적이 없는 전화일 때는 저를 전혀 신경 쓰지 않는 것 같은 느낌이 들어요. 하지만 일 때문인 경우는 완전히 이해해요."

흥미로운 점은 비교적 나이가 있는 10대 아이들마저 부모가 기기를 사용하는 모습을 보면 언짢아했지만 업무와 관련한 일이라면 괜찮다고 생각했다는 것이다. 다만, 이 점과 관련한 이견도 있다. 10대 자녀 둘을 둔 움베르토는 일 때문이라면 아이들이 부모가 디지털 기술을 사용해도 괜찮다고 넘기는 분위기가 불편하다고 말했다. "아이들이 제게 식사 중이라도 일 때문이면 [휴대전화를] 사용해도 괜찮다고 말했어요. 하지만 그 말이 사실 제일 불편해요. 전화 때문에 아이들과의 식사 시간을 망칠 뿐 아니라 가족보다, 우리 가정보다 일이 더 중요하다는 모습을 아이들에게 보여주는 것 같아서요. 너무 찜찜하고 창피하더군요. 이제 그러지 않으려고요."

아이들 앞에서 디지털 기술을 사용하는 것이 우리에게 소진감을 안긴다면 해결책은 간단하다. 아이들 앞에서 기기를 사용하지 않는 것이다. 다만, 쉽지는 않다. 내가 인터뷰한 사람들 가운데 이를 가장 잘 실천한 사람들도 디지털 도구 사용을 완전히 중단한 것은 아니었다. 그 대신 규칙 1(도구를 절반으로 줄여라)과 규칙 3(최적 조합을 찾아라), 규칙 4(기다려라), 규칙 6(의도를 가지고 행동하라), 규칙 8(지금 이 순간에 머물러라)을 성실하게 따랐다. 이런 규칙을 적용하면 저녁과 주말에 시간을 정해놓고 디지털 기기를 사용하고 그 외 시간에는 자제하는 패턴이 완성될 것이다. 8~11세의 세 아이를 둔 엄마 파티마는 아이들이 숙제하는 시간에 맞춰 '엄마 숙제 시간'을 만들었다고 말했다. "요즘에는 그 시간에만 기기를 만져요. 그때 몰아서 확인하고 답하죠. 사용하는 앱도 많이 줄였고, 딱 정해진 시간 내에서만 조금 더 의도를 가지고 기기를 사용하려고 해요. 아이들도 차이를 느끼는 것 같고, 부모로서 뿌듯한 마음이 들어요."

점차 쌓여가는 데이터에 비추어 보면 아이 앞에서 가능한 한 기기를 멀리할 때 두 가지 차원에서 디지털 소진을 줄일 수 있다. 첫째, 정신이 다른 곳으로 순간이동을 하느라 아이를 우선적으로 신경 쓰지 못한다는 죄책감과 불안과 분노에서 벗어날 수 있다. 둘째, 아이에게 언제 어떻게 디지털 기기를 사용해야 하는지 건강한 습관을 가르쳐 줄 수 있고 아이들 앞에서 나쁜 본보기를 보인다는 생각이 들 때마다 찾아오는 소진감을 낮출 수 있다. 앞서 이야기했듯, 도구의 유혹을 뿌리치기는 쉽지 않다. 하지만 이 책에서 다룬 규칙들을 적용한다면 당신을 끌어당기던 자석이 힘을 잃을 것이고, 지금이 1과 0의 세상으로 빠져들 때인지 스스로 판단하고 결정할 수 있게 될 것이다.

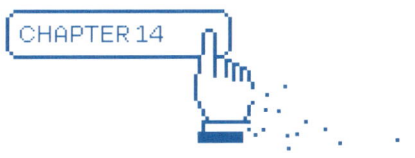

AI와 함께하는 삶과 일에 대하여

AI로 구동되는 디지털 기술이 핵심 역할을 하는 멋진 신세계가 시작되고 있다. 대규모 언어 모델LLM에 기반한 대화형 에이전트는 웹 구석구석에서 긁어 온 헤아릴 수 없을 정도로 방대한 양의 텍스트로 학습한다. 언어학자들은 오래전부터 모든 인간의 언어에는 공통적인 심층 구조(기저 패턴)가 어느 정도 존재한다고 주장했다. 물론 그 심층 구조의 기원을 두고 열띤 논쟁이 벌어지고는 있지만, 우리의 언어적 특성은 우리가 글을 쓰고 사고하는 방식에 깊이 새겨져 데이터 분류와 통계 도구만으로도 인간이 무엇을 하고 또 무엇을 말할지 꽤 높은 정확도로 예측할 수 있다는 점은 부인하기 어렵다.

저명한 MIT 언어학 교수이자 보편 문법 이론의 창시자인 놈 촘스키^{Noam Chomsky}는 생성형 AI의 능력에 나만큼 감탄하지는 않는다. 그는 챗지피티를 두고 "수백 테라바이트의 데이터를 게걸스럽게 먹어 치우는, 패턴 매칭을 위한 느린 통계 엔진"이라고 혹평을 쏟아냈다. 그와 그의 공저자는 다음과 같이 적었다. "이들의 가장 근본적인 결함은 어느 지능에나 가장 중요한 능력, 즉 무엇이 사실이고, 무엇이 사실이었고, 무엇이 사실일지를 말하는 (설명과 예측) 능력 외에도 무엇이 사실이 아닌지, 무엇이 가능하고 가능하지 않은지를 말하는 능력이 결여돼 있다. 이것이야말로 설명을 구성하는 요소이자 진정한 지능의 표식임에도 말이다."[1] 그의 글을 보니 프랑스의 사회학자 장 보드리야르^{Jean Baudrillard}가 저서 《악의 투명성^{La Transparence de Mal}》에 썼던 재치 넘치는 글이 떠오른다.[2] "인공지능^{artificial intelligence}은 기교^{artifice}가 없기에 지능도 없다."

지능이란 무엇인가에 대한 관점이 어떻든, 새로운 기술들이 가공할 만한 예측 기계라는 사실만은 분명하다.[3] 여러 면에서 이 기술들은 우리가 자기 자신을 이해하는 것보다 인간을 더 잘 이해하게 될 수도 있다. 머지않아 이들은 우리가 축적하고 기록해온 모든 지식을 읽고, 이 지식에서 우리의 인간성을 드러내고 반영하는 사고와 행동 패턴을 추출할 것이다. 세대를 거듭해 우리에게 인간다운 삶을 가르친 바로 그 유물들이 이제 AI에게 인간다움이란 무엇인지를 가르치고 있다. 이것이 당신 내면에서 일깨우는 것이 두려움이든 기쁨이든 여기서는 중요한 이야기가 아니다. AI 기반 도구들은 (인간이 만든 문화적 산물로) 학습한다. 누구도 챗지피티에게 마음 이론을 내재화하도록

(그러니까 모방하도록) 프로그래밍하지 않았고, 한 언어를 다른 여러 언어로 번역하도록 프로그래밍하지 않았다.

스탠퍼드대학교의 인지과학자 미할 코신스키Michal Kosinski의 말처럼, 이런 능력은 LLM을 구동하는 알고리즘들이 인간 언어의 심층에서 떠오른 패턴들에 근거해 예측을 수행하는 과정에서 "자연스럽게 출현했다."4 가장 좋은 경우, 이들은 이미 처리 및 저장된 텍스트에서 통계적으로 유의미한 패턴과 당신이 입력한 프롬프트 간 통계적 유사성에 근거해, 당신과 통계적으로 유사한 사람이 통계적으로 가장 듣고 싶어 할 만한 말을 들려줄 것이다. 최악의 경우에는 그냥 아무 말이나 지어낸다.

바로 이 지점에서 AI가 디지털 소진에 미치는 영향력이 달라진다. 우리가 어떻게 쓰느냐에 따라 AI 기반 기술은 기술적 과부하에서 우리를 구해줄 수도 있고, 기술적 과부하의 가장 악랄한 기여자가 될 수도 있다. 소셜 미디어에 돌아다니는 밈 하나가 있는데, 우주에서 빛의 속도보다 빠른 유일한 것은 사람들이 AI 전문가가 되어가는 속도라는 풍자다. 나도 이 밈을 새기고 너무 과도한 예측은 삼가려고 한다. 다만 AI가 우리의 디지털 소진 정도에 어떤 영향을 미칠 수 있을지 세 가지 가능성을 제시하려 한다. 이제부터 이야기하겠지만, 우리가 각 영역에서 AI를 이러저러하게 사용하겠다고 내린 그 결정이 디지털 소진의 증가 또는 감소를 가르는 핵심 요인이 될 것이다. 당연히 AI와의 미래를 만들어가는 것은 바로 우리다. 그러니 우리가 살고 싶은 미래를 만들기 위해 어떤 선택을 내려야 할지 지금부터 살펴보겠다.

다가올 콘텐츠 대홍수를 대비하라

"아직 시작도 안 했습니다. 이 표현 이상하지 않죠?" AI 생성 콘텐츠가 늘고 있는 것 같으냐고 묻자 칼이 이렇게 답했다. 칼은 중견 SaaS 기업의 최고 AI과학자로, 독일어 억양이 묻어나는 완벽한 영어를 구사한다.

생성형 AI 사용 초기에 나타나는 주요 양상은 콘텐츠 생성이다. 댈러스의 전자 회사에서 선임 영업 담당자로 일하는 맨디는 회사에서 앤트로픽의 생성형 AI '클로드'를 쓰기 시작한 후 6개월간 자신이 작성한 서면 콘텐츠 양이 적어도 3배는 늘었다고 말했다. "예전에는 괜찮은 세일즈 보고서 하나를 완성하는 데 일주일이 걸렸어요. 이제는 일주일에 최소 세 개는 작성할 수 있습니다. 대부분 업무에서 그래요. 제가 얼마나 많은 일을 할 수 있는지 계산해봤는데, 같은 시간에 예전보다 3배는 더 할 수 있는 것 같아요." 의료기기 회사에서 테크니컬 라이터로 일하는 타오는 챗지피티를 6개월간 사용한 경험에 대해 비슷한 이야기를 들려줬다. "챗지피티를 사용하기 전보다 30~40퍼센트 정도는 아웃풋이 늘었을 거예요. 기본적인 작업을 해결해줘서 복잡한 일을 더 많이 할 수 있게 됐죠. 아주 만족해요."

칼의 회사는 생성형 AI를 기반으로 한 고객용 인터랙티브 FAQ$^{\text{frequently asked question}}$(자주 나오는 질문) 인터페이스를 제작 중이다. 고객이 인터페이스와 상호작용을 하면 머신러닝 모델이 업데이트되면서 더 정확한 FAQ가 생성된다. 학습할 FAQ가 많아질수록 AI는 더 많은 FAQ를 더 빠르게 만들어낼 수 있다. "더 나은 콘텐츠를 만들려면 데이터가 필요해요." 칼이 말했다. "AI를 이용해 모델이 학습할 수 있는 데이터를 더 많이 만들어내는, 스스로 굴러가는 바퀴 하나가 완성되는 셈이죠."

지식 근로 현장에서 생성형 AI에 의한 생산성 향상을 정량화하려는 연구가 많았다. 하버드대학교 연구진이 진행한 한 현장 실험에서는 보스턴컨설팅그룹의 컨설턴트들이 "AI를 활용해 생산성을 크게 향상했고(평균적으로 완료한 업무량은 12.2퍼센트 늘었고, 속도는 25.1퍼센트 빨라졌다), 품질도 대단히 높았다(통제 집단 대비 40퍼센트 이상)."[5]

마이크로소프트가 코파일럿 사용자들을 대상으로 진행한 또 다른 설문조사에서는 70퍼센트가 생산성이 높아졌다고 응답했고, 콘텐츠 생성을 포함해 업무를 더 빠르게 완료할 수 있었다고 응답한 사람이 73퍼센트였으며, 85퍼센트는 문서의 초안을 꽤 좋은 품질로 더 빠르게 완성했다고 답했다.[6] 오픈AI와 펜실베이니아대학교 연구진은 1,000개 이상 직업의 상세한 직무와 과제가 포함된 오넷^{O*NET} 데이터베이스와 미국 노동통계국 자료를 취합해 생성형 AI로 업무 속도를 높일 수 있는 직업이 무엇일지 연구했다.[7] 이들의 결론은 이랬다. "LLM에 접근할 수 있을 때 미국 전체 근로자의 업무 약 15퍼센트는 동일한 품질을 유지하면서 훨씬 빠르게 완료될 수 있다. LLM을 기반으로 구축된 소프트웨어와 도구를 통합하면 이 비율은 47~56퍼센트로 증가한다."

실험이든 설문조사나 수학적 모델이든, 증거는 한 방향을 가리킨다. 사람들은 AI로 일을 더 빠르게 처리하고 있다. 콘텐츠 제작의 세계에서 이는 곧 어느 때보다 많은 콘텐츠가 생산될 것임을 의미한다. 그 양이 얼마나 많은지 실제로 유럽의 법 집행기구인 유로폴^{Europol}의 보고서에는 온라인에 AI 생성 콘텐츠가 너무 많아져 법 집행 전문가와 일반 대중은 AI가 만든 것인지 사람이 만든 것인지 알아보기가 불가능해질 것이라는 경고의 글이 담겨 있다. 이 보고서는 2030년에는 웹상의 콘텐츠 대부분이 AI가 만든 것으로 채워지리라고 예측한다.[8] 이 정도면 대홍수라고 봐야 하지 않을까?

내 수업에서 벌어진 재미있으면서도 어쩐지 씁쓸한 사건을 지켜보며 AI 생성 콘텐츠의 홍수가 다가오고 있음을 새삼 느꼈다. 어느 스타트업의 엔지니어링 부문 수석 부사장이 캘리포니아대학교 샌타바버라 캠퍼스의 기술경영 석사 과정의 내 학생들에게 강연을 하러 왔다. 그는 자체 LLM 모델을 내부적으로 개발할지 아니면 오픈AI나 앤트로픽 같은 회사에서 구매해야 할지 사내에서 고민 중이라는 이야기로 강연을 풀어나갔다. 수업이 끝난 후 나는 학생들에게 감사 편지를 쓰면 어떻겠는지 제안하며 오늘 그의 강연에서 무엇을 배웠고, 우리가 강의에서 배우는 내용과 어떤 연관성이 있는지를 강조하면 좋을 것 같다고 덧붙였다. 학생 16명이 감사 편지를 쓰기로 했다. 다음은 그 편지들 가운데 세 개를 골라 각각에서 두 번째와 네 번째 단락을 발췌한 내용이다(어휘, 어법, 단락 구성의 유사성에 주목하길 바란다).

편지들의 어휘, 어조, 단락 길이와 구조가 놀라울 만큼 비슷하지 않은가? 물론 학생들이 편지 작성을 전부 생성형 AI에 맡겼다거나 표절

| 생성형 AI 도구로 작성된 감사 편지 속 유사한 단락 |

학생 1	
두 번째 단락	당신의 강연에서 제가 얻은 가장 중요한 교훈 가운데 하나는 서비스형 소프트웨어(SaaS)의 개념과 이것이 부동산 업계에 미치는 혁신적인 영향이었습니다. 귀사에서 클라우드 기술을 활용해 자산 관리의 효율화를 달성한 이야기를 들으며 특히 큰 영감을 얻었습니다. 전통적인 IT 인프라스트럭처를 구축해야 한다는 부담 없이 기업이 효율적으로 확장할 수 있도록 돕는 클라우드 컴퓨팅의 역할에 중점을 둔 강연이 정말 인상적이었습니다. 독특한 아이디어를 명확하게 이해할 수 있도록 설명해주셔서 감사했고, 덕분에 이 놀라운 아이디어가 비즈니스 최적화에 유용한 도구가 될 수 있다는 점도 깨달았습니다.
네 번째 단락	당신의 통찰에 영감을 받아 향후 진행할 프로젝트에 AI 기반 솔루션을 더 많이 도입할 계획입니다. 특히 반복적인 작업을 자동화해 효율성을 높이는 데 초점을 맞추고자 합니다. 또한 데이터 보안과 프라이버시를 우선으로 삼아 이 프레임워크들이 제 업계에 어떤 영향을 미칠 수 있을지 주의 깊게 살피겠습니다. 당신의 이야기 덕분에 고객의 니즈에 더욱 초점을 맞춰야 한다는 깨달음을 얻었고, 이 깨달음이 향후 제가 기술적 과제에 접근하는 방식에 영향을 미칠 것으로 생각합니다.

학생 2	
두 번째 단락	당신의 프레젠테이션에서 제가 배운 가장 중요한 가르침 가운데 하나는 디지털 인텔리전스가 비즈니스 프로세스에 미치는 혁신적인 영향이었습니다. 낭비를 줄이고 의사결정을 강화함으로써 AI가 부동산 자산 관리를 어떻게 혁신하고 있는지에 관한 이야기는 통찰이 가득했고 대단히 흥미로웠습니다. 들려주신 이야기는 저희가 부동

	산의 혁신이라는 맥락에서 현재 배우고 있는 자산 관리 및 기술경영 수업들과도 분명 연관성이 있다고 생각합니다. 귀사의 AI 통합 사례는 후에 듣게 될 강의의 토대를 마련해주었고, 덕분에 오늘 강연에서 제가 기대했던 것보다 훨씬 많은 깨달음을 얻을 수 있었습니다.
네 번째 단락	당신의 강연에 영감을 받아 제가 하는 일에 체계적이고도 데이터에 기반한 접근법을 적용해야 한다는 확신을 갖게 됐습니다. 여러 자산 관리 맥락에서 의사결정 과정 속 AI 기능의 타당성 연구는 몇 년 전만 해도 상상하기 어려웠을 것입니다. 당신의 강연 덕분에 AI 프레임워크가 복잡한 문제에 접근하는 방식을 어떻게 혁신할 수 있을지에 대한 제 인식이 넓어졌습니다.
학생 3	
두 번째 단락	당신의 강연에서 제게 인상 깊었던 점은 부동산에서 자동화 통합의 가치가 무엇일지 AI를 도입하는 데 어떤 과제가 있는지와 관련한 논의였습니다. 부동산 산업의 기술 지형이 변하고 있다는 말씀을 들으며 혁신적인 비즈니스 모델과 창의적인 문제 해결 접근법을 고민해야 한다는 깨달음을 얻었습니다. 부동산 관련 프로세스를 간소화하기 위해 어떤 단계를 거쳤는지 이야기를 들으며 비즈니스 맥락에서 상황을 평가하고 비판적 사고를 적용하는 방법을 깨닫는 데 큰 도움이 됐습니다. 이 주제들에 관한 실용적 접근과 더불어 업계에서의 구체적인 경험까지 들을 수 있어서 정말 값진 시간이었습니다.
네 번째 단락	당신의 강연에 자극을 받아 학업에서 더 학제적인 접근법을 취하고, 의사결정자와 고객을 상대로 하는 제 일에서 AI의 잠재적 활용 방법을 고민하는 데 초점을 맞출 계획입니다. 제 분야에서 기술 발전이 어떻게 적용될 수 있을지 이해를 더 넓혀가겠습니다.

을 했을 거라고는 생각하지 않는다. 이 글들을 읽어보면 알겠지만 내용도 모두 다르고, 특별 강연을 통해 학생들이 어떤 통찰을 얻게 될지 내가 예상했던 내용도 잘 담겨 있다. 다만 짐작하건대 학생들은 아마도 짧은 메모를 쓰고 생성형 AI 도구에(아마도 챗지피티에) 돌려 내용을 좀 더 늘렸을 것이다. 당연하게도 어휘와 구조가 똑같은 감사 편지 16통을 연사에게(더욱이 생성형 AI 제작을 업으로 삼는 사람에게!) 보낼 수는 없었다. 그래서 감사 편지를 작성한 학생들 모두에게 메일을 보냈다. 누가 생성형 AI를 사용했는지 정확히 알 수 있고, 이번 과제의 점수를 받고 싶은 학생은 AI 어시스턴트에게 모델로 제공했던 편지 원본을 제출해야 한다는 내용이었다. 놀랍지만 예측했던 대로 내가 생성형 AI 사용을 의심했던 모든 학생이 편지의 원본을 보냈다. 내가 의심하지 않았던 학생들은 아무것도 보내지 않았다.

AI의 도움을 받은 감사 편지와 원본을 비교해보니 두 가지가 눈에 띄었다. 첫째로 원본은 훨씬 구어적이었고 진심이 느껴졌다. 적어도 문화적 관점에서 보자면 원본이 훨씬 훌륭한 감사 편지였다. 둘째로 분량이 훨씬 짧았다. 비교해보니 AI의 도움을 받지 않은 편지는 평균 단어 수가 193개였다. 반면 AI의 도움을 받은 편지는 평균 592개였다. AI를 사용하자 단어 수가 3배로 늘어난 것이다. 전자 회사에 다니는 맨디나 의료기기 회사의 타오를 생각해보면 이 학생들도 콘텐츠 생산량이 3배로 늘어나는 변화의 물결에 합류한 셈이다. 이 사태를 재미있게 받아들여 주리라는 생각에 나는 게스트 연사에게 감사 편지 두 묶음을 모두 보냈다. 그는 내게 이렇게 회신했다.

세상에! 너무 재미있게 읽었어요. 원본이 훨씬 낫군요. 우리가 나눈 대화에서 어떤 깨달음을 얻었는지 학생들이 진심으로 생각해본 것 같아서 뿌듯해요. 학생들이 제 이야기에 공감해준 점도 기뻤습니다. 만약 AI로 손본 편지만 보냈다면 챗지피티에 전부 넣어서 요약하게 하고 학생들이 어떤 주제에 대해 이야기하는지만 확인했을 겁니다. 솔직히 말하자면 그 편지들은 다 읽지 못했을 거예요. 너무 피곤했을 테니까요.

학생들은 감사 편지 쓰기 과제를 해내기 위해 생성형 AI를 이용해 편지 내용을 늘리는 방법을 택했다. 그리고 연사는 편지를 전부 읽느라 진을 빼느니 생성형 AI에 돌려 내용을 다시 줄이는 방법을 해결책으로 고려했다. 이런 전략을 택하는 사람은 그만이 아니다. 아사나와 앤트로픽의 합동 연구에 따르면 일터에서 생성형 AI를 가장 많이 활용하는 업무 두 가지는 첫째가 이메일 작성(응답자의 37퍼센트가 이메일 분량을 늘리는 데 사용한다고 답했다)이고, 둘째가 정보 요약(34퍼센트가 이메일을 포함해 콘텐츠를 요약하는 데 사용한다고 답했다)이었다.[9] 굉장한 아이러니가 아닐 수 없다. '시간을 절약'하고 '생산성을 높이기' 위해 누군가는 자신이 쓴 메모나 간단한 개요를 LLM에 넣어 내용을 늘린다. 그리고 이 문서를 누군가에게 보내면 상대는 LLM을 이용해 요약한다. 세 단계(쓰기 → 보내기 → 읽기)였어야 하는 과정이 다섯 단계(쓰기 → 늘리기 → 보내기 → 요약하기 → 읽기)가 된 것이다. 그렇다면 가장 효율적인 행동은 길고 상세하게 써야 할 것 같다는 생각에서 벗어나 애초에 짧은 원문을 보내는 것이다. 어차피 상대가 읽고 싶어 하는

글의 분량이 그 정도일 테니까.

　농업과학 회사의 임원인 저스틴은 2024년 초부터 자신이 읽은 사내 문서의 약 70퍼센트는 AI 도구로 더 상세하고 길게 손을 본 것 같은 의심이 든다고 말했다. 워크플로 자동화 회사의 관리자인 히메나는 이 비율이 80퍼센트에 가깝다고 본다. AI 생성 콘텐츠의 확산을 보며 어떤 기분이 드느냐고 묻자 두 사람은 이구동성으로 '소진'이라는 단어를 언급했다. 생성형 AI를 이용해 헛소리 같은 글을 그럴싸한 문장으로 바꾸거나 짤막한 문장을 최대한 늘려 응집력 있는 서사로 탈바꿈시키는 것이야 물론 재미있다. 하지만 이것이 AI를 활용하는 최선의 방법인지 물어야 한다. 우리에게 정말 더 많은 콘텐츠가 필요한 것인가? 확장과 축소의 사이클이 정말 우리의 시간과 에너지를 쓰고 싶은 방식인가? AI의 미래를 생각할 때 꼭 던져야 할 중요한 질문들이다.

　생성형 AI는 되도록 확장보다는 축소에 활용해야 한다는 것이 내 제안이다. 이 제안에 난감해할 사람들이 많을 것이다. 내 학생들은 자신의 글을 더 '전문가처럼' 만들어주고 마치 깊은 고찰을 거친 것처럼 논지를 확장해주는 AI의 매력에 흠뻑 빠졌다. 어떤 사람들은 생성형 AI 도구가 텍스트와 이미지를 너무도 쉽게 만들어내는 데 감탄하며 창작물들을 자랑하고 싶어 한다. 하지만 덜 만들어내자고 마음을 먹으면 자신만이 아니라 우리가 교류하는 상대도 덜 지칠 것이다. 앞서 소개한 여덟 가지 규칙에 따라 AI를 사용한다면 방법을 찾을 수 있을 것이다.

앞서 코파일럿의 사용자 70퍼센트가 생산성이 높아졌다고 응답했던 마이크로소프트의 연구에서도 단축에 대한 희망이 엿보였다.[10] 연구팀은 62명의 평가자에게 이메일 메시지의 명료성과 간결성을 평가해달라고 요청하고 코파일럿의 도움을 받아 작성한 메일들과 그렇지 않은 메일들을 제시했다. 평가단은 생성형 AI로 작성한 메일이 평균적으로 19퍼센트 더 간결하고, 18퍼센트 더 명료하다고 평가했다. 우리가 콘텐츠를 더하는 게 아니라 줄이는 방향으로 계속해서 나아간다면 (흐름에 반하는 방향이기는 하지만) 디지털 소진을 낮추는 데 AI가 실제로 큰 도움을 줄 수 있을 것이다.

AI가 만들어내는 우연한 기회를 수용하라

내가 AI로 감사 편지를 손본 학생들을 가려낼 수 있었던 이유는 학생들이 글을 어떻게 쓰는지를 잘 알기 때문이다. 학생들의 실제 글쓰기 실력은 대체로 괜찮은 편이지만 대단히 훌륭하지는 않다. 문장 구조는 투박하고, 구두점은 들쭉날쭉하며, 어휘는 밋밋하다. 어쨌든 디지털 비즈니스를 구축하고 이끄는 프레임워크를 가르치는 것이 목표인 내 수업에서 문장력은 그리 문제가 되지 않는다. 내가 학생들의 글을 다듬어준다고 해도 그것은 덤일 뿐이지 내 수업의 핵심은 아니다. 하지만 AI로 수정해 제출한 글은 평소와 달랐다. 문장 구조와 구두점이 지나치게 '정제'돼 있었다. 학생들 입에서 한 번도 들어본 적 없는 단어들이 보였다. 여기에는 다 이유가 있다.

획일화, 다양성 상실의 우려

〈워싱턴포스트〉의 케빈 샤울^{Kevin Schaul}과 쓰위천^{Szu Yu Chen}, 니타샤 티쿠^{Nitasha Tiku}는 앨런인공지능연구소^{Allen Institute for Artificial Intelligence}의 연구자들과 함께 구글의 C4 데이터 세트를 분석해 대단히 훌륭한 탐사보도 기사를 완성했다.[11] 구글의 C4 데이터 세트에는 구글의 제미나이와 메타의 생성형 AI 도구 라마^{LLaMA} 등을 학습시키는 데 사용한 1,500만 개 이상의 웹사이트 콘텐츠가 저장돼 있다. 이들의 분석을 통해(읽어볼 가치가 충분한 기사다) 훈련용 데이터 세트가 언론, 엔터테인먼트, 소프트웨어 개발, 의학 분야의 웹사이트에 과도하게 편중돼 있음이 밝혀졌다. 콘텐츠가 가장 많이 수집된 사이트 세 곳은 첫째 전 세계에 등록된 특허 문서가 모인 'patents.google.com', 둘째 무료 온라인 백과사전인 'wikipedia.org', 셋째 구독형 디지털 라이브러리인 'scribd.com'이었다. 나와 같은 저자들에게는 안타까운 일이지만 해적판 도서를 온라인으로 거래하는 'b-ok.org' 같은 사이트도(얼마 전 미국 법무부가 이 사이트를 압수 조치했다) 상위권이었다. 예상하듯 이런 사이트에 실린 글은 보통 사람들이 쓰는 말과 다르다. 대체로 훨씬 학구적이고 다소 고루하며, 복잡한 개념들로 가득 차 있다.

이런 글로 훈련시키면 LLM은 이를 모방한다. ('규칙 5'에서 언급한) 카밀 엔더콧과 내가 AI 스케줄링 에이전트인 리사 사용자들을 연구할 당시 리사가 보낸 모든 이메일에 접근할 수 있었는데, 사용자가 누구든 메일 속 어휘와 문장 구조를 비롯해 여러 특징이 비슷했다. 이메일이 AI 에이전트를 사용하는 주인의 스타일을 전혀 반영하지 않았다. 내 학생들이 쓴 글과 유사해 보였다. 더 놀라운 점은 스케줄링 패턴에서도 같은 특징이 발견됐다는 것이다. 미팅 시작 시간과 미팅들 사이의 간격에 대해 특정 선호도가 있었다. 리사의 개발자에게 언어와 스케줄링 패턴의 유사성에 대해 묻자 이들은 민망해하는 기색이 없었다. 이들은 스케줄 전문가라고 생각되는 사람들의 데이터를 추려 학습시켰고, 강화 학습 단계에서는 다른 패턴보다(예컨대 사용자의 과거 스케줄링 행동 양식보다) 이른바 '마스터 스케줄러들'의 패턴을 선호하도록 머신러닝 알고리즘에 보상을 했다고 설명했다. 당시 수석 데이터과학자는 이렇게 말했다. "사람들은 자신이 무엇을 원하는지 심각할 정도로 무지하고, 일정을 잡을 때는 지나치게 비현실적으로 접근합니다. 그래서 우리는 AI에게 마스터 스케줄러를 학습시켰습니다."

유사한 데이터 세트로 AI 에이전트를 학습시킬 때 장기적으로 우려되는 점은 에이전트가 서로 다른 맥락에서도 비슷한 결정을 도출할 가능성이 커진다는 데 있다. 또한 이 결정을 따르는 사람들이 많아질수록 유사한 행동 패턴이 나오고 유사한 디지털 기록이 남을 것이며, 이를 LLM이 다시 학습해 결과적으로는 점점 동질화된 결정의 집합이 생겨날 것이다. 무한루프와도 같다. 우리의 연구를 예로 들어 설명하자면, 리사의 제안에 따라 일정을 잡으면 사용자들의 캘린더가 비슷해지기 시작한다는 얘기다. 실제로 데이터를 확인하니 미팅들 사이의 간격이 짧았고, 오전 9시 이전에는 미팅을 잡지 않았으며, 미팅이 대체로 오전에 몰리는 유사성이 발견됐다. 시간이 지나 AI가 확장을 해나가다가 이런 캘린더 데이터를 학습 인풋으로 삼고 패턴을 만들어낸다면 모든 사람에게 동일한 스케줄링 행동 양식을 제안할 수도 있다.

물론 대승적으로 보자면 모든 사람이 유사한 스케줄링 구조를 갖는 것이 큰 문제가 아닐 수도 있다. 하지만 옷 추천이나 앞으로의 경력 방향성에 관한 조언이라면? 어떤 영역에서만큼은 AI가 너무 획일적으로 행동하지 않기를 바랄 뿐 아니라 우리가 레밍^{lemming} 떼처럼 변하는 일도 피하고 싶다.

이질적인 것들의 연결

혁신 분야 학자들은 언뜻 이질적이고 무관해 보이는 아이디어들을 연결할 때 새로운 아이디어가 탄생할 수 있음을 오래전부터 보여주었다. 이들이 '재조합^{recombination}'이라고 부르는 과정이다. 유용하고도 가치 있는 새 아이디어를 떠올리는 사람들은 서로 연결성이 낮은 사회 집단들을 연결하는 경향이 있다. 사회학자 로널드 버트$^{Ronald\ Burt}$는 이런 혁신가들은 '시야의 우위$^{vision\ advantage}$'를 지니고 있다고 설명한다.[12] 한 집단의 문제를 다른 집단의 해결책과 연결할 수 있기 때문이다. 이 혁신가들은 다양한 사회적 세계를 동시에 경험하며 살아가기 때문에 시야의 우위를 얻을 수 있다. 예컨대 낮에는 월가의 애널리스트였다가 밤에는 펑크 밴드의 베이시스트로 변신할 수도 있다. 조금 더 흔한 사례로는 제품기획팀에서 일하지만 마케팅팀의 동료들과 관계를 쌓는 데 많은 시간을 쓸 수도 있다. 버트의 연구를 통해 여러 집단의 중개자 역할을 맡은 사람들이 하나의 사회적 세계에서만 사는 동료들보다 눈에 띄게 혁신적이고, 그 덕에 연봉 인상 폭도 크며 승진도 빠르다는 사실이 드러났다. 혁신을 가능케 하는 네트워크 구조에 대한 연구는 많지만, 이렇듯 특별한 중개자의 위치에 오르도록 누군가를 훈련시킬 수 있는지, 그것이 가능하다면 재조합의 기회를 포착하는 방법도 가르칠 수 있을지에 대해서는 아직 결론이 나지 않았다.

내가 본 가장 설득력 있는 연구에 따르면 이 모든 일에는 우연이 많이 작용한다. 사람들은 다양한 이유로 여러 사회적 집단에서 활동하게 되는데(예전 직무에서 배웠던 기술, 사무실에서 배정받은 자리, 대학 친구 등) 이는 상당 부분 운이 작용한 결과다.[13] 두 아이디어가 교차하는 지점을 포착하는 능력 또한 개인이 적절한 시점에 적절한 장소에 있었는지, 자신의 눈앞에 벌어지는 일을 알아보고 이해하는 지식을 갖췄는지에 달려 있다. 그나마 개인이 통제할 수 있는 것은 동시에 어느 정도의 커뮤니티를 유지할 것인가 정도다. 다만 여러 사회적 세계에서 활동하는 사람들, 특히 일터에서 다양한 세계를 누비는 사람들은 쉽게 번아웃을 경험한다. 여러 문화를 지속적으로 오가는 데는 사회적·인지적 비용이 크기 때문이다. 그 결과 중개인이라는 역할을 오래 유지하지 못하고, 혁신에 필요한 연결을 만들어내는 능력도 금방 사라진다.[14]

이선 몰릭Ethan Mollick이 《듀얼 브레인: AI 시대의 실용적 생존 가이드》에서 언급한 것처럼, 인간이 너무 소진된 나머지 지속하기 어려울 때 LLM을 내세울 수 있다. LLM이야말로 '연결 기계'이기 때문이다. 그는 이렇게 적었다. "LLM은 인간에게는 무관해 보이지만 사실 깊은 의미를 지닌 토큰^{token}(LLM에서 입출력을 구성하는 최소 단위-옮긴이)들 사이에서 관계를 생성하며 학습한다. 여기에 AI 아웃풋의 무작위성이 더해지면 강력한 혁신 도구가 탄생한다. AI는 이전의 단어들이 아무리 이상하더라도 다음으로 이어질 법한 토큰을 찾아서 후속 토큰을 생성한다. 그러니 AI가 참신한 개념을 쉽게 떠올린다는 사실이 놀랍지는 않다."[15] 일리가 있는 말이다. 하지만 여기에는 LLM이 방대하고 다양한 학습 데이터에 접근할 수 있다는 전제가 깔려 있다. 만약 다가오는 AI 생성 콘텐츠의(인간이 생성한 콘텐츠의 패턴에 반응하여 AI가 생성한 콘텐츠의) 홍수로 동질성을 유도하는 행동과 콘텐츠가 더 많이 만들어진다면, AI가 참고할 수 있는 옵션의 다양성은 점차 줄어들 것이다.

모델 붕괴를 피하려면

시카고대학교의 시펑$^{Shi\ Feng}$과 제임스 에반스$^{James\ Evans}$는 지금까지 출판된 연구 논문과 특허를 대상으로 사상 최대 규모라고 할 수 있는 연구를 진행했다. 이들의 연구 결과에 따르면 과학적 발견에서는 "예상치 못한 내용과 맥락의 조합이라는 관점에서의 의외성^{surprise}이 그 발견의 파급력을 예측할 수 있는 인자"였다.[16] 그들은 이렇게 결론 내렸다. "놀라운 진보는 연구진 또는 팀 내에서가 아니라 경계를 가로지를 때 나타난다. 가장 흔하게는 한 분야의 과학자들이 멀리 있는 분야의 청중에게 문제 해결의 결과를 발표할 때다." 혁신은 서로 다른, 다양한 지식의 집합이 만날 때 가능하다. AI가 자신의 아웃풋으로 다시 학습하는 상황이 벌어지면 혁신에 필수적인 우연의 기회는 모두 사라지고 말 것이다.

또 다른 관점에서 보자면 LLM은 반복을 통해 패턴을 포착하고, 본질적으로는 가장 자주 본 것을 인코딩한다. 즉 처리한 데이터를 평균화하는 경향이 있고, 이상치가 아니라 자신이 식별한 평균 패턴을 유지한다. LLM을 활용할 때 저성과자들의 성과가 크게 향상되며 평균 또는 그보다 조금 높은 수준까지 올라간다는 연구 결과가 나오는 것도 아마 이런 이유 때문일 것이다.[17] 대조적으로 고성과자는 AI에 지나치게 의존하거나 AI의 제안을 적극적으로 의심하지 않는다면 시간이 지날수록 성과가 낮아질 수 있다. 다른 LLM이 만든 데이터(AI 생성 데이터)를 더 많이 접할수록 이른바 '모델 붕괴 model collapse'를 겪을 가능성 또한 커진다.[18]

모델 붕괴는 새로운 AI 모델이 이전 모델이 생성한 데이터로 학습할 때 발생한다. 콘텐츠를 통한 학습을 거듭할 때마다 AI 모델은 분포 자체가 그대로라고 해도 점차 원본 데이터 분포의 특성을 잃어간다. 이로 인해 점점 비슷해지고 다양성이 떨어지는 결과물이 나온다. 생성형 AI 모델은 효과적인 학습을 위해 인간이 생성한 데이터에 의존하지만, AI 모델이 생성한 콘텐츠로 학습하면 돌이킬 수 없는 결함이 발생한다. 결과물의 질이 점점 더 비슷해지고 부정확해지는 것이다. 최상의 학습 조건에서도 모델 붕괴는 불가피한 현상으로 보인다.[19]

이 문제를 피하고, 규칙 7(간접적으로 배워라)에 따라 우리가 활력을 얻을 수 있는 한 가지 방법은 AI가 너무 많은 데이터를 생성하지 않게 하는 것이다. 머지않아 도달할 수준에 비하면 아직은 AI 생성 콘텐츠의 양이 매우 적은 지금이 바로 재조합을 통해 AI 주도의 혁신을 이룰 적기다. 실제로 신약개발과 재료과학 같이 서로 동떨어진 분야에서 AI가 큰 파문을 일으키기 시작했다.

AI의 잠재력을 끌어내는 이종 분야 간의 재조합

구글의 딥마인드^{DeepMind} 시스템인 알파폴드^{AlphaFold}는 상당 부분의 데이터가 아직 AI의 영향을 받지 않은 분야에서 재조합을 통해 놀라운 과학적 혁신을 이룰 AI의 잠재력을 보여준다.[20] 알파폴드는 신약개발에서 필수적인 과정인, 아미노산 서열에서 단백질 폴딩(단백질의 아미노산 서열이 3차원 구조로 접히는 과정)을 예측하는 복잡한 문제를 해결하는 데 활용됐다. 전통적으로 신약개발은 아미노산 서열에서 단백질을 3차원 입체 구조를 구축하는 과정을 포함해 대단히 세밀하고 시간이 오래 걸리는 절차로, 막대한 연산 자원이 필요하다. 알파폴드와 같은 도구는 서로 다른 단백질로 구성된 이질적인 데이터 세트를 이용해 3D 구조를 상세하게 계산하지 않고도 아미노산과 잠재적 약물 화합물 등 분자 간 상호작용을 예측한다. 이런 고급 예측 능력은 분자생물학과 약리학에 대한 AI의 깊은 이해와 더불어 대단히 다른 분야의 자료들 속에서 유사한 패턴을 찾아내 재조합하는 AI의 능력에 기반한다. 처음으로 생성형 AI를 통해 개발된 약물은 '특발성 폐섬유증'

이라는 희귀한 진행성 폐질환의 치료제로, 최근 환자를 대상으로 한 임상 2상에 진입했다. 이는 AI 기반 신약개발의 중요한 이정표라고 할 수 있다.[21]

반도체, 배터리, 태양광 패널 등 중요한 물품을 만드는 데 사용되는 소재를 연구하는 재료과학에서는 재료 탐색을 위한 그래프 네트워크 Graph Networks for Materials Exploration, GNoME라는 강력한 딥러닝 모델이 연구자들을 도와 220만 개의 새로운 예측 물질을 발견했고, 이 중 38만 개는 실용화할 수 있을 정도로 안정성이 확인됐다.[22] GNoME 덕분에 안정적으로 알려진 물질의 수가 거의 10배나 늘어 42만 1,000개에 이른다. 현재까지 전 세계 연구자들이 이 중 700종 이상을 실험실에서 합성하기도 했다.[23] 이는 거대한 규모의 재조합으로, 조직 내에서 제품기획과 마케팅 세계를 오가는 중개인처럼 AI가 다양한 맥락 사이를 오가며 자신의 우연한 위치를 활용해 유사한 패턴을 포착하고 새롭게 결합함으로써 이룰 수 있었다. 하지만 모델 붕괴가 일어나면 이런 혁신을 가능케 하는 이상적인 조건이 형성되기 어렵다.

환각과 우연을 매개로 하는 흥미로운 경로

우리가 간접적으로 학습하고 참신한 조합을 만들어내는 능력을 유지할 방법이 하나 더 있다. 많은 이들이 LLM의 단점으로 꼽는 할루시네이션 hallucination(환각)을 역으로 이용하는 것이다. 할루시네이션은 과적합 overfitting에서 비롯될 때가 많은데, 과적합은 모델이 학습 데이터에 지나치게 최적화되어 정확한 아웃풋을 산출할 능력이 저해된 현상을 말한다. 그로 인해 상당히 독창적이지만 비상식적인 결과물이 나온다. 보통 AI의 할루시네이션을 문제로 여기지만 이 현상은 사실 깊이 있는 지식과 우연이 만나 참신함으로 이어지는 인간의 창의성과 유사하다.

스탠퍼드 의과대학과 맥마스터대학교의 연구진이 개발한 AI 모델 신스몰SyntheMol은 항생제에 내성을 지닌 치명적인 박테리아에 대항할 잠재적인 해결책을 밝혀냈다. 신스몰은 항생제 내성과 관련한 사망의 주요 원인인 병원균의 내성 균주를 표적으로 한 신약 6종의 구조와 화합물 레시피를 개발했다. 이 AI 모델은 분자 구성 요소 라이브러리와 화학 반응 세트를 바탕으로 학습했다. 이 과정에서 모델은 상당한 할루시네이션을 일으켜, 너무 엉뚱하거나 너무 부적절해서 연구팀은 탐구하지 않았을 연결들을 만들어냈다. 하지만 이 할루시네이션에서 새로운 아이디어가 탄생했다. 한 기업은 이미 그 아이디어에서 나온 화합물들을 합성했고, 그 가운데 여섯 개가 내성 균주를 성공적으로 사멸시켰다.[24] 할루시네이션이 우연한 연결을 만들어냈고, 바로 그 의외성에서 상당한 가치가 탄생했다.

이선 몰릭이 말하는 유익한 할루시네이션 사례는 지금까지 나온 이야기들에 비하면 평범하지만, 당신과 나 같은 사람들에게 더 현실적이고 또 더 큰 에너지를 줄 수 있다.[25] 그는 상용화된 LLM의 할루시네이션을 이용해 브레인스토밍에 활용하는 방법을 들려주면서 양치질을 할 필요가 없게 해주는 칫솔이나 용암 램프로 불을 밝히는 중세풍 패스트푸드점 같은 엉뚱한 사례를 들었다. 하지만 그가 인용한 연구에 따르면 아이디어의 출처를 모르는 사람들은 (예상 가능한, 즉 따분한 연결성을 찾는) 인간이 낸 아이디어보다 할루시네이션으로 탄생한 아이디어들이 더 창의적이라고 평가할 때가 많았다.

케네스 스탠리 Kenneth Stanley 는 AI의 할루시네이션을 활용한다는 발상을 새로운 차원으로 끌어올렸다.[26] 그는 AI가 할루시네이션을 일으키지 못하게 막으려는 회사의 노력에 "불만이 끓어올라" 오픈AI 연구원 일을 그만뒀다. 그리고 메이븐 Maven 이라는 회사를 설립했다. 참신함을 향해 진화하는 개방형 AI 알고리즘을 중심으로 구축된 소셜 네트워크 회사다. 가입 시 사용자가 관심 있는 주제를 선택하면 알고리즘이 사용자의 취향에 맞는 게시물로 큐레이션을 한다. 이 플랫폼에는 '좋아요', 추천, 리트윗, 팔로우 같은 기능이 없을뿐더러 콘텐츠가 폭넓은 대상에게 개방되는 것도 허용하지 않는다. 그 대신 사용자가 게시물을 올리면 알고리즘이 관심사에 따라 태그를 지정해 토픽 페이지에 노출한다.

사용자는 세렌디피티 serendipity (뜻밖의 발견, 행운-옮긴이) 슬라이더로 할루시네이션의 허용 수준을 조절할 수 있고, 이를 통해 본인의 관심사를 넘어서 엉뚱하게 느껴졌지만 알고 보니 자신과 관련성이 있었던 게시물들을 탐색할 수 있다. 스탠리는 이렇게 말했다. "자신에게 중요한 무언가로 향하는 디딤돌을 찾으려면, 목표라는 경로에서 벗어나 흥미라는 경로로 들어서야 합니다. 세렌디피티 네트워크라는 아이디어를 떠올리며 도덕적으로 옳은 일을 하는 듯한 기분이 들었어요. 사람들이 더 잘 연결될 수 있도록 제가 실제로 기여하는 것 같아서요." 규칙 7의 정신을 가장 완벽하게 구현한 플랫폼인 셈이다.

AI로 진정한 몰입에 이르는 법

1장에서 우리는 맥락 전환이 어떻게 소진을 불러오는지 배웠다. 그리고 규칙 3(최적 조합을 찾아라)에서는 자연스럽게 서로 보완이 되는 활동을 묶어 처리하면 주의력이 분산되는 일이 줄어든다는 점을 확인했다. 안타깝게도 회사에서 보고서를 작성하는 데 필요한 자료를 찾거나 가족 여름휴가를 계획하려면 여러 양식과 영역을 오가며 전환을 할 수밖에 없다. 정보가 너무 많은 곳에 분산돼 있고 데이터 분석과 호텔 예약같이 동떨어진 일을 함께 처리할 수 있는 도구도 없기 때문에 활동들을 그룹으로 묶어 수행할 수도 없다. 바로 이 지점에서 AI가 잠재적으로 구원책이 될 수 있다. 곧 현실이 될 유망한 혁신 중 하나가 바로 AI 에이전트다. 일정을 관리하는 리사가 그랬듯이 AI 에이전트는 보고서 작성을 위해 분석해야 할 데이터를 살펴보고, 이를 정리하고 분류할 방법을 결정한 뒤 작업을 수행한다. 당신이 어떤 질문에 답을 찾고자 할 때 그에 맞춰 적절한 통계 분석이 무엇인지 판단하고 검정을 실행할 수도 있다. 또는 AI 에이전트가 당신의 선호에 가장 잘 맞는 호텔을 찾아 예약까지 해결해주기도 한다.

리사는 제한된 범위 내에서 의사결정을 하고 아주 단순한 일정 관리 작업만 수행할 수 있는 원시적인 AI 에이전트였다. 그러나 이제는 앞서 언급한 복잡한 패턴을 인식하고 추론하고 실행까지 할 수 있는, 훨씬 강력해진 AI 에이전트의 등장이 눈앞으로 다가왔다.

이 에이전트들은 앞서 소개한 규칙들을 실현하는 데도 도움을 줄 수 있다. 예컨대 AI 에이전트가 백그라운드에서 다양한 도구의 기능을 통합해준다면 사용자는 에이전트와만 상호작용해도 여러 작업을 처리할 수 있을 것이다. 효율적인 에이전트가 우리가 사용해야 하는 도구의 수를 크게 줄이고, 우리의 주의력을 분산시키는 맥락 전환의 횟수 또한 극적으로 줄여줄 수도 있다. 규칙 2(매칭하라)에 따라 조금 전에 참석했던 회의를 요약하고, 핵심을 정리하고, 이 자료를 슬랙을 통해 다른 사람에게 보내거나 상대의 AI 에이전트에게 전달하는 일까지 AI 에이전트에게 맡길 수도 있다. 만약 회의 내용 중 복잡하고 모호한 정보가 있다면 AI 에이전트에게 줌 채팅이나 대면 회의를 잡아달라고 요청해 상대방과 직접 만나 조율할 수도 있다. 어쩌면 당신이 지시하지 않아도 AI 에이전트가 매칭 일체를 알아서 결정할 수 있을지도 모른다. 또한 누군가의 게시물과 사진을 내내 들여다보느라 시간을 쓰기보다는 AI 에이전트를 활용해 누군가의 게시물 패턴을 파악한다면 단일 데이터 포인트에 근거해 상대를 추측하고 싶다는 유혹에서 조금은 벗어날 수 있을 것이다. 더 나아가 AI 에이전트 덕분에 상대가 공유한 문서가 단발성이 아니라 탄탄한 지식의 산물이라는 사실을 파악하고, 이를 통해 상대가 어떤 지식을 가지고 있는지 새로운 사실을 알게 될 수도 있다.

물론 이 이야기들은 AI 에이전트가 어떻게 진화할지, 우리가 이 책에서 다룬 규칙들을 실행하는 데 어떤 도움을 줄 수 있을지를 추정해본 것이다. 그러나 속속 추가되는 근거는 이런 추정이 현실화될 가능성이 있음을 시사한다. 방사선 전문의, 고객서비스 담당자, 금융 분석가, 영업사원, 보험 심사자를 대상으로 한 여러 연구는 생성형 AI 도구가 여러 도구를 대체하고 사람들이 워크플로를 재구성할 수 있도록 도움을 줄 수 있다는 초기 데이터를 제공한다.[27] 마이크로소프트에서 진행한 코파일럿 연구에서 밝혔듯이, 워크플로를 새롭게 구축하는 과정에서 생성형 AI가 가장 유용했던 지점은 적절한 때에 적절한 정보와 기능을 사용자에게 가져다준 것이었다. 생성형 AI를 사용한 참가자들은 그렇지 않은 사람들보다 원하는 것을 더 빨리 찾았고, 도구를 자주 바꿀 필요도 없었다.[28] 그 결과 응답자들은 AI 에이전트의 도움 없이 같은 일을 한 사람들보다 과제로 인한 '탈진감'을 58퍼센트나 적게 느꼈다. 이 모든 이야기를 종합해보면, AI 에이전트 하나가 처리할 수 있는 일을 온갖 도구를 꺼내 들고 처리하는 지금의 방식보다는 의도를 가지고 AI 도구를 사용할 때 더 쉽게 몰입의 상태에 진입할 수 있을지도 모른다. 어쩌면 이것이야말로 누구나 기다리는 좋은 소식일 것이다.

하지만 나쁜 소식도 있다. 몰입은 우리가 몰두하고자 하는 활동을 능동적으로 '선택'할 때 가장 효과적으로 다다를 수 있다. 우리가 직접 선택하지 않은 활동이라면 몰입에 진입한다고 해도 소진감을 낮춰주는 긍정적인 심리적 이점을 그다지 누리지 못한다.[29] 이 이야기를 언급하는 이유는 생성형 AI 도구, 특히 대화형 인터페이스를 사용하는 도구들은 탁월한 능력을 발휘해 우리를 몰두시키고 그 상태에서 벗어나기 힘들게 하기 때문이다. 이들은 우리를 어떻게 사로잡아야 하는지 잘 알고 있는데, 여기에는 적어도 세 가지 이유가 작용한다.

첫째, LLM은 우리를 마치 조종하기 쉬운 기계처럼 여기고 우리 안의 특정한 버튼을 어떻게 눌러야 하는지 또는 특정 레버는 어떻게 당겨야 하는지 그 방법을 찾아내도록 프로그래밍될 수 있다. 4건의 연구를 진행한 컬럼비아대학교의 연구팀은 짧은 프롬프트만으로 또는 목표 대상의 심리 성향을 언급한 것만으로(예컨대 "예방 초점적 성향을 지닌 사람에게 운동을 많이 해야 한다고 설득하는 짧은 광고 문구를 작성해 줘") 챗지피티가 만들어낸 개인맞춤형 메시지가 목표 대상자들에게 놀라울 정도로 높은 설득력을 발휘한다는 것을 확인했다.[30]

둘째, LLM은 평균적인 사람보다 언어적 신호와 행동 패턴을 더 광범위하게 학습했기 때문에 더 다양한 감정과 정서를 인식할 수 있다. 한 연구에서는 사회인구통계학적 프로필과 라이프 스타일, 수면 패턴과 같은 데이터를 이용해 환자의 심리적 고통을 예측하는 사안에서 LLM이 정신과 의사와 견주어 어느 정도의 성과를 보이는지 평가했다. 그 결과 AI 모델이 정확도에서 전문가를 앞섰고, 특히 심각한 심리적 고통을 예측하는 데서는 85.5퍼센트인 정신과 의사들보다 높은 89.9퍼센트의 정확도를 보였다.[31]

또 다른 연구에서는 배우들이 환자 역할을 맡아 상호작용하는 상황에서 1차 진료 의사primary care physician, PCP와 LLM의 성과를 비교했다. 가짜 환자들은 온라인상에서 텍스트 기반 상담을 두 차례 진행했는

데 이 중 한 번은 PCP와 한 번은 LLM과 상담했다. 가짜 환자들은 자신이 누구와 소통하고 있는지 모르는 상황이었다. 이후 가짜 환자들이 자신의 경험에 대해 설문지를 작성했고, 전문의들이 해당 상담의 질과 설문지의 응답 내용을 평가했다. 연구팀은 상호작용을 평가하는 기준으로 26가지 항목을 택했는데, 대체로 의사소통 능력과 공감력에 초점이 맞춰져 있었다. 결과를 보면, 환자를 연기한 배우들과 전문의들은 대부분 항목에서 AI를 더 뛰어난 커뮤니케이터로 평가했다.[32]

셋째, LLM은 아무리 대화를 해도 지치지 않고 대화 소재가 바닥나지도 않는다. 레플리카Replika라는 AI 기반 챗봇을 사용하는 학생 1,006명을 대상으로 진행한 설문조사에서는 자신을 외롭다고 평가한 참가자들이 챗봇과 상호작용하는 방식을 관찰했다. 데이터에 따르면 외로움을 느끼는 학생들은 챗봇과 거듭 상호작용을 하며 질문을 많이 했고 긴 대화를 나눴으며, 챗봇을 친구이자 심리치료사, 지적 거울intellectual mirror로 대했다. 지속적인 상호작용의 결과 레플리카가 중간 이상 수준의 사회적 지지를 제공한다고 답한 응답자가 90퍼센트에 달했고, 응답자의 3퍼센트는 대화를 나누는 과정에서 자살성 사고suicidal ideation가 멈췄다고 보고했다.

LLM은 설득력을 발휘하도록 프로그래밍될 수 있고, 우리에게 무엇을 어떤 방식으로 말해야 하는지 파악하는 능력이 뛰어나며, 우리가 원하는 만큼 대화를 나눠줄 의향이 있다는 점까지 고려하면 우리의 선택이 아니었다고 해도 AI와의 지나치게 긴 상호작용에 쉽게 사로 잡힐 수 있다. 여기에는 기업이 우리를 일부러 LLM에 묶어두려 할 가능성은 포함하지도 않았는데, 기업은 실제로 그렇게 할 것이다.

한 예를 들자면, 나는 AI 기반 어시스턴트를 만드는 회사에서 짧은 프로젝트를 함께 한 적이 있다. 이 어시스턴트는 사업 개발 담당자들을 도와 기업용 소프트웨어를 판매하는 임무를 맡았다. LLM은 상품의 기능과 장점을 쉽게 학습했다. 영업용 전화가 진행되는 동안에는 LLM이 영업사원과 잠재 고객의 대화를 실시간으로 분석하며 고객맞춤형 홍보 방식을 찾아내고, 상대를 설득할 만한 주장을 제안하고, 고객이 계속 말을 하도록 유도했다. 회사의 제품책임자는 내게 이렇게 말했다. "수많은 연구에 따르면 통화 상태로 계속 붙잡아둘 수만 있다면 거래를 성사시킬 가능성이 커진다고 합니다. 그래서 우리 LLM은 정확히 그렇게 설계됐어요. 고객에게 호소하려면 다음에 어떤 말을 하는 게 가장 좋은지 파악하고, 당신에게 조금 문제가 있다 싶으면 상황을 더 잘 해결할 것으로 예측되는 다른 영업사원에게 전화를 돌리라고 제안할 겁니다." 초소통형 super-communicating AI가 별다른 노력을 하지 않고도 우리를 대화에 붙들어두는 능력이 이렇게 탁월하다면, 우리를 사로잡도록 특별히 프로그래밍됐을 때는 AI와의 상호작용이 어떤 모습일지 상상해보길 바란다.

새로운 AI 시대에 디지털 소진을 성공적으로 관리하고 싶다면 어느 정도 전략을 가지고 행동하는 것이 현명하다. 우리도 신중하고 조금은 교활하게 굴어야 한다. 사회적인 측면에서는 우리를 압도하거나, 과부하를 안기거나, 옭아매지 않는 방향으로 AI와 데이터 그리고 이를 둘러싼 규제, 조직 시스템을 구축해야 한다. 리더로서 우리는 소진되는 것이 아니라 에너지를 얻는 방향으로 AI를 조직의 워크플로에 통합하는 가장 좋은 방법을 깊이 고민해야 한다. 개인으로서 우리는 AI 사용 방식에 주도권을 쥐고, 이 책에 등장한 규칙들에 기반한 루틴을 만들어 언제든 재충전할 방법을 찾아야 한다.

기술의 시대,
삶의 주도권을 되찾아라

당신이 사용하고 있는 모든 디지털 도구, 눈앞의 데이터, 답을 해야 하는 문자 메시지, 사방에서 들려오는 기술에 대한 담론에 지친다고 느끼는가? 비단 당신만 그런 게 아니다. 앞서 보여주었듯, 디지털 소진은 우리가 살아가고 일하는 방식이 크게 달라진 탓에 벌어진 결과다. 우리는 더 많이 인식하고 더 많이 연결되고 언제나 온^{on} 상태를 유지해야 하는 상황이 됐고, 그로 인해 디지털 소진을 경험하는 것이다. 마땅히 누려야 할 놀라운 미래를 놓치지 않으려면 새롭게 등장하는 기술의 물결에 올라타야 한다는 기대가 형성돼 있다.

디지털 소진에 대한 가장 쉬운 해답은 그냥 기술 사용을 중단하는 것이다. 하지만 여기까지 읽었다면 당신은 그것이 현실적인 선택지가 아니라고 이미 판단했을 것이다. 이 책 전반에 걸쳐 디지털 기술이 우리를 어떻게 소모시키는지 살펴봤을 뿐 아니라, 기술이 우리의 개인적·직업적 삶에 얼마나 필수적으로 자리 잡았는지 또한 확인했다. 우리에게 주어진 과제는 디지털 도구 일체를 없애는 것이 아니라 우리가 기술과 어떤 관계를 맺을지 다시 생각하는 것이다. 정보의 수동적 수신자나 혁신의 맹목적인 추종자가 아니라 자신의 디지털 경험을 이끄는 능동적인 큐레이터가 되어야 한다.

당신의 일상에 너무도 깊이 새겨져 자동반사적으로 행하는 것 같은 습관을 잠시 떠올려보길 바란다. 아침에 일어나 뉴스를 스크롤링하고, 오후에는 이메일을 확인하고, 늦은 밤 소셜 미디어를 둘러보는 행위는 당신이 의식적으로 하는 행동인가? 아니면 인식하지 못한 채 어느새 형성된 습관인가? 이런 사소한 행동이 부지불식간에 일어날 때마다 잠시 멈춰 물어야 한다. 지금 내 시간을, 더 중요하게는 내 한정된 에너지를 이렇게 쓰고 싶은가? 디지털 도구들은 우리를 세상 및 사람과 연결해주지만 연결이라고 해서 모두 동일한 가치를 지니는 것은 아니다. 소통이 많을수록 관계가 더 돈독해진다는 믿음에 빠지기 쉽지만, 앞서 확인했듯이 그 반대인 경우가 더 많다. 끝없이 밀려드는 메시지, 업데이트, 알람으로 산만해진 우리는 정말 중요한 상호작용에 온전히 임하지 못한다.

우리가 주의를 기울이는 방식, 추론하는 방식, 감정을 경험하는 방식을 더는 자신이 결정하는 것 같지 않을 때, 항상 시급한 일처럼 정신없이 그리고 끝도 없이 이어지는 디지털 방해에 이쪽저쪽으로 끌려다니는 것 같을 때 우리는 소진을 경험한다. 우리 삶에서 시간과 공간을 되찾는다는 것은 다시 말해 하루를 어떻게 구성하고 기기를 어떻게 대할지 사려 깊게 접근하겠다는 의미다. 이는 소음 속에서 잠깐의 고요함을, 빠르게 흘러가는 디지털 세계에서 성찰의 순간을 찾는 것이다. 어떤 이들에게는 일과 가정의 흐려진 경계를 다시 세운다는 의미가 될 수도 있다. 또 어떤 이들에게는 소모가 아닌 재충전을 위한 활동을(책을 읽는 것이든, 야외에서 시간을 보내는 것이든, 시야에 전자기기가 없는 곳에서 멍하니 시간을 보내는 것이든) 우선시하겠다는 다짐이 될 수도 있다.

기술 진보를 되돌릴 수도, 그렇게 할 필요도 없다. 우리가 손에 쥔 도구들은 강력하고, 이를 신중하게만 사용한다면 상상에서나 가능했던 방향으로 우리 삶을 향상시킬 수 있다. 다만 디지털 세계에서 산다는 것은 일정 수준의 복잡성을 받아들여야 함을 전제로 한다. 효율성과 온전히 존재함, 연결성과 고독 사이의 갈등이 있으리라는 점을 이해해야 한다.

이 사이에서 완벽한 균형을 추구하기보다는 우리의 미묘하고도 복잡한 필요와 한계를 이해하는 것을 목표로 해야 한다. 다시 말해 도구가 우리를 위해 제 쓰임을 다할 때와 소음만 더할 때를 구분해야 한다. 완벽할 수 없다는 사실을 받아들이고 새롭게 상호작용하는 방식을 실험하려는 태도를 갖춰야 한다는 뜻이다. 무엇보다 오늘 가능했던 일이 내일은 달라질 수 있음을 인식하고, 그래도 괜찮다고 여기며 호기심과 적응력으로 디지털 삶에 접근해야 한다. 이 책의 규칙들이 단순한 것도 이 때문이다. 새로운 기기가 등장하고, 기기와 맺는 방식과 정보를 경험하는 방식이 새롭게 달라질 것이기에 가까운 미래라고 해도 오늘과 아주 많이 다른 풍경이 펼쳐질 수 있다. 오늘은 또 어떤 새로운 기술이 등장할지 예측할 수 없지만, 단순하되 검증된 규칙들에 의지한다면 이후 우리 앞에 펼쳐질 세상을 이해하는 동시에 소진에서 멀어질 수 있다.

내가 이 책을 쓴 목적은 당신의 디지털 소진을 완벽히 끝낼 확실한 방법을 알려주는 데 있지 않다. 애초에 가능하지 않은 일이다. 기술과 맺는 관계가 저마다 다른 만큼 모든 사람에게 맞는 하나의 해법 같은 것은 없다. 다만 이 책은 기기와의 상호작용 방식을 다르게 생각해보고, 우리가 다른 선택을 내릴 때 더 건강하게 누릴 수 있는 디지털 미래에 대해 생각해보자는 초대장이다. 우리 앞에 펼쳐진 길이 그리 순탄하지만은 않을 것이다. 우리가 의지하는 도구들이 너무나 벅차게 느껴지고 결심이 무색하게도 스크린에 강력히 사로잡히는 날들도 있을 것이다. 하지만 그것이 실패를 뜻하지는 않는다. 그런 사실을 인식하게 되는 매 순간을 다시 조정하고, 바로잡고, 우리가 생각하는 것보다 더 큰 주체성이 우리 안에 있음을 다시 한번 상기하는 기회로 삼을 수 있다.

우리의 디지털 미래는 아직 진행형이다. 우리가 사용하는 도구들은 물론 우리가 도구와 소통하는 방식 역시 계속해서 진화할 것이다. 다만 도구와 어떻게 관계를 맺고, 적응하고, 자신의 경험을 형성할 것인지 선택하는 그 능력만큼은 우리의 몫으로 남아 있을 것이다. 신중하고 주의 깊은 태도로 접근한다면, 소진에서 벗어나 도구가 제공하는 새로운 능력으로 에너지를 얻을 수 있다. 목표는 디지털 세계에서 벗어나는 것이 아니라 유연하게 헤쳐나가며 그 세계 안에서 성공적으로 살아가는 것이다. 몇 가지 간단한 규칙을 따르는 수고를 감수한다면 기술과의 건강한 관계를 충분히 만들어나갈 수 있으리라고 확신한다.

> 부록

디지털 디톡스를 위한 가이드

이 책의 1부에서는 우리가 주의력을 기울이는 방식, 자기 자신과 타인에 대한 추론, 디지털 기술이 우리에게 불러일으키는 감정이 함께 작용해 우리를 소진시킨다는 점을 확인했다. 2부에서는 소진의 세 가지 요소를 해체해줄 여덟 가지 간단한 규칙을 살펴봤다. 물론 이것 하나면 모두 해결할 수 있다는, 그런 규칙은 없다. 각 방법은 주의력, 추론, 감정이 함께 작용하며 미치는 다면적인 영향력 가운데 한 가지 이상에 대처하도록 설계됐다.

사람마다 소진의 3요소를 다르게 경험한다. 당신에게 가장 큰 영향을 미치는 요소가 다른 사람에게는 그렇지 않을 수 있다. 따라서 세 가지 요소 가운데 자신을 가장 소진시키는 요소가 무엇인지에 따라 규칙을 다르게 조합해 활용해야 할 것이다.

부록의 첫 번째 표는 소진을 불러오는 각 요인에 특히 효과적인 규칙이 무엇인지를 보여준다. '주의력', '추론', '감정' 바로 아래 행에서 자신에게 가장 크게 영향을 미치는 요인을 가늠한다. 그런 뒤 그 요인이 불러온 소진을 해결하는 데 어떤 규칙이 가장 효과적인지 왼쪽 열을 확인한다.

복기하자면, 1장에서 여러 앱을 오가면 양식을 전환하는 것이라고 설명했다. 어떤 일에 쏟는 주의력의 유형이 달라질 때는 영역이 전환되는 것이다. 무대는 삶의 한 부분으로, 보통 일터와 집을 가리킨다. 2장에서는 디지털 기술이 타인을 바라보는 시각을 왜곡하는 프리즘, 타인의 정신 상태를(그리고 그들이 우리에 대해 내리는 추론을) 볼 수 있게 해주는 포털, 과거의 자아를 보여주는 거울로 작용할 수 있다는 점을 확인했다. 3장에서는 소진을 유발하는 가장 흔한 다섯 가지 감정을 다뤘다.

12장에서 14장까지는 관리자, 부모 그리고 삶의 어느 분야에서든 AI를 최적으로 활용하는 법을 배우고자 하는 사람이 디지털 소진에 대처하는 구체적인 방법을 살펴봤다. 이런 복합적인 맥락에서 몇몇 규칙은 적용할 수 있는 반면 또 어떤 규칙들은 적용할 수 있을지 의심스럽게 느껴질 수도 있다.

두 번째 표는 각 맥락에서 어떤 규칙이 가장 도움이 될지 가늠하는 데 도움이 될 지침을 제공한다. 첫 번째 표를 읽는 방식과 반대로 보면 된다. 가장 왼쪽의 열을 보고 자신이 관리자, 부모, AI 파트너 가운데 어떤 역할에 해당하는지를 확인한다. 그런 뒤 두 번째 열에서 자신이 적용하고자 하는 전략을 파악하고, 가로로 행을 따라가며 그 전략을 실행하는 데 가장 도움이 될 규칙을 확인하면 된다.

이 두 개의 표를 길잡이 삼아 지금까지 배운 점을 복기하고 자신만의 디지털 소진을 해결하는 데 가장 효과가 있는 개인 맞춤형 규칙 세트를 만들어보길 바란다.

행운을 빈다. 당신은 해낼 수 있다!

소진의 요소에 따라 가장 도움이 되는 규칙들							
	주의력			추론			
	양식	영역	무대	프리즘	포털	거울
규칙 1: 사용 중인 도구를 절반으로 줄여라	○	○				
규칙 2: 정보에 걸맞은 미디어를 매칭하라	○	○				
규칙 3: 배칭과 스트리밍의 최적 조합을 찾아라	○	○				○
규칙 4: 응답하기 전 일단 기다려라			○	○	○	
규칙 5: 추측하지 말라			○		○	○
규칙 6: 의도를 가지고 행동하라	○	○				○
규칙 7: 간접적으로 배워라		○		○		
규칙 8: 지금 이 순간에 머물러라			○		○	

	감정				
두려움	불안	죄책감	분노	흥분
○			○	
	○			○
		○		
	○	○		
			○	
○				
		○	○	○
○	○	○		○

부록 디지털 디톡스를 위한 가이드

		규칙 1: 사용 중인 도구를 절반으로 줄여라	규칙 2: 정보에 걸맞은 미디어를 매칭하라	규칙 3: 배칭과 스트리밍의 최적 조합을 찾아라
관리자	리더를 위한 지침	○		○
	기술 이야기는 이제 그만하라			
	하이브리드 근무를 재고하라: 조율과 동료애		○	
	AI에 지능적으로 접근하라			
부모	그림자 노동 시간을 계산하라	○		
	놓치는 기쁨을 누려라			○
	연결성을 낮춰 더욱 깊은 연결감을 느껴라		○	
	아이들 앞에서는 기기를 내려놓아라	○		○
AI 파트너	다가올 콘텐츠 대홍수를 대비하라	○	○	
	AI가 만들어내는 우연한 기회를 수용하라			
	AI로 진정한 몰입에 이르는 법	○	○	○

관리자, 부모, AI 파트너의 역할에 가장 필요한 규칙들

규칙 4: 응답하기 전 일단 기다려라	규칙 5: 추측하지 말라	규칙 6: 의도를 가지고 행동하라	규칙 7: 간접적으로 배워라	규칙 8: 지금 이 순간에 머물러라
○				○
○		○		
○			○	
		○		
		○		
○		○		○
	○		○	
	○			○
○				
	○	○	○	
				○

주 석

프롤로그 ─────

1   내가 인터뷰하거나 관찰한 모든 사람의 이름은 가명을 썼다. 이 책의 데이터 대부분은 20년에 걸쳐 여러 연구 프로젝트를 위해 수집됐는데, 프로젝트마다 연구의 건전성을 심의하는 행정기구인 대학 기관감사위원회의 승인을 받았다. 승인 절차의 일환으로 정보 제공자가 고용주로부터 불이익을 당할 염려 없이 자유롭게 말할 수 있도록 익명성을 약속했다. 다만 이 책을 집필하는 과정에서 디지털 소진의 경험을 듣기 위해 몇몇 사람을 추가로 인터뷰하기도 했다.

2   가장 널리 인정받고 실증적으로 가장 견고한 번아웃 측정법은 매슬랙 번아웃 척도(Maslach Burnout Inventory, MBI)다. 22개 문항의 설문을 바탕으로 정서적 소진(Emotional Exhaustion, EE), 이인감(DE), 개인 성취감(Personal Accomplishment, PA) 저하를 평가한다. 이를 측정하는 도구가 정확하긴 하지만 대부분 사람에게는 상당히 번거롭다는 게 문제다. 여러 연구자는 설문 완료율과 응답자 피로를 고려한다면 단일 문항이 22문항보다 더욱 낫다는 결론을 내렸다. 한 예로, 2004년 〈스트레스와 건강: 국제 스트레스 조사 학회 저널(Stress and Health: Journal of the International Society for the Investigation of Stress)〉(20, no.2, 75-79)에 실린 바버라 M. 로홀랜드(Barbara M. Rohland)와 지나 R. 크루즈(Gina R. Kruse), 제임스 E. 로러(James E. Rohrer)의 논문 〈의사를 대상으로 한 번아웃 측정에서 매슬랙 번아웃 척도와 비교한 단일 문항 측정의 검증(Validation of a Single-Item Measure of Burnout against the Maslach Burnout Inventory among Physicians)〉은 의사 집단을 대상으로 한 번아웃 측정에서 단일 문항이 MBI 측정법보다 타당하다는 점을 검증했다. 또한 2009년 〈일반내과 저널(Journal of General Internal Medicine)〉(24, 1318-21)에 실린 콜린 P. 웨스트(Colin P. West) 외 연구진의 논문 〈정서적 소진과 이인감에 대한 단일 문항 척도가 의료진의 번아웃 평가에 유용성을

증명하다(Single Item Measures of Emotional Exhaustion and Depersonalization Are Useful for Assessing Burnout in Medical Professionals)〉는 전문 의료인을 대상으로 한 정서적 소진과 이인감 측정 평가에서 단일 문항 척도가 효과적이라는 점을 보여줬다. 이와 유사하게 2015년 〈일반내과 저널〉(30, 582-87)에 실린 에밀리 D. 돌란(Emily D. Dolan) 외 연구진의 논문 〈단일 문항 척도를 활용한 1차 의료진의 번아웃 측정: 정신 평가(Using a Single Item to Measure Burnout in Primary Care Staff: A Psychometric Evaluation)〉는 1차 진료 인력에게 단일 문항 측정이 유용하다는 사실을 입증했다.

3   Jeremy N. Bailenson, "Nonverbal Overload: A Theoretical Argument for the Causes of Zoom Fatigue," *Technology, Mind, and Behavior* 2, no. 1 (2021): 1-5; Brian X. Chen, "It's Time for a Digital Detox. (You Know You Need It.)," *New York Times*, November 25, 2020, https://www.nytimes.com/2020/11/25/technology/personaltech/digital-detox.html; Simon Read, "Are You Suffering from Digital Exhaustion? Microsoft Survey Finds Tensions over Remote Work," World Economic Forum, October 7, 2022, https://www.weforum.org/agenda/2022/10/work-productivity-hybrid-remote-microsoft.

4   2003년부터 나는 조직 내 기술 사용을 주제로 동료 평가를 거친 학술지 논문을 70편 이상 발표했다. 이 연구 중 일부는 이 책에 명시적으로 인용됐고, 일부는 조금 더 개괄적으로 참조했다. 이 연구에 수집된 데이터에는 일터 환경에서 사람들을 관찰한 자료와 인터뷰, 설문이 포함된다. 이 연구에서 얻은 모든 데이터를 처음으로 한데 모아 이 책에 실었다. 관찰(N=512), 인터뷰(N=2,642), 설문조사(N=9,489)에서 소진과 관련한 질문을 조금씩 달리했다. 엄밀히 말하자면 매번 같은 질문을 한 것은 아니고, 이런 방식으로 사람들의 소진을 전혀 오류 없이 체계적으로 밝혀낼 수 있다는 착각도 전혀 하지 않는다. 하지만 응답의 일관성과 더불어 응답자들이 질문을 쉽게 이해했다는 사실로 미루어 이 책에서 논의하는 패턴들이 디지털 소진의 일반적인 동향을 반영한다고 자신 있게 밝힐 수 있다.

5   소셜 미디어 사용자가 5억 명을 넘어섰다는 데이터는 놀라운 사이트 'ourworldindata. org'의 'Esteban Ortiz-Ospina'에서 확인할 수 있다. "The Rise of Social Media," September 18, 2019, https://ourworldindata.org/rise-of-social-media. 또한 스마트폰 사용자가 1억 명을 넘어섰다는 데이터는 다음의 설문조사에서 얻은 것이다.

"5 Years Later: A Look Back at the Rise of the iPhone," Comscore, June 29, 2012, comscore.com/Publi-Relations/Blog/5-Years-Later-A-Look-Back-at-the-Rise-of-the-iPhone.

6 칼 뉴포트, 《디지털 미니멀리즘: 딥 워크를 뛰어넘는 삶의 원칙》(세종서적, 2019). 뉴포트는 디지털 기술이 우리를 소진시킨다고 주장하며, 집중과 주의력을 되찾기 위해 목적 지향적으로 기술을 사용하는 움직임, 즉 그가 '디지털 미니멀리즘'이라고 부르는 철학을 전개했다.

7 세라 케슬러(Sarah Kessler)와 버나드 워너(Bernhard Warner) 인용, "Rethinking the 'Digital Detox,'" *New York Times*, February 18, 2023, https://www.nytimes.com/2023/02/18/business/dealbook/digital-detox-social-media.html.

8 디지털 디톡스의 효과에 관해 최초로 체계적인 메타 분석을 진행한 연구에 따르면, 디지털 기기 사용을 잠시라도 중단하는 효과가 대체로 생각만큼 크지 않다는 점이 드러났다. Theda Radtke et al., "Digital Detox: An Effective Solution in the Smartphone Era? A Systematic Literature Review," *Mobile Media & Communication* 10, no. 2 (2022): 190-215.

9 Anna Katharina Schaffner, *Exhaustion: A History* (Columbia University Press, 2016), 7.

10 생산성 도구와 소진 간의 연관성을 밝힌 연구를 몇 가지 꼽자면 다음과 같다. Sheng-Pao Shih et al., "Job Burnout of the Information Technology Worker: Work Exhaustion, Depersonalization, and Personal Accomplishment," *Information & Management* 50, no. 7 (2013): 582-89; Gunjan Tomer, Sushanta Kumar Mishra, and Israr Qureshi, "Features of Technology and Its Linkages with Turnover Intention and Work Exhaustion Among IT Professionals: A Multi-Study Investigation," *International Journal of Information Management* 66 (2022): 102518; Hadar Nesher Shoshan and Wilken Wehrt, "Understanding 'Zoom Fatigue': A Mixed-Method Approach," *Applied Psychology* 71, no. 3 (2022): 827-52.

11 스트리밍 기술들과 소진에 대한 연구는 신생 분야이지만, 모라 에드먼드(Maura Edmond)가 이를 주제로 최근 연구를 진행한 바 있다. Maura Edmond, "Careful Consumption and Aspirational Ethics in the Media and Cultural Industries: Cancelling, Quitting, Screening, Optimising," *Media, Culture & Society* 45, no. 1 (2023):

92-107.

12　시카고대학교 연구진은 일주일간 성인 참가자 205명의 일상을 추적했다. 연구진은 30분마다 참가자들에게 어떤 욕구를 느끼는지, 그렇다면 무엇에 대한 욕구이고 욕구의 강도와 지속 시간은 어떻게 되는지를 물었다. 또한 그 욕구를 억제하려고 했는지 아니면 욕구에 따랐는지도 물었다. 연구 데이터에 따르면 트위터와 페이스북 등 소셜 미디어를 사용하고 싶다는 욕구는 흡연과 음주, 심지어 수면욕보다 더 자주 발생했고 억제하기가 더 힘들었다. Wilhelm Hofmann et al., "Everyday Temptations: An Experience Sampling Study of Desire, Conflict, and Self-Control," *Journal of Personality and Social Psychology* 102, no. 6 (2012): 1318-35 참고.

13　Bruce S. McEwen, "Protective and Damaging Effects of Stress Mediators," *New England Journal of Medicine* 338, no. 3 (1998): 171-79; Neil Schneiderman, Gail Ironson, and Scott D. Siegel, "Stress and Health: Psychological, Behavioral, and Biological Determinants," *Annual Review of Clinical Psychology* 1 (2005): 607-28.

14　번아웃은 비교적 신생 개념으로, 1970년대에 심리학자인 허버트 프로이덴버거(Herbert Freudenberger)가 처음 제시했다. 그는 보건, 사회복지, 상담과 같이 스트레스가 심한 대인 서비스 직종의 사람들에게 스트레스가 미치는 장기적인 부정적 영향을 설명하며 이 용어를 사용했다. 이것이 그가 처음 제안한 번아웃의 정의와 맥락이었다. 이후 캘리포니아대학교 버클리 캠퍼스의 크리스티나 매슬랙(Christina Maslack)과 수전 E. 잭슨(Susan E. Jackson)이 공동 발표한 다음의 논문을 통해 더욱 확실하게 정립되고 널리 알려졌다. "The Measurement of Experienced Burnout," *Journal of Organizational Behavior* 2, no. 2 (1981): 99-113.

15　Christina Maslach, Wilmar B. Schaufeli, and Michael P. Leiter, "Job Burnout," *Annual Review of Psychology* 52, no. 1 (2001): 397-422.

16　배터리가 충전될 때 이온이 양극과 음극을 오간다. 이 과정을 반복하면 점차 전극과 전해질(이온의 이동을 돕는 매개체)이 마모되어 분해된다. 그 결과 배터리가 전하를 저장하는 능력이 점차 저하되고 결국에는 전하를 전혀 저장하지 못하게 된다. 그러면 배터리는 열화되어 더는 사용할 수 없게 된다.

17　*Mental Health at Work: Managers and Money* (The Workforce Institute at UKG, 2023), https://www.ukg.com/resources/white-paper/mental-health-work-managers-

and-money. 인적자원관리협회(Society for Human Resource Management, SHRM)는 근로자들 가운데 우울증을 경험하는 비율이 가장 높은 직급이 중간관리자들이라는 점을 지적했다. 최근 갤럽 조사에 따르면 중간관리자가 경험하는 소진감 및 번아웃과 다른 직급의 근로자들이 경험하는 그 감정의 정도에 격차가 점차 커지고 있는 것으로 드러났다. Dana Wilkie, "The Miserable Middle Managers," SHRM, February 19, 2020, https://shrm.org/topics-tools/news/employee-relations/miserable-middle-managers; Jim Harter, "Manager Burnout Is Only Getting Worse," Gallup, November 18, 2021, https://www.gallup.com/workplace/357404/manager-burnout-getting-worse.aspx.

18 Marcie J. Tyre and Wanda J. Orlikowski, "Windows of Opportunity: Temporal Patterns of Technological Adaptation in Organizations," *Organization Science* 5, no. 1 (1994): 98-118.

19 아이젠하트는 수십 편의 논문에 걸쳐 이 간단한 규칙의 접근법을 발전시켜왔다. 다음의 논문이 가장 이해하기 쉬울 것이다. Kathleen M. Eisenhardt and Donald N. Sull, "Strategy as Simple Rules," *Harvard Business Review* 79, no. 1 (2001): 107-16.

CHAPTER 01 주의력: 끝없는 스크롤과 몰입의 실패

1 Paul M. Leonardi, Tsedal B. Neeley, and Elizabeth M. Gerber, "How Managers Use Multiple Media: Discrepant Events, Power, and Timing in Redundant Communication," *Organization Science* 23, no. 1 (2012): 98-117.

2 Pietro Spataro, Neil Mulligan, and Clelia Rossi-Arnaud, "Effects of Divided Attention in the Word-Fragment Completion Task with Unique and Multiple Solutions," *European Journal of Cognitive Psychology* 22, no. 1 (2010): 18-45.

3 니콜라스 카,《생각하지 않는 사람들: 인터넷이 우리의 뇌 구조를 바꾸고 있다》(청림출판, 2020).

4 칼 뉴포트,《딥 워크: 강렬한 몰입, 최고의 성과》(민음사, 2017); 요한 하리,《도둑맞은 집중력: 집중력 위기의 시대, 삶의 주도권을 되찾는 법》(어크로스, 2024).

5 Russell Heimlich, "Do You Sleep with Your Cell Phone?," Pew Research Center,

September 13, 2010, https://www.pewresearch.org/short-reads/2010/09/13/do-you-sleep-with-your-cell-phone 참고. 퓨리서치센터(Pew Research Center)에서 진행한 연구에 따르면 연령에 따라 휴대전화를 곁에 두고 자는 비율이 달랐다. 청년층(18~29세)은 90퍼센트가 스마트폰과 함께 잠든다고 응답했다. 이와 비교해 연령별로 스마트폰을 가까이 두고 잔다고 응답한 비율은 30~49세 70퍼센트, 50~64세 50퍼센트, 65세 이상 34퍼센트였다. 이는 15년 가까이 된 통계이고, 그 이후 전국 규모의 조사가 진행된 바는 없다.

6 Alex Kerai, "Cell Phone Usage Statistics: Mornings Are for Notifications," Reviews.org, July 21, 2023, https://www.reviews.org/mobile/cell-phone-addiction/#Smart_Phone_Addiction_Stats.

7 Nathan Ward et al., "Building the Multitasking Brain: An Integrated Perspective on Functional Brain Activation During Task-Switching and Dual-Tasking," *Neuropsychologia* 132 (2019): 107149.

8 이 네 단계에 대한 자세한 내용이 궁금하다면 존 메디나(John Medina)의 《브레인 룰스: 의식의 등장에서 생각의 실현까지》(프런티어, 2009)를 참고하길 바란다. 메디나는 저서에 이렇게 밝혔다. "솔직히 말해 연구는 우리가 멀티태스킹을 할 수 없다고 말한다. 우리는 생물학적으로 주의력을 많이 쏟아야 하는 인풋들을 동시에 처리할 수가 없다. … 사람들이 여러 작업을 오갈 때마다 이전 진행 상황을 놓치고는 '어디까지 했더라?'라고 중얼거리며 '다시 시작'해야 하는 것도 이 때문이다. 멀티태스킹에 능해 보이는 사람은 사실 정확히 말하자면 작업 기억이 좋아 한 번에 여러 인풋에 주의력을 기울일 수 있는 것이다."

9 Richard E. Cytowic, "Digital Distractions: Energy Drain and Your Brain on Screens," *Psychology Today*, October 27, 2020, https://www.psychologytoday.com/us/blog/the-fallible-mind/202010/digital-distractions-energy-drain-and-your-brain-screens.

10 Leo Yeykelis, James J. Cummings, and Byron Reeves, "Multitasking on a Single Device: Arousal and the Frequency, Anticipation, and Prediction of Switching Between Media Content on a Computer," *Journal of Communication* 64, no. 1 (2014): 167-92.

11 Rohan Narayana Murty, Sandeep Dadlani, and Rajath B. Das, "How Much Time

and Energy Do We Waste Toggling Between Applications?," *Harvard Business Review*, August 29, 2022, https://hbr.org/2022/08/how-much-time-and-energy-do-we-waste-toggling-between-applications.

12   Rebecca Hinds et al., *The State of Collaboration Technology: Research-Backed Strategies for Decoding Digital Clutter and Resetting Your Tech Stack* (Asana Work Innovation Lab, 2023), https://www.asana.com/work-innovation-lab/the-state-of-collaboration-technology.

13   롭 크로스(Rob Cross)와 캐런 딜론(Karen Dillon), 《미세 스트레스: 당신의 일상을 갉아먹는 침묵의 파괴자》(21세기북스, 2024).

14   앱을 너무 많이 열어놓으면 스마트폰이 느려지는지에 대해서는 논쟁이 있다. 앱이 메모리와 CPU를 사용하는 만큼 특히 오래된 기기라면 속도가 느려진다고 말하는 사람들도 있다. 또 어떤 이들은 최신 운영체제가 백그라운드 앱을 효율적으로 관리하도록 최적화되어 수동으로 앱을 닫는 것이 불필요할 뿐 아니라 도리어 역효과를 낳는다고 주장한다. 애플은 앱을 많이 열어놓는다고 해서 배터리가 닳는 것은 아니라고 밝혔다. 하지만 열어놓은 앱들이 백그라운드에서 실행 중이라면 배터리 수명이 줄어들 것이다.

15   올리비아 골드힐(Olivia Goldhill) 인용. "Neuroscientists Say Multitasking Literally Drains the Energy Reserves of Your Brain," *Quartz*, July 3, 2016, https://qz.com/722661/neuroscientists-say-multitasking-literally-drains-the-energy-reserves-of-your-brain.

16   Sophie Leroy, "Attention Residue," University of Washington Bothell School of Business, last modified October 5, 2024, https://www.uwb.edu/business/faculty/sophie-leroy/attention-residue; Sophie Leroy, "Why Is It So Hard to Do My Work? The Challenge of Attention Residue When Switching Between Work Tasks," *Organizational Behavior and Human Decision Processes* 109, no. 2 (2009): 168-81.

17   Gloria Mark, "Tired? Distracted? Burned Out? Listen to This," interview by Ezra Klein, *The Ezra Klein Show*, January 5, 2024, https://www.nytimes.com/2024/01/05/opinion/ezra-klein-podcast-gloria-mark.html.

18   Victor M. González and Gloria Mark, "'Constant, Constant, Multi-Tasking

Craziness': Managing Multiple Working Spheres," in *Proceedings of the SIGCHI Conference on Human Factors in Computing Systems* (Association for Computing Machinery, 2004), 113-20.

19   Gloria Mark, "Can't Pay Attention? You're Not Alone," interview by Cara Capuano, *UCI Podcast*, May 11, 2023, https://www.universityofcalifornia.edu/news/cant-pay-attention-youre-not-alone.

20   *Workgeist Report '21: Research into Culture, Mindset and Productivity for the Modern Work Era* (Qatalog and Cornell University's Ellis Idea Lab, 2021), https://assets.qatalog.com/language.work/qatalog-2021-workgeist-report.pdf.

21   Bob Sullivan and Hugh Thompson, *The Plateau Effect: Getting from Stuck to Success* (Penguin, 2013).

22   Paul M. Leonardi, Jeffrey W. Treem, and Michele H. Jackson, "The Connectivity Paradox: Using Technology to Both Decrease and Increase Perceptions of Distance in Distributed Work Arrangements," *Journal of Applied Communication Research* 38, no. 1 (2010): 85-105.

23   Christine M. Beckman and Melissa Mazmanian, *Dreams of the Overworked: Living, Working, and Parenting in the Digital Age* (Stanford University Press, 2020).

24   Employer Communications During Nonworking Hours, AB-2751, California State Assembly (2024); Nate Albee, "California Introduces Bill to Give Workers the Right-to-Disconnect from Non-EmergencyBusiness Calls and Texts After Hours," Assemblymember Matt Haney District 17, news release, April 1, 2024, https://a17.asmdc.org/press-releases/20240401-california-introduces-bill-give-workers-right-disconnect-non-emergency.

25   Nancy P. Rothbard et al., "OMG! My Boss Just Friended Me: How Evaluations of Colleagues' Disclosure, Gender, and Rank Shape Personal/Professional Boundary Blurring Online," *Academy of Management Journal* 65, no. 1 (2022): 35-65.

CHAPTER 02 추론: 왜곡된 유추와 평가

1 Terence R. Mitchell et al., "Temporal Adjustments in the Evaluation of Events: The 'Rosy View,'" *Journal of Experimental Social Psychology* 33, no. 4 (1997): 421-48.

2 Mitchell et al., "Temporal Adjustments in the Evaluation of Events."

3 Kristin Diehl, Gal Zauberman, and Alixandra Barasch, "How Taking Photos Increases Enjoyment of Experiences," *Journal of Personality and Social Psychology* 111, no. 2 (2016): 119-40.

4 Hannes-Vincent Krause et al., "Active Social Media Use and Its Impact on Well-Being-An Experimental Study on the Effects of Posting Pictures on Instagram," *Journal of Computer-Mediated Communication* 28, no. 1 (2023): zmac037.

5 Leon Festinger, "A Theory of Social Comparison Processes," *Human Relations* 7, no. 2 (1954): 117-40.

6 Erin A. Vogel et al., "Social Comparison, Social Media, and Self-Esteem," *Psychology of Popular Media Culture* 3, no. 4 (2014): 206-22; Chia-chen Yang, "Instagram Use, Loneliness, and Social Comparison Orientation: Interact and Browse on Social Media, but Don't Compare," *Cyberpsychology, Behavior, and Social Networking* 19, no. 12 (2016): 703-8; Jacqueline Nesi and Mitchell J. Prinstein, "Using Social Media for Social Comparison and Feedback-Seeking: Gender and Popularity Moderate Associations with Depressive Symptoms," *Journal of Abnormal Child Psychology* 43 (2015): 1427-38.

7 Paul M. Leonardi and S. R. Meyer, "Social Media as Social Lubricant: How Ambient Awareness Eases Knowledge Transfer," *American Behavioral Scientist* 59, no. 1 (2015): 10-34; Samantha M. Keppler and Paul M. Leonardi, "Building Relational Confidence in Remote and Hybrid Work Arrangements: Novel Ways to Use Digital Technologies to Foster Knowledge Sharing," *Journal of Computer-Mediated Communication* 28, no. 4 (2023): zmad020.

8 Susan T. Fiske and Shelley E. Taylor, *Social Cognition*, 2nd ed. (McGraw-Hill, 1991).

9 Karen Davranche et al., "Impact of Physical and Cognitive Exertion on Cognitive

Control," *Frontiers in Psychology* 9 (2018); Victoria K. Lee and Lasana T. Harris, "How Social Cognition Can Inform Social Decision Making," *Frontiers in Neuroscience* 7 (2013).

10   Pamara F. Chang, Janis Whitlock, and Natalya N. Bazarova, "'To Respond or Not to Respond, That Is the Question': The Decision-Making Process of Providing Social Support to Distressed Posters on Facebook," *Social Media + Society* 4, no. 1 (2018): 2056305118759290.

11   Jeremy N. Bailenson, "Nonverbal Overload: A Theoretical Argument for the Causes of Zoom Fatigue," *Technology, Mind, and Behavior* 2, no. 1 (2021): 1-5.

12   파멜라 하인즈는 인지 부하를 평가하기 위해 수수께끼와 이차적 인식(secondary recognition) 과제를 화상회의로 수행할 때와 오디오만 가능한 상호작용으로 수행할 때를 비교했다. 영상 환경의 참가자들이 이차 과제에서 더 많은 오류를 보였다. 하인즈는 이것이 화상회의에서 영상과 오디오 지연을 처리하는 데 추가적인 인지 자원이 필요하기 때문에 벌어지는 현상 때문이라고 설명했다. Pamela J. Hinds, "The Cognitive and Interpersonal Costs of Video," *Media Psychology* 1, no. 4 (1999): 283-311.

13   Annabel Ngien and Bernie Hogan, "The Relationship Between Zoom Use with the Camera on and Zoom Fatigue: Considering Self-Monitoring and Social Interaction Anxiety," *Information, Communication & Society* 26, no. 10 (2023): 2052-70; Jin Xu et al., "Does Self-View Mode Generate More Videoconferencing Fatigue in Women than Men? An Experiment Using EEG Signals," *Cyberpsychology, Behavior, and Social Networking* 27, no. 6 (2024): 426-30.

14   Nicole B. Ellison, Jeffrey T. Hancock, and Catalina L. Toma, "Profile as Promise: A Framework for Conceptualizing Veracity in Online Dating Self-Presentations," *New Media & Society* 14, no. 1 (2012): 45-62.

CHAPTER 03 감정: 화면에서 전달되는 불편한 감정들

1   Andreas Seidler et al., "The Role of Psychosocial Working Conditions on Burnout

and Its Core Component Emotional Exhaustion: A Systematic Review," *Journal of Occupational Medicine and Toxicology* 9 (2014): 1-13; Christina Maslach and Susan E. Jackson, "The Measurement of Experienced Burnout," *Journal of Organizational Behavior* 2, no. 2 (1981): 99-113; Thomas A. Wright and Russell Cropanzano, "Emotional Exhaustion as a Predictor of Job Performance and Voluntary Turnover," *Journal of Applied Psychology* 83, no. 3 (1998): 486-93.

2   Emma Seppälä, "Your High-Intensity Feelings May Be Tiring You Out," *Harvard Business Review*, February 1, 2016, hbr.org/2016/02/your-high-intensity-feelings-may-be-tiring-you-out; 에마 세팔라,《해피니스 트랙: 스탠퍼드대학교가 주목한 행복프레임》(한국경제신문사, 2017).

3   David Glen Mick and Susan Fournier, "Paradoxes of Technology: Consumer Cognizance, Emotions, and Coping Strategies," *Journal of Consumer Research* 25, no. 2 (1998): 123-43.

4   Merritt Roe Smith and Leo Marx, eds., *Does Technology Drive History? The Dilemma of Technological Determinism* (MIT Press, 1994).

5   Andrew K. Przybylski et al., "Motivational, Emotional, and Behavioral Correlates of Fear of Missing Out," *Computers in Human Behavior* 29, no. 4 (2013): 1841-48.

6   Sheena S. Iyengar and Mark R. Lepper, "When Choice Is Demotivating: Can One Desire Too Much of a Good Thing?," *Journal of Personality and Social Psychology* 79, no. 6 (2000): 995-1006; R. Greifeneder, B. Scheibehenne, and N. Kleber, "Less May Be More When Choosing Is Difficult: Choice Complexity and Too Much Choice," *Acta Psychologica* 133, no. 1 (2010): 45-50.

7   Amber Loos, "Cyberchondria: Too Much Information for the Health Anxious Patient?," *Journal of Consumer Health on the Internet* 17, no. 4 (2013): 439-45.

8   Ashley Eklof, "Understanding Information Anxiety and How Academic Librarians Can Minimize Its Effects," *Public Services Quarterly* 9, no. 3 (2013): 246-58.

9   Betul Keles, Niall McCrae, and Annmarie Grealish, "A Systematic Review: The Influence of Social Media on Depression, Anxiety, and Psychological Distress in Adolescents," *International Journal of Adolescence and Youth* 25, no. 1 (2020): 79-93;

Emily B. O'Day and Richard G. Heimberg, "Social Media Use, Social Anxiety, and Loneliness: A Systematic Review," *Computers in Human Behavior Reports* 3 (2021): 100070; 조너선 하이트,《불안 세대: 디지털 세계는 우리 아이들을 어떻게 병들게 하는가》(웅진지식하우스, 2024).

10　Fengxia Lai et al., "Relationship Between Social Media Use and Social Anxiety in College Students: Mediation Effect of Communication Capacity," *International Journal of Environmental Research and Public Health* 20, no. 4 (2023): 3657; Philippe Verduyn et al., "Do Social Network Sites Enhance or Undermine Subjective Well-Being? A Critical Review," *Social Issues and Policy Review* 11, no. 1 (2017): 274-302.

11　Ariel Shensa et al., "Social Media Use and Depression and Anxiety Symptoms: A Cluster Analysis," *American Journal of Health Behavior* 42, no. 2 (2018): 116-28.

12　Georgia Wells, Jeff Horowitz, and Deepa Seetharaman, "Facebook Knows Instagram Is Toxic for Teen Girls, Company Documents Show," *Wall Street Journal*, September 14, 2021. https://www.wsj.com/articles/facebook-knows-instagram-is-toxic-for-teen-girls-company-documents-show-11631620739.

13　Shaojing Sun et al., "Newspaper Coverage of Artificial Intelligence: A Perspective of Emerging Technologies," *Telematics and Informatics* 53 (2020): 101433.

14　Ivana Saric, "New Office Lingo: FOBO Hits American Workers," *Axios*, September 14, 2023, https://www.axios.com/2023/09/14/workers-fear-technology-jobs-obsolete.

15　Lauren Leffer, "AI Anxiety Is on the Rise — Here's How to Manage It," *Scientific American*, October 2, 2023, https://www.scientificamerican.com/article/ai-anxiety-is-on-the-rise-heres-how-to-manage-it; Reid Blackman, "Generative AI-nxiety," *Harvard Business Review*, August 14, 2023, https://hbr.org/2023/08/generative-ai-nxiety.

16　2016년 10월 19일, 리버흄미래지능연구센터(Leverhulme Centre for the Future of Intelligence) 개소식 당시 호킹 박사의 연설문에서 발췌.

17　Annabell Halfmann, Adrian Meier, and Leonard Reinecke, "Too Much or Too Little Messaging? Situational Determinants of Guilt About Mobile Messaging," *Journal of*

Computer-Mediated Communication 26, no. 2 (2021): 72-90.

18 Chad Phoenix Rose Gowler and Ioanna Iacovides, "'Horror, Guilt, and Shame'— Uncomfortable Experiences in Digital Games," in *Proceedings of the Annual Symposium on Computer-Human Interaction in Play* (Association for Computing Machinery, 2019), 325-37.

19 Ioana C. Cristea and Paul M. Leonardi, "Get Noticed and Die Trying: Signals, Sacrifice, and the Production of Face Time in Distributed Work," *Organization Science* 30, no. 3 (2019): 552-72.

20 Jean-Philippe Gouin et al., "Attachment Avoidance Predicts Inflammatory Responses to Marital Conflict," *Brain, Behavior, and Immunity* 23, no. 7 (2009): 898-904.

21 Rob M. A. Nelissen, Dorien S. I. Van Someren, and Marcel Zeelenberg, "Take It or Leave It for Something Better? Responses to Fair Offers in Ultimatum Bargaining," *Journal of Experimental Social Psychology* 45, no. 6 (2009): 1227-31.

22 Emma Seppälä (@emma.seppala), Facebook post, November 14, 2020, https://www.facebook.com/emma.seppala/photos/a.589622087751759/3458344344212838.

CHAPTER 04 규칙 1: 사용 중인 도구를 절반으로 줄여라

1 Pamela Karr-Wisniewski and Ying Lu, "When More Is Too Much: Operationalizing Technology Overload and Exploring Its Impact on Knowledge Worker Productivity," *Computers in Human Behavior* 26, no. 5 (2010): 1061-72.

2 Shaoxiong Fu et al., "Social Media Overload, Exhaustion, and Use Discontinuance: Examining the Effects of Information Overload, System Feature Overload, and Social Overload," *Information Processing & Management* 57, no. 6 (2020): 102307.

3 Rebecca Hinds et al., "Are Collaboration Tools Overwhelming Your Team?," *Harvard Business Review*, August 31, 2023, https://hbr.org/2023/08/are-collaboration-tools-overwhelming-your-team.

4 Robert I. Sutton and Huggy Rao, *The Friction Project: How Smart Leaders Make the Right Things Easier and the Wrong Things Harder* (St. Martin's, 2024).

5   멧커프의 법칙은 네트워크의 가치가 사용자 수의 제곱에 비례한다는 개념으로, 특정 통신기술을 포기할 것인지와 관련한 개인의 의사결정에서 중요한 의미를 지닌다.

6   Ana Ortiz De Guinea and M. Lynne Markus, "Why Break the Habit of a Lifetime? Rethinking the Roles of Intention, Habit, and Emotion in Continuing Information Technology Use," *MIS Quarterly* (2009): 433-44.

7   Janet Fulk, "Social Construction of Communication Technology," Academy of Management Journal 36, no. 5 (1993): 921-50.

8   라이디 클로츠, 《빼기의 기술: 본질에 집중하는 힘》(청림출판, 2023).

9   Morgan Smith, "Psychologist Shares the No. 1 Exercise Highly Successful People Use to Be Happier," *CNBC Make It*, March 26, 2023, https://www.cnbc.com/2023/03/26/psychologist-best-exercise-highly-successful-people-use-to-be-happier.html.

CHAPTER 05 규칙 2: 정보에 걸맞은 미디어를 매칭하라

1   생태심리학자인 제임스 J. 깁슨(James J. Gibson)이 처음 소개한 용어다. 그는 이렇게 적었다. "환경에서 어포던스는 환경이 동물에게 좋든 나쁘든 제공하는 무언가를 의미한다. 사전에서 동사 'afford'는 찾아볼 수 있지만 명사 어포던스는 등재돼 있지 않다. 내가 만들어낸 용어이기 때문이다. 지금껏 환경과 동물 모두를 포괄하는 무언가를 가리키는 용어가 없었던바, 나는 이 용어로 동물과 환경의 상보성을 뜻하고자 한다." James J. Gibson, *The Ecological Approach to Visual Perception: Classic Edition* (Psychology Press, 1979), 127.

2   Paul M. Leonardi and Emmanuelle Vaast, "Social Media and Their Affordances for Organizing: A Review and Agenda for Research," *Academy of Management Annals* 11, no. 1 (2017): 150-88; Chad Anderson and Daniel Robey, "Affordance Potency: Explaining the Actualization of Technology Affordances," *Information and Organization* 27, no. 2 (2017): 100-115.

3   Richard L. Daft and Robert H. Lengel, "Organizational Information Requirements,

Media Richness, and Structural Design," *Management Science* 32, no. 5 (1986): 554-71.

4 John R. Carlson and Robert W. Zmud, "Channel Expansion Theory and the Experiential Nature of Media Richness Perceptions," *Academy of Management Journal* 42, no. 2 (1999): 153-70; Allen S. Lee, "Electronic Mail as a Medium for R ich Communication: An Empirical Investigation Using Hermeneutic Interpretation," *MIS Quarterly* 18, no. 2 (1994): 143-57.

5 Joseph S. Valacich, Brian F. Mennecke, Renee M. Wachter, and Bradley C. W heeler, "Extensions to Media Richness Theory: A Test of the Task-Media Fit Hypothesis," in *1994 Proceedings of the Twenty-Seventh Hawaii International Conference on System Sciences* (Institute of Electrical and Electronics Engineers, 1994), 4:11-20.

6 Erica Dhawan, *Digital Body Language: How to Build Trust and Connection, No Matter the Distance* (St. Martin's, 2021), xvii.

7 조지프 월터는 여러 연구를 통해 모호성이 낮은 과제에 지나치게 상호적인 매체를 사용하면 도리어 역효과가 난다는 점을 보여주었다. 불필요한 단서가 실제로 소통을 방해할 수 있다. "Interpersonal Effects in Computer-Mediated Interaction: A Relational Perspective," *Communication Research* 19, no. 1 (1992): 52-90; and Joseph B. Walther, "Relational Aspects of Computer-Mediated Communication: Experimental Observations Over Time," *Organization Science* 6, no. 2 (1995): 186-203 참고.

8 James D. Thompson, *Organizations in Action: Social Science Bases of Administrative Theory* (Routledge, 1967)

9 M. Lynne Markus, "Electronic Mail as the Medium of Managerial Choice," *Organization Science* 5, no. 4 (1994): 502-27; Caroline Haythornthwaite, "Strong, Weak, and Latent Ties and the Impact of New Media," *The Information Society* 18, no. 5 (2002): 385-401; Sirkka L. Jarvenpaa and Dorothy E. Leidner, "Communication and Trust in Global Virtual Teams," *Organization Science* 10, no. 6 (1999): 791-815.

CHAPTER 06 규칙 3: 배칭과 스트리밍의 최적 조합을 찾아라

1 사람들의 이메일 확인 행동 양상과 관련해 널리 알려진 통계를 추적해 검증하려

는 앨티튜드마케팅(Altitude Marketing)의 애덤 스마트천(Adam Smartschan)이 내놓은 분석이 정말 마음에 든다. "'121 Emails Per Day': How to Use Statistics in Content Marketing," April 17, 2023, Altitude Marketing, https://altitudemarketing.com/blog/use-statistics-in-content-marketing. 〈PPM 익스프레스(PPM Express)〉의 검증 가능한 데이터를 기반으로 그의 분석을 살펴보면 이 책이 출간된 시점 기준으로 볼 때 해당 추정치가 실제로는 과소평가된 것임을 짐작할 수 있다. "How Much Time Do Your Employees Spend on Checking Emails?," *PPM Express*, October 19, 2023, https://www.ppm.express/blog/checking-emails.

2 *Work Trend Index Annual Report*, Microsoft, May 9, 2023, https://www.microsoft.com/en-us/worklab/work-trend-index/will-ai-fix-work.

3 Indy Wijngaards, Florie R. Pronk, and Martijn J. Burger, "For Whom and Under What Circumstances Does Email Message Batching Work?" *Internet Interventions* 27 (2022): 100494.

4 Nicholas Fitz et al., "Batching Smartphone Notifications Can Improve Well-Being," *Computers in Human Behavior* 101 (2019): 84-94.

5 Kathrin Reinke and Tomas Chamorro-Premuzic, "When Email Use Gets out of Control: Understanding the Relationship Between Personality and Email Overload and Their Impact on Burnout and Work Engagement," *Computers in Human Behavior* 36 (2014): 502-9.

6 Gloria Mark, Victor M. Gonzalez, and Justin Harris, "No Task Left Behind? Examining the Nature of Fragmented Work," in *Proceedings of the SIGCHI Conference on Human Factors in Computing Systems* (Association for Computing Machinery, 2005), 321-30.

7 Stephen R. Barley, Debra E. Meyerson, and Stine Grodal, "E-mail as a Source and Symbol of Stress," *Organization Science* 22, no. 4 (2011): 887-906.

8 Laura A. Dabbish and Robert E. Kraut, "Email Overload at Work: An Analysis of Factors Associated with Email Strain," in *Proceedings of the 2006 20th Anniversary Conference on Computer Supported Cooperative Work* (Association for Computing Machinery, 2006), 431-40.

9   Bonnie Hayden Cheng, Yaxian Zhou, and Fangyuan Chen, "You've Got Mail! How Work E-mail Activity Helps Anxious Workers Enhance Performance Outcomes," *Journal of Vocational Behavior* 144 (2023): 103881.

CHAPTER 07 규칙 4: 응답하기 전 일단 기다려라 ───────

1   Laura M. Giurge and Vanessa K. Bohns, "You Don't Need to Answer Right Away! Receivers Overestimate How Quickly Senders Expect Responses to Non-Urgent Work Emails," *Organizational Behavior and Human Decision Processes* 167 (2021): 114-28.

2   Andre Lanctot and Linda Duxbury, "Measurement of Perceived Importance and Urgency of Email: An Employees' Perspective," *Journal of Computer-Mediated Communication* 27, no. 2 (2022): zmac001.

3   Adam Grant, "Your Email Does Not Constitute My Emergency," *New York Times*, April 13, 2023, https://www.nytimes.com/2023/04/13/opinion/email-time-work-stress.html.

4   William C. Barley, Jeffrey W. Treem, and Paul M. Leonardi, "Experts at Coordination: Examining the Performance, Production, and Value of Process Expertise," *Journal of Communication* 70, no. 1 (2020): 60-89.

5   Erica Dhawan, "Ignoring a Text Message or Email Isn't Always Rude. Sometimes It's Necessary," *New York Times*, February 21, 2022, https://www.nytimes.com/2022/02/21/opinion/culture/ghosting-work-digital-overload.html.

6   Leyla Dogruel and Anna Schnauber-Stockmann, "What Determines Instant Messaging Communication? Examining the Impact of Person-and Situation-Level Factors on I M Responsiveness," *Mobile Media & Communication* 9, no. 2 (2021): 210-28; Joshua R. Tyler and John C. Tang, "When Can I Expect an Email Response? A Study of Rhythms in Email Usage," in *ECSCW 2003: Proceedings of the Eighth European Conference on Computer Supported Cooperative Work, 14-18 September 2003, Helsinki, Finland* (Springer, Netherlands, 2003), 239-58; Laura A. Dabbish et al., "Understanding Email Use: Predicting Action on a Message," in *Proceedings f the SIGCHI Conference on*

Human Factors in Computing Systems (Association for Computing Machinery, 2005), 691-700.

7   Daniel J. Carroll, Emma Blakey, and Andrew Simpson, "Can We Boost Preschoolers' Inhibitory Performance Just by Changing the Way They Respond?," *Child Development* 92, no. 6 (2021): 2205-12.

8   앞서 규칙 2의 7번 주석에서 월터의 논문 두 편을 인용했다. 그 주제에 관해 월터가 전하고자 하는 메시지의 핵심을 파악하고 싶다면 다음을 참고하길 바란다. Joseph B. Walther, "Selective Self-Presentation in Computer-Mediated Communication: Hyperpersonal Dimensions of Technology, Language, and Cognition," *Computers in Human Behavior* 23, no. 5 (2007): 2538-57.

9   Tarfah Alrashed, Ahmed Hassan Awadallah, and Susan Dumais, "The Lifetime of Email Messages: A Large-Scale Analysis of Email Revisitation," in *Proceedings of the 2018 Conference on Human Information Interaction & Retrieval* (Association for Computing Machinery, 2018), 120-29.

10 Cal Newport, "It's Okay to be Bad at E-mail," *Study Hacks Blog*, November 19, 2014, https://calnewport.com/its-okay-to-be-bad-at-e-mail.

11 Ward van Zoonen, Anu Sivunen, and Jeffrey W. Treem, "Why People Engage in Supplemental Work: The Role of Technology, Response Expectations, and Communication Persistence," *Journal of Organizational Behavior* 42, no. 7 (2021): 867-84.

CHAPTER 08 규칙 5: 추측하지 말라

1   인간 추론에서 추측에 관한 연구를 찾아보고 싶다면 명저로 꼽히는 다음의 책을 참고하길 바란다. 리 로스(Lee Ross)와 리처드 E. 니스벳(Richard E. Nisbett), 《사람일까 상황일까: 태도와 행동을 결정짓는 숨은 힘》(심심, 2019).

2   하버드 교수인 크리스 아지리스(Chris Argyris)가 소개한 이 개념이 가장 잘 설명된 논문은 다음과 같다. Chris Argyris, "The Executive Mind and Double-Loop Learning," *Organizational Dynamics* 11, no. 2 (1982): 5-22.

3   Paul M. Leonardi and Jeffrey W. Treem, "Knowledge Management Technology as a Stage for Strategic Self-Presentation: Implications for Knowledge Sharing in

Organizations," *Information and Organization* 22, no. 1 (2012): 37–59.

4   Ofir Turel and Alexander Serenko, "Cognitive Biases and Excessive Use of Social Media: The Facebook Implicit Associations Test (FI AT)," *Addictive Behaviors* 105 (2020): 106328; Jihye Lee and James T. Hamilton, "Anchoring in the Past, Tweeting from the Present: Cognitive Bias in Journalists' Word Choices," *PLOS One* 17, no. 3 (2022): e0263730; Emily Dent and Andrew K. Martin, "Negative Comments and Social Media: How Cognitive Biases Relate to Body Image Concerns," *Body Image* 45 (2023): 54–64.

5   Li Sun, "Social Media Usage and Students' Social Anxiety, Loneliness and Well-Being: Does Digital Mindfulness-Based Intervention Effectively Work?," *BMC Psychology* 11, no. 1 (2023); Fengxia Lai et al., "Relationship Between Social Media Use and Social Anxiety in College Students: Mediation Effect of Communication Capacity," *International Journal of Environmental Research and Public Health* 20, no. 4 (2023): 3657.

6   Christopher G. Davis and Gary S. Goldfield, "Limiting Social Media Use Decreases Depression, Anxiety, and Fear of Missing Out in Youth with Emotional Distress: A Randomized Controlled Trial," *Psychology of Popular Media* (2024).

7   Davis and Goldfield, "Limiting Social Media Use Decreases Depression, Anxiety and Fear of Missing Out in Youth with Emotional Distress."

8   Rebecca Saxe, "How We Read Each Other's Minds," TED Talk, TED Global, July 2009, 16 min., 37 sec., https://www.ted.com/talks/rebecca_saxe_how_we_read_each_other_s_minds.

9   Nic Hooper et al., "Perspective Taking Reduces the Fundamental Attribution Error," *Journal of Contextual Behavioral Science* 4, no. 2 (2015): 69–72; C. Daniel Batson, Shannon Early, and Giovanni Salvarani, "Perspective Taking: Imagining How Another Feels Versus Imaging How You Would Feel," *Personality and Social Psychology Bulletin* 23, no. 7 (1997): 751–58.

10 Camille G. Endacott and Paul M. Leonardi, "Artificial Intelligence and Impression Management: Consequences of Autonomous Conversational Agents Communicating

on One's Behalf," *Human Communication Research* 48, no. 3 (2022): 462-90.

11 한 연구에서는 컴퓨터 아바타가 그저 프로그램이라고 여겼던 이들보다 실제 사람이 조종한다고 믿었던 이들이 상대를 더 비난하고 더 부정적인 피드백을 했다. Aike C. Horstmann, Jonathan Gratch, and Nicole C. Krämer, "I Just Wanna Blame Somebody, Not Something! Reactions to a Computer Agent Giving Negative Feedback Based on the Instructions of a Person," *International Journal of Human-Computer Studies* 154 (2021): 102683. 또 다른 연구에서는 AI 기반 스마트 이메일 응답을 받은 사람들은 발신자의 역량을 더 긍정적으로 인식했다. Jess Hohenstein and Malte Jung, "AI as a Moral Crumple Zone: The Effects of AI-Mediated Communication on Attribution and Trust," *Computers in Human Behavior* 106 (2020): 106190.

CHAPTER 09 규칙 6: 의도를 가지고 행동하라

1 We Are Social and Meltwater, *Digital 2023 Global Overview Report*, DataReportal, January 26, 2023, https://datareportal.com/reports/digital-2023-global-overview-report.

2 Emily A. Vogels, Risa Gelles-Watnick, and Navid Massarat, *Teens, Social Media and Technology* 2022, Pew Research Center, August 10, 2022. 《불안 세대》에서 조너선 하이트는 이 수치가 과소 추정치일 것이고 10대들이 기기를 사용하는 시간은 하루 16시간가량이 될 것이라고 말했다.

3 그 주제와 관련해 방대한 통계 모음을 한눈에 보고 싶다면 다음을 참고하길 바란다. Rob Binns, "Screen Time Statistics 2024," *Independent*, June 18, 2024, https://www.independent.co.uk/advisor/vpn/screen-time-statistics.

4 테레사 에머빌과 스티븐 크레이머, 《전진의 법칙: 리더는 무엇을 해야만 하는가》(정혜, 2013).

5 J. Richard Hackman and Greg R. Oldham, "Development of the Job Diagnostic Survey," *Journal of Applied Psychology* 60, no. 2 (1975): 159; J. Richard Hackman and Greg R. Oldham, "Motivation through the Design of Work: Test of a Theory,"

Organizational Behavior and Human Performance 16, no. 2 (1976): 250-79.

6   엘렌 랭어, 《마음챙김: 마음은 삶을 어디까지 바꿀 수 있을까》(더퀘스트, 2022).

7   Jason Bennett Thatcher et al., "Mindfulness in Information Technology Use," MIS Quarterly 42, no. 3 (2018): 831-48; Athina Ioannou, Mark Lycett, and Alaa Marshan, "The Role of Mindfulness in Mitigating the Negative Consequences of Technostress," *Information Systems Frontier*s 26, no. 2 (2024): 523-49; Elizabeth Marsh, Elvira Perez Vallejos, and Alexa Spence, "Mindfully and Confidently Digital: A Mixed Methods Study on Personal Resources to Mitigate the Dark Side of Digital Working," PLOS One 19, no. 2 (2024): e0295631.

8   Adam Alter, "Adam Alter: Irresistible Technology," interview by Alexandra Dempsey, Freedom, March 21, 2017, https://freedom.to/blog/adam-alter-irresistible.

9   Maxi Heitmayer and Saadi Lahlou, "Why Are Smartphones Disruptive? An Empirical Study of Smartphone Use in Real-Life Contexts," *Computers in Human Behavior* 116 (2021): 106637.

10   Jamie E. Guillory et al., "Text Messaging Reduces Analgesic Requirements During Surgery," *Pain Medicine* 16, no. 4 (2015): 667-72.

11   Radiological Society of North America, "Smartphone Addiction Creates Imbalance in Brain, Study Suggests," ScienceDaily, November 30, 2017, https://www.sciencedaily.com/releases/2017/11/171130090041.htm.

12   Zheng-Xiong Xi et al., "GABAergic Mechanisms of Heroin-Induced Brain Activation Assessed with Functional MRI," *Magnetic Resonance in Medicine: An Official Journal of the International Society for Magnetic Resonance in Medicine* 48, no. 5 (2002): 838-43.

13   애나 렘키, 《도파민네이션: 쾌락 과잉 시대에서 균형 찾기》(흐름출판, 2022).

14   찰스 두히그(Charles Duhigg), 《습관의 힘: 반복되는 행동이 만드는 극적인 변화》(갤리온, 2012); 제임스 클리어, 《아주 작은 습관의 힘: 최고의 변화는 어떻게 만들어지는가》(비즈니스북스, 2019). 조금 더 과학적인 시각이 궁금하다면 다음을 참고하길 바란다. Ann M. Graybiel, "Habits, Rituals, and the Evaluative Brain," *Annual Review of*

Neuroscience 31, no. 1 (2008): 359-87.

15 Antti Oulasvirta et al., "Habits Make Smartphone Use More Pervasive," *Personal and Ubiquitous Computing* 16 (2012): 105-14; Arun Vishwanath, "Habitual Facebook Use and Its Impact on Getting Deceived on Social Media," *Journal of Computer-Mediated Communication* 20, no. 1 (2015): 83-98; Jean-Charles Pillet and Kevin Daniel André Carillo, "Email-Free Collaboration: An Exploratory Study on the Formation of New Work Habits Among Knowledge Workers," *International Journal of Information Management* 36, no. 1 (2016): 113-25.

16 Meryl Reis Louis and Robert I. Sutton, "Switching Cognitive Gears: From Habits of Mind to Active Thinking," *Human Relations* 44, no. 1 (1991): 55-76.

17 Christine Chung, "A Girl's Trip to Costa Rica but with No Phones. Did It Happen?," *New York Times*, June 5, 2024, https://www.nytimes.com/2024/06/05/travel/phone-free-tours-costa-rica-girls-trip.html.

CHAPTER 10 규칙 7: 간접적으로 배워라

1 Paul M. Leonardi, "Social Media, Knowledge Sharing, and Innovation: Toward a Theory of Communication Visibility," *Information Systems Research* 25, no. 4 (2014): 796-816; Paul M. Leonardi, "Ambient Awareness and Knowledge Acquisition," *MIS Quarterly* 39, no. 4 (2015): 747-62.

2 Paul M. Leonardi and Jeffrey W. Treem, "Behavioral Visibility: A New Paradigm for Organization Studies in the Age of Digitization, Digitalization, and Datafication," *Organization Studies* 41, no. 12 (2020): 1601-25.

3 Bonnie A. Nardi and Yrjö Engeström, "A Web on the Wind: The Structure of Invisible Work," *Computer Supported Cooperative Work: The Journal of Collaborative Computing* 8 (1999): 1-8.

4 진 레이브(Jean Lave)와 에티엔 벵거(Etienne Wenger), 《상황 학습: 합법적 주변 참여》(강현출판사, 2010).

5 Yuqing Ren, Kathleen M. Carley, and Linda Argote, "The Contingent Effects of

6   Transactive Memory: When Is It More Beneficial to Know What Others Know?," *Management Science* 52, no. 5 (2006): 671-82.

6   Robin Dunbar, "Neocortex Size as a Constraint on Group Size in Primates," *Journal of Human Evolution* 22, no. 6 (1992): 469-93.

7   Brendan Nyhan et al., "Like-Minded Sources on Facebook Are Prevalent but Not Polarizing," *Nature* 620, no. 7972 (2023): 137-44.

8   Longqi Yang et al., "The Effects of Remote Work on Collaboration among Information Workers," *Nature Human Behaviour* 6, no. 1 (2022): 43-54.

9   Luke R hee and Paul M. Leonardi, "Which Pathway to Good Ideas? An Attention-Based View of Innovation in Social Net works," *Strategic Management Journal* 39, no. 4 (2018): 1188-1215; Luke Rhee and Paul Leonardi, "Borrowing Networks for Innovation: The Role of Attention Allocation in Secondhand Brokerage," *Strategic Management Journal* 45, no. 1 (2024): 1326-65.

10 Andrew Hargadon, *How Breakthroughs Happen: The Surprising Truth About How Companies Innovate* (Harvard Business School Press, 2003).

11 Bonnie Nardi, *My Life as a Night Elf Priest: An Anthropological Account of World of Warcraft* (University of Michigan Press, 2010).

12 Clive Thompson, "Brave New World of Digital Intimacy," *New York Times Magazine*, September 5, 2008, https://www.nytimes.com/2008/09/07/magazine/07awareness-t.html.

CHAPTER 11 규칙 8: 지금 이 순간에 머물러라

1   Mihaly Csikszentmihalyi, *Flow: The Psychology of Optimal Experience* (Harper Perennial, 2008).

2   Thais Piassa Rogatko, "The Influence of Flow on Positive Affect in College Students," *Journal of Happiness Studies* 10 (2009): 133-48; A. L. Collins, Natalia Sarkisian, and Ellen Winner, "Flow and Happiness in Later Life: An Investigation into the Role of Daily and Weekly Flow Experiences," *Journal of Happiness Studies* 10

(2009): 703-19; Hsiang Chen, "Flow on the Net: Detecting Web Users' Positive Affects and Their Flow States," *Computers in Human Behavior* 22, no. 2 (2006): 221-33.

3   Robert Mearns Yerkes and John D. Dodson, "The Relation of Strength of Stimulus to Rapidity of Habit-Formation," *Journal of Comparative Neurology and Psychology* 18, no. 5 (1908): 459-82.

4   더 자세한 내용이 궁금하다면 다음을 참고하길 바란다. 브래드 스털버그(Brad Stulberg)와 스티브 매그니스(Steve Magness), 《피크 퍼포먼스: 매 순간 나를 넘어서는 힘》(부키, 2021); 아미시 자(Amishi Jha), 《주의력 연습: 끊임없는 생각과 계획에 중독된 현대인을 위한 주의력 사용설명서》(어크로스, 2022).

5   Mia Michaela Pal, "Glutamate: The Master Neurotransmitter and Its Implications in Chronic Stress and Mood Disorders," *Frontiers in Human Neuroscience* 15 (2021): 722323.

6   셰리 터클, 《대화를 잃어버린 사람들: 온라인 시대에 혁신적 마인드를 기르는 대화의 힘》(민음사, 2018).

7   Ritu Agarwal and Elena Karahanna, "Time Flies When You're Having Fun: Cognitive Absorption and Beliefs About Information Technology Usage," *MIS Quarterly* (2000): 665-94; Jane Webster, Linda Klebe Trevino, and Lisa Ryan, "The Dimensionality and Correlates of Flow in Human-Computer Interactions," *Computers in Human Behavior* 9, no. 4 (1993): 411-26; Linda Klebe Trevino and Jane Webster, "Flow in Computer-Mediated Communication: Electronic Mail and Voice Mail Evaluation and Impacts," Communication Research 19, no. 5 (1992): 539-73.

8   Alasdair G. Thin, Lisa Hansen, and Danny McEachen, "Flow Experience and Mood States While Playing Body Movement-Controlled Video Games," *Games and Culture* 6, no. 5 (2011): 414-28; Alistair Raymond Bryce Soutter and Michael Hitchens, "The Relationship Between Character Identification and Flow State Within Video Games," *Computers in Human Behavior* 55 (2016): 1030-38; Seung-A Annie Jin, "'I Feel Present, Therefore, I Experience Flow:' A Structural Equation Modeling Approach to Flow and Presence in Video Games," *Journal of Broadcasting & Electronic Media* 55, no. 1 (2011): 114-36.

9   Julia Brailovskaia and Jürgen Margraf, "From Fear of Missing Out (FoMO) to Addictive Social Media Use: The Role of Social Media Flow and Mindfulness," *Computers in Human Behavior* 150 (2024): 107984.

10 Hongjai Rhee and Sudong Kim, "Effects of Breaks on Regaining Vitality at Work: An Empirical Comparison of 'Conventional' and 'Smart Phone' Breaks," *Computers in Human Behavior* 57 (2016): 160-67.

11 Anthony C. Klotz et al., "Getting Outdoors After the Workday: The Affective and Cognitive Effects of Evening Nature Contact," *Journal of Management* 49, no. 7 (2023): 2254-87.

12 Richard G. Coss and Craig M. Keller, "Transient Decreases in Blood Pressure and Heart Rate with Increased Subjective Level of Relaxation While Viewing Water Compared with Adjacent Ground," *Journal of Environmental Psychology* 81 (2022): 101794.

13 몰입의 효과는 유의도 검정에서 신뢰할 만한 수준에 이르지 못했지만(논문 저자들의 짐작처럼 성 경험의 질적 수준을 밝히기가 어렵고 어색하기 때문일 것이다), 성 경험에 몰입할 때 긍정적인 효과가 있다는 점만은 여전히 유효하다. 저자들은 일터에서 높은 수준의 스트레스와 소진을 경험한다면 그날 저녁 (다음 날 소진을 낮추는 데 도움이 될) 성관계를 가질 가능성이 작아진다는 점을 발견했다. Keith Leavitt et al., "From the Bedroom to the Office: Workplace Spillover Effects of Sexual Activity at Home," *Journal of Management* 45, no. 3 (2019): 1173-92.

14 멀리사 커시(Melissa Kirsch)의 기사에 등장하는 조언이 상당히 마음에 든다. 그녀는 어린 시절의 취미 가운데서 보완적 반대 활동을 찾는 것이 가장 좋은 방법이라고 조언했다. Melissa Kirsch, "Old Skills, New Rewards," *New York Times*, March 4, 2023, https://www.nytimes.com/2023/03/04/briefing/trying-activities-again.html.

15 Shawn Achor and Michelle Gielan, "Resilience Is About How You Recharge, Not How You Endure," *Harvard Business Review*, June 24, 2016, https://hbr.org/2016/06/resilience-is-about-how-you-recharge-not-how-you-endure. 숀 아처, 《행복의 특권: 행복하면 우리는 무엇을 얻을 수 있는가?》(청림출판, 2012)도 함께 참고하길 바란다.

16 Laura M. Giurge and Vanessa Bohns, "Be Intentional About How You Spend Your Time Off," *Harvard Business Review*, December 1, 2021, https://hbr.org/2021/12/be-intentional-about-how-you-spend-your-time-off.

17 Ciara M. Kelly et al., "The Relationship Between Leisure Activities and Psychological Resources That Support a Sustainable Career: The Role of Leisure Seriousness and Work-Leisure Similarity," *Journal of Vocational Behavior* 117 (2020): 103340.

18 Gabriela N. Tonietto and Selin A. Malkoc, "The Calendar Mindset: Scheduling Takes the Fun Out and Puts the Work In," *Journal of Marketing Research* 53, no. 6 (2016): 922-36.

CHAPTER 12 조직을 위한 처방

1 Dorothy Leonard-Barton and Isabelle Deschamps, "Managerial Influence in the Implementation of New Technology," *Management Science* 34, no. 10 (1988): 1252-65.

2 2023년 마이크로소프트 워크 인덱스 보고서를 통해 마이크로소프트의 코파일럿이 업무를 어떻게 변화시키고 있는지에 관한 몇 가지 분석을 확인할 수 있다. August 2, 2023, Microsoft News Center, https://news.microsoft.com/en-xm/2023/08/02/microsofts-2023-work-trend-index-report-reveals-impact-of-digital-debt-on-innovation-emphasizes-need-for-ai-proficiency-for-every-employee.

3 Jared Spataro, "Does your email inbox ever resemble a mountain you just can't summit?," LinkedIn, October 23, 2023, https://www.linkedin.com/posts/jaredspa_worktrendindex-microsoft365 copilot-generativeai-activity-7122239600076472322-uyq2.

4 나와 가격 전략을 함께 논의해준 아사나의 공동창립자이자 여러 SaaS 기업에서 고문 역할을 맡고 있는 케니 반 잔트(Kenny Van Zant)에게 감사드린다.

5 그 프로젝트를 자세히 알고 싶다면 다음을 참고하길 바란다. Paul M. Leonardi, *Car Crashes without Cars: Lessons about Simulation Technology and Organizational Change from Automotive Design* (MIT Press, 2012).

6 더 많은 사례가 궁금하다면 다음을 참고하길 바란다. Paul M. Leonardi, "When Does

Technology Use Enable Network Change in Organizations? A Comparative Study of Feature Use and Shared Affordances," *MIS Quarterly* 37, no. 3 (2013): 749-75.

7   Wand a J. Orlikowski and Debra C. Gash, "Technological Frames: Making Sense of Information Technology in Organizations," *ACM Transactions on Information Systems (TOIS)* 12, no. 2 (1994): 174-207; Elizabeth Davidson, "A Technological Frames Perspective on Information Technology and Organizational Change," *The Journal of Applied Behavioral Science* 42, no. 1 (2006): 23-39; Amy C. Edmondson, Richard M. Bohmer, and Gary P. Pisano, "Disrupted Routines: Team Learning and New Technology Implementation in Hospitals," *Administrative Science Quarterly* 46, no. 4 (2001): 685-716.

8   Stephen R. Barley, *Work and Technological Change* (Oxford University Press, 2020), 26.

9   Pamela J. Hinds and Catherine Durnell Cramton, "Situated Coworker Familiarity: How Site Visits Transform Relationships Among Distributed Workers," *Organization Science* 25, no. 3 (2014): 794-814.

10 세달 닐리, 《리모트워크 레볼루션: 보이지 않는 팀의 시대, 어떻게 관리할 것인가》(청림출판, 2022).

11 Prasert Kanawattanachai and Youngjin Yoo, "Dynamic Nature of Trust in Virtual Teams," *Journal of Strategic Information Systems* 11, no. 3-4 (2002): 187-213; Christina Breuer, Joachim Hüffmeier, and Guido Hertel, "Does Trust Matter More in Virtual Teams? A Meta-analysis of Trust and Team Effectiveness Considering Virtuality and Documentation as Moderators," *Journal of Applied Psychology* 101, no. 8 (2016): 1151-77.

12 Tsedal B. Neeley and Paul M. Leonardi, "Enacting Knowledge Strategy Through Social Media: Passable Trust and the Paradox of Nonwork Interactions," *Strategic Management Journal* 39, no. 3 (2018): 922-46.

13 스텝 프레임워크 관련 내용은 폴 레오나르디의 허가를 받아 다음에 실린 글을 다시 소개한 것이다. "Helping Employees Succeed with Generative AI: How to Manage Performance When New Technology Upends Traditional Business Processes," *Harvard Business Review* 10, no. 6 (2023): 49-53.

14   Tyna Eloundou et al., "GPTs Are GPTs: An Early Look at the Labor Market Impact Potential of Large Language Models," preprint, arXiv, March 17, 2023, arXiv:2303.10130.

15   에이미 에드먼슨(Amy Admondson)이 제안한 것처럼 리더와 직원들은 AI를 학습과 탐구의 대상으로 접근했고 업무를 분류하는 일에서도 이런 방식을 채택했다. Amy C. Edmondson, "Framing for Learning: Lessons in Successful Technology Implementation," *California Management Review* 45, no. 2 (2003): 34-54.

16   파인튜닝은 이미 학습된 모델에 더 작은 규모의 특화된 데이터 세트를 추가 학습시켜 정교하게 개선하는 머신러닝 기법이다. 모델을 처음부터 다시 학습시킬 필요 없이 새로운 데이터의 미묘한 특징에 맞춰 가중치와 편향을 미세하게 적용할 수 있는 접근법이다. 프롬프트 엔지니어링은 대규모 언어 모델과 같은 머신러닝 모델이 우리가 원하는 결과를 정확하게 생성하도록 입력 텍스트(프롬프트)를 설계하고 최적화하는 기술을 뜻한다. 올바른 답을 얻을 가능성을 높이기 위해 질문을 특정한 방향으로 제시하거나 적절한 맥락을 제공하는 과정으로 볼 수 있다.

17   직원들에게 디지털 마인드셋을 심어주기 위해 새로운 스킬을 교육하는 프로그램을 고민 중이라면 이 책의 사례들을 참고하길 바란다. 폴 레오나르디와 세달 닐리,《AI 나를 위해 일하게 하라》(월북, 2024).

18   기술로 인한 역할 변화가 조직 내 상호작용 패턴을 변화시키는 원리와 이유에 대해 자세히 알고 싶다면 다음을 참고하길 바란다. Stephen R. Barley, "The Alignment of Technology and Structure Through Roles and Networks," *Administrative Science Quarterly* 35 (1990): 61-103.

CHAPTER 13 디지털 네이티브를 키우는 부모를 위한 제안

1   기술과 청소년기를 다룬 책을 찾고 있다면 다음을 추천한다. 진 M. 트웬지(Jean M. Twenge),《#i세대: 스마트폰을 손에 쥐고 자란 요즘 세대 이야기》(매일경제신문사, 2018); 조너선 하이트,《불안 세대: 디지털 세계는 우리 아이들을 어떻게 병들게 하는가》(웅진지식하우스, 2024).

2   Correlated: Aurélie Gillis and Isabelle Roskam, "Daily Exhaustion and Support in

Parenting: Impact on the Quality of the Parent-Child Relationship," *Journal of Child and Family Studies* 28 (2019): 2007-16. Causal: Moïra Mikolajczak, James J. Gross, and Isabelle Roskam, "Parental Burnout: What Is It, and Why Does It Matter?," *Clinical Psychological Science* 7, no. 6 (2019): 1319-29. 상관관계와 인과관계를 모두 보여주는 연구를 자세히 검토한 논문을 보고 싶다면 다음을 참고하길 바란다. Moïra Mikolajczak and Isabelle Roskam, "Parental Burnout: Moving the Focus from Children to Parents," *New Directions for Child and Adolescent Development* 2020, no. 174 (2020): 7-13.

3   파킨슨의 법칙은 일이란 완료까지 허용된 시간을 채우도록 늘어나기 마련이라는 오래된 이야기를 담고 있다. 이 용어는 1955년 시릴 노스코트 파킨슨(Cyril Northcote Parkinson)이 〈이코노미스트〉에 실은 유머러스한 에세이에서 처음 등장한다. 그는 하루에 해야 할 일이 엽서 한 장을 보내는 것뿐인 여성의 이야기를 들려줬다. 누구라도 3분이면 마칠 일이다. 하지만 이야기 속 여성은 엽서를 찾는 데 1시간, 안경을 찾는 데 30분, 엽서를 쓰는 데 90분, 우체통까지 가는 길에 우산을 가져갈 것인지 말 것인지 고민하는 데 20분…. 이런 식으로 하루를 모두 써버린다.

4   Paul M. Leonardi and Diane E. Bailey, "Transformational Technologies and the Creation of New Work Practices: Making Implicit Knowledge Explicit in Task-Based Offshoring," *MIS Quarterly* 32, no. 2 (2008): 411-36.

5   공동 저자들과 내가 자세히 분석한 논문에서 밝혔듯, 그 차량의 부품이 수천 킬로미터 떨어진 곳에 있는 상황에서는 사양을 아무리 상세히 정의해도 시뮬레이션 모델이 정확한지 판별하기가 어렵다. Diane E. Bailey, Paul M. Leonardi, and Stephen R. Barley, "The Lure of the Virtual," *Organization Science* 23, no. 5 (2012): 1485-1504.

6   Moïra Mikolajczak et al., "Exhausted Parents: Sociodemographic, Child-Related, Parent-Related, Parenting, and Family-Functioning Correlates of Parental Burnout," *Journal of Child and Family Studies* 27 (2018): 602-14.

7   Tal Eitan and Tali Gazit, "No Social Media for Six Hours? The Emotional Experience of Meta's Global Outage According to FoMO, JoMO, and Internet Intensity," *Computers in Human Behavior* 138 (2023): 107474.

8   Tal Eitan and Tali Gazit, "The 'Here and Now' Effect: JoMO, FoMO, and the Well-

Being of Social Media Users," *Online Information Review* (2024).

9   Steven S. Chan et al., "Social Media and Mindfulness: From the Fear of Missing Out (FOMO) to the Joy of Missing Out (JOMO)," *Journal of Consumer Affairs* 56, no. 3 (2022): 1312-31.

10 규칙 3의 배칭 방식을 언급하며 살펴봤던 이 연구는 푸시 알림을 꺼두는 것이 포모를 줄이는 데 좋은 전략임을 보여준다. Nicholas Fitz et al., "Batching Smartphone Notifications Can Improve Well-Being," *Computers in Human Behavior* 101 (2019): 84-94.

11 Morten T. Hansen, "The Search-Transfer Problem: The Role of Weak Ties in Sharing Knowledge Across Organization Subunits," *Administrative Science Quarterly* 44, no. 1 (1999): 82-111.

12 Jeffrey A. Hall et al., "Social Bandwidth: When and Why Are Social Interactions Energy Intensive?," *Journal of Social and Personal Relationships* 40, no. 8 (2023): 2614-36.

13 이를 종합적으로 검토한 연구 2건은 다음과 같다. Brandon T. McDaniel, "Parent Distraction with Phones, Reasons for Use, and Impacts on Parenting and Child Outcomes: A Review of the Emerging Research," *Human Behavior and Emerging Technologies* 1, no. 2 (2019): 72-80; Cory A. Kildare and Wendy Middlemiss, "Impact of Parents' Mobile Device Use on Parent-Child Interaction: A Literature Review," *Computers in Human Behavior* 75 (2017): 579-93.

14 Xingchao Wang et al., "Parental Phubbing and Children's Social Withdrawal and Aggression: A Moderated Mediation Model of Parenting Behaviors and Parents' Gender," *Journal of Interpersonal Violence* 37, no. 21-22 (2022): 19395-419.

15 Brandon T. McDaniel and Jenny S. Radesky, "Technoference: Longitudinal Associations Between Parent Technology Use, Parenting Stress, and Child Behavior Problems," *Pediatric Research* 84, no. 2 (2018): 210-18.

16 Genni Newsham, Michelle Drouin, and Brandon T. McDaniel, "Problematic Phone Use, Depression, and Technology Interference Among Mothers," *Psychology of Popular Media* 9, no. 2 (2020): 117-24.

17 Cory A. Kildare and Wendy Middlemiss, "Impact of Parents Mobile Device Use on Parent-Child Interaction: A Literature Review," *Computers in Human Behavior* 75 (2017): 579-93.

18 케이스 햄(Keith Hamm) 인용, "Study Finds Parents' Phone Use in Front of Their Kids Can Harm Emotional Intelligence," *Current*, March 10, 2023, news.ucsb.edu/2023/020867/screen-time-concerns.

19 Lindsay Blackwell, Emma Gardiner, and Sarita Schoenebeck, "Managing Expectations: Technology Tensions among Parents and Teens," in *Proceedings of the 19th ACM Conference on Computer-Supported Cooperative Work & Social Computing* (Association for Computing Machinery, 2016), 1390-401. 또한 이 연구에서 부모들은 자녀들의 스크린타임이 늘어난 데 자신의 기술 사용 습관이 영향을 미쳤다고 여기고 죄책감을 느꼈다.: Lara N. Wolfers, Robin L. Nabi, and Nathan Walter, "Too Much Screen Time or Too Much Guilt? How Child Screen Time and Parental Screen Guilt Affect Parental Stress and Relationship Satisfaction," *Media Psychology* (2024): 1-32.

CHAPTER 14 AI와 함께하는 삶과 일에 대하여

1 Noam Chomsky, Ian Roberts, and Jeffrey Watumull, "Noam Chomsky: The False Promise of ChatGPT," *New York Times*, March 8, 2023, https://www.nytimes.com/2023/03/08/opinion/noam-chomsky-chatgpt-ai.html.

2 Jean Baudrillard, *The Transparency of Evil: Essays on Extreme Phenomena* (Verso Books, 2000), 58.

3 AI를 예측 기계로 생각하는 접근법이 유용한 이유를 자세하게 알고 싶다면 다음의 도서를 참고하길 바란다. 어제이 애그러월(Ajay Agrawal)과 조슈아 갠즈(Joshua Gans)와 아비 골드파브(Avi Goldfarb),《예측 기계: 인공지능의 간단한 경제학》(생각의힘, 2019).

4 Michal Kosinski, "Evaluating Large Language Models in Theory of Mind Tasks," *Computer Sciences* 121, no. 45 (October 29, 2024), https://www.pnas.org/doi/10.1073/pnas.2405460121.

5 Fabrizio Dell'Acqua et al., "Navigating the Jagged Technological Frontier: Field

Experimental Evidence of the Effects of AI on Knowledge Worker Productivity and Quality," Working Paper No. 24-013 (Technology & Operations Management Unit, Harvard Business School, September 2023).

6   "What Can Copilot's Earliest Users Teach Us About Generative AI at Work?," *Work Trend Index Special Report, Microsoft*, November 15, 2023, https://www.microsoft.com/en-us/worklab/work-trend-index/copilots-earliest-users-teach-us-about-generative-ai-at-work.

7   Tyna Eloundou et al., "GPTs Are GPTs: An Early Look at the Labor Market Impact Potential of Large Language Models," preprint, arXiv, March 17, 2023, arXiv:2303.10130.

8   Europol Innovation Lab, *Facing Reality? Law Enforcement and the Challenge of Deepfakes* (Publications Office of the European Union, 2022), https://www.europol.europa.eu/publications-events/publications/facing-reality-law-enforcement-and-challenge-of-deepfakes.

9   Rebecca Hinds et al., *The State of AI at Work* (Asana Work Innovation Lab and Anthropic, 2024), https://asana.com/work-innovation-lab/state-of-ai-at-work.

10 "What Can Copilot's Earliest Users Teach Us About Generative AI at Work?"

11 Kevin Schaul, Szu Yu Chen, and Nitasha Tiku, "Inside the Secret List of Websites That Make AI like ChatGPT Sound Smart," *Washington Post*, April 19, 2023, https://www.washingtonpost.com/technology/interactive/2023/ai-chatbot-learning.

12 Ronald S. Burt, "Structural Holes and Good Ideas," *American Journal of Sociology* 110, no. 2 (2004): 349-99.

13 Prasad Balkundi et al., "Demographic Antecedents and Performance Consequences of Structural Holes in Work Teams," *Journal of Organizational Behavior: The International Journal of Industrial, Occupational and Organizational Psychology and Behavior* 28, no. 2 (2007): 241-60; Akbar Zaheer and Giuseppe Soda, "The Evolution of Network Structure: Where Do Structural Holes Come From?," *Administrative Science Quarterly* 54, no. 1 (2009): 1-31; Ronald S. Burt, "Network-Related Personality and the Agency Question: Multirole Evidence from a Virtual World," *American Journal of

Sociology 118, no. 3 (2012): 543-91.

14   Paul M. Leonardi and Diane E. Bailey, "Recognizing and Selling Good Ideas: Network Articulation and the Making of an Offshore Innovation Hub," *Academy of Management Discoveries* 3, no. 2 (2017): 116-44; Eric Quintane et al., "Why Employees Who Work Across Silos Get Burned Out," *Harvard Business Review*, May 13, 2024, https://www.hbr.org/2024/05/why-employees-who-work-across-silos-get-burned-out.

15   Ethan Mollick, *Co-Intelligence: Living and Working with AI* (Penguin, 2024), 100.

16   Feng Shi and James Evans, "Surprising Combinations of Research Contents and Contexts Are Related to Impact and Emerge with Scientific Outsiders from Distant Disciplines," *Nature Communications* 14, no. 1 (2023): 1641-55.

17   Dell'Acqua et al., "Navigating the Jagged Technological Frontier."

18   다음의 사례를 참고하길 바란다. Ilia Shumailov et al., "The Curse of Recursion: Training on Generated Data Makes Models Forget," pre-print, arXiv, May 27, 2023, arXiv:2305.17493; Matthias Gerstgrasser et al., "Is Model Collapse Inevitable? Breaking the Curse of Recursion by Accumulating Real and Synthetic Data," preprint, arXiv, April 1, 2024, arXiv:2404.01413.

19   모델 붕괴가 커다란 골칫거리인 이유를 훌륭하게 설명한 다음의 논문을 참고하길 바란다. Ben Lutkevich, "Model Collapse Explained: How Synthetic Training Data Breaks AI," *Informa TechTarget*, July 7, 2023, https://www.techtarget.com/whatis/feature/Model-collapse-explained-How-synthetic-training-data-breaks-AI.

20   알파폴드에 대해 자세히 알고 싶다면 다음을 참고하길 바란다. "Artificial Intelligence Is Taking Over Drug Development," *Economist*, March 27, 2024, https://www.economist.com/technology-quarterly/2024/03/27/artificial-intelligence-is-taking-over-drug-development.

21   Steve Nouri, "Generative AI Drugs Are Coming," *Forbes*, September 5, 2023, https://www.forbes.com/sites/forbestechcouncil/2023/09/05/generative-ai-drugs-are-coming.

22   Amil Merchant and Ekin Dogus Cubuk, "Millions of New Materials Discovered

with Deep Learning," Google DeepMind, November 29, 2023, https://deepmind.google/discover/blog/millions-of-new-materials-discovered-with-deep-learning.

23 Amil Merchant et al., "Scaling Deep Learning for Materials Discovery," *Nature* 624, no. 7990 (2023): 80-85.

24 Kyle Swanson et al., "Generative AI for Designing and Validating Easily Synthesizable and Structurally Novel Antibiotics," *Nature Machine Intelligence* 6, no. 3 (2024): 338-53; Radhika Rajkumar, "How AI Hallucinations Could Help Create Life-Saving Antibiotics," *ZDNET*, Apri 24, 2024, https://www.zdnet.com/article/how-ai-hallucinations-could-help-create-life-saving-antibiotics.

25 Ethan Mollick, *Co-Intelligence: Living and Working with AI* (Penguin, 2024).

26 Rebecca Bellen, "How Maven's AI-run 'Serendipity Network' Can Make Social Media Interesting Again," *Tech Crunch*, May 26, 2024, https://techcrunch.com/2024/05/26/how-mavens-ai-run-serendipity-network-can-make-social-media-interesting-again.

27 Thomas H. Davenport and Steven M. Miller, *Working with AI: Real Stories of Human-Machine Collaboration* (MIT Press, 2022).

28 "What Can Copilot's Earliest Users Teach Us About Generative AI at Work?"

29 Roger C. Mannell, Jiri Zuzanek, and Reed Larson, "Leisure States and 'Flow' Experiences: Testing Perceived Freedom and Intrinsic Motivation Hypotheses," *Journal of Leisure Research* 20, no. 4 (1988): 289-304.

30 Sandra C. Matz et al., "The Potential of Generative AI for Personalized Persuasion at Scale," *Scientific Reports* 14, no. 1 (2024): 4692.

31 Shotaro Doki et al., "Comparison of Predicted Psychological Distress Among Workers Between Artificial Intelligence and Psychiatrists: A Cross-Sectional Study in Tsukuba Science City, Japan," *BMJ Open* 11, no. 6 (2021): e046265.

32 Tao Tu et al., "Towards Conversational Diagnostic AI," preprint, arXiv, January 11, 2024, arXiv:2401.05654.

옮긴이
신솔잎

프랑스에서 국제대학을 졸업하고, 프랑스, 중국, 국내에서 경력을 쌓았다. 《내 시간 설계의 기술》, 《결정력 수업》, 《탁월한 리더의 성공 법칙》, 《스토리 설계자》, 《유튜브, 제국의 탄생》 등 50여 권의 책을 번역했다.

디지털 디톡스

초판 발행 · 2025년 12월 5일

지은이 · 폴 레오나르디
옮긴이 · 신솔잎
발행인 · 이종원
발행처 · (주)도서출판 길벗
브랜드 · 더퀘스트
출판사 등록일 · 1990년 12월 24일
주소 · 서울시 마포구 월드컵로 10길 56 (서교동)
대표전화 · 02) 332-0931 | **팩스** · 02) 323-0586
홈페이지 · www.gilbut.co.kr | **이메일** · gilbut@gilbut.co.kr

기획 및 책임편집 · 오수영(cookie@gilbut.co.kr), 유예진, 송은경
제작 · 이준호, 손일순, 이진혁 | **마케팅** · 정경원, 정지연, 이지원, 이지현 | **유통혁신** · 한준희
영업관리 · 김명자 | **독자지원** · 윤정아

교정 · 공순례 | **디자인** · [★]규 | **CTP 출력 및 인쇄** · 예림 | **제본** · 예림

- 더퀘스트는 (주)도서출판 길벗의 인문교양·비즈니스 단행본 브랜드입니다.
- 이 책은 저작권법의 보호를 받는 저작물로 이 책에 실린 모든 내용, 디자인, 이미지, 편집 구성은 허락 없이 복제하거나 다른 매체에 옮겨 실을 수 없습니다.
- 인공지능(AI) 기술 또는 시스템을 훈련하기 위해 이 책의 전체 내용은 물론 일부 문장도 사용하는 것을 금지합니다.
- 잘못 만든 책은 구입한 서점에서 바꿔 드립니다.

ISBN 979-11-407-1649-4(03180)
(길벗 도서번호 090270)

정가 24,500원

독자의 1초까지 아껴주는 정성 길벗출판사
(주)도서출판 길벗 | IT단행본, 성인어학, 교과서, 수험서, 경제경영, 교양, 자녀교육, 취미실용 · www.gilbut.co.kr
길벗스쿨 | 국어학습, 수학학습, 주니어어학, 어린이단행본, 학습단행본 · www.gilbutschool.co.kr

인스타그램 · thequest_book | **페이스북** · thequestzigi | **네이버포스트** · thequestbook